W0402908

VBA pour LES NULS

3e EDITION

First
Interactive

VBA pour les Nuls

3e édition

Steve Cummings

First Interactive

VBA pour les Nuls 3e édition

Publié par
IDG Books Worldwide, Inc.
Une société de International Data Group
919E. Hillsdale Blvd., Suite 400
Forster City, CA 94404

Copyright © 2001 par IDG Books Worldwide, Inc.

Pour les Nuls est une marque déposée de International Data Group
For Dummies est une marque déposée de International Data Group
Collection dirigée par Jean-Pierre Cano
Traduction : Chistophe billon
Édition : Pierre Chauvot
Maquette et illustration : Stéphane Angot

Tous droits réservés. Toute reproduction, même partielle, du contenu, de la couverture ou des icônes, par quelque procédé que ce soit (électronique, photocopie, bande magnétique ou autre) est interdite sans autorisation par écrit de IDG Books Worldwide, Inc.

Edition française publiée en accord avec IDG Books Worldwide, Inc.
© 2001 par Éditions First Interactive
33, avenue de la République
75011 Paris - France
Tél. 01 40 21 46 46
Fax 01 40 21 46 20
E-mail : firstinfo@efirst.com
Web : www.efirst.com
ISBN : 2-84427-971-6
Dépôt légal : 4ème trimestre 2001

Limites de responsabilité et de garantie. L'auteur et l'éditeur de cet ouvrage ont consacré tous leurs efforts à préparer ce livre. IDG Books Worldwide, International Data Group et l'auteur déclinent toute responsabilité concernant la fiabilité ou l'exhaustivité du contenu de cet ouvrage. Ils n'assument pas de responsabilités pour ses qualités d'adaptation à quelque objectif que ce soit, et ne pourront être en aucun cas tenus responsables pour quelque perte, profit ou autre dommage commercial que ce soit, notamment mais pas exclusivement particulier, accessoire, conséquent, ou autres.

Marques déposées. Toutes les informations connues ont été communiquées sur les marques déposées pour les produits, services et sociétés mentionnés dans cet ouvrage. IDG Books Worldwide, Inc. et les Éditions First Interactive déclinent toute responsabilité quant à l'exhaustivité et à l'interprétation des informations. Tous les autres noms de marque et de produits utilisés dans cet ouvrage sont des marques déposées ou des appellations commerciales de leur propriétaire respectif.

Sommaire

Introduction

Si vous faites vos premiers pas en VBA, vous venez de trouver le livre qu'il vous faut. *VBA pour les Nuls 3ᵉ Edition* vous présente simplement et clairement tous les concepts clés qui vous permettront d'écrire de superbes programmes en VBA (Visual Basic Edition Applications) capables de réaliser des opérations utiles.

J'ai choisi une approche humoristique et un ton léger qui contraste ô combien avec la lourdeur de bon nombre d'ouvrages. Tout est expliqué clairement, en français courant, en évitant dans la mesure du possible une surdose de jargon. De temps à autre, je sors une mauvaise plaisanterie, histoire de vous faire ronchonner.

Mais sachez que j'ai évité de trop simplifier les notions les plus ardues. Blague à part, c'est un ouvrage de référence car il couvre les thèmes essentiels de VBA, suffisamment en profondeur pour que vous souhaitiez le consulter en cas de besoin.

A propos de ce livre

Comme vous le savez peut-être, VBA est le langage de programmation utilisé dans de nombreux logiciels : Microsoft Office, Microsoft Project, Visio et AutoCad, mais aussi un tas de logiciels spécialisés dans des domaines tels que la fabrication, la comptabilité et les services d'assistance.

VBA pour les nuls 3ᵉ Edition aborde les principaux éléments de la programmation en VBA. Les notions suivantes sont expliquées en détail :

- Maîtriser les outils de programmation visuels VBA.
- Enregistrer et modifier des macros.
- Exécuter des programmes VBA depuis vos applications.
- Concevoir de jolies boîtes de dialogues et autres fenêtres.
- Travailler avec des objets, le meilleur moyen d'exploiter la puissance des applications VBA.

Ce livre traite des versions 6 à 6.3 de VBA (VBA 6.3 est la version fournie dans les applications d'Office XP). Selon Microsoft, toutes les déclinaisons de VBA 6, VBA 6.3 comprise, sont identiques du point de vue programmation. Microsoft a corrigé les bogues et amélioré le moteur VBA, mais les modifications apportées n'influent en rien sur les principes d'écriture du code ou de création des boîtes de dialogue. Par conséquent, lorsque je fais référence à VBA 6, toutes mes remarques sont valables pour les versions 6.0 à 6.3 de VBA.

Hypothèses insensées

Je suis parti du principe que vous n'êtes pas complètement nul et faites partie des utilisateurs confirmés de Windows. Si vous ne savez pas utiliser la souris, vous servir des menus ou cliquer sur des boutons, vous devriez commencer par lire les ouvrages *Windows pour les Nuls* (il en existe plusieurs dans la série des Affamés de Windows). Pour utiliser VBA, il vous faut au minimum une application dotée de l'environnement de développement de logiciel VBA. Là encore, parmi les applications compatibles vous trouverez le grand logiciel professionnel Microsoft Office, ainsi que des produits, de plus en plus nombreux, qui ne sont pas créés par Microsoft. Parmi les innombrables possibilités, les applications Windows suivantes conviennent parfaitement :

- N'importe quelle application Microsoft Office, à partir d'Office 97, telle que Word, Excel, PowerPoint, Access, Outlook ou FrontPage.
- Microsoft Project.
- Corel Draw 9 ou 10 et Corel WordPerfect Office 2000.
- La gamme Micrografx iGrafx d'applications graphiques professionnelles.
- Visio 4.5, 5 ou 2000.
- AutoCad 14, 2000 et 2000i pour Windows.
- Autodesk Map.
- TurboCad Professional.
- Logiciel de comptabilité M.Y.O.B. Accounting.
- Logiciel de comptabilité Great Plains (certains produits comprennent VBA).
- OmniTrader, outil d'analyse et de gestion de titres.

Diviser pour mieux régner

Les compétences et concepts nécessaires pour programmer en VBA forment un ensemble homogène, une synthèse logique, un réseau organisé à l'instar du cycle de la vie... Malgré tout, je ne pouvais aborder toutes les notions d'un seul tenant et j'ai donc bâti cinq grandes parties qui comprennent chacune au moins deux chapitres.

Première partie : Faites vos classes dans le camp VBA

L'ouvrage commence par un chapitre théorique un peu barbant, suivi de quatre petits chapitres qui vous rendront opérationnels. Vous découvrirez comment enregistrer des macros (vous ferez parfois ainsi l'économie d'une programmation) et comment exécuter vos propres programmes VBA au sein d'applications. Vous apprendrez même à écrire un programme de A à Z. Et vous saurez tout sur Visual Basic Editor, l'environnement de développement VBA.

Deuxième partie : Le plat de résistance de la programmation VBA

Vous entrez dans le cœur de cet ouvrage. Je vous dévoile tous les secrets du royaume VBA à travers des chapitres écrits avec amour. Le premier chapitre répertorie les éléments qui constituent un programme VBA et décrit en détail leur structure pour que vous sachiez quoi taper et où le taper. Vous y trouverez ensuite un guide pratique expliquant les noms des composants VBA et permettant de donner à votre code une allure présentable. Puis suit un chapitre consacré à l'utilisation de variables et d'objets servant à exploiter judicieusement des informations. Les autres chapitres abordent les différentes techniques vous permettant de contrôler ce qui se passe lors de l'exécution de votre programme et d'identifier et corriger d'éventuels bogues. Cette deuxième partie se termine par une introduction à la création de fenêtres et boîtes de dialogue personnalisées – appelées *feuilles* – et aux techniques de programmation qui permettront à ces feuilles d'exécuter vos ordres.

Troisième partie : Plongée en eaux profondes

La troisième partie comprend plusieurs chapitres qui abordent VBA un peu plus en profondeur. Je vous propose tout d'abord un tour d'horizon des nombreuses commandes intégrées de VBA ; ainsi, vous n'aurez pas à réinventer la poudre. Ensuite, un chapitre vous explique la programmation orientée objet, pierre angulaire qui permet d'utiliser tout le potentiel de VBA à la personnalisation d'applications telles que Word, Excel ou Corel Draw. Le dernier chapitre de cette partie traite l'organisation des données en ensembles, et plus particulièrement les tableaux et collections.

Quatrième partie : Les dix commandements

Divers thèmes sont traités dans les deux chapitres qui clôturent votre voyage sur la planète VBA. Je présente tout d'abord un grand nombre d'informations poussées sur la programmation. Bien sûr, je n'entre pas dans les détails, sans me cantonner pour autant au b.a.-ba – cela vous permettra cependant d'exploiter tout le potentiel de VBA. Je vous présente ensuite un catalogue de ressources VBA comprenant à la fois des informations et des logiciels. Si vous souhaitez enrichir vos connaissances en matière de programmation VBA et compléter votre kit du programmeur à l'aide d'outils, reportez-vous à cette section.

Partie gratuite : Jouons la prolongation

Cette partie n'étant pas essentielle aux programmeurs débutants (mais aussi pour des raisons de pagination), nous l'avons placée en téléchargement sur le site des éditions First à l'adresse suivante : `www.efirst.com`. Une fois sur la page d'accueil, cliquez sur la rubrique First Interactive puis sur téléchargement et enfin sélectionnez l'ouvrage VBA pour les Nuls. Les fichiers sont au format PDF.

Dans les Chapitres A à F, vous apprendrez à manipuler des outils de programmation utilisables dans la plupart des applications Office et à maîtriser les techniques permettant de personnaliser l'interface utilisateur, programmer le Compagnon Office – qui revêt souvent l'apparence de Trombine – et stocker les données de votre programme dans le document correspondant. Les chapitres suivants détaillent la programmation dans Word et Excel – les applications VBA les plus employées –, et les derniers chapitres sont destinés à tous les programmeurs VBA, quelle que soit l'application qu'ils utilisent.

Comment utiliser les exemples

VBA pour les Nuls 3e Edition regorge d'exemples de code qui illustrent les notions abordées. Ils sont présentés dans une police non proportionnelle, soit dans un pavé séparé comme suit :

```
WhatEverItIs.Color = "Chartreuse"
```

Soit sous la forme d'un texte ordinaire : `Debug.Print`

Pour éviter de surcharger le texte, j'ai choisi comme exemples des fragments de code qui ne peuvent pas être exécutés tout seuls car ils doivent être inclus dans une procédure. Si vous voulez absolument les exécuter, vous devrez les inclure dans une procédure (et dans certains cas, il vous faudra donc ajouter du code).

Les instructions VBA (unités de code de programmation) sont souvent très longues et ne tiennent pas sur une seule ligne. En règle générale, j'utilise le caractère VBA de continuation de ligne, le blanc souligné (_) pour indiquer qu'une instruction tient sur plusieurs lignes.

Dans ce livre, j'ai également recours aux conventions suivantes :

- Lorsque je veux que vous ouvriez l'élément d'un menu, j'écris par exemple "Choisissez Fichier/Ouvrir". Cela signifie, "Déroulez le menu Fichier puis choisissez la commande Ouvrir".
- Les nouveaux termes apparaissent en italique, *comme ceci.*
- L'italique monofont, *`comme ceci`*, signale les éléments de commande à modifier.
- Les éléments à saisir apparaissent en gras, **comme ceci**.
- Il arrive parfois que toute une phrase soit en gras, notamment pour les différentes étapes d'un processus. **Dans ce cas, les éléments à saisir sont signalés en caractère simple**, comme ceci.

Les icônes utilisées dans ce livre

Vous avez probablement déjà feuilleté des ouvrages dans lesquels des icônes situées dans la marge attirent l'attention du lecteur sur les informations importantes. Dans ce livre, vous en trouverez seulement quatre, j'ai ainsi fait l'économie d'un guide spécial pour les icônes.

L'icône N'oubliez pas concerne les informations sur lesquelles il m'a paru essentiel d'insister, soit parce qu'il s'agit d'une méthode plus simple pour accomplir une tâche, soit parce que cette notion importante est située quelques paragraphes après le dernier titre, et que j'avais peur que vous ne la passiez.

Il est certain qu'apprendre à programmer en VBA est une activité simple et ludique par rapport à la physique-chimie ou au sanscrit. Mais une chose est sûre, ce n'est pas plus complexe que d'utiliser Windows ou un autre logiciel. En d'autres termes, les paragraphes marqués de l'icône Technique ne sont pas beaucoup plus techniques que les autres. En tout cas, cette icône embellit l'ouvrage, vous ne trouvez pas ?

Attention, danger !

Première partie

Faites vos classes dans le camp VBA

"Eh, Philippe ! Je crois que nous y sommes.
J'vais essayer de me connecter directement
sur l'écran, mais avant, file-moi un déguisement.
Je ne veux pas que tout New York apprenne que
Jerry DeMarco, 14 Queensberry, Bronx, New York,
s'est infiltré dans le système vidéo de Times Square."

Dans cette partie...

Le Chapitre 1 présente les notions de base de la programmation en VBA. Ces informations sont vraiment vitales, je vous le jure ! Leur méconnaissance rendra votre approche du langage VBA des plus pénibles. Mais, une fois celles-ci assimilées, *VBA pour les Nuls 3e Edition* devient férocement pratique. Les Chapitres 2 à 4 abordent l'enregistrement des macros, l'écriture du code VBA et l'exécution de programmes, macros comprises. Le Chapitre 5 vous fait visiter Visual Basic Editor, l'atelier d'écriture de programmes VBA. Lorsque vous aurez lu cette partie, vous disposerez des compétences nécessaires pour agrémenter vos applications de programmes VBA. Vous ne saurez toujours pas quoi mettre dans ces programmes, c'est bien pour cela que cet ouvrage comprend dix autres chapitres.

Chapitre 1

Ne vous cassez pas la tête avec la technique – de toute façon, tout est technique

Dans ce chapitre :

- A quoi servent les programmes VBA ?
- Quelles relations entretiennent les programmes VBA et vos applications ?
- Le cycle de programmation – planification, écriture du code, conception des feuilles (forms) et tests.
- Pourquoi VBA n'est-il pas si standard que cela ?

De nos jours, les logiciels à usage professionnel regorgent de fonctionnalités intéressantes, intelligentes et puissantes. Mais quelle que soit la complexité du produit, vous trouverez sûrement un point à améliorer.

C'est là que VBA entre en scène. Si vous vous sentez à l'étroit dans votre logiciel, VBA vous aidera à agrandir son environnement pour qu'il convienne à votre ligne.

VBA, à quoi bon ?

Ne vous mettez pas à VBA juste pour épater la galerie. Tâchez plutôt de vous y plonger pour personnaliser vos logiciels, satisfaire vos propres besoins ou ceux de votre prochain.

Après tout, un ordinateur n'est utile que s'il effectue ce que *vous* voulez. Visual Basic Edition Applications, c'est ce que signifie VBA, est une panoplie d'outils de programmation qui vous permet de développer votre propre logiciel. Comme le suggère son nom, VBA est conçu pour personnaliser des applications existantes. Bien sûr, une *application*, telle qu'un traitement de texte ou une base de données, est un véritable programme informatique qui permet d'effectuer des tâches courantes, par opposition à un *utilitaire*, destiné à améliorer le fonctionnement de votre ordinateur.

Grâce à VBA, vous avez la possibilité de modifier l'ergonomie ou le fonctionnement d'une application, voire l'enrichir de nouvelles fonctionnalités. VBA s'avère très adapté à certaines situations :

- Une fonctionnalité que vous utilisez très souvent est enfouie quelque part dans une boîte de dialogue. Pourquoi ne pas placer cette commande sur une barre d'outils sous la forme d'un bouton, pour que vous puissiez l'activer d'un simple clic de souris ? Et ne serait-ce pas l'idéal si ce bouton n'était visible que lorsque vous avez besoin d'exécuter cette commande ?

- Vous répétez souvent les mêmes commandes. Ne souhaiteriez-vous pas que votre application les mémorise et vous permette de les exécuter à l'aide d'une seule commande ?

- Il manque à votre logiciel une ou deux fonctionnalités qui vous seraient bien utiles. Pourquoi ne pas les ajouter vous-même ?

VBA vous permet d'apporter toutes ces modifications et bien d'autres encore – grâce à lui, vous pouvez même bâtir entièrement des programmes personnalisés. La section "En savoir plus sur les possibilités de VBA", plus loin dans ce chapitre, détaille le potentiel de ce langage.

Vous voulez une raison supplémentaire d'embarquer à bord du TGV VBA ? En voilà une : VBA est maintenant un grand classique de l'industrie du logiciel. Une fois que vous avez compris son fonctionnement, vous pouvez vous en servir dans n'importe quelle application qui a la chance d'en être équipée. (Cependant, pour utiliser chaque application VBA, vous devez également connaître son propre jargon VBA. Pour plus d'informations, reportez-vous à la section "VBA : une norme, enfin en quelque sorte", plus loin dans ce chapitre.)

Et si vous connaissez VBA, vous êtes obligatoirement un expert en Visual Basic, outil de programmation très proche. Egalement créé par Microsoft, Visual Basic est un des outils de développement les plus populaires de la planète ; il sert à créer une multitude de produits, des utilitaires en shareware les plus simples aux applications complexes les plus cotées.

Au fait, autre avantage, les fichiers d'assistance spéciaux ne sont à installer qu'une seule fois pour toutes les applications VBA. Lors d'une installation standard, les *DLL* (*Dynamic Link Libraries* – bibliothèques de liens dynamiques) VBA et les fichiers associés sont placés dans le dossier \Program Files\Fichiers communs\Microsoft Shared\VBA.

Avec VBA, vous avez le volant mais il vous faut toujours une voiture

Pour personnaliser des applications, VBA est donc un outil génial. Mais il y a un hic : VBA doit être intégré à l'application que vous essayez de modifier. Dans cet ouvrage, j'utilise le terme *applications VBA* pour désigner les applications dotées de VBA. Je désigne les logiciels que vous créez avec VBA sous le terme *programmes VBA*.)

Microsoft a créé VBA et l'intègre à ses applications phare d'Office XP (il figure également dans les applications Office 2000 et Office 97). Word, Excel, Access et PowerPoint sont toutes dotées de VBA. Dans Outlook, autre membre de la suite bureautique Microsoft Office, vous pouvez personnaliser les feuilles à l'aide d'une version simplifiée de VBA, VBScript. Outlook, contrairement aux versions précédentes, comprend un VBA complet pouvant servir à personnaliser l'application proprement dite. VBA est également intégré dans FrontPage, outil de création de pages Web et de gestion de sites Web (disponible dans certaines versions d'Office), Visio, célèbre progiciel de graphismes, et Project, l'outil de gestion de projets de Microsoft.

Applications VBA non-Microsoft

Microsoft vend également des licences à de nombreux développeurs de logiciels. Voici un échantillon des applications VBA non-Microsoft disponibles sur le marché :

- **Corel WordPerfect Office 2000 :** Concurrente de Microsoft Office, cette suite comprend un traitement de texte, un tableur, une base de données et une application de présentations.

- **Corel Draw :** Progiciel de graphismes pour PC le plus populaire, Corel Draw et ses outils vous permettent de créer et modifier des illustrations de style "draw" et des graphismes de type "paint", pour les imprimer ou les intégrer à des pages Web.

- **AutoCad :** Application de conception assistée par ordinateur (CAO) qui a un énorme succès – de nombreux autres logiciels publiés par le même éditeur sont également des applications VBA.
- **M.Y.O.B. Accounting :** Un progiciel complet de comptabilité destiné aux PME.
- **Gamme Micrografx iGrafx :** Applications de graphismes professionnelles servant à concevoir toutes sortes d'organigrammes, et illustrer à l'aide de graphiques des opérations ou transactions.
- **OmniTrader :** Application de gestion et d'analyse de titres.

ATTENTION !

Vous pouvez acheter des applications comprenant des outils de programmation de même type que VBA mais différents. Bien que vous puissiez les personnaliser comme des applications VBA, les programmes VBA ne fonctionnent pas dans ces applications non VBA.

La gamme des applications VBA

Les applications de tous types sont toujours plus puissantes si vous pouvez les personnaliser facilement. C'est ainsi que vous verrez VBA fleurir dans toutes sortes de produits, des logiciels grand public aux programmes très spécialisés.

Présent à des millions et millions d'exemplaires sur le marché, les applications Microsoft Office sont pratiquement connues de tous. J'ai déjà cité les applications VBA non-Microsoft très répandues (telles que WordPerfect, Visio et AutoCad). Cependant, de nombreuses autres applications VBA sont destinées à des marchés très étroits car hautement spécialisés. C'est notamment le cas des applications de contrôle de fabrication, qui gèrent les chaînes de production robotisées. Vous avez également les applications utilisées dans les entreprises par le personnel d'assistance technique, qui servent à aider les clients ou les employés à résoudre leurs problèmes. VBA a trouvé aussi un créneau sur le marché des logiciels : automatisation des forces de vente, génie civil, téléphonie, stockage de données, gestion documentaire, services financiers, secteur juridique et santé.

De nombreuses entreprises n'appartenant pas au monde de l'édition de logiciels ont également adopté VBA. Elles développent en interne des applications en fonction de leurs besoins. Mais elles utilisent malgré tout le langage VBA pour personnaliser et enrichir sans souci leurs applications.

Programmer en VBA

La programmation d'un ordinateur consiste essentiellement à lui indiquer ce qu'il doit faire, par exemple :

- Afficher une fenêtre pleine de boutons et de menus intéressants.
- Appeler une boîte de dialogue qui vous demande de taper votre date de naissance.
- Cliquer sur un bouton Calculer l'âge à partir de la date de naissance préalablement entrée.

Les ordinateurs ne comprenant pas le langage naturel, les programmeurs devaient jadis taper le *code* – la liste des commandes – en utilisant la terminologie propre au langage employé. Avec VBA, plus besoin de taper de code pour décider de l'apparence d'un programme à l'écran. Malheureusement, pour créer des programmes un peu complexes, vous devrez toujours écrire du code. Une partie de VBA comprend un langage de programmation. Voici un échantillon de code VBA :

```
Sub SelectionnerQuestionSuivante()
   If StrategieDeSelection = Aleatoire Then
      PoserQuestionAleatoire
   Else If QuestionCourante = ToutesLesQuestions Then
      QuestionCourante = 1
   Else
      QuestionCourante = QuestionCourante + 1
   End If
End Sub
```

Si vous lisez ce code attentivement, vous pouvez peut-être deviner ce qu'il est censé faire, car, heureusement, VBA se rapproche du français courant. Mais cela reste une langue étrangère ; ne vous inquiétez donc pas si, pour vous, c'est du charabia. L'un des objectifs principaux de cet ouvrage est de vous permettre d'écrire facilement du code VBA.

Qu'y a-t-il de si visuel dans Visual Basic Edition Applications ?

Fort heureusement, VBA vous épargne grandement la corvée du code à saisir. D'une part, en prélude à un nouveau programme, vous pouvez enregistrer les commandes que vous utilisez dans votre application.

D'autre part, VBA vous permet de concevoir les éléments de votre programme visibles à l'écran – boîtes de dialogue, boutons, cases à cocher, etc. – en les dessinant à la souris ou en sélectionnant des options dans des boîtes de dialogue. C'est cette particularité qui fait de VBA un outil visuel de programmation. Avec VBA, vous pouvez assembler ces éléments en un clin d'œil. Par contre, il vous faudrait des heures, des jours, voire des années, pour saisir le code nécessaire à leur conception et affichage à l'écran.

Malheureusement, VBA ne peut deviner le destin que vous réservez à votre programme. Vous devez encore saisir le code qui décrit la fonction de chaque bouton, case à cocher, etc. Même si votre programme ne comprend ni bouton ni case à cocher, vous devez malgré tout écrire le code des différentes étapes nécessaires à son exécution.

Les principaux événements

En VBA, un *événement* est quelque chose qui se produit pendant l'exécution de votre programme, et qui vise à modifier le comportement de celui-ci. Le clic de souris est l'exemple le plus parlant. Lorsque l'utilisateur de votre programme clique sur un bouton intitulé Calculer son âge, il s'agit d'un événement. De même, chaque fois qu'il appuie sur une touche du clavier, fait un double clic ou déplace simplement la souris, c'est également un événement.

Bien sûr, votre programme ne peut répondre à ces événements par la magie de la télépathie, et vous devez donc écrire une *procédure d'événement*, un fragment spécial de code VBA, pour chaque événement que devra identifier votre programme. Une procédure d'événement est nécessaire pour traiter les clics sur le bouton Calculer son âge, et une autre encore si vous voulez que le programme réagisse lorsque le pointeur de la souris se positionne sur le bouton sans cliquer dessus. Bien entendu, si vous avez un autre bouton intitulé Mentir sur son âge, vous devez prévoir une autre procédure d'événement pour les clics sur ce bouton. Le Chapitre 10 traite en détail l'écriture des procédures d'événement.

Le cycle de programmation

Quel que soit l'outil de programmation utilisé, le feuilleton de la création d'un programme comprend cinq épisodes :

1. **Conception.**

   Définissez la mission du programme, son apparence à l'écran et son interaction avec les autres logiciels.

2. **Mise en œuvre.**

   Pour recueillir les fruits de la réflexion menée au cours de l'étape 1, construisez les fenêtres et autres éléments qui seront affichés à l'écran, puis saisissez le code nécessaire. Vous verrez, c'est amusant.

3. **Test.**

   Exécutez le programme pour vérifier que son apparence et son comportement sont conformes à vos prévisions. Ce n'est jamais le cas.

4. **Débogage.**

   Traquez puis corrigez les erreurs présentes dans votre code (comme tout bon outil de programmation, VBA vous fournit des fonctionnalités spéciales pour vous aider à déboguer).

5. **Encore des tests.**

   Répétez les étapes 3 et 4 jusqu'à ce que l'épuisement ou la faim vous forcent à rendre les armes.

Heureusement, vous n'êtes pas obligé d'apprendre par cœur ces étapes ; vous en serez profondément imprégné dès que vous vous mettrez sérieusement à programmer en VBA.

Les perspectives offertes par VBA

Dans la première section de ce chapitre, intitulée "VBA, à quoi bon ?", j'aborde les différentes manières de personnaliser votre logiciel à l'aide de VBA. L'heure est venue d'approfondir le sujet pour que vous découvriez ce que VBA permet de faire.

Ne vous emballez pas trop vite avec vos projets de personnalisation et gardez ceci à l'esprit : ce que vous pouvez accomplir avec VBA dépend de l'application qui sert de support. Certains logiciels vous permettent de modifier chaque élément de l'interface utilisateur et chaque commande intégrée, et vous fournissent une foule de modules qui vous serviront à créer vos nouvelles fonctionnalités. Mais avec d'autres applications, vous êtes bien plus limité.

Personnaliser l'interface utilisateur

Vous pouvez tout d'abord utiliser VBA pour modifier l'interface utilisateur d'une application et l'adapter à vos habitudes de travail ou à vos goûts. (Au cas où vous ne connaîtriez pas ce terme, *l'interface utilisateur* désigne l'apparence du programme à l'écran, le fonctionnement de la souris et du clavier, et toutes les fonctionnalités permettant à l'utilisateur – vous en l'occurrence – et au logiciel de communiquer.) Nombreuses sont les applications vous autorisant, grâce à VBA, à modifier à votre convenance l'interface utilisateur. Moyennant quelques lignes de code, vous pouvez ajouter, supprimer ou réorganiser les boutons des barres d'outils, créer de nouvelles barres d'outils, réaffecter les touches du clavier ou modifier la structure d'un menu. La Figure 1.1 montre l'interface utilisateur de Microsoft Word modifiée à l'aide de VBA.

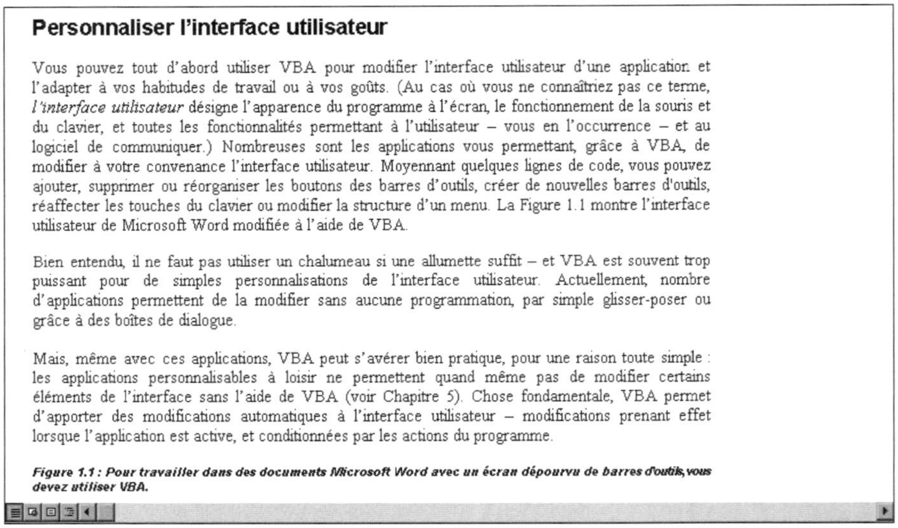
Personnaliser l'interface utilisateur

Vous pouvez tout d'abord utiliser VBA pour modifier l'interface utilisateur d'une application et l'adapter à vos habitudes de travail ou à vos goûts. (Au cas où vous ne connaîtriez pas ce terme, *l'interface utilisateur* désigne l'apparence du programme à l'écran, le fonctionnement de la souris et du clavier, et toutes les fonctionnalités permettant à l'utilisateur – vous en l'occurrence – et au logiciel de communiquer.) Nombreuses sont les applications vous permettant, grâce à VBA, de modifier à votre convenance l'interface utilisateur. Moyennant quelques lignes de code, vous pouvez ajouter, supprimer ou réorganiser les boutons des barres d'outils, créer de nouvelles barres d'outils, réaffecter les touches du clavier ou modifier la structure d'un menu. La Figure 1.1 montre l'interface utilisateur de Microsoft Word modifiée à l'aide de VBA.

Bien entendu, il ne faut pas utiliser un chalumeau si une allumette suffit – et VBA est souvent trop puissant pour de simples personnalisations de l'interface utilisateur. Actuellement, nombre d'applications permettent de la modifier sans aucune programmation, par simple glisser-poser ou grâce à des boîtes de dialogue.

Mais, même avec ces applications, VBA peut s'avérer bien pratique, pour une raison toute simple : les applications personnalisables à loisir ne permettent quand même pas de modifier certains éléments de l'interface sans l'aide de VBA (voir Chapitre 5). Chose fondamentale, VBA permet d'apporter des modifications automatiques à l'interface utilisateur – modifications prenant effet lorsque l'application est active, et conditionnées par les actions du programme.

Figure 1.1 : Pour travailler dans des documents Microsoft Word avec un écran dépourvu de barres d'outils, vous devez utiliser VBA.

Figure 1.1 : Pour travailler dans des documents Microsoft Word avec un écran dépourvu de barres d'outils, vous devez utiliser VBA.

Bien entendu, n'utilisez pas un chalumeau si une simple allumette suffit – et VBA est souvent trop puissant pour de simples personnalisations de l'interface utilisateur. Actuellement, nombre d'applications permettent de la modifier sans aucune programmation, par simple glisser-poser ou grâce à des boîtes de dialogue.

Mais, même avec ces applications, VBA peut s'avérer bien pratique, pour une raison toute simple : les applications personnalisables à loisir ne permettent quand même pas de modifier certains éléments de l'interface sans l'aide de VBA. Chose fondamentale, VBA permet d'apporter des modifications automatiques à l'interface utilisateur – modifications prenant effet lorsque l'application est active et conditionnées par les actions du programme.

Prenons un exemple : lorsque vous travaillez sur des sommes supérieures à 1 000 000 F, vous utilisez toujours les trois même barres d'outils. Vous pouvez créer un programme VBA qui affiche ces barres d'outils en même temps puis les masque une fois que vous n'en avez plus besoin.

Pour le moment, je m'en tiens à la personnalisation de l'interface utilisateur d'une application VBA, il ne s'agit pas de créer une interface propre à votre programme VBA. Bien que de nombreux programmes VBA soient des automates ne nécessitant aucune interaction avec l'utilisateur pour accomplir leurs tâches, il vous faudra tôt ou tard créer vos propres fenêtres et boîtes de dialogue (appelées *feuilles* en langage VBA).

Ajouter de nouvelles fonctionnalités

VBA donne sa pleine mesure lorsque vous l'utilisez pour enrichir votre application. Supposons que vous souhaitiez faire apparaître des étoiles rouges dans les illustrations que vous créez le premier lundi de chaque mois, et des cœurs bleus dans celles du mardi. Pouvez-vous raisonnablement attendre du concepteur de votre logiciel de graphisme qu'il devine vos goûts en matière de gadgets ? Un programme VBA est capable de créer ces petits effets à l'aide des modules fournis par le concepteur de l'application.

Le programme VBA le plus simple qui soit exécute une séquence de commandes, respectant exactement le même processus chaque fois que vous le lancez. Mais même dans ce cas élémentaire, le programme VBA vous fait gagner du temps car il vous évite d'exécuter ces commandes une par une manuellement.

Prenons un exemple très simple : dans Microsoft Word, il n'existe pas de commande permettant d'enregistrer un pavé de texte sélectionné dans un fichier séparé. Pour y parvenir, vous devez copier le texte sélectionné dans le presse-papiers, créer un nouveau document, coller le texte puis, enfin, enregistrer et fermer le nouveau document. Grâce à VBA, vous pouvez écrire un petit programme qui effectue toutes ces tâches automatiquement – offrant aux utilisateurs de Word une fonctionnalité dont la plupart des traitements de texte disposent depuis l'époque des cartes (un système d'exploitation utilisé pour les premiers PC). Le code de ce programme VBA est le suivant :

```
Public Sub CopierPaveDansFichier()
Selection.Range.Copy
' copie la sélection dans le presse-papiers
Documents.Add
' crée un nouveau document
Selection.Range.Paste
' copie le contenu du presse-papiers dans le nouveau document
Dialogs(wdDialogFileSaveAs).Show
' affiche la boîte de dialogue Enregistrer sous
ActiveDocument.Close
' ferme le nouveau document
End Sub
```

Cependant, un programme VBA n'est pas obligé de suivre exactement le même processus en respectant un ordre immuable lors de chaque exécution, il est capable de s'adapter aux conditions qu'il rencontre. Voici comment :

- Lors de son exécution, un programme VBA peut répondre à l'application ou aux paramètres système. Dans l'exemple de Word expliqué ci-dessus, vous pouvez par exemple décider que le programme enregistrera un nouveau document *seulement* si un pavé de texte a été sélectionné – si ce n'est pas le cas, le programme devra alors se gratter la tête et le ventre en même temps. De même, vous pouvez paramétrer votre programme pour deux tâches différentes, une intervenant le matin et l'autre l'après-midi.
- Un programme VBA peut agir en fonction d'informations contenues dans le document actif, dans un autre document créé par la même application ou même dans des documents appartenant à d'autres applications.
- Un programme VBA peut répondre, lors de son exécution, à des informations fournies par l'utilisateur (voir Figure 1.2). Avec VBA, il est facile de créer des boîtes de dialogue qui permettent à l'utilisateur de sélectionner des options préintégrées ou de saisir directement du texte ou des chiffres.
- Un programme VBA peut modifier son comportement en fonction du signe du zodiaque ou de la position de la Lune. (Malheureusement, vous devez écrire le code pour indiquer la correspondance entre la date et l'heure et le signe du zodiaque ou la position de la Lune.)

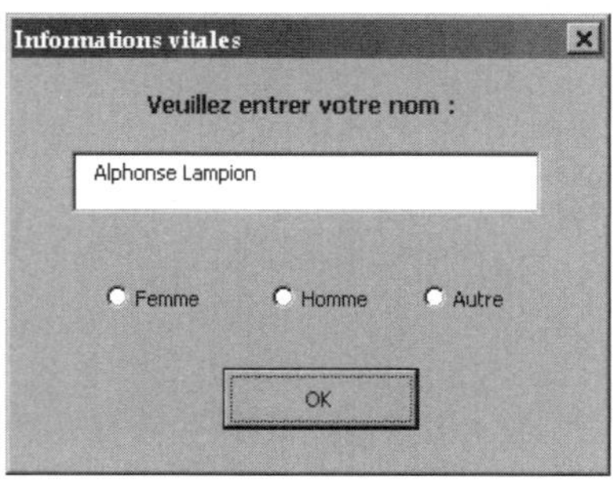

Figure 1.2 : Si votre programme doit récupérer des informations auprès de l'utilisateur, vous pouvez créer des boîtes de dialogue comme celle-ci.

Créer des programmes personnalisés très évolués

Créer des programmes VBA qui ajoutent des fonctionnalités à des applications est à la portée de quiconque capable de réciter ses tables de multiplication ou lire l'étiquette d'une boîte de céréales tout en prenant son petit déjeuner. Toutefois, sachez que vous n'êtes pas limité aux modifications mineures d'applications existantes. En fait, les outils de VBA vous permettent de créer entièrement des programmes très évolués capables de rivaliser, en termes de puissance, avec les applications du marché.

La plupart du temps, les programmes personnalisés créés en VBA tirent profit des fonctionnalités de l'application VBA hôte (en fait, ils peuvent même fonctionner dans plusieurs applications VBA). Cependant, il est possible de faire en sorte qu'un programme personnalisé apparaisse pour l'utilisateur comme une entité à part entière dotée de ses propres fenêtres, boutons et menus.

Créer un programme personnalisé de A à Z est un projet ambitieux. Cet ouvrage vous fournit la plupart des compétences requises et même une introduction sommaire aux techniques nécessaires pour accéder à plusieurs applications VBA à l'aide d'un seul programme.

Au fait, vous n'êtes pas obligé d'utiliser les fonctionnalités de l'application et pouvez fort bien créer un programme entièrement autonome. Mais par contre, vous devrez lancer l'application VBA pour exécuter votre programme, chose que vous n'auriez pas à faire avec Visual Basic. (Vous avez mis le doigt sur un autre petit désagrément : reportez-vous à la section de ce chapitre intitulée "Pourquoi VBA est-il généralement plus lent que Visual Basic ?".)

Rien à voir avec le BASIC de papa

Vous pourriez penser que VBA est un descendant direct du langage de programmation BASIC original. Bien sûr, c'est votre droit, mais cela reviendrait à dire que l'homme descend des amibes, et de l'eau a coulé sous les ponts depuis ce temps-là.

La version originale du BASIC a été créée dans les années 60 afin de mettre la programmation à la portée de monsieur-tout-le-monde. BASIC signifie Beginner's All-purpose Symbolic Instruction Code (langage simple destiné aux débutants). Comparées à celles d'autres langages de programmation tels que C++ ou FORTRAN, les instructions du BASIC ressemblent au langage naturel et sont donc plus faciles à comprendre et mémoriser.

Nombre des "mots" spéciaux utilisés par VBA figuraient déjà dans BASIC et avaient les mêmes fonctions ; idem pour la "grammaire" – certaines règles viennent du BASIC.

VBA a tout de même largement évolué par rapport au BASIC original. Nombreuses sont les commandes VBA et les règles d'association entre celles-ci qui n'existaient pas en BASIC. Pour simplifier, le langage VBA peut faire plus que le bon vieux BASIC – bien plus – surtout lorsqu'il s'agit d'afficher à l'écran des formes complexes ou de "communiquer" avec d'autres logiciels.

En outre, VBA n'est pas qu'un langage de programmation. Il comprend un *integrated development environment*, IDE (environnement de développement intégré) et toutes sortes de fenêtres spéciales qui vous aident à concevoir et tester vos programmes (reportez-vous à la section suivante). Dans ce domaine également, VBA est doté d'une fonctionnalité située à des années-lumière du BASIC – concevoir une interface utilisateur évoluée sans taper une seule ligne de code. Comme vous le voyez, c'est ce qui fait de VBA un outil de développement visuel.

L'environnement de développement intégré de VBA

En VBA, tout travail de programmation se déroule dans un environnement de développement intégré (le sigle anglais est IDE – integrated development environment). Ce terme peut vous sembler froid et intimidant mais ne vous laissez pas impressionner, et imaginez l'IDE comme un endroit agréable où il fait bon programmer.

L'IDE de VBA s'appelle *Visual Basic Editor*. C'est une véritable fenêtre d'application dotée de menus et barres d'outils grâce à laquelle vous avez accès à une palette d'autres fenêtres avec tous les outils nécessaires pour créer vos programmes. La Figure 1.3 vous montre Visual Basic Editor de Visio, mais il est identique dans chacune des applications VBA.

Toutes les applications VBA *ne sont pas* dotées de Visual Basic Editor (pour de plus amples informations, voir plus loin dans ce chapitre la section "Les autres dialectes VBA").

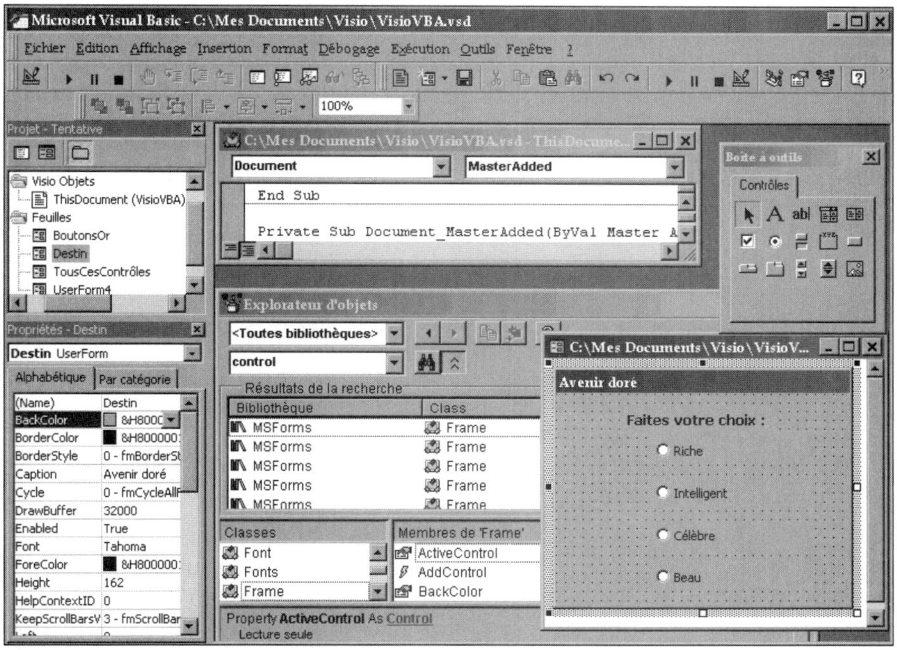

Figure 1.3 : Visual Basic Editor de Visio.

J'approfondis le sujet du Visual Basic Editor dans le Chapitre 5. Je me contenterai pour l'instant de vous dévoiler une partie de son arsenal pour vous donner une idée des outils mis à votre disposition :

- Un endroit pour concevoir les *feuilles* (fenêtres et boîtes de dialogue) utilisées dans vos programmes.
- Une palette sur laquelle vous pouvez choisir boutons, cases à cocher et autres *contrôles* que vous pouvez ajouter à vos feuilles (reportez-vous à la section "Les contrôles – ActiveX et autres" plus loin dans ce chapitre).
- Une fenêtre vous permettant de choisir l'apparence et de définir le comportement de vos feuilles et de leurs contrôles.
- Des fenêtres de saisie et modification du code VBA pour rendre votre programme utile.
- Des fenêtres qui affichent les valeurs courantes des *variables* du programme – nombres et texte qu'il stocke et modifie – lors de son exécution (elles sont d'une grande utilité lorsque vous chassez les bogues).

Les macros et VBA

VBA est couramment utilisé pour regrouper plusieurs commandes d'une application. Si vous exécutez souvent les mêmes commandes dans le même ordre, il est judicieux de les stocker dans un programme VBA. Vous pouvez alors activer toute la séquence à l'aide d'une seule commande, celle qui lance le programme VBA que vous avez créé.

La méthode la plus simple pour créer ce type de programme VBA est d'enregistrer la séquence de commandes. La plupart des applications VBA possèdent un *enregistreur de macros*, qui fonctionne un peu comme un magnétophone. Dès son lancement, il enregistre toutes les commandes que vous exécutez dans votre application. Une fois stoppé, il convertit les commandes enregistrées en code VBA. Le programme VBA obtenu s'appelle une *macro*. Le Chapitre 2 vous explique les tenants et les aboutissants de l'enregistrement des macros.

Mise à part la méthode de création, il n'existe absolument aucune différence entre une macro enregistrée et un programme VBA écrit avec du code. Vous pouvez modifier le code de la macro, ajouter ou supprimer des éléments, tel que vous l'entendez, exactement comme si vous aviez saisi le code vous-même.

Les contrôles – ActiveX et autres

Dans n'importe quel programme Windows, les *contrôles* sont les machins sur votre écran sur lesquels vous pouvez cliquer ou dans lesquels vous pouvez saisir du texte pour que le programme génère une action. Parmi les contrôles les plus connus, vous avez les boutons à bascule des barres d'outils et boîtes de dialogue, les cases d'option et cases à cocher lorsque plusieurs choix sont proposés, et les zones de texte qui vous permettent de saisir ou modifier des entrées. La Figure 1.4 montre une boîte de dialogue remplie de contrôles.

Vous retrouvez également dans VBA les autres types de contrôles présents dans Windows. Ce sont des composants prêts à l'emploi. Pour ajouter un contrôle à votre feuille (une fenêtre ou une boîte de dialogue), il suffit de cliquer sur celui de votre choix dans la Boîte à outils, une barre d'outils spéciale illustrée par la Figure 1.5, puis de le parachuter sur la feuille.

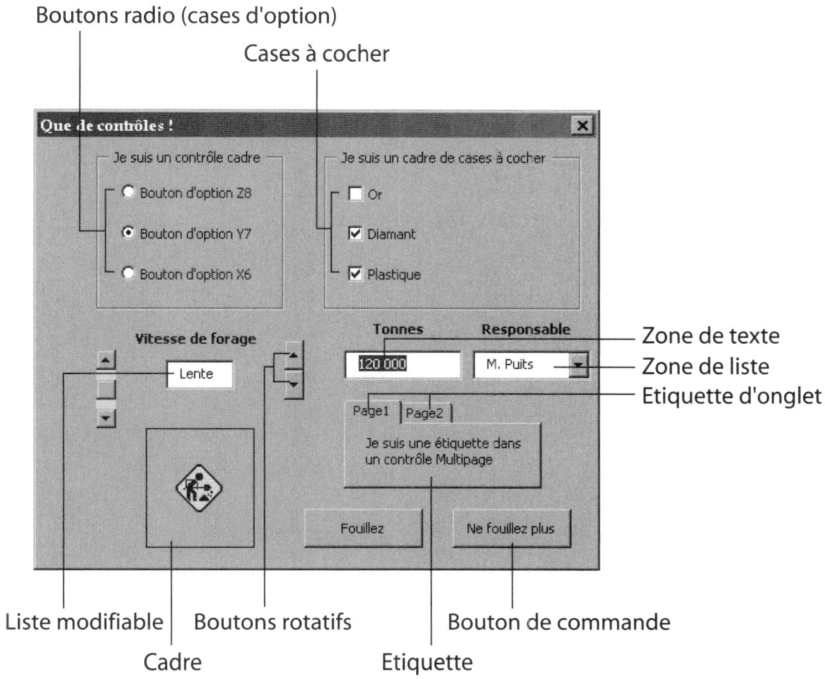

Figure 1.4 : Une boîte de dialogue remplie de contrôles.

Figure 1.5 : La Boîte à outils de Visual Basic Editor propose une palette de contrôles pour enrichir vos feuilles.

Grâce à ActiveX, vous n'êtes pas limité aux contrôles fournis avec VBA. Estampillée Microsoft, ActiveX est une norme qui permet aux développeurs de créer des contrôles interchangeables que vous pouvez intégrer à vos programmes comme bon vous semble. Les contrôles de VBA sont des ActiveX mais ne représentent qu'une infime partie de toute la gamme. Les contrôles

ActiveX sont également utilisables dans des programmes écrits en C++ et Java. Pour pouvoir utiliser un nouveau contrôle ActiveX dans une feuille VBA, il vous suffit de l'ajouter à la Boîte à outils (la marche à suivre est décrite au Chapitre 14). Une fois installé, il fonctionne comme les contrôles VBA.

N'importe qui peut créer, s'il le désire, ces gadgets spéciaux pour son propre usage – ou pour les vendre au programmeur que vous êtes. Vu l'énormité du marché des logiciels Windows, il n'est pas étonnant de trouver un nombre impressionnant de contrôles ActiveX. Vous découvrirez des versions améliorées des contrôles standard, ainsi que de nouveaux types de contrôles, tels que numéroteurs, compteurs, horloges, calendriers, etc. Si vous ne trouvez pas votre bonheur parmi les contrôles fournis avec VBA, vous pourrez certainement en acheter un qui fera l'affaire. La Figure 1.6 vous donne une idée des innombrables choix qui existent.

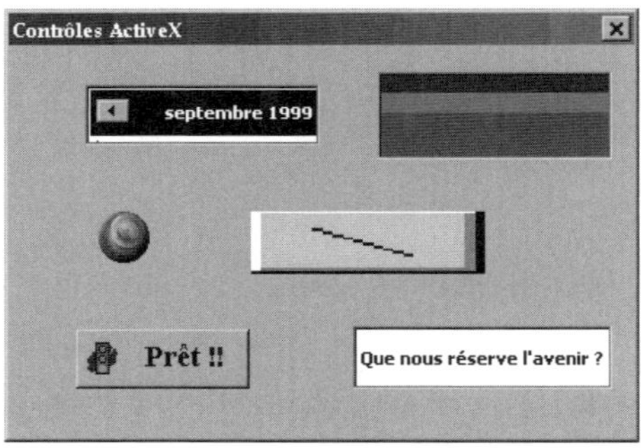

Figure 1.6 : Cette feuille contient des contrôles ActiveX qui ne sont pas fournis avec VBA.

L'atout principal de ces contrôles ActiveX optionnels est leur apparence. Ils reprennent plus ou moins les fonctions des contrôles classiques mais bénéficient d'un habillage plus chouette. Admettons que vous soyez en train de créer un jeu d'aventure et que vous vouliez permettre aux joueurs de mesurer la vitesse de leur croiseur interstellaire. Bon, d'accord, personne ne s'amuserait à utiliser VBA pour créer un jeu d'aventure. Mais, gardons cette hypothèse ; au lieu de présenter des boutons toupies tristounets, n'auriez-vous pas plutôt envie de leur offrir de belles icônes rouge vif représentant un vaisseau spatial ?

Et il est souvent possible de faire, avec les contrôles ActiveX complémentaires, des choses que les contrôles classiques ne permettent pas. Par exemple, vous pouvez acheter des contrôles pour créer de petites grilles de feuille de calcul sur vos feuilles. Le Chapitre 14 fait un tour d'horizon des contrôles ActiveX optionnels les plus populaires et utiles du marché.

NOTE TECHNIQUE

Si vous êtes vraiment motivé, vous pouvez créer vos propres contrôles ActiveX. Pour cela, il vous faut Visual Basic (pas VBA) 5 ou ultérieur.

La programmation orientée objet avec VBA

Visual Basic est (presque) devenu un véritable langage de programmation *orienté objet*. Bien que l'utilisation d'objets puissent poser quelques difficultés pour un néophyte en matière de VBA, le jeu en vaut la chandelle. Le Chapitre 12 vous donne toutes les clés de la programmation orientée objet, mais auparavant, vous méritez une petite introduction.

Qu'est-ce qu'un objet ?

Les objets sont des éléments essentiels du paysage VBA car ils vous permettent d'accéder aux fonctionnalités de l'application VBA avec laquelle vous travaillez. Qui sait, vous finirez peut-être par accéder aux objets d'autres applications compatibles, voire créer vos propres objets.

Concrètement, un objet est simplement un élément doté d'un nom et qui possède des :

- **Propriétés :** Paramètres que vous pouvez vérifier et modifier.
- **Méthodes :** Actions que l'objet peut effectuer lorsque le programme l'ordonne.
- **Evénements :** Tout ce qui arrive à l'objet ; ce dernier peut y répondre, automatiquement, par une action prédéfinie.

On appelle objet un élément comprenant à la fois les données et le code qui agit sur celles-ci.

Les objets en tant que composants d'applications VBA

Le moyen le plus simple de se représenter un objet est de l'imaginer comme un élément à part entière de votre application VBA et de ses documents. Dans un dessin Visio, une *forme* est un objet, au même titre qu'une *ligne* reliant deux formes. Il en va de même pour chaque *dessin* sur lequel sont placées des formes et chaque page sur laquelle sont disposés les dessins. C'est également valable pour le document proprement dit auquel appartiennent pages, dessin, formes et lignes.

Dans le même ordre d'idée, les objets Excel comprennent les cellules dans lesquelles vous entrez des données ou des formules, les plages de cellules, les graphiques qui agrémentent nombre de feuilles de calcul, les feuilles individuelles et les classeurs. Dans la plupart des applications VBA, les barres d'outils et les menus, ainsi que les boutons et commandes dont ils sont dotés sont aussi des objets. Les objets VBA sont hiérarchisés, un type d'objets comprenant des objets d'autres types. Ces hiérarchies sont des *modèles objet*.

VBA : une norme, enfin en quelque sorte

VBA présente plusieurs atouts solides dont celui d'être une *norme* – il fonctionne de la même façon dans toutes les applications VBA. Si vous parvenez à écrire des programmes, disons, dans Microsoft Word, vous devriez pouvoir en faire de même dans Visio, AutoCad ou n'importe quelle autre application VBA. Cette affirmation est loin d'être fausse mais ce n'est pas si simple.

Visual Basic Editor et ses composants sont identiques dans toutes les applications VBA (enfin, dans celles qui comprennent Visual Basic Editor) ; Visual Basic Editor fonctionne de la même façon dans toutes les applications. Cela est valable, par exemple, pour le procédé visuel de création de feuilles (je vous rappelle que les feuilles sont les fenêtres et boîtes de dialogue personnalisées que vous créez dans vos programmes). En fait, vous pouvez créer une feuille dans une application VBA puis l'utiliser dans une autre. Pour être honnête, la conception des feuilles est la partie la plus facile de VBA.

Lorsque vous abordez le langage de programmation pur et dur de VBA, les choses se corsent. D'un côté, les bases du langage ne changent jamais (à part les légères différences entre VBA 5 et VBA 6). Par exemple, vous utiliserez toujours le même mot-clé `Dim` pour définir une nouvelle variable (rappelez-vous, une *variable* est une place de parking sur laquelle le programme stocke un nombre, du texte ou un autre élément susceptible d'être modifié pendant l'exécution du programme). Dans n'importe quelle application VBA, l'instruction `Dim MaVariable as Integer` crée une variable (`MaVariable`) et la définit comme un nombre entier (Integer) – et non comme du texte ou un nombre décimal.

De même, vous utilisez ces techniques pour mettre en place les routines de votre programme qui exécutent des tâches spécifiques (procédures et fonctions), quelle que soit l'application dans laquelle vous travaillez.

A part ces fondamentaux, de nombreuses commandes de programmation VBA sont malgré tout spécifiques à l'application utilisée. Je veux dire par là que vous aurez peut-être encore beaucoup à apprendre si vous passez d'une application à l'autre pour programmer – bien que VBA soit supposé être normalisé.

En y réfléchissant bien, c'est tout à fait logique – après tout, une application graphique telle que Visio propose des commandes différentes de celles d'un traitement de texte comme Word. Mais, malheureusement, il arrive souvent que des applications VBA utilisent des commandes différentes pour des fonctionnalités pourtant identiques. Les commandes de personnalisation des menus et barres d'outils illustrent parfaitement cette contradiction. Figurez-vous que même Word, Excel et PowerPoint, pourtant véritables cousins dans la famille Microsoft Office présentent des commandes différentes pour personnaliser certains éléments. Oui, je sais, la perfection n'est pas de ce monde.

NOTE TECHNIQUE

D'un point de vue technique, le langage VBA proprement dit est le même dans toutes les applications VBA. Il semble différent car chaque application possède ses propres objets, méthodes (commandes) et propriétés (caractéristiques). Pour de plus amples informations sur les objets, méthodes et propriétés, reportez-vous au Chapitre 12.

VBA 5 contre VBA 6

Le présent ouvrage traite VBA 6, version utilisée dans les applications Office XP et Office 2000 – dont FrontPage, Visio et Project – et que vous retrouvez également dans les produits Micrografx iGrafx ainsi que dans Corel WordPerfect 2000 et Corel Draw. Mais, il existe peu de différence entre VBA 6 et VBA 5, son prédécesseur, apparu dans Microsoft Office 97 et figurant encore dans certaines applications non-Microsoft. Vous pouvez passer d'une version à l'autre sans perdre au change. Il vous faut néanmoins connaître les différences les plus flagrantes :

- VBA 5 offre une aide en ligne grâce à l'ancien programme WinHelp, alors que VBA 6 s'appuie sur le nouveau HTML Help de Microsoft (au demeurant, beaucoup préfèrent WinHelp).
- VBA 6 enrichit l'ossature du langage VBA grâce à 13 nouvelles fonctions, dont la plupart sont destinées à traiter du texte ou formater des valeurs. Le Chapitre 11 aborde les fonctions VBA intégrées et répertorie celles qui sont spécifiques à VBA 6.
- Les feuilles VBA 6 (boîtes de dialogue personnalisées) peuvent être non modales alors que dans VBA 5 elles sont toutes modales. Je n'explique pas ces termes maintenant car ils sont traités en détail au Chapitre 10.

Les nombreuses autres améliorations de VBA 6 sont destinées aux développeurs confirmés et dépassent le cadre du présent ouvrage.

Si vous utilisez Office XP, vous avez peut-être remarqué que cette suite comprend VBA 6.3. Selon Microsoft, les améliorations dont bénéficie cette version ne sont pas visibles d'emblée car elles se situent toutes "sous le capot" – elles concernent la correction des bogues et l'amélioration des performances, les principes de programmation restant les mêmes.

Les autres dialectes VBA

La plupart des applications VBA ont tous les accessoires : l'enregistreur de macros, la version intégrale de Visual Basic Editor et le langage de programmation VBA complet. Parmi ces applications VBA luxueuses, vous trouverez Visio, WordPerfect, AutoCad et, bien sûr, l'artillerie lourde de Microsoft : Word, Excel, Access et PowerPoint.

NOTE TECHNIQUE

Microsoft Access diffère légèrement des autres applications VBA grand public car il ne possède pas d'enregistreur de macros ; dans Access, les macros sont créées manuellement et ne sont donc pas des macros VBA. Les formulaires Access (boîtes de dialogue personnalisées – dans Access on ne les appelle pas feuilles) ne peuvent pas être utilisés dans les autres applications VBA. Access 2000 dispose de Visual Basic Editor, contrairement à Access 97 dans lequel vous pouvez recourir à des fenêtres indépendantes pour saisir du code VBA, déboguer et créer des formulaires.

VBScript, une version limitée de VBA, est employé dans certaines applications dont Internet Explorer et Outlook de Microsoft. Les applications dotées de VBScript ne disposent pas de Visual Basic Editor et le langage de programmation proprement dit n'est pas aussi complet que VBA, tout en étant particulièrement puissant.

VBA contre Visual Basic

Avec VBA, vous ne pouvez pas créer d'applications séparées et autonomes. Mais il existe une autre différence notable par rapport à Visual Basic : les programmes VBA sont parfois plus lents.

Pourquoi VBA est-il généralement plus lent que Visual Basic ?

La raison est très simple : un programme VBA doit être *compilé* au moins une fois par session de travail de l'application VBA. La *compilation* consiste à convertir le code du programme (que vous pouvez lire) en code machine (les instructions réellement exécutées par l'ordinateur). Un *compilateur* est un logiciel qui convertit le code lisible par le programmeur en instructions identifiables par l'ordinateur.

Une fois compilé, un programme en Visual Basic est stocké sur le disque dur de l'ordinateur sous une forme qui permet de l'exécuter à la vitesse maximale de la machine, dès qu'il a été chargé en mémoire. Les programmes VBA, quant à eux, sont stockés en tant que code VBA. Lorsque vous donnez l'ordre d'exécuter un programme VBA, voici ce qui se passe :

1. **Le programme est compilé.**

   C'est là que se situe le goulet d'étranglement. Pendant le fonctionnement du compilateur, vous pouvez entendre votre disque dur bourdonner, mais rien ne semble se produire.

2. **La version compilée est stockée dans la mémoire de l'ordinateur.**

3. **Enfin ! Le programme est exécuté.**

L'étape 2 limite les dégâts. Tant que la version compilée du programme VBA est en mémoire, il peut être exécuté à pleine vitesse autant de fois que vous le souhaitez. Mais, dès que vous quittez l'application VBA, le programme compilé se volatilise et vous devrez de nouveau le compiler lors de la prochaine session de travail de l'application. Mais, malheureusement, un programme VBA compilé peut très bien disparaître de la mémoire avant que vous ne quittiez l'application. Cela peut se produire lorsqu'il reste inactif et que la mémoire doit être utilisée pour une autre tâche, telle que l'exécution d'un tas d'autres applications.

Pour les tâches spécifiques VBA – exploitation des objets d'une application VBA –, un programme écrit en VBA est plus rapide que s'il avait été créé à l'aide de Visual Basic.

Les différences entre VBA et Visual Basic

VBA ressemble beaucoup à Visual Basic, son petit frère qui permet de créer des applications autonomes. Grâce à la similarité des deux langages, vous pouvez exploiter directement en Visual Basic vos connaissances en VBA. Cependant, ne perdez pas de vue certaines différences fondamentales.

En 2001, Visual Basic a été remanié pour devenir Visual Basic.NET. Bien que les modifications apportées concernent sa puissance et sa facilité d'utilisation, le langage de base s'est quelque peu éloigné de celui de VBA. Vous devrez donc adapter les techniques de programmation que vous employez dans VBA pour travailler avec Visual Basic.NET. Vous pouvez bien entendu rester fidèle à Visual Basic 5 ou 6, qui seront encore largement utilisés dans les années à venir et présentent l'avantage d'être doté du même langage de base que celui de VBA. Mais, VBA et Visual Basic proposent chacun leur propre technique de création et d'affichage des feuilles (boîtes de dialogue personnalisées), et vous devrez donc vous accommoder de cette différence.

Chapitre 2

N'écrivez pas de code si vous pouvez enregistrer une macro

Dans ce chapitre :

- Enregistrer des macros, c'est-à-dire des séquences de commandes, que vous pouvez utiliser à l'infini.
- Démarrer l'enregistreur de macros.
- Apprendre à enregistrer des macros qui obéissent au doigt et à l'œil.
- Visualiser et modifier le code d'une macro dans Visual Basic Editor.

Vous n'avez aucun souci à vous faire puisque vous n'avez pas de code à écrire. Si vous désirez simplement automatiser des commandes de votre application, enregistrez-les en tant que *macro*. Vous allez découvrir pourquoi les macros peuvent vous aider à écrire le strict minimum de code.

Comprendre le fonctionnement des macros

Certaines applications VBA – en particulier Microsoft Word, Excel et PowerPoint – disposent d'un *enregistreur de macros*, qui fonctionne un peu comme un magnétophone. Parmi les applications dotées d'un enregistreur de macros figurent Microsoft Word, Excel, PowerPoint et Project (mais pas Access, Outlook, FrontPage ou Visio) et Corel Draw (mais pas Corel Wordperfect ou Photo-Paint). Dès que vous le lancez, il enregistre chaque commande utilisée dans l'application jusqu'à ce que vous ayez cliqué sur le bouton Arrêter. Une fois enregistrée, vous pouvez exécuter la macro comme bon vous semble pour reproduire cette séquence de commandes.

Au fait, *macro* signifie grand. Il s'agit donc de regrouper un tas de petites commandes dans une grande. Enfin, tout est relatif, car vos macros peuvent être très petites – si vous avez du temps de libre, vous pouvez très bien enregistrer une macro ne comprenant qu'une seule commande et qui ne sert donc à rien.

Dans les applications VBA non dotées d'un enregistreur de macros, le terme *macro* désigne les programmes VBA, ceux créés en programmant. Dans Visio 4.5 et 5.0, par exemple, la création d'une macro génère un nouveau programme dans Visual Basic Editor. A l'inverse, dans au moins une grande application VBA, Access, les macros ne sont pas directement liées à VBA. En effet, bien que vous puissiez créer des macros qui lancent des séquences de commandes, elles ne sont pas stockées automatiquement en tant que code VBA (voir l'encadré "Les macros n'ont jamais d'ennuis avec la police" plus loin dans ce chapitre). Toutes les versions d'Access étant dépourvues d'un enregistreur de macros, vous devez donc sélectionner les commandes à stocker dans une macro via une boîte de dialogue spéciale.

Les macros n'ont jamais d'ennuis avec la police

Le terme *macro* désigne en fait, sous un nom différent, un programme VBA. L'enregistreur de macros convertit chaque commande utilisée dans l'application en une ligne de code VBA. Une fois créée, la macro est stockée comme une simple *procédure* VBA. Les procédures, comme l'explique en détail le Chapitre 6, sont des unités de code VBA exécutables à partir de leur nom. (Pour être tout à fait exact, techniquement, une macro est une procédure Sub sans argument. Cela vous fait une belle jambe ?)

Un autre détail technique : Microsoft Access comprend à la fois des macros et VBA, mais les macros Access *ne sont pas* des programmes VBA. Vous créez une macro Access en sélectionnant une série de commandes dans une boîte de dialogue spéciale. Brouillons un peu plus les pistes : je dois encore vous dire qu'une macro Access peut lancer une procédure VBA Access. Oh mon Dieu !

Quand enregistrer les macros ?

Les macros vous font gagner du temps et vous rendent moins grognon. C'est vrai ! L'ordinateur peut lancer une séquence de commandes bien plus rapidement que vous ne pouvez le faire en cliquant sur des boutons ou en déroulant des menus. Et l'ordinateur ne se trompe jamais. Cela vous rendra de meilleure humeur, car reconnaissez que vous avez horreur de refaire deux ou trois fois de suite la même chose.

Alors, exercez-vous à identifier les séquences de commandes que vous utilisez encore et encore dans votre application. Dès que vous repérez des tâches répétitives, enregistrez immédiatement ces commandes dans une macro. Mieux encore, lorsque vous savez à l'avance que vous allez devoir réutiliser une série de commandes, enregistrez la macro à leur première exécution. Ensuite, ayez recours à la macro à la place des commandes individuelles.

Les macros ont l'air sympathiques mais l'ascension du mont Programmeur ne fait que commencer

Bien qu'elles soient intrinsèquement très utiles, les macros permettent aussi de grandement simplifier la programmation VBA. Lorsque vous aurez enregistré vos premières macros, vous rêverez très rapidement de les rendre un peu plus souples. Moyennant un tout petit peu de programmation VBA, vous pouvez apporter un soupçon d'intelligence à une macro, en modifiant son comportement en fonction des conditions rencontrées. Reportez-vous à la section "Modifier des macros – la méthode la plus simple pour écrire du code", plus loin dans ce chapitre.

Planifier une macro

Si vous sautez cette section d'un ennui mortel et plongez directement dans l'univers de l'enregistrement des macros, laissez-moi vous donner un petit conseil : pour vous épargner un bon mal de crâne, consacrez quelques instants à la planification de vos macros avant de passer à l'enregistrement.

Dès que vous avez une vague idée de ce que doit accomplir votre macro, vous êtes tenté de démarrer illico presto l'enregistreur et d'y entasser les commandes. L'ennui, c'est que l'enregistreur consigne fidèlement chaque commande exécutée, y compris vos erreurs, et 8 à 9 fois sur 10, vous en faites au moins une.

Bien entendu, vous pouvez supprimer une macro bousillée et recommencer de zéro. Mais vous pourriez également éviter ce désagrément en planifiant tout.

Réfléchissez aux différentes étapes que votre macro doit suivre, essayez-les pour vous rendre compte de ce qu'elles produisent concrètement, *puis* enregistrez la macro.

N'OUBLIEZ PAS

Lors de la planification, pensez aux conditions spéciales éventuellement nécessaires au bon fonctionnement de votre macro. Prévoyez d'inclure dans la macro les commandes permettant de recréer ces conditions.

Prenons un exemple simple : vous travaillez dans Microsoft Word. Disons que votre macro doit insérer la date au début d'un document. Vous pourriez très bien partir du principe que le point d'insertion (le curseur) est obligatoirement placé en début de document lorsque vous exécutez la macro. Rien n'est moins sûr. Même si le point d'insertion était au bon endroit lorsque vous avez enregistré la macro, vous devez d'abord enregistrer la commande permettant de se positionner en début de document. Ainsi, la macro fonctionnera correctement, quel que soit l'endroit où se trouve le point d'insertion.

Enregistrer les macros

Vous avez de la chance, enregistrer une macro est facile comme tout. Je vais néanmoins détailler les étapes à suivre.

Démarrer l'enregistreur de macros

Pour démarrer l'enregistreur de macros, vous pouvez utiliser l'une ou l'autre des méthodes suivantes :

- Choisissez Outils/Macro/Nouvelle macro (dans Corel Draw, Outils/Visual Basic/Enregistrer). Si vous utilisez les versions récentes d'Office, l'élément Macro n'apparaît que si vous placez le pointeur de votre souris sur la flèche située en bas du menu déroulant Outils.

- Cliquez sur le bouton Enregistrer une macro de la barre d'outils, si votre application dispose de ce bouton. Dans Microsoft Office, ce bouton figure sur la barre d'outils Visual Basic. Pour afficher la barre d'outils Visual Basic, choisissez Affichage/Barres d'outils/Visual Basic.

Ensuite, la boîte de dialogue Enregistrer une macro apparaît. La Figure 2.1 montre la boîte de dialogue Enregistrer une macro d'Excel (elle diffère d'une application à l'autre).

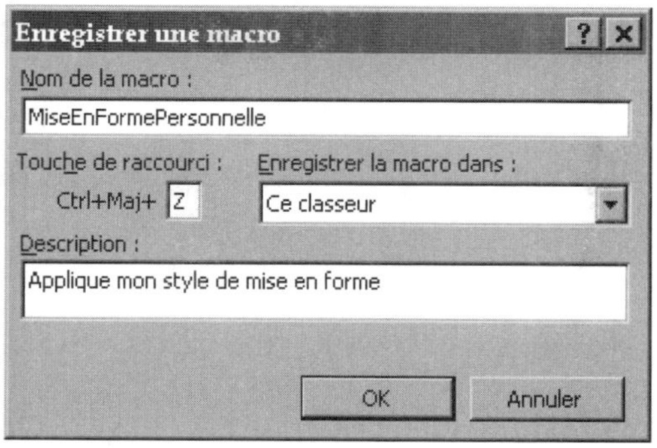

Figure 2.1 : La boîte de dialogue Enregistrer une macro d'Excel.

Donner un nom au bébé

Désireuse de vous aider, la boîte de dialogue Enregistrer une macro vous propose un joli petit nom très original pour votre macro : Macro1 (ou Macro2, Macro3). Remerciez-la poliment puis empressez-vous d'effacer la suggestion et tapez un nom de votre cru.

Le nom d'une macro doit bien entendu être parlant. Mais, vous devez respecter certaines règles. Les enfants, répétez après moi :

- **Un nom de macro doit toujours commencer par une lettre, jamais par un chiffre.** Mais vous pouvez inclure un chiffre à partir du deuxième caractère.
- **Un nom de macro ne contient jamais d'espaces.** Pour séparer les mots, mettez leur initiale en majuscules, comme ceci :

```
EffacerToutLeDisqueDur
```

- **Les signes de ponctuation sont également interdits.** Il existe des exceptions, mais il vaut mieux vous passer des signes de ponctuation. Si vous en utilisez, VBA vous affichera la boîte de dialogue avec le message "Nom de procédure incorrect".

Le Chapitre 6 aborde en détail les règles d'affectation de nom.

Les autres options de la boîte de dialogue Enregistrer une macro

Selon l'application, la boîte de dialogue Enregistrer une macro vous permet de définir d'autres options. En voici quelques-unes :

- Vous pouvez modifier la description de la macro et taper un texte de la longueur que vous voulez.
- Vous pouvez indiquer à l'application où stocker la macro. Souvent, vous avez le choix entre la placer dans le document actif ou dans un modèle de document.
- Vous pouvez affecter la macro à un bouton de barre d'outils ou une touche de raccourci. Si cette option est disponible dans votre application, n'hésitez surtout pas à l'utiliser. Pour de plus amples informations, reportez-vous à la section suivante.

Bouton, bouton, mais quel bouton ?

Certaines applications VBA vous permettent d'affecter une nouvelle macro à un bouton de barre d'outils ou une touche de raccourci au moment de l'enregistrement. Profitez-en, le moyen le plus pratique de lancer une macro est de cliquer sur un bouton ou d'appuyer sur une touche de raccourci.

Si votre application dispose de cette option, elle apparaît dans la boîte de dialogue Enregistrer une macro. Dans Excel, par exemple, vous y trouverez un champ Touche de raccourci. Vous pouvez saisir une combinaison de touches, telle que Ctrl+Maj+Z, qui exécute la macro (regardez de nouveau la Figure 2.1). Dans Word, la boîte de dialogue Enregistrer une macro (voir Figure 2.2) vous propose deux boutons pour affecter la macro à un bouton de barre d'outils ou à une touche de raccourci. Si vous cliquez sur un de ces boutons, vous ouvrez une autre boîte de dialogue où vous effectuez l'affectation.

N'OUBLIEZ PAS

Si vous affectez la nouvelle macro à une touche de raccourci, soyez gentil, notez-la immédiatement et conservez ce pense-bête sur votre bureau ou votre écran, jusqu'à ce que vous l'ayez en tête.

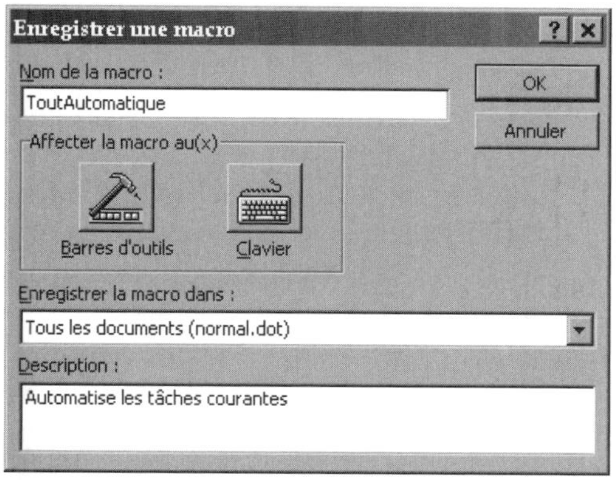

Figure 2.2 : La boîte de dialogue Enregistrer une macro de Word.

Démarrer l'enregistreur de macros

Pour démarrer l'enregistreur, dans la boîte de dialogue Enregistrer une macro, cliquez sur OK. A ce moment, la barre d'outils Arrêter l'enregistrement apparaît (voir Figure 2.3). Le pointeur de la souris se transforme en petite cassette.

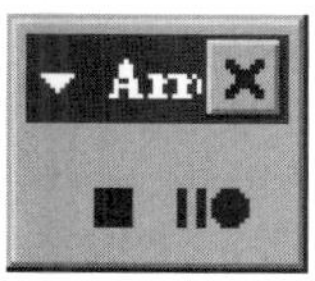

Figure 2.3 : La petite barre d'outils Arrêter l'enregistrement.

Enregistrer des commandes

Une fois que l'enregistreur fonctionne, vous n'avez rien à faire de spécial sinon utiliser normalement les commandes de votre application. Toutes vos actions – exécution d'une commande depuis une barre d'outils ou un menu, mise en forme d'un graphisme ou saisie de texte – sont stockées dans la macro.

ATTENTION !

Ah, au fait, l'enregistreur de macros enregistre aussi toutes vos erreurs. Vous pouvez corriger celles-ci en réenregistrant la macro ou en modifiant le code VBA dans Visual Basic Editor (voir "Modifier le code d'une macro dans Visual Basic Editor" plus loin dans ce chapitre).

Arrêt et pause de l'enregistreur de macros

Une fois toutes vos commandes enregistrées, arrêtez l'enregistreur en cliquant sur le bouton Arrêter l'enregistrement de la barre d'outils du même nom, illustrée par la Figure 2.3. L'enregistreur de macros termine son travail en stockant toutes les commandes enregistrées sous la forme d'un programme VBA. (Si vous ne me croyez pas, regardez donc le code généré – voir "Modifier le code d'une macro dans Visual Basic Editor" plus loin dans ce chapitre.)

Dans Word, vous pouvez marquer une pause lors de l'enregistrement d'une macro. Si vous devez utiliser une commande qui ne doit pas faire partie de la macro, cliquez sur le bouton Suspendre l'enregistrement (il est sur la barre d'outils Arrêter l'enregistrement). L'enregistreur entre alors en hibernation et ignore toutes les commandes que vous utilisez pendant ce temps-là.

Lorsque l'enregistreur est sur pause, le bouton Suspendre l'enregistrement apparaît enfoncé, comme le montre la Figure 2.4. Il devient alors le bouton Reprendre enregistrement. Lorsque vous êtes prêt à reprendre l'enregistrement, cliquez sur ce bouton.

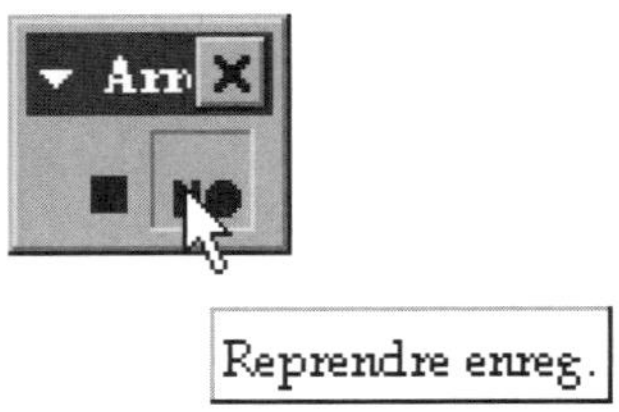

Figure 2.4 : Le bouton Pause de la barre d'outils Arrêter l'enregistrement de Word.

Exécuter des macros

Tout l'intérêt d'enregistrer une macro c'est que vous pouvez la rediffuser – ou *l'exécuter*, si vous préférez. Regarder une macro en train d'effectuer automatiquement une foule de tâches fastidieuses est un des petits plaisirs qu'offre la vie. (Pour des raisons que j'expliquerai brièvement, enregistrez votre document avant d'exécuter toute macro apportant des modifications significatives à son contenu.)

Les macros étant des programmes VBA, vous pouvez employer les techniques qui vous servent à exécuter les programmes VBA de votre cru. La méthode infaillible est d'ouvrir la boîte de dialogue Macros (Alt+F8), sélectionner la macro puis cliquer sur Exécuter – voir la Figure 2.5. J'aborde dans le détail ces notions d'exécution de programmes VBA au Chapitre 4.

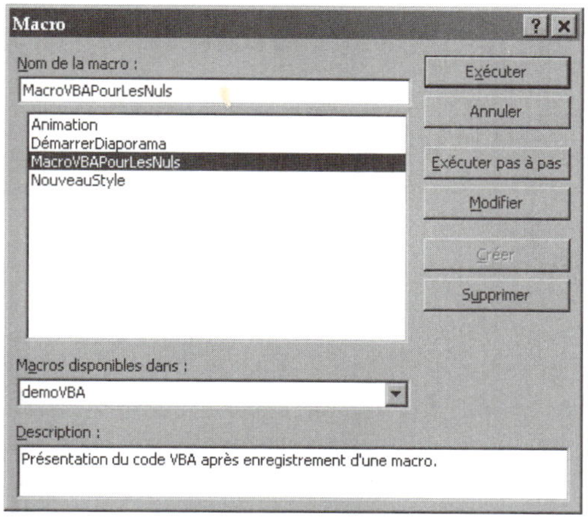

Figure 2.5 : La boîte de dialogue Macro (qui s'intitule Macros dans de nombreuses applications VBA).

ATTENTION !

Une macro enregistrée n'est pas intelligente – elle ne peut pas adapter son comportement aux conditions rencontrées. Lorsque vous lancez une macro, elle essaie d'exécuter les commandes enregistrées, même si les conditions réunies dans l'application ne le permettent pas. Par exemple, si votre macro suppose que vous êtes au début du document, mais s'exécute alors que votre point d'insertion est à la fin de celui-ci, rien ne se produira. Si vous exécutez une macro conçue pour modifier du texte alors que vous êtes en train de dessiner des graphismes, cela pourrait bien détruire l'œuvre d'art qui vous a demandé des heures de travail minutieux. Le conseil du jour : enregistrez votre document avant d'exécuter une macro, quelle que soit sa complexité, et soyez prêt à utiliser la commande Annuler (Ctrl+Z).

Modifier des macros – la méthode la plus simple pour écrire du code

Ne croyez pas que l'enregistreur de macros prendra la poussière une fois que vous saurez écrire des lignes de code VBA. Vous pourriez même l'utiliser encore plus souvent. Après tout, la plupart des programmes VBA recherchés reposent essentiellement sur les objets, méthodes et propriétés de votre application. Alors, au lieu de taper vous-même les commandes, pourquoi ne pas les enregistrer dans une macro ?

Rappelez-vous, l'enregistreur convertit les commandes enregistrées en instructions VBA. Vous avez la possibilité de partir du code d'une macro enregistrée pour concevoir votre propre programme. Au moins, avec ces commandes enregistrées, vous n'aurez pas à mémoriser les instructions VBA nécessaires ou à craindre d'éventuelles erreurs de syntaxe.

En prime, c'est la méthode la plus simple pour affecter votre programme à un bouton de barre d'outils ou une touche de raccourci. Bien sûr, cela n'est valable que si, dans votre application, les affectations sont autorisées lors de l'enregistrement d'une macro (voir la section "Bouton, bouton, mais quel bouton ?", plus haut dans ce chapitre).

Modifier le code d'une macro dans Visual Basic Editor

Une fois la macro enregistrée, vous pouvez assez facilement modifier le programme VBA généré (ou simplement étudier les lignes de code). Voici la marche à suivre :

1. **Choisissez Outils/Macro/Macros ou appuyez sur Alt+F8 pour afficher la boîte de dialogue Macro (voir Figure 2.5).**
2. **Sélectionnez la macro à exécuter dans la liste, sous Nom de la macro.**

   La macro que vous venez d'enregistrer n'est pas sélectionnée automatiquement, vous devrez peut-être dérouler la liste pour la trouver.
3. **Cliquez sur le bouton Modifier.**

Vous êtes alors propulsé dans Visual Basic Editor et pouvez modifier le code de la macro sélectionnée. La Figure 2.6 vous donne un exemple.

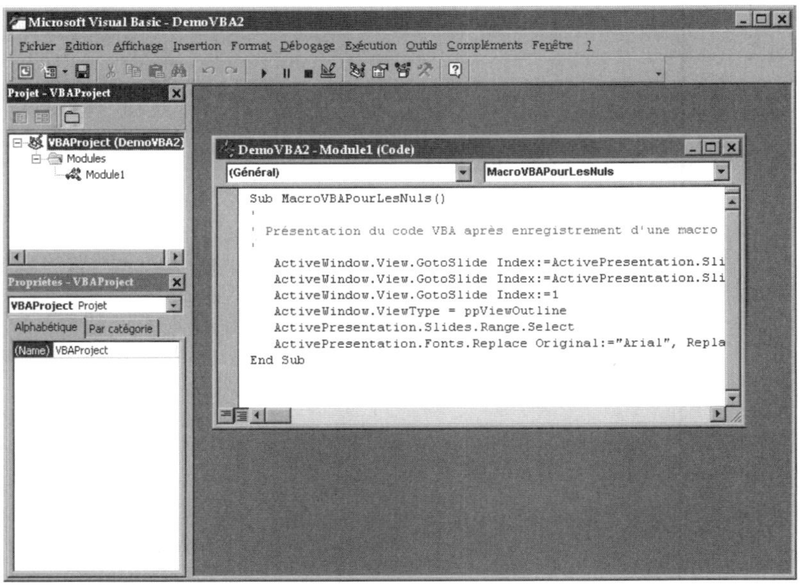

Figure 2.6 : Vous venez d'enregistrer une macro et voici le code qui a été généré à l'aide de l'enregistreur de macros.

Apporter des modifications simples à une macro

Ce chapitre n'a pas pour objectif de détailler les modifications de macros dans Visual Basic Editor. Après tout, la technique est la même que celle à utiliser pour créer des programmes VBA de A à Z, ce sur quoi porte la majeure partie du présent ouvrage.

Mais, ce n'est pas aller vite en besogne que de vous apprendre quelques modifications simples et utiles à appliquer à vos macros. Cela demande un minimum de programmation et peut grandement optimiser vos macros. Essayez donc ceci :

- **Dans une macro, répéter des commandes un certain nombre de fois.** Vous savez peut-être à l'avance que vous avez à exécuter toute la séquence – ou une seule commande – 11 fois. Il vous suffit d'ajouter une boucle `For...Next` au code. Vous allez me demander : qu'est-ce qu'une boucle `For...Next` ? C'est un des éléments du langage de programmation VBA, abordé au Chapitre 8.

- **Répéter les commandes d'une macro, mais en déterminant le nombre de répétitions lors de l'exécution de la macro.** Si vous êtes un peu plus ambitieux, vous pouvez ajouter à votre macro enregistrée une boucle `For...Next` et une `InputBox`. Il s'agit d'une petite boîte de dialogue vous posant une question et dans laquelle vous devez taper une réponse, dans ce cas précis le nombre de répétitions. Le Chapitre 11 traite l'utilisation de l'`InputBox`.

- **Choisir le texte utilisé par la macro lors d'une étape donnée.** Une macro insérant toujours le même texte dans vos documents n'est pas très souple. En ajoutant une `InputBox` à la macro enregistrée, vous pouvez lui indiquer le texte qu'elle devra insérer à chaque exécution. Là encore, reportez-vous au Chapitre 11 pour de plus amples informations sur l'`InputBox`.

- **Vérifier une sélection avant de démarrer la macro.** Votre macro peut ne pas fonctionner correctement tant qu'un texte, un graphisme ou autre objet n'est pas sélectionné. Vous pouvez utiliser une séquence VBA `If...End If` pour vous assurer que le bon élément est sélectionné, et, si ce n'est pas le cas, pour annuler l'exécution. Le Chapitre 8 livre l'essentiel sur l'instruction `If...End If`.

Dès que vous aurez constaté avec quelle facilité et à quel point vous pouvez optimiser vos macros, moyennant quelques lignes de code VBA, vous aurez hâte de vous mettre à la programmation. Ensuite, vous deviendrez sans trop de problèmes un bon programmeur VBA, ce n'est qu'une question de temps.

Chapitre 3
Notions élémentaires de programmation en VBA

Dans ce chapitre :

- Démarrer Visual Basic Editor.
- Utiliser l'Aide VBA.
- Programmer en VBA – petit guide coquin.

Les macros conviennent parfaitement pour certaines tâches mais les programmes VBA personnalisés vous ouvrent bien d'autres portes. Ce chapitre est une introduction intensive à la programmation VBA proprement dite. Après une présentation de Visual Basic Editor et de l'Aide VBA, je vous montrerai comment bâtir un programme VBA simple. Une fois ces principes de base assimilés, vous serez bien armé pour affronter les notions complexes présentées dans les chapitres suivants.

Démarrer Visual Basic Editor

Visual Basic Editor est le centre de contrôle d'où vous effectuez vos travaux, de la conception des feuilles à l'écriture du code, en passant par les tests et le débogage des programmes VBA. Le Chapitre 5 fera de vous un expert de Visual Basic Editor. Pour le moment, vous devez uniquement apprendre à l'afficher à l'écran.

Si vous avez déjà fouiné dans le code créé par l'enregistreur de macros, vous connaissez au moins une façon de démarrer Visual Basic Editor – sélection d'une macro dans la boîte de dialogue Macro puis clic sur Modifier. Mais, bien entendu, vous pouvez démarrer Visual Basic Editor directement. Dans la plupart des applications VBA, les deux méthodes suivantes fonctionnent :

- Choisir Outils/Macro/Visual Basic Editor.
- Appuyer sur Alt+F11. Votre disque dur bourdonne puis Visual Basic Editor apparaît à l'écran. Il doit plus ou moins ressembler à celui de la Figure 3.1.

Dans quelques applications VBA, le chemin menant à Visual Basic Editor est différent. Si les accès décrits ci-dessus ne fonctionnent pas, la commande doit figurer quelque part dans le menu Outils.

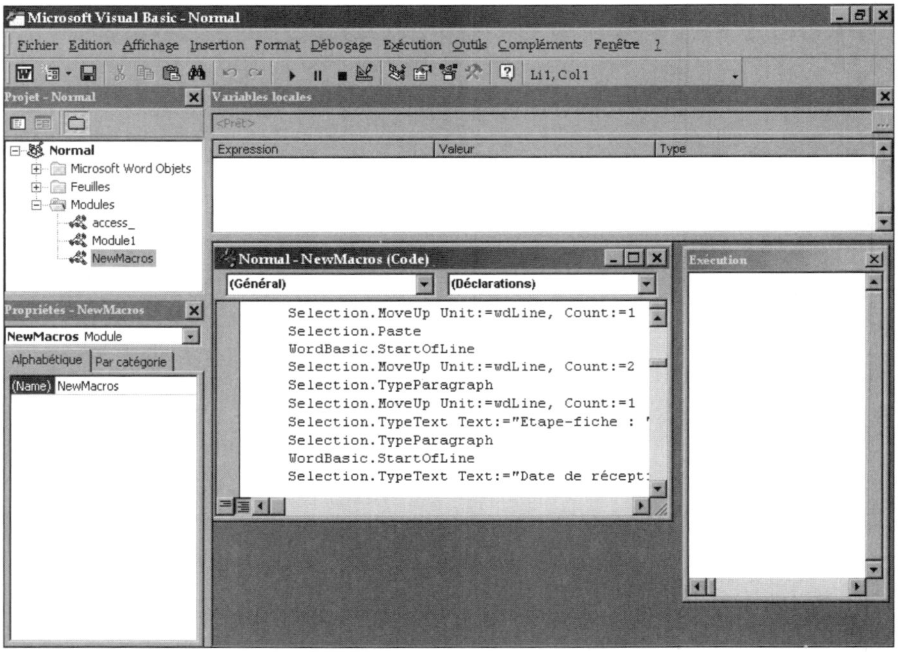

Figure 3.1 : Visual Basic Editor.

Dans Visual Basic Editor en un seul clic

Dans certaines applications, un simple bouton de barre d'outils vous permet d'ouvrir Visual Basic Editor. Dans les applications VBA de Microsoft Office (Word, Excel et PowerPoint), ce bouton figure sur la barre d'outils Visual Basic illustrée par la Figure 3.2. Pour afficher cette barre d'outils, choisissez Affichage/Barres d'outils/Visual Basic. La collection de boutons diffère d'une application à l'autre.

Figure 3.2 : La barre d'outils Visual Basic de Word.

Voici à quoi servent les boutons de la barre d'outils Visual Basic (de la gauche vers la droite) :

- Les deux premiers boutons servent respectivement à exécuter (triangle bleu) et enregistrer (point bleu) des macros.
- Le bouton du milieu (sur la Figure 3.2, le quatrième en partant de la droite) lance Visual Basic Editor. Si vous utilisez souvent Visual Basic Editor, mais ne vous servez pas des autres boutons, copiez ce bouton dans une autre barre d'outils. Dans les applications Office, pour copier un bouton, maintenez la touche Alt enfoncée puis glissez-déplacez-le vers l'endroit souhaité.
- Le bouton représentant un marteau et une clé correspond à la Boîte à outils Contrôles. Dans Office, vous pouvez placer des contrôles VBA au sein même de documents et pas uniquement dans les feuilles VBA.
- Le bouton représentant une règle, une équerre et un crayon vous permet de passer en mode création, pour modifier les contrôles VBA du document.

Bref aperçu de Visual Basic Editor

Vos premières incursions dans Visual Basic Editor vous dérouteront peut-être. Vous connaissez certes ses menus et barres d'outils, mais pourquoi toutes ces fenêtres ? Il est difficile de se repérer car la disposition et les combinaisons des fenêtres sont infinies (cela dépend du paramétrage de Visual Basic Editor). Et si vous n'êtes pas un habitué de la programmation, les noms et fonctions des fenêtres vous sembleront bizarres.

Le Chapitre 5 vous aidera à maîtriser toutes ces fenêtres. En attendant, le Tableau 3.1 vous donne un aperçu de leur nom et fonction.

Tableau 3.1 : Nom et fonction.

Type de fenêtre	Utilisation
Fenêtre Explorateur de projets	Naviguer et gérer les composants d'un projet VBA.
Fenêtre Code	Afficher, ajouter et modifier du code VBA.
Fenêtre UserForm	Créer des feuilles personnalisées (fenêtres et boîtes de dialogue).
Boîte à outils	Enrichir vos feuilles (et, dans de nombreuses applications VBA, vos documents) de contrôles tels que des zones de texte et des boutons.
Fenêtre Propriétés	Afficher les propriétés de la feuille ou du contrôle sélectionné.
Fenêtre Espions	Suivre les valeurs de variables sélectionnées dans votre programme.
Fenêtre Variables locales	Suivre les valeurs des variables dans la procédure en cours.
Fenêtre Exécution	Exécuter des lignes de code directement dans la fenêtre.
Fenêtre Explorateur d'objets	Parcourir tous les objets disponibles dans vos programmes.

A ce stade, concentrez-vous sur la fenêtre Code, qui vous permet d'écrire du code VBA, et sur la fenêtre UserForm, conçue pour la création de vos propres fenêtres et feuilles. Les Figures 3.3 et 3.4 vous montrent un exemple de chacune de ces fenêtres. Vous remarquerez que le type de fenêtre apparaît dans la barre de titre.

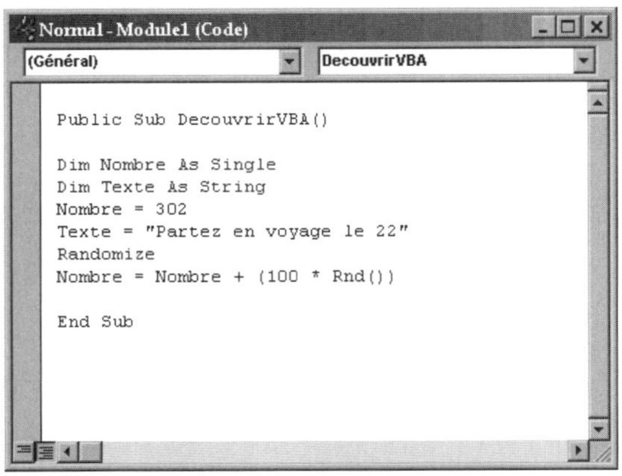

Figure 3.3 : Ecrivez du code VBA dans la fenêtre Code.

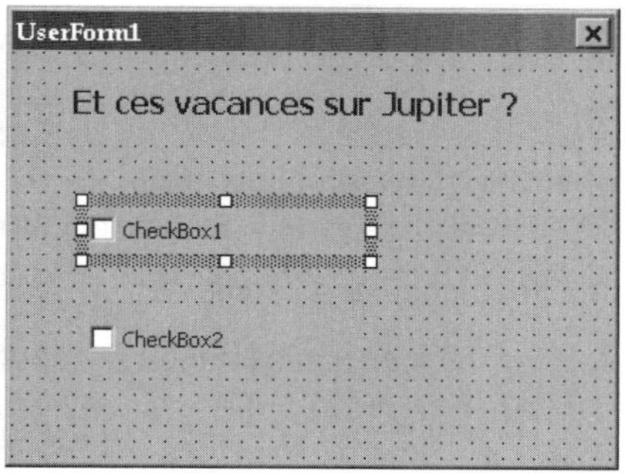

Figure 3.4 : La fenêtre UserForm avec une boîte de dialogue en cours de création.

La première fois, vous verrez peut-être plusieurs fenêtres Code ou UserForm – ou aucune. Cela n'a aucune importance car, après un rapide tour d'horizon du système d'Aide VBA, vous verrez que de nouvelles fenêtres sont nécessaires pour créer votre programme exemple.

A l'aide !

De nos jours, presque tous les logiciels sont dotés de menus très parlants, de boutons de barres d'outils agrémentés de jolies petites icônes explicites, et d'info-bulles qui décrivent la fonction. Alors, à quoi pourrait bien servir une aide disponible à l'écran ? Et bien, à écrire du code VBA.

Tout d'abord, vous avez besoin d'aide sur Visual Basic Editor proprement dit. Bien que ses menus et barres d'outils fonctionnent comme ceux d'une application classique, vous ne connaissez probablement pas nombre de ses commandes spécifiques. De même, Editor peut vous embrouiller avec ses huit ou neuf types de fenêtres, et pour s'y retrouver, cela prend du temps.

Bien sûr, vous adapterez bientôt l'interface utilisateur d'Editor à vos besoins. Malgré tout, même le programmeur le plus chevronné a besoin d'aide pour aborder le langage VBA proprement dit. Avec ses centaines d'objets, méthodes, propriétés, mots-clés et tout ce qui s'ensuit à prendre en compte, attendez-vous à compter fortement sur les fichiers d'aide VBA.

Microsoft publie un manuel de référence VBA, mais il n'est pas fourni avec la plupart des applications VBA. Par contre, il est inclus dans l'Edition du Développeur d'Office.

Faut-il composer le 15 ou le 18 ?

Les écrans d'aide VBA varient d'une application à l'autre. La plupart des applications Microsoft offrent une assistance en ligne via l'aide HTML, la norme Microsoft apparue avec Windows 98. L'aide HTML tient plus du navigateur – elle est d'ailleurs basée sur Microsoft Internet Explorer.

Malheureusement, il manque à l'aide HTML certaines fonctionnalités fort utiles, par exemple le choix de la position de la fenêtre (premier plan ou arrière-plan) lorsque vous travaillez dans une autre application. En outre, l'aide HTML fonctionne parfois assez bizarrement, c'est notamment le cas du système d'Aide de Microsoft Office 2000 (des améliorations ont été apportées dans Office XP).

Nombre d'applications VBA utilisent encore WinHelp, le moteur éprouvé qui remonte à Windows 3.1. Parmi les WinHelp fiables figurent ceux de AutoCAD 2000 et Corel Dra 10.

Pour ouvrir l'aide principale VBA, à partir de Visual Basic Editor, choisissez Aide/Aide Microsoft Visual Basic (dans VBA 6) ou Aide/Sommaire et index (dans VBA 5). Cette aide traite VBA dans sa globalité. La Figure 3.5 montre une fenêtre d'aide HTML d'une application VBA 6. Mais, malheureusement, les informations que vous obtenez à l'aide de ces commandes *ne couvrent pas* l'application VBA dans laquelle vous travaillez.

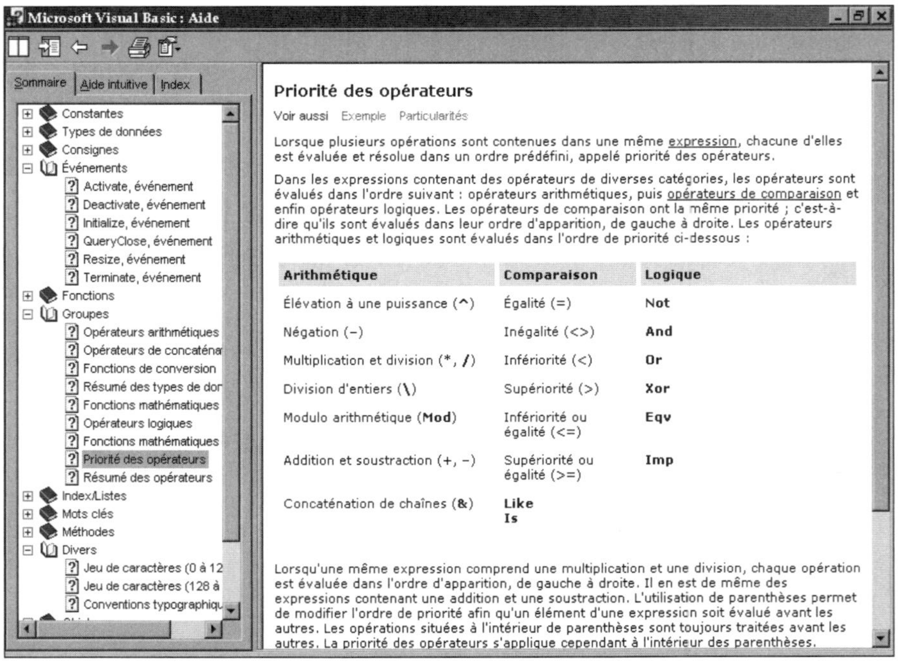

Figure 3.5 : Dans Microsoft Office, les programmeurs VBA obtiennent de l'aide grâce à des fenêtres d'aide HTML comme celle-ci.

Obtenir de l'aide sur votre application VBA

Triste vérité ! Vous pouvez toujours chercher dans Visual Basic Editor une commande qui permette d'ouvrir les fichiers d'Aide de votre application VBA, il n'y en a aucune. Pour trouver des informations sur la programmation dans votre application, pas sur VBA en général, la méthode infaillible est la suivante :

1. **Ouvrez l'Explorateur d'objets en appuyant sur la touche F2 ou en choisissant Affichage/Explorateur d'objets (reportez-vous au Chapitre 5 pour le petit topo sur l'Explorateur d'objets).**

2. **Utilisez la liste déroulante située dans le coin supérieur gauche de l'Explorateur d'objets pour sélectionner le nom de votre application VBA.**

3. **Cliquez sur un élément du volet Classes, n'importe lequel.**

4. **Appuyez sur la touche F1 ou cliquez sur le bouton illustré par un point d'interrogation et situé dans la partie supérieure de l'Explorateur d'objets.**

   Vous devriez voir dans l'Explorateur d'objets la rubrique d'aide sur l'élément sélectionné, mais maintenant, vous pouvez également utiliser l'onglet Sommaire pour accéder à l'intégralité de l'aide de votre application.

Chercher dans la meule de foin Aide

Le système d'aide VBA suit la norme Windows. Avec WinHelp et l'aide HTML, vous pouvez :

- Utiliser l'onglet Sommaire pour avoir un aperçu de l'aide, organisée en chapitres, comme dans un livre.

- Utiliser l'onglet Index pour chercher une information dans une liste de mots-clés établie par les concepteurs du système d'aide.

Dans l'aide VBA d'Office, l'onglet Aide intuitive est supposé localiser les rubriques d'aide en réponse à de véritables questions. Mais vous pouvez taper simplement un ou deux mots (toutefois, souvent, les résultats que vous obtenez ne correspondent malheureusement pas exactement à ce que vous cherchez). Dans WinHelp, l'onglet Rechercher vous permet d'effectuer une recherche sur pratiquement n'importe quel terme figurant dans le système d'aide.

Aide intuitive

Dans Visual Basic Editor, F1 est *intuitive* – elle affiche une rubrique d'aide sur l'élément utilisé. Cela dépend du type de fenêtre active dans Editor et parfois de ce qui se passe dans cette fenêtre.

N'OUBLIEZ PAS

Cette fonctionnalité est particulièrement utile lorsque vous tapez du code ou concevez une feuille. Dans la fenêtre Code, la touche F1 apporte de l'aide sur le terme où se trouve le point d'insertion ou curseur (cette barre verticale clignotante qui vous indique où taper ou bien modifier du texte). Ne vous en faites pas si vous avez oublié comment on utilise une instruction VBA telle que `For...Next`, ou si vous ignorez quelles sont les propriétés ou méthodes d'un objet. Contentez-vous de placer le point d'insertion sur le terme en question puis appuyez sur la touche F1. La Figure 3.6 vous donne un exemple du résultat que vous obtiendrez.

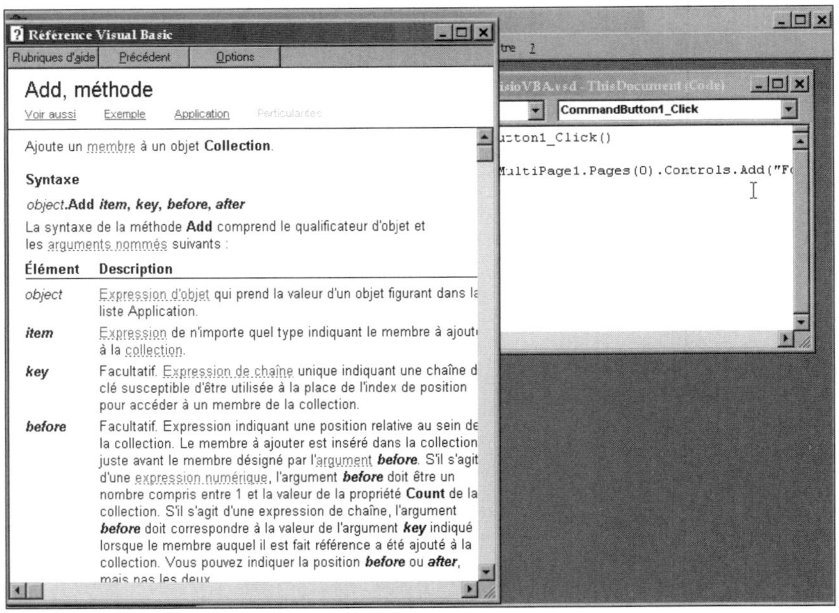

Figure 3.6 : Obtenir de l'aide sur la méthode `Add` dans Visio. Si vous regardez bien, vous remarquerez, dans la fenêtre Code, le terme `Add` juste au-dessus du pointeur de la souris (en forme de I).

F1 peut également vous apporter une aide extrêmement détaillée sur la conception d'une feuille. Dans la fenêtre UserForm, vous pouvez afficher une rubrique d'aide sur n'importe quel contrôle de la feuille (au risque de me répéter, les *contrôles* sont des éléments tels que des boutons, des cases à cocher et des cadres). Cliquez simplement sur le contrôle pour le sélectionner puis appuyez sur la touche F1. Pour obtenir de l'aide sur une *propriété* d'un contrôle, sélectionnez ce dernier, cliquez sur la ligne désirée dans la fenêtre Propriétés puis appuyez sur la touche F1.

En ce qui concerne les autres fenêtres, la touche F1 fonctionne de la manière suivante :

- Dans les fenêtres Explorateur de projets et UserForm, la touche F1 permet d'afficher une rubrique d'aide décrivant brièvement la fenêtre en question. Dans la fenêtre UserForm, ce n'est possible que si aucun contrôle n'est sélectionné.
- Dans les fenêtres Espions, Variables locales et Exécution, la touche F1 permet d'ouvrir un écran d'aide comprenant une série de *liens*, texte souligné sur lequel vous pouvez cliquer et qui vous envoie vers les thèmes de chacune de ces fenêtres. Je ne saurais vous expliquer pourquoi le thème recherché n'apparaît pas automatiquement dans ces fenêtres.
- Dans la fenêtre Explorateur d'objets, lorsque vous sélectionnez une classe ou l'un de ses membres puis appuyez sur la touche F1, un message d'aide sur cet élément apparaît.

Spécificité des rubriques d'aide VBA

Lorsque vous utilisez l'aide VBA, observez attentivement les liens ou boutons qui renvoient à d'autres éléments pertinents. Entraînez-vous à les utiliser. Une rubrique d'aide typique, telle que celle présentée Figure 3.7, offre une foule de ces petits groupes d'instructions. Si la rubrique affichée ne correspond pas à l'information que vous recherchez, vous la trouverez peut-être dans les éléments associés. En outre, explorer les différents liens est un excellent moyen de découvrir naturellement comment s'organise le langage de programmation VBA.

Volez ce code ! Récupérer les instructions présentées dans l'aide VBA

Veillez à tirer profit des nombreux fragments de code qui jalonnent l'aide VBA. Vous en trouverez souvent qui vous permettront, moyennant quelques petites modifications, d'effectuer la tâche que vous êtes en train de programmer. Pour insérer les exemples de l'aide dans votre programme, sélectionnez les lignes en question avec la souris, faites un clic droit sur la sélection puis choisissez Copier. Ensuite, basculez dans la fenêtre Code de Visual Basic Editor et cliquez sur le bouton Coller de la barre d'outils ou appuyez sur Ctrl+V.

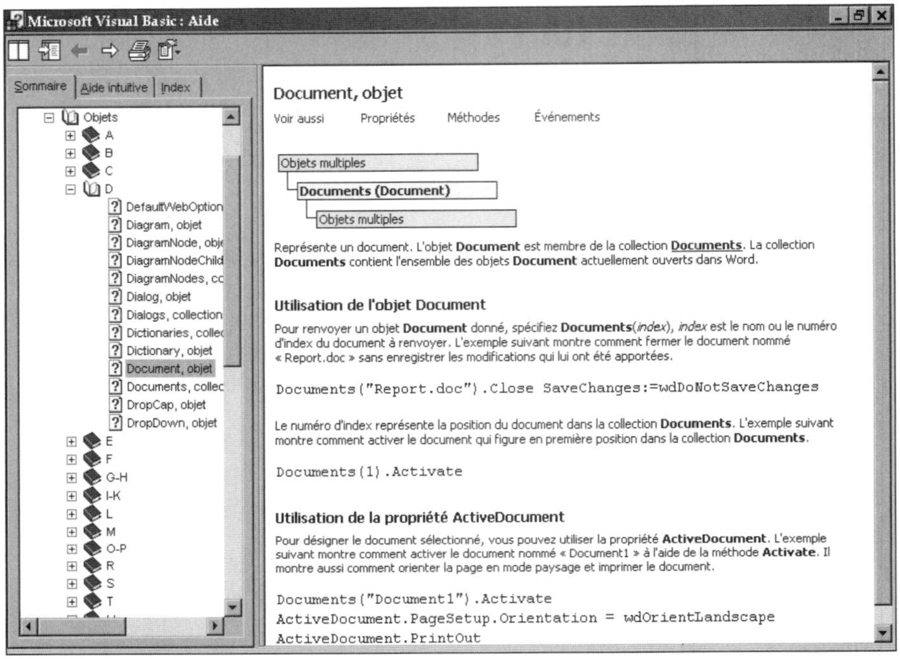

Figure 3.7 : A l'instar de la plupart des aides VBA, celle de Word propose une série de liens vers d'autres termes.

Le Tableau 3.2 récapitule les liens que vous êtes susceptible de rencontrer.

Tableau 3.2 : Liens.

Lien ou Bouton	Comment les utiliser
`Voir aussi`	Cliquez sur ce lien pour consulter des informations sur les rubriques associées.
`Exemple`	Si vous rencontrez un bouton ou lien intitulé `Exemple`, je vous en prie, cliquez dessus ! Les exemples sont essentiels à la compréhension d'explications confuses ou incomplètes du fichier d'aide. De plus, vous pouvez copier l'exemple dans votre propre programme VBA puis le modifier pour l'adapter à vos besoins (reportez-vous à l'encadré "Volez ce code ! Récupérer les instructions présentées dans l'aide VBA" dans la présente section).
`Méthodes`, `Propriétés` et `Evènements`	Ces liens sont affichés si la rubrique d'aide active concerne un objet. Cliquez dessus pour explorer les méthodes, propriétés et événements utilisables avec cet objet.
`S'applique à`	Ce lien apparaît lorsque la rubrique d'aide active concerne une propriété, méthode ou événement. Cliquez dessus pour voir quels sont les objets utilisables avec cet élément.

Installer tous les fichiers d'aide...

Selon l'application dans laquelle vous travaillez et le type d'installation choisie, vous pouvez ne pas disposer de tous les fichiers d'aide VBA sur votre disque dur. Veillez à tous les installer car pour travailler sérieusement avec VBA, ils sont indispensables.

Avec Office, par exemple, le programme d'installation n'installe que certains fichiers d'aide VBA. La plupart des utilisateurs choisissent l'option Standard d'installation. D'accord, vous ne voulez pas fouiner et c'est un choix plutôt confortable, mais qui ne prend pas en compte de nombreux fichiers d'aide VBA importants. Si vous êtes dans ce cas, relancez la procédure d'installation et choisissez l'installation Personnalisée. Pour chaque application Office, sélectionnez Fichiers d'aide et d'exemples. Lorsque vous cliquez sur le bouton Modifier les options, une boîte de dialogue identique à celle de la Figure 3.8 s'ouvre. Cochez la case intitulée Aide de Visual Basic.

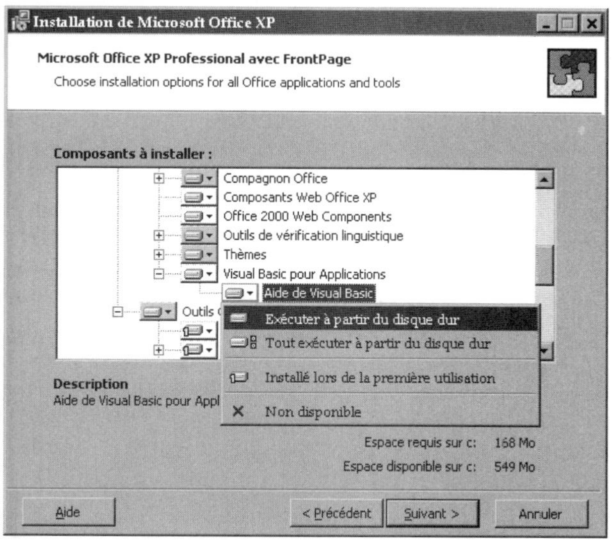

Figure 3.8 : Lorsque vous installez Office, veillez à copier les fichiers d'aide VBA sur votre disque dur – ne choisissez pas l'option Installé lors de la première utilisation.

Créer un programme VBA

Maintenant que vous connaissez un peu Visual Basic Editor et l'aide VBA, vous êtes prêt pour le grand saut dans l'univers de la programmation. Au Chapitre 1, je décris les quelques étapes élémentaires de programmation : conception, mise en œuvre, test et débogage (suivies de nouveaux tests puis de débogage et ainsi de suite). Dans cette section, je décris ces étapes en détail pour vous aider à créer un petit programme VBA de A à Z.

Première étape : concevoir votre programme-exemple

Ne sachant pas sur quelle application VBA vous travaillez, je m'en tiendrai à quelque chose de très générique mais néanmoins utile. Le programme-exemple ouvre une nouvelle fenêtre dans laquelle s'affiche une courte citation, la date et l'heure (j'appelle cela le *message*). La fenêtre demeure à l'écran jusqu'à ce que l'utilisateur clique sur OK.

A partir de cette description, vous pouvez répertorier les éléments à créer pour construire votre programme :

- Le programme dispose bien sûr d'une fenêtre, il vous faut donc une feuille (UserForm).
- La feuille aura deux contrôles : une étiquette pour le message et un bouton OK.
- Vous devez également écrire du code pour deux procédures : une pour afficher le message sur l'étiquette et une autre pour quitter le programme, lorsque l'utilisateur clique sur le bouton OK.

Il est un élément dont ce programme *n'a pas* besoin : un module séparé pour accueillir son code VBA (un *module* est une unité de code comprenant une ou plusieurs procédures – le Chapitre 6 traite en détail les modules). Vous pouvez écrire les deux procédures dans la fenêtre Code de la feuille. Après tout, ces deux procédures réagissent à des *événements* survenant dans la feuille.

Prenez la procédure affichant le message et la date. Vous n'en avez pas besoin tant que la fenêtre du programme n'est pas à l'écran. Bien entendu, dans ce programme, cela se produit en un clin d'œil, mais le principe reste le même : l'affichage de la feuille doit déclencher cette procédure.

La procédure permettant de quitter est également déclenchée par un événement associé à une feuille, en l'occurrence le clic sur le bouton OK effectué par l'utilisateur. Là aussi, vous pouvez écrire cette procédure dans la fenêtre Code de la feuille.

Notez bien que de nombreux programmes VBA n'affichent pas leurs propres fenêtres ou boîtes de dialogue. Si vous créez un programme de ce genre, un ou plusieurs modules seront nécessaires pour héberger son code.

Deuxième étape : démarrer la conception

Si vous avez en tête un plan très clair, vous pouvez démarrer la programmation proprement dite. Prenez une petite feuille bien visuelle, ajoutez-y une pincée de code tapé avec soin, et vous obtiendrez un délicieux morceau de VBA.

Ajouter un nouveau UserForm (feuille utilisateur)

Pour vous mettre au travail sérieusement, commencez par ouvrir Visual Basic Editor. Dans les applications Microsoft VBA, appuyez sur Alt+F11 ou choisissez Outils/Macro/Visual Basic Editor. Dans d'autres applications, le procédé est différent. Par exemple, dans Corel Draw et WordPerfect, vous devez choisir Outils/Visual Basic/Visual Basic Editor. Si vous ne trouvez pas ces commandes dans le menu Outils de votre application, consultez l'aide.

Vous devez d'abord créer une feuille vierge qui servira de fenêtre au programme-exemple. Dans la barre de menus Visual Basic Editor, choisissez Insertion/UserForm afin d'afficher à l'écran une nouvelle feuille. Facile, non ? A la triste époque de la programmation Windows, vous deviez écrire une instruction particulièrement longue et complexe pour ajouter une simple fenêtre vierge. Comme le montre la Figure 3.9, un nouveau UserForm est une zone plane, grise et vide. Vous pouvez constater qu'il est possible de dimensionner la feuille en tirant sur les petits carrés blancs sur les bords droit et inférieur (ce sont les *poignées* de dimensionnement). Pour ce programme, la fenêtre doit être un peu plus large (afin que le message tienne sur une seul ligne) et beaucoup moins haute (une ligne de texte et un bouton prennent très peu de place).

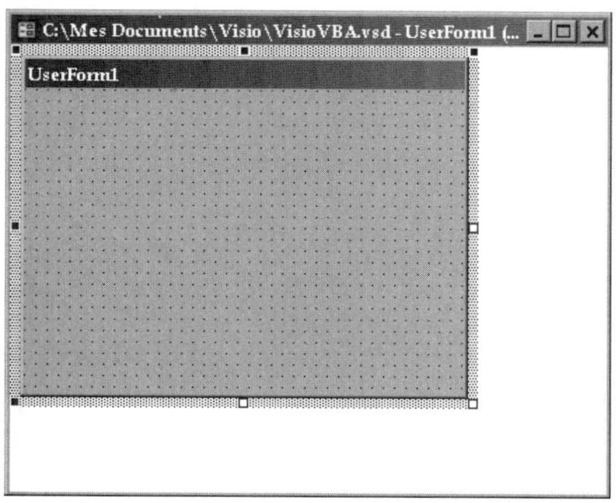

Figure 3.9 : Un UserForm récemment inséré, dans l'expectative.

Elément un peu plus intéressant, la Boîte à outils – cette palette d'icônes dotée de sa propre fenêtre et qui surgit lorsque vous commencez à travailler sur une feuille. Elle vous sert à disposer des contrôles sur votre feuille (voir Figure 3.10).

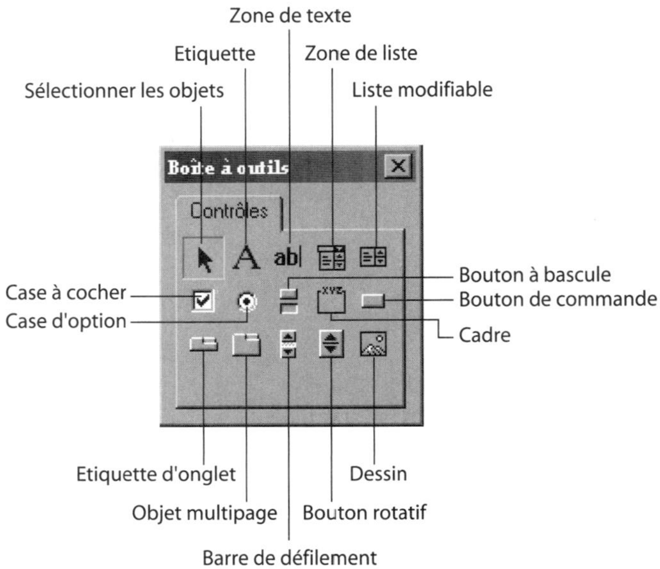

Figure 3.10 : La Boîte à outils VBA, pleine de contrôles qui agrémenteront vos feuilles.

Ajouter une étiquette au UserForm

Vous êtes maintenant prêt à égayer un peu votre feuille en ajoutant des contrôles. Placez d'abord un *contrôle étiquette*, qui affiche simplement du texte, situé dans la *légende* (caption) de l'étiquette. Dans un programme en cours d'exécution, vous pouvez regarder mais pas toucher à une étiquette ; l'utilisateur peut donc lire le texte mais pas le modifier.

Par contre, votre programme peut la modifier. Cette fonctionnalité lui est nécessaire car la date et l'heure qu'il affiche varient d'une exécution à l'autre.

Pour disposer une étiquette sur votre nouveau UserForm, procédez de la façon suivante :

1. **Activez la fenêtre de la feuille en cliquant dedans.**

   La Boîte à outils est uniquement visible lorsque la feuille est active.

2. **Dans la Boîte à outils, cliquez sur l'icône avec un A en caractère gras.**

3. **Placez le pointeur de votre souris sur la feuille, dans le coin supérieur gauche, cliquez puis glissez-le vers le bas en diagonale pour dessiner un rectangle suffisamment grand qui accueillera votre message (voir Figure 3.11).**

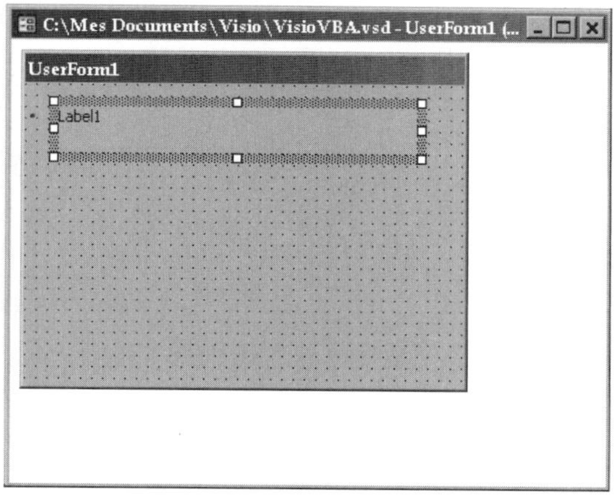

Figure 3.11 : Après le parachutage de l'étiquette, votre feuille doit plus ou moins ressembler à ceci.

VBA attribue automatiquement une légende à toute étiquette nouvellement créée. A ce stade, votre étiquette doit donc être affublée du magnifique texte `Label1`, affiché à l'intérieur du rectangle. Bien entendu, ce texte ne vous convient pas. Afin d'effacer cette légende, vous devez accéder à la fenêtre Propriétés.

Utiliser la fenêtre Propriétés pour modifier des contrôles

Chaque contrôle possède une très longue liste de *propriétés*, qui servent à déterminer l'apparence et le comportement du contrôle lors de l'exécution du programme. Là où VBA est très fort, c'est qu'il vous permet de gérer ces propriétés sans écrire une seule ligne de code.

Le tableau de bord des propriétés est donc la fenêtre Propriétés. Comme le montre la Figure 3.12, elle comprend une liste de toutes les propriétés du contrôle sélectionné. Pour les modifier, choisissez-en une dans la colonne de gauche puis changez ses paramètres dans celle de droite.

Dans le cas de votre programme-exemple, il vous faut modifier les propriétés `Name` (nom) et `Caption` (légende) de votre étiquette. Remplacez par exemple `Label1` par `lblMaintenant` (les trois premières lettres indiquent le type de contrôle : `lbl` pour label, étiquette) ; pour cela, cherchez la propriété Name, située en début de liste – c'est la seule propriété entre parenthèses. Double-cliquez sur la même ligne, dans la colonne de droite, pour sélectionner l'intitulé actuel puis tapez un nouveau nom.

Lorsque vous écrivez du code, vous pouvez être amené à utiliser ce nom pour faire référence au contrôle, veillez donc à choisir des noms en rapport avec l'objet du contrôle. Le Chapitre 6 traite des conventions à utiliser afin d'identifier les différents types de contrôles.

Figure 3.12 : La fenêtre Propriétés sert à modifier les paramètres des propriétés du contrôle.

Ensuite, déroulez la liste jusqu'à la propriété `Caption`. Là, il vous suffit d'effacer le texte présent dans la colonne de droite. Pourquoi ? Tout simplement parce que votre programme fournira le texte de la légende de l'étiquette lors de son exécution.

Maintenant, vous êtes obligé d'écrire du code si vous voulez que votre programme modifie la propriété d'un contrôle lors de son exécution. Fort heureusement, la plupart des propriétés ne bougent pas et, en règle générale, ces modifications requièrent très peu de code.

Puisque vous modifiez les propriétés, profitez-en pour renommer la feuille. Sélectionnez-la en cliquant dans la barre de titre de la fenêtre du UserForm. Dans la fenêtre Propriétés, déroulez la liste jusqu'à la propriété `Caption` et transformez-la en **Vous n'auriez pas vu mes clés ?** ou **VBA pour les Nuls : premier programme-exemple**. La nouvelle légende apparaît dans la barre de titre de la feuille.

Ajouter un bouton de commande

Contrairement à une étiquette, un *bouton de commande* (plus connu sous le nom de bouton) permet à l'utilisateur d'agir sur le programme. Lorsque vous cliquez sur le bouton, il s'enfonce et le programme réagit.

Notre programme-exemple n'a besoin que d'un seul bouton : celui sur lequel l'utilisateur doit cliquer pour l'arrêter. Dans le but de placer le bouton sur la feuille, procédez de la manière suivante :

1. **Cliquez dans la fenêtre de la feuille pour l'activer.**

   La Boîte à outils, qui avait disparu lorsque vous avez ouvert la fenêtre Propriétés, doit réapparaître.

2. **Cliquez sur la petite icône Bouton de commande de la Boîte à outils (voir Figure 3.11).**

3. **Dans le UserForm, cliquez au milieu de la fenêtre, légèrement sur la gauche, puis tirez en diagonale vers le coin inférieur droit pour créer le bouton.**

A ce stade, votre feuille doit ressembler à celle présentée dans la Figure 3.13.

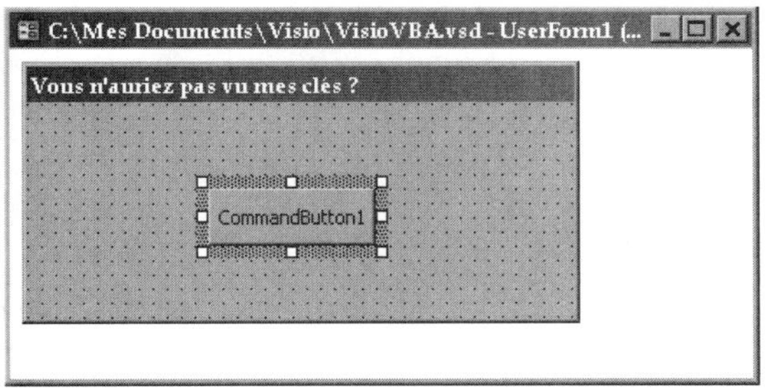

Figure 3.13 : Votre feuille après l'insertion d'un bouton de commande.

Vous pouvez maintenant définir les propriétés du bouton, dans la fenêtre Propriétés. Auparavant, assurez-vous que le bouton est toujours sélectionné – si nécessaire, cliquez dessus :

1. **Modifiez la propriété (`Name`) du bouton et entrez `BoutonOK`.**

   Là encore, dans votre code, vous ferez référence à ce bouton par son nom ; celui-ci doit donc évoquer l'action qu'il génère (un clic sur OK pour fermer la fenêtre).

2. **Modifiez la propriété `Caption` du bouton et entrez `OK`.** C'est ce que verra l'utilisateur de votre programme.

Vous avez fini de construire la feuille de votre programme-exemple. En l'état, vous disposez déjà d'un programme VBA opérationnel – celui qui permet d'afficher la feuille monstrueusement fascinante que vous venez de créer. Pour l'exécuter, appuyez simplement sur la touche F5 ou cliquez sur le bouton Exécuter Sub/UserForm de la barre d'outils Standard de Visual Basic Editor. C'est la petite flèche bleue tournée vers la droite.

Lorsque vous exécutez ce programme à moitié prêt, la feuille apparaît au premier plan de votre document dans votre application VBA (et non dans Visual Basic Editor). Reportez-vous à la Figure 3.14. L'étiquette est vierge et le bouton OK ne produit rien – car, rappelez-vous, vous n'avez encore écrit aucun code. Pour fermer le programme, vous devez cliquer sur le bouton Fermer standard de Windows, cette croix (X) située dans le coin supérieur droit de la barre de titre de la fenêtre.

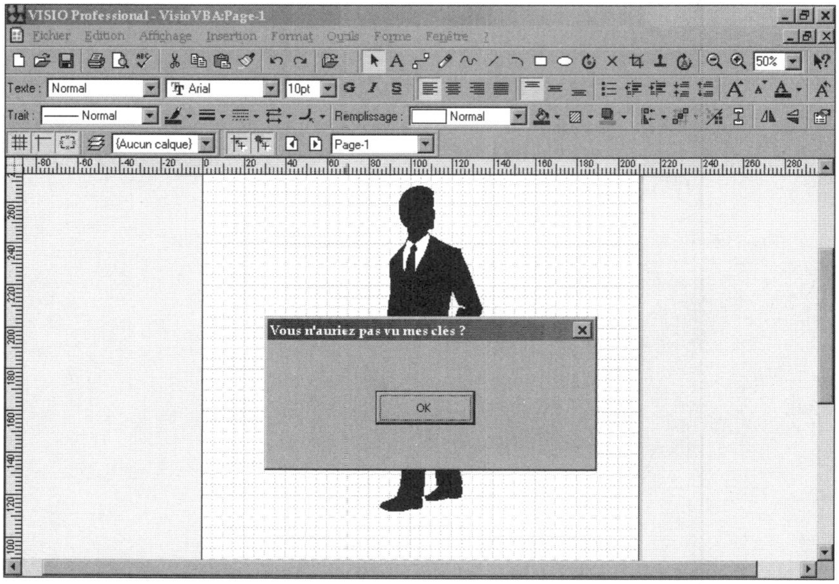

Figure 3.14 : Ouverture de la feuille personnalisée à l'aide du programme avant l'insertion du code.

Ecrire le code

Abordons maintenant la partie la plus effrayante mais excitante de la programmation VBA : l'écriture du code qui donne la vie à votre programme. Rappelez-vous que votre programme-exemple a besoin de deux procédures reliées à des événements se produisant lors de son exécution. La première procédure affiche votre message lorsque la feuille apparaît à l'écran et la seconde ferme le programme lorsque l'utilisateur clique sur le bouton OK.

Ouvrir la fenêtre Code de la feuille

Pour écrire du code *derrière* (attaché à) une feuille ou un de ses contrôles, vous devez afficher la fenêtre Code de la feuille et non la feuille proprement dite. Pour cela, commencez par sélectionner la feuille ou le contrôle. La procédure pour le bouton OK est plus simple, pourquoi ne pas commencer par elle ? Cliquez sur le bouton OK afin que les poignées de sélection apparaissent sur son pourtour. Vous pouvez ensuite utiliser une des méthodes suivantes pour afficher la fenêtre Code :

- Choisissez Affichage/Code.
- Appuyez sur la touche F7.
- Faites un clic droit sur la feuille puis, dans le menu contextuel, choisissez Code.

La fenêtre Code doit apparaître avec un squelette de procédure (voir Figure 3.15). VBA le crée automatiquement pour le plus courant des événements, un simple clic de souris sur un bouton. Votre programme exécute cette procédure dès que l'utilisateur clique sur le bouton OK.

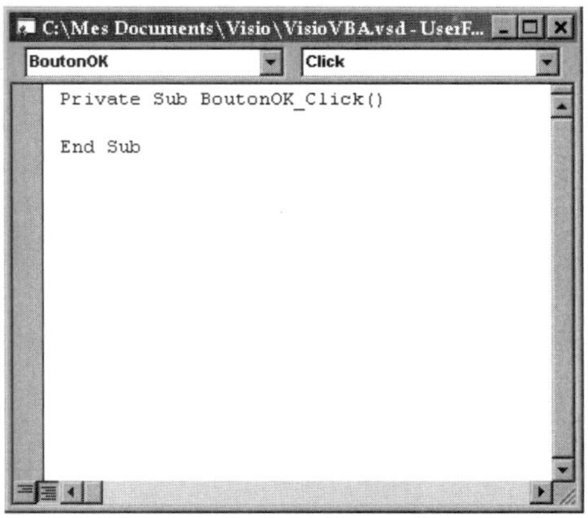

Figure 3.15 : VBA crée ce squelette de procédure dès que vous basculez dans la fenêtre Code de la feuille après avoir sélectionné le bouton OK.

Pour l'instant, ces deux lignes de code ne génèrent rien ; en fait, elles délimitent simplement la procédure, indiquant à VBA où se situent le début et la fin. Dans notre exemple, la première ligne de code VBA générée est la suivante :

```
Private Sub BoutonOK_Click()
```

Dans toutes les procédures VBA, la première ligne indique le type (dans notre exemple, une procédure private `Sub`) et le nom de la procédure. `Private` et `Sub` sont des *mots-clés*, c'est-à-dire des mots ou symboles qui appartiennent au langage VBA. Ils ont une signification bien précise et définitive, vous ne pouvez pas les utiliser comme noms pour des éléments tels que les procédures. A propos, le Chapitre 6 expose les différents types de procédures. Dans notre exemple, VBA choisit pour vous le nom de la procédure, `BoutonOK_Click`. Il associe le nom du bouton et le type d'événement.

La dernière ligne de code automatiquement générée est :

```
End Sub
```

Toutes les procédures `Sub` doivent se terminer par cette ligne. Elle indique à VBA d'interrompre l'exécution de la procédure.

Ajouter son propre code

Le point d'insertion doit clignoter entre les deux lignes de code automatiquement générées par VBA. Une seule ligne suffit pour que le bouton ferme votre programme. La voici :

```
Unload Me
```

L'instruction `Unload` efface la feuille de la mémoire. S'il s'agit de la feuille sur laquelle vous travaillez, vous n'avez pas besoin de spécifier son nom – vous pouvez simplement l'appeler `Me`, un mot VBA qui se rapporte à la feuille active et l'ensemble de son code.

Corriger des erreurs pendant l'écriture du code

Pendant que vous écrivez du code, le compilateur VBA (pour plus d'informations sur les compilateurs VBA, reportez-vous au Chapitre 1) vous surveille, au sens figuré. Si le compilateur détecte une erreur évidente, un message d'erreur apparaît immédiatement et permet d'identifier le problème, au moins d'une manière générale. Prenons un exemple : vous tapez un caractère isolé après l'instruction `Unload Me` ; le compilateur sait que `Unload Me` est une instruction à part entière qui ne doit être suivie, sur la même ligne, d'aucun élément. Lorsque vous placez le point d'insertion sur une autre ligne, le compilateur affiche toute l'instruction en rouge et sélectionne le caractère parasite. Apparaît le message `Erreur de compilation: Attendu: fin d'instruction`.

Pendant l'écriture du code, le compilateur ne peut détecter que certaines erreurs. Il en repère d'autres lorsque vous tentez d'exécuter le programme, comme l'explique la section "Exécuter des programmes dans Visual Basic Editor", plus loin dans ce chapitre.

Créer la seconde procédure

L'autre procédure, celle qui affiche votre message comme légende de l'étiquette est juste un tout petit peu plus compliquée. Elle doit être activée lorsque la feuille apparaît à l'écran. Conservez la fenêtre Code de la feuille active puis suivez les étapes suivantes :

1. **En haut de la fenêtre Code, cliquez sur la flèche à droite de la zone de texte qui doit encore indiquer** `BcutonOK`**.**

   Ainsi, vous déroulez la liste des éléments appartenant à la feuille (voir Figure 3.16).

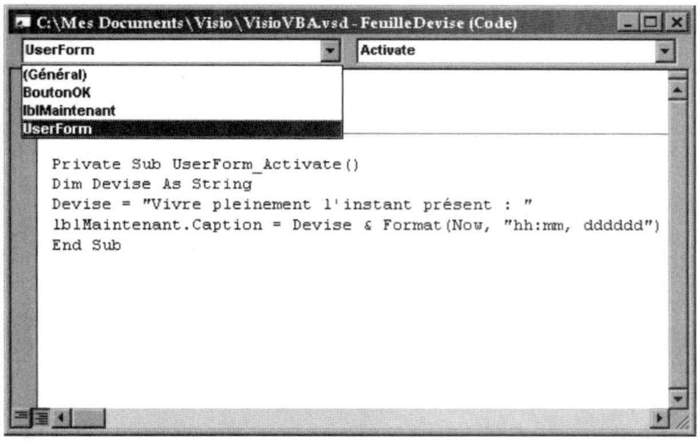

Figure 3.16 : La liste déroulante Objets contient tous les éléments appartenant à la feuille dont dépend cette fenêtre Code.

2. **Dans la liste déroulante, choisissez l'élément UserForm.**

   VBA crée une nouvelle procédure pour l'événement clic. Autrement dit, cette procédure est déclenchée si un utilisateur clique dans une zone de la feuille où il n'y a pas de contrôles. Le programme-exemple n'a pas besoin de cette procédure, donc laissez-la de côté pour le moment.

3. **Cliquez sur la flèche située dans le coin supérieur droit de la fenêtre Code pour dérouler la liste Procédure.**

   Cette liste est longue (elle comprend tous les évènements VBA liés au UserForm), ce qui vous donne idée de la souplesse que vous pouvez apporter à vos programmes (voir Figure 3.17).

4. **Déroulez la liste et choisissez le tout premier élément de la liste, Activate.**

   VBA crée consciencieusement un squelette de procédure `UserForm1_Activate` qui se déclenche lorsque la feuille est chargée en mémoire.

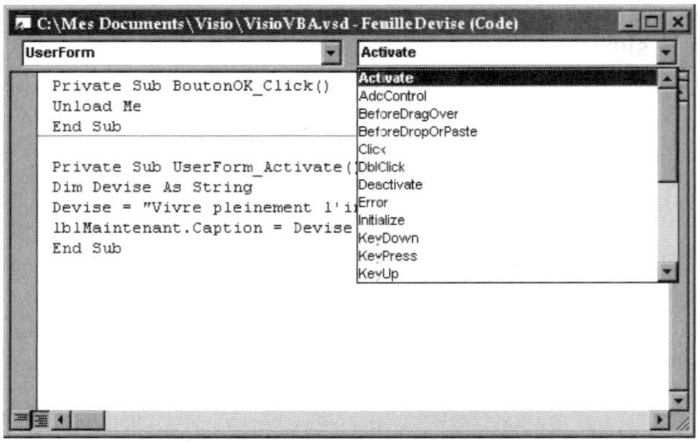

Figure 3.17 : La liste Procédure affiche chaque événement disponible pour l'objet actif.

5. **Vous pouvez maintenant supprimer la procédure `UserForm1_Click` si elle vous gêne ; sélectionnez le texte la concernant puis cliquez sur la touche Suppr.**

   Cette étape est facultative – vous pouvez laisser ce code superflu en place sans aucun risque pour votre programme. Mais, dans la mesure où il ne sert à rien, sinon à vous distraire, pourquoi ne pas mettre fin à sa triste solitude.

Ecrire le code de la nouvelle procédure

Une fois que le squelette de la procédure d'événement appropriée est placé, vous pouvez vous mettre au travail et le développer. Entre les lignes générées pour vous par VBA, tapez trois lignes de code. La procédure finale doit ressembler à ceci :

```
Private UserForm_Activate()
Dim Devise As String
Devise = "Vivre pleinement l'instant présent : "
LblMaintenant.Caption = Devise & Format(Now, "hh:mm, dddddd")
End Sub
```

Voilà ce qui se passe :

1. La première ligne que vous tapez, `Dim Devise As String` crée une variable, `Devise`, et la définit comme une *chaîne* (String), c'est-à-dire une séquence de caractères de texte reliés ensemble.

2. La ligne `Devise = " Vivre pleinement l'instant présent : "` stocke le texte "Vivre pleinement l'instant présent :" dans la variable

`Devise` que vous venez de créer. Comme en cours d'algèbre, vous utilisez le signe égal pour attribuer une valeur à une variable. Remarquez bien qu'il y a un espace *avant* le guillemet de fermeture pour séparer la devise du reste du texte.

3. La dernière ligne, `LblMaintenant.Caption = Devise & Format(Now, hh:mm, dddddd")`, comprend le code qui permet d'afficher le message entier sur la feuille.

   Elle commence par l'identification de l'étiquette `lblMaintenant`, objet sur lequel vous travaillez. Ensuite vient un point qui signifie que les éléments suivants sont une propriété appartenant à `lblMaintenant` – en l'occurrence, sa légende (caption). Une propriété s'apparente à une variable car vous pouvez modifier sa valeur lors de l'exécution du programme. Cela explique donc l'utilisation du signe égal.

   Le reste de la ligne mentionne le message de la légende de l'étiquette.

La première partie du message concerne la variable `Devise`. Le signe & indique à VBA d'ajouter ce qui suit au texte stocké dans `Devise`. La *fonction* `Now`, entre parenthèses, demande à VBA d'aller lire l'horloge de l'ordinateur, qui indique la date et l'heure. La fonction `Format` prend ensuite cette information brute et la transforme en données lisibles par l'utilisateur. Ces lettres entre guillemets représentent le format d'affichage de la date et de l'heure, mais je n'approfondirai pas ces notions ici – vous trouverez des informations à ce sujet au Chapitre 11.

Troisième étape : tester son programme

Nous n'en sommes qu'à la troisième étape ? Ne vous faites pas de souci : le reste du cycle de développement du programme-exemple est très rapide.

Exécuter des programmes dans Visual Basic Editor

Vous êtes prêt à passer votre programme au banc d'essai afin de vérifier s'il fonctionne comme prévu. Pour exécuter un programme VBA dans Visual Basic Editor :

1. **Cliquez dans la fenêtre UserForm ou Code pour activer votre programme.**

   Rappelez-vous, la barre de titre vous indique quelle fenêtre est active – sa couleur est différente de celle des fenêtres inactives, qui est d'un gris terne.

2. **Puis, pour exécuter le programme, utilisez une des méthodes suivantes :**
   - Choisissez Exécution/Exécuter Sub/UserForm.
   - Cliquez sur le bouton Exécuter Sub/UserForm de la barre d'outils Standard de Visual Basic Editor (c'est la seule barre d'outils visible par défaut, à moins que vous ne personnalisiez l'écran, comme l'explique le Chapitre 5).
   - Appuyez sur la touche F5.

Après une brève pause, la fenêtre du programme apparaît dans votre application VBA (et non dans Visual Basic Editor). Si tout se déroule bien, ce que vous verrez à l'écran devrait ressembler à la Figure 3.18.

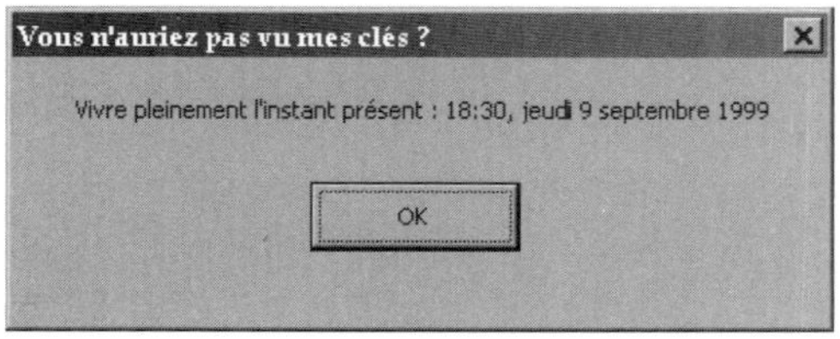

Figure 3.18 : Le programme-exemple une fois exécuté.

ATTENTION !

N'oubliez surtout pas de suivre la première étape (voir ci-dessus) lorsque vous essayez d'exécuter un programme VBA ! Si vous n'activez pas d'abord la fenêtre UserForm ou Code, l'exécution du programme sera impossible (ou un autre programme sera exécuté).

Compiler

Un programme VBA doit être *compilé* avant sa première exécution (la définition de la compilation est donnée au Chapitre 1). Le processus de compilation prépare votre programme à une vie trépidante, vérifiant si votre code respecte toutes les conventions du langage VBA. Le compilateur s'arrête à la première anomalie et vous permet de corriger l'erreur. A la moindre faute d'orthographe, le compilateur stoppe net dans un crissement caractéristique.

S'il trouve une erreur, le compilateur affiche un message dans une petite fenêtre. Parmi les choix proposés, le Débogage est en principe celui qui convient le mieux. Si vous cliquez sur le bouton Débogage, vous revenez directement dans la fenêtre Code et pouvez voir la ligne coupable sélectionnée. Le compilateur mémorise les opérations qu'il a effectuées jusqu'à la ligne fautive, vous pouvez donc corriger l'erreur puis reprendre la compilation à l'aide d'une des techniques expliquées précédemment (voir "Exécuter des programmes dans Visual Basic Editor").

Vous pouvez également tenter votre chance avec le bouton Aide, mais ne vous étonnez pas si l'information proposée est trop générale et guère exploitable. Le bouton Fin arrête le compilateur et vous renvoie dans Visual Basic Editor.

Effectuer des tests cliniques

Le compilateur peut très bien trouver votre programme en bonne santé mais cela ne signifie pas forcément que celui-ci fonctionne selon vos désirs. Compiler un programme sans la moindre erreur n'est qu'une étape préliminaire au test grandeur nature.

Réfléchissez, même si le compilateur ne laisse jamais passer une erreur de langage, il ne lit pas dans vos pensées. Il se contente de valider les lignes respectant les conventions VBA, même si elles ne répondent à aucune logique. Imaginez un professeur qui vous mettrait un 20/20 pour un poème tel que celui-ci, uniquement parce que chaque ligne comporte une phrase correcte.

```
Les roses sont rouges
Les violettes sont blanches
Je possède un vélo
Aimez-vous le poisson ?
```

C'est le type de raisonnement que suit le compilateur.

Dès que le compilateur a terminé son travail, votre programme est prêt. Vous pouvez alors le mettre à l'épreuve et vérifier si le résultat est bien celui que vous escomptiez.

Votre programme-exemple doit être facile à tester. Si la fenêtre affiche le bon message et non `Crac, boom, hue !!` et si le fait de cliquer sur le bouton OK arrête le programme, félicitations ! S'il ne fait rien de tout ça, partez à la chasse aux bogues.

Quatrième étape : déboguer

Plus vos programmes sont complexes, plus ils risquent de connaître des problèmes de fonctionnement *(erreurs d'exécution)*. Lorsque vous avez décelé ce genre d'erreur, il vous faut ensuite en trouver la cause puis corriger le problème. C'est ce que l'on appelle le *débogage*.

Avec les petits programmes, cette méthode de débogage quelque peu rudimentaire fonctionne dans certains cas ; parcourez votre code ligne par ligne et essayez de trouver l'erreur. Une fois que vous avez compris d'où vient le problème, il ne doit pas être trop difficile de le corriger. (Si votre programme-exemple ne fonctionne pas bien, il vous suffit de comparer le code à la version imprimée – si vous notez des différences, modifiez le vôtre.)

Fort heureusement, VBA comprend plusieurs outils d'aide au débogage qui soulageront un peu vos neurones (voir Chapitre 9).

Ouvrir une feuille à partir d'un autre code VBA

N'OUBLIEZ PAS

Sachez que la technique abordée précédemment est uniquement utilisable dans Visual Basic Editor. Sélectionner une feuille puis appuyer sur F5 convient parfaitement pour tester une feuille sur laquelle vous êtes en train de travailler. Cependant, une fois le bon fonctionnement de la feuille vérifié, vous devez lancer votre application VBA, alors que vous souhaitez plutôt que la feuille apparaisse à l'écran au moment opportun, sans devoir basculer dans Visual Basic Editor.

Pour afficher la feuille depuis votre application VBA, vous devez créer, dans Visual Basic Editor, une procédure `Sub` (macro) qui ouvre la feuille puis exécuter *cette* macro depuis votre application.

Pour votre petit programme-exemple, procédez de la manière suivante :

1. **Dans Visual Basic Editor, choisissez Insertion/Module pour créer un module et ouvrir sa fenêtre Code.**

2. **Tapez le code suivant :**

```
Sub AfficherDevise()
    UserForm1.Show
End Sub
```

   Si votre feuille ne s'appelle pas `UserForm1`, modifiez la deuxième ligne du code ci-dessus.

Après avoir enregistré votre travail, vous pouvez exécuter la macro `AfficherDevise` à l'aide des techniques décrites au Chapitre 4. Le Chapitre 10 donne de plus amples informations sur l'exécution des programmes impliquant des feuilles.

Retourner dans votre application VBA

A mon avis, le meilleur moyen d'accéder à un document de votre application VBA depuis Visual Basic Editor, c'est d'utiliser la technique Windows de bascule entre plusieurs applications : appuyez sur Alt+Tab jusqu'à ce que l'icône de l'application soit sélectionnée dans la fenêtre qui vient de s'ouvrir, puis relâchez les deux touches.

Mais vous pouvez également :

- Choisir Affichage/AutoCad (ou une autre application).
- Cliquer sur le bouton Affichage... (le premier sur la gauche) de la barre d'outils Standard de Visual Basic Editor – il est représenté par l'icône de l'application dont dépend le document.
- Appuyer sur Alt+F11.
- Cliquer sur le bouton de l'application dans la barre de tâches de Windows.

Vous pouvez revenir dans Visual Basic Editor en faisant Alt+Tab, en utilisant la barre de tâches, en appuyant sur Alt+F11 ou en choisissant Outils/Macro/Visual Basic Editor.

Pour prendre congé de Visual Basic Editor, les deux techniques suivantes vous renvoient dans l'application d'origine :

- Choisissez Fichier/Fermer et retourner à <*application*>.
- Appuyez sur Alt+Q.

Chapitre 4

Exécuter des programmes VBA

Dans ce chapitre :

- Exécuter des programmes et des macros depuis la boîte de dialogue Macros – efficace mais pas très amusant.
- Lancer des macros en cliquant sur des boutons de barres d'outils et à partir de menus.
- Affecter des macros à des touches de raccourci clavier.
- Exécuter automatiquement des programmes lorsqu'un événement spécial se produit.

Quelle que soit la puissance de feu d'un programme VBA, il n'atteint sa cible que lorsque vous appuyez sur le bouton rouge. C'est pourquoi vous devez d'abord *trouver* la gâchette. Pour parler simplement, votre programme ne vaut rien tant que vous n'avez pas trouvé comment l'exécuter.

Lorsque vous bâtissez un programme dans Visual Basic Editor, vous pouvez toujours l'exécuter en apoD ant sur F5 ou en cliquant sur le bouton Exécuter de la barre d'outils Standard. C'est parfait pour tester mais guère utile en conditions réelles. Quand votre programme est prêt à l'emploi, vous devez l'exécuter dans votre application.

Ce chapitre vous présente les options dont vous disposez pour lancer vos programmes VBA et vos macros depuis une application VBA. (Rappelez-vous, une macro n'est rien d'autre qu'un programme VBA que vous avez créé par enregistrement et non en tapant du code ; voir Chapitre 2.) La boîte de dialogue Macros constitue le moyen le plus facile de lancer la plupart de vos programmes, mais n'est pas très pratique. Les programmes VBA deviennent vraiment utiles lorsque vous les reliez à une commande de menu, un bouton de barre d'outils ou un raccourci clavier – ou si vous prévoyez une exécution automatique.

Expérimentez ces techniques sur des macros enregistrées, en suivant les conseils du Chapitre 2, ou sur des procédures créées dans Visual Basic Editor selon les principes du Chapitre 6 ou les instructions détaillées des Deuxième et Troisième Parties.

Le nom est fon-da-men-tal

Vous exécutez les programmes VBA en utilisant leur nom.

Désolé de vous agresser d'emblée à coups de détails techniques mais c'est un mal pour un bien. Lorsque vous exécutez un programme VBA, vous exécutez une *procédure* spécifique. Votre programme peut fort bien comprendre plusieurs procédures mais une seule contient la ligne de code à exécuter en premier. La première procédure peut lancer *(appeler)* d'autres procédures, lesquelles, à leur tour, peuvent en appeler d'autres, et ainsi de suite. Malgré tout, seule la première procédure est capable de démarrer votre programme – les autres procédures s'exécutent automatiquement lorsque le programme se met au boulot.

N'OUBLIEZ PAS

Alors, quel est l'élément clé ? Réponse : le nom de la procédure qui démarre le programme VBA ; vous devez le connaître. Pour les programmes comprenant plusieurs procédures, la procédure de mise à feu s'appelle généralement `Main`.

Vous avez faim de procédures ? Jetez donc un coup d'œil au menu du Chapitre 6.

Exécution à partir de la boîte de dialogue Macros

La méthode infaillible pour exécuter un programme VBA consiste à utiliser la boîte de dialogue Macros. Si vous n'avez pas trouvé le temps d'affecter le programme à un bouton de barre d'outils ou un raccourci clavier, ou si vous avez tout bonnement oublié à quoi il est affecté, sachez que la boîte de dialogue Macros est toujours là pour venir à votre rescousse.

Afficher la boîte de dialogue Macros

Pour afficher la boîte de dialogue Macros dans les applications Office ou dans Visio, vous pouvez :

- Choisir Outils/Macro/Macros.
- Ou appuyer sur Alt+F8.

D'autres applications VBA peuvent proposer d'autres méthodes. Dans Corel Draw et WordPerfect, par exemple, choisissez Outils/Visual Basic/Exécution de scripts. (Au passage, cette boîte de dialogue s'appelle Macro et non Macros comme dans certaines applications VBA, notamment Excel et PowerPoint – Microsoft fait preuve d'un superbe sens de la cohérence.)

La boîte de dialogue Macros doit plus ou moins ressembler à celle de la Figure 4.1. Bien sûr, certains détails peuvent varier d'une application VBA à l'autre. La majeure partie de la boîte de dialogue sert surtout à répertorier les programmes VBA actuellement disponibles.

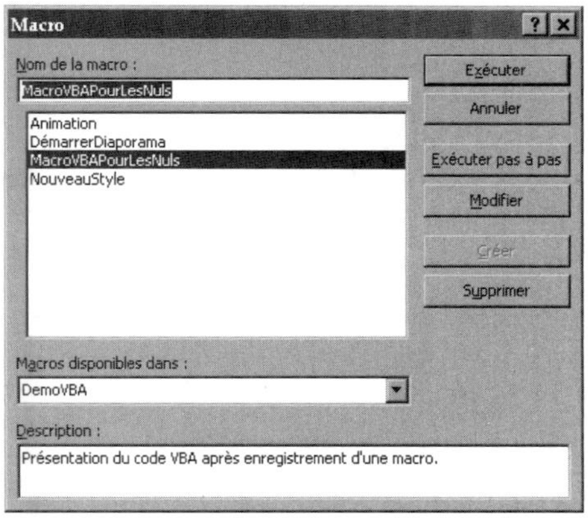

Figure 4.1 : La boîte de dialogue Macros de PowerPoint.

Techniquement parlant, toutes les procédures listées dans la boîte de dialogue Macros sont des `Sub` qui n'ont pas d'arguments. (C'est la définition officielle d'une macro, donnée au Chapitre 2.) Lorsque vous exécutez une telle procédure, *celle-ci* peut à son tour exécuter d'autres types de procédures, et notamment des procédures `Function` et `Sub`, lesquelles sont dotées d'arguments. Pour de plus amples informations sur les procédures, lisez le Chapitre 6.

Exécuter une macro

Exécuter une macro à partir de la boîte de dialogue Macros n'est pas bien sorcier :

1. **Sélectionnez la macro dans la liste sous Nom de la macro.**

2. **Cliquez sur le bouton Exécuter.**

Pas évident, hein ? Vous avez également la possibilité de double-cliquer dans la liste sur le nom du programme.

La seule mésaventure qui puisse vous arriver c'est d'avoir du mal à trouver le programme à exécuter dans la boîte de dialogue Macros. Si vous éprouvez des difficultés à localiser votre programme, la section suivante vous concerne.

Trouver sa macro dans la boîte de dialogue Macros

Dans la boîte de dialogue Macros, les noms des programmes VBA (macros) peuvent parfois porter à confusion. En fonction de l'emplacement de stockage du programme, son nom peut être précédé de caractères d'identification.

Prenez Excel par exemple, vous pouvez exécuter un programme VBA stocké dans le classeur actif (celui que vous êtes en train d'utiliser) ou tout autre programme lié à n'importe quel classeur ouvert. Dans la boîte de dialogue Macros, une macro stockée dans le classeur actif apparaît simplement sous son nom. Par contre, le nom d'une macro provenant d'un autre classeur ouvert sera précédé du nom du classeur et d'un point d'exclamation. La Figure 4.2 vous montre un exemple.

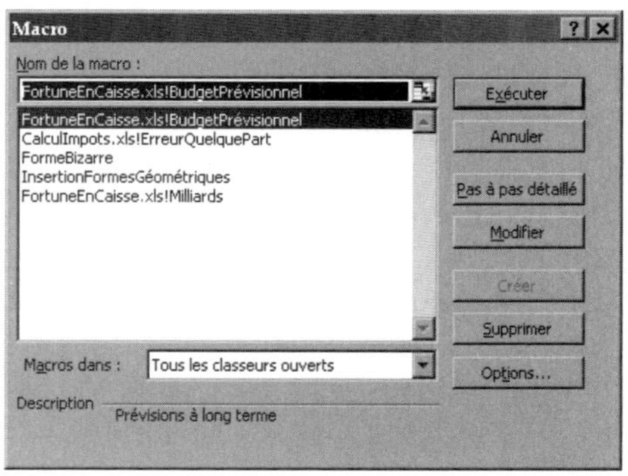

Figure 4.2 : La boîte de dialogue Macros d'Excel liste les programmes VBA (macros) appartenant à des classeurs non actifs en mentionnant le nom du classeur d'origine.

Dans Word, chaque programme de la boîte de dialogue Macros est listé par le nom de sa procédure principale – *sauf* lorsque plusieurs procédures portent le même nom. Dans ce cas-là, elles sont identifiées à l'aide du nom de leur module suivi d'un point, puis de leur nom. J'ai des preuves, regardez la Figure 4.3.

Si le programme que vous voulez exécuter est introuvable, changez la sélection. Pour ce faire, déroulez la liste Macros dans. Si la boîte de dialogue affiche seulement les programmes associés au document en cours, sélectionnez l'option Tous les modèles actifs.

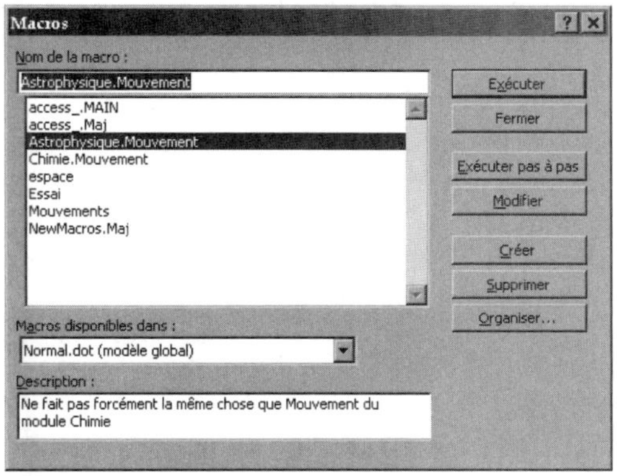

Figure 4.3 : La boîte de dialogue Macros de Word.

Démarrer des programmes rapidement

La boîte de dialogue Macros est peut-être infaillible mais elle n'est pas très pratique. Lorsque vous voulez que quelque chose soit fait, c'est *immédiatement*. Qui aurait la patience d'ouvrir une boîte de dialogue, se noyer dans une liste de minuscules noms et cliquer, cliquer, et encore cliquer à la recherche de son programme.

Il existe de bien meilleurs moyens de lancer vos programmes VBA. Affectez tous ceux que vous utilisez régulièrement à un bouton de barre d'outils, une commande de menu ou un raccourci clavier. Un ou deux clics rapides ou une touche pressée vous comblera dans la seconde.

Comme vous devez vous en souvenir si vous avez lu le Chapitre 2, de nombreuses applications VBA vous permettent d'affecter une macro à un bouton de barre d'outils ou un raccourci clavier, lors de son enregistrement ; c'est une bonne raison pour démarrer la conception de tout programme VBA par l'enregistrement d'une macro que vous pourrez ensuite modifier en saisissant du code. Reportez-vous au Chapitre 2 si vous avez besoin de vous rafraîchir la mémoire.

Mais admettons que vous ayez déjà enregistré votre macro, sans liaison à une barre d'outils ou un raccourci clavier. Ou mettons que vous ayez écrit un programme VBA de A à Z, sans avoir eu recours à l'enregistreur de macros. Dans ce cas, vous pouvez encore l'affecter à un bouton, un raccourci ou une commande de menu. Le reste de ce chapitre vous en dit plus. Malheureusement, les techniques à employer diffèrent quelque peu d'une application à l'autre. Je vous donne quelques tuyaux dans cette très longue section.

Le programme à bouton

Rien de plus excitant que de cliquer sur un joli petit bouton à l'écran et d'obtenir dans la seconde une réponse de votre machine. Certes, il y a plus palpitant encore mais appuyer sur un bouton a quand même son charme. Et vous avez ce petit frisson supplémentaire lorsque ce bouton déclenche votre programme à vous tout seul.

Certaines applications VBA facilitent la création de boutons personnalisés qui permettent d'exécuter des programmes – même si ces derniers n'ont pas été conçus en enregistrant une macro. La plupart des applications Office font partie de celles-là. Dans d'autres applications VBA telles que Visio, vous pouvez être amené à écrire du code pour ajouter des boutons personnalisés. Aïe ! Moi qui croyais que VBA permettait de créer une interface visuelle.

Boutons de barres d'outils contre éléments de menus

Tout bien réfléchi, il n'y a guère de différence entre un élément de menu et un bouton de barre d'outils : les deux activent une commande. Certes, l'élément de menu affiche du texte à la place ou en plus d'une image et la technique pour l'activer avec la souris n'est pas identique, mais le résultat est le même.

Pour affecter un programme VBA à un bouton de barre d'outils personnalisé ou à un menu, les applications Office vous permettent d'utiliser les mêmes techniques de glisser-poser.

Office : des boutons créés en toute facilité

Dans Microsoft Word, Excel, PowerPoint, Outlook ou Project, affecter un programme VBA à un nouveau bouton de barre d'outils est une simple histoire de glisser-poser avec la souris. Une fois le bouton en place, vous pouvez l'habiller d'une image.

Créer un bouton ou un élément de menu pour un programme VBA dans Word

Voici comment créer un bouton qui lance un programme VBA dans Word, PowerPoint, Outlook ou Project :

1. **Faites un clic droit sur n'importe quelle barre d'outils.**

   Un menu contextuel surgit.

2. **Choisissez Personnaliser, en bas du menu, pour afficher la boîte de dialogue Personnaliser (qui s'appelle Personnalisation, dans**

Office XP), laquelle est positionnée par défaut sur l'onglet Barres d'outils.

Vous pouvez afficher directement la boîte de dialogue Personnaliser sans passer par l'étape 1. Choisissez Outils/Personnaliser.

3. **Cliquez sur l'onglet Commandes de la boîte de dialogue Personnaliser (voir Figure 4.4).**

4. **Déroulez la liste Catégories jusqu'à ce que vous trouviez l'élément Macros. Cliquez dessus pour le sélectionner.**

   Tous les programmes VBA exécutables disponibles apparaissent dans la liste Commandes de droite. (Regardez attentivement la Figure 4.4, l'élément Macros est sélectionné.)

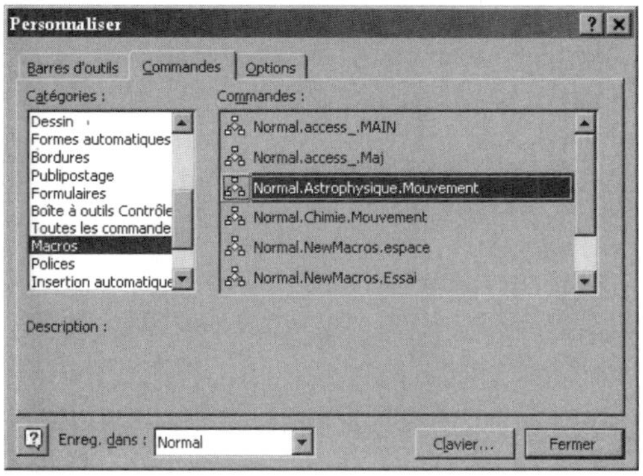

Figure 4.4 : La boîte de dialogue Personnaliser, sur l'onglet Commandes.

5. **Cherchez votre macro dans la liste, en utilisant l'ascenseur le cas échéant (là encore, il peut s'agir d'un programme VBA que vous avez créé de A à Z).**

6. **Si vous créez un bouton de barre d'outils, glissez la macro de la liste Commandes vers la barre d'outils de votre choix. Si vous ajoutez un élément de menu, glissez directement la macro vers le menu cible, attendez un instant que le menu se déroule, puis positionnez la macro à l'endroit souhaité.**

   Lorsque vous relâchez le bouton de la souris, un nouveau bouton ou élément de menu avec le nom de votre programme apparaît. Si l'apparence du bouton ne vous plaît pas, pas de panique, vous pouvez le modifier en suivant la procédure décrite dans la section "Embellir vos boutons", plus loin dans ce chapitre.

7. **Pour terminer, refermez la boîte de dialogue Personnaliser.**

Dorénavant, chaque fois que vous cliquerez sur ce nouveau bouton, votre programme VBA sera exécuté. Miracle !

Créer des boutons VBA dans FrontPage et Excel

Dans FrontPage et Excel, la procédure de création de boutons de barres d'outils personnalisés pour lancer vos programmes VBA est légèrement différente. Après avoir enregistré une macro ou écrit un programme VBA, suivez les étapes 1 à 4 de la procédure précédente, comme vous le feriez dans Word, PowerPoint ou Excel. A ce stade, à la place d'une liste de macros disponibles sont affichés deux éléments dans la liste Commandes, sur la partie droite de la boîte de dialogue Personnalisation : Elément de menu personnalisé et Bouton personnalisé (voir Figure 4.5). Procédez comme suit :

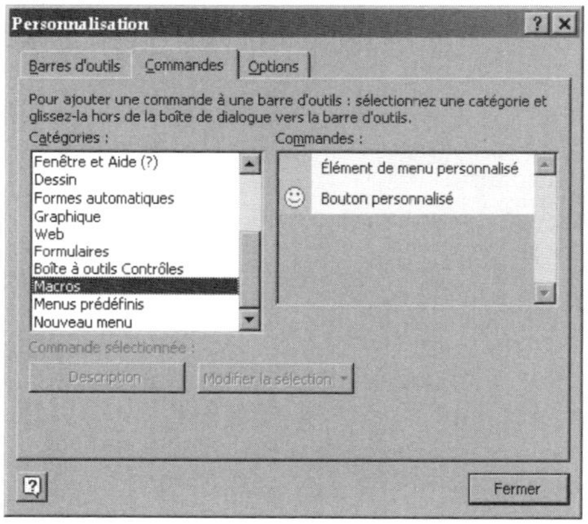

Figure 4.5 : La boîte de dialogue Personnalisation d'Excel, prête à créer un bouton de barre d'outils ou un élément de menu personnalisé.

1. **Glissez-posez l'élément souhaité, Elément de menu personnalisé ou Bouton personnalisé, vers une barre d'outils ou un menu (les deux peuvent être placés sur des barres d'outils ou des menus – ils sont tout à fait équivalents, sauf pour ce qui est de leur apparence).**

   Lorsque vous relâchez le bouton de la souris, le nouveau bouton ou élément est affiché. S'il s'agit du bouton personnalisé, la barre d'outils ou le menu est enrichi d'un petit visage jaune qui sourit. Si vous avez choisi l'élément de menu, vous pouvez voir le nom de la macro.

2. **Sans fermer la boîte de dialogue Personnalisation, faites un clic droit sur votre nouveau bouton pour afficher le menu contextuel illustré par la Figure 4.6.**

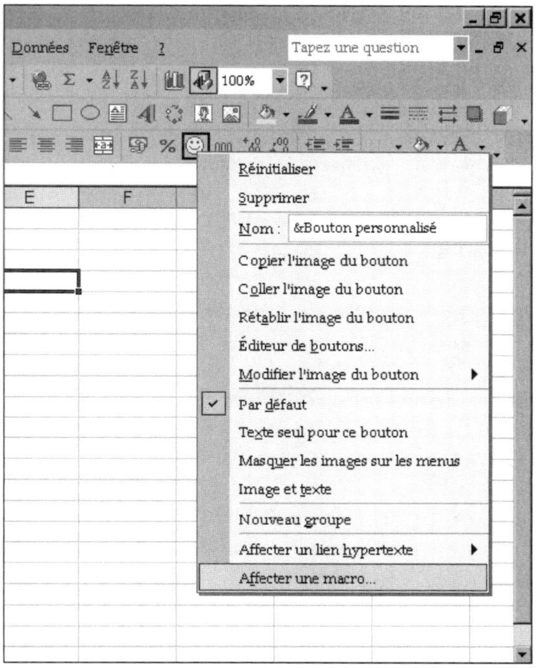

Figure 4.6 : Utilisez ce menu contextuel pour affecter, dans Excel ou FrontPage, un programme VBA personnalisé à un bouton de barre d'outils.

3. **Choisissez Affecter une macro dans le menu contextuel.**

   Une boîte de dialogue séparée affichant les Macros disponibles apparaît.

4. **Faites votre choix dans la liste.**

   Une fois que vous avez cliqué sur OK pour revenir à la boîte de dialogue Personnalisation, vous pouvez faire une beauté à votre nouveau bouton. Pour plus de détails, voir "Embellir vos boutons", plus loin dans ce chapitre.

5. **Fermez la boîte de dialogue Personnalisation.**

Créer des boutons de barre d'outils personnalisés dans Access

En matière d'affectation de programmes VBA à un bouton de barre d'outils ou élément de menu personnalisé, Access se démarque des autres applications Office. Différence la plus importante, vos programmes doivent être écrits sous des procédures `Function` et non `Sub` comme dans les autres applications Office. Pour plus d'informations sur les différences entre ces deux types de procédures, reportez-vous au Chapitre 6.

Une fois que la procédure Function servant à lancer votre programme à partir d'un bouton de barre d'outils ou un élément de menu est écrite, procédez comme suit :

1. **Commencez par choisir Outils/Personnaliser pour ouvrir la boîte de dialogue Personnalisation, puis basculez sur l'onglet Commandes (comme dans une autre application Office).**

   Reportez-vous à la Figure 4.4 pour avoir un aperçu de l'apparence de la boîte de dialogue Personnalisation dans Word.

2. **Dans la liste Catégories, partie gauche de la boîte, laissez la première option, Fichier, sélectionnée.**

3. **Glissez-posez le premier élément figurant dans la liste Commandes, partie droite de la boîte, sur la barre d'outils ou le menu cible (comme dans une autre application Office).**

4. **Une fois en place, faites un clic droit sur le nouveau bouton ou élément pour afficher la version Access du menu contextuel qui vous permettra de procéder à la personnalisation.**

   La Figure 4.5 montre un menu contextuel similaire.

5. **Choisissez Propriétés en bas du menu contextuel pour afficher la boîte de dialogue Propriétés du contrôle Base de données.**

   Cette boîte de dialogue ne figure que dans Access.

6. **Dans la zone Sur action, tapez le nom de votre programme VBA personnalisé (procédure `Function`).**

   Vous devez faire précéder le nom du programme du signe égal et le faire suivre de parenthèses, comme dans l'exemple suivant :

```
=ChouetteFunction
```

7. **Fermez la boîte de dialogue Propriétés du contrôle Base de données.**

   Pour personnaliser l'apparence de votre nouveau bouton ou élément de menu, vous pouvez utiliser la méthode expliquée dans la section "Embellir vos boutons".

Personnaliser les barres d'outils dans les autres applications VBA

Les méthodes de rattachement de vos programmes VBA à des boutons de barres d'outils personnalisés sont sensiblement différentes dans les autres applications VBA. Dans Visio, par exemple, il vous faut écrire du code ; si vous avez besoin de conseils, connectez-vous sur le site Internet de ce livre, à l'adresse `www.seldenhouse.com/vba` (en anglais). Par contre, dans Corel Draw, le système de personnalisation des boutons est identique à celui de Word, PowerPoint et FrontPage :

1. **Commencez par choisir Outils/Options.**

   Une boîte de dialogue s'affiche.

2. **Dans la liste du volet de gauche, sélectionnez l'élément Commandes sous Personnalisation.**

3. **Choisissez Macros en bas de la liste déroulante, en haut de la boîte de dialogue, au milieu.**

   Vous pouvez maintenant déplacer vers une barre d'outils n'importe quelle macro disponible.

Embellir vos boutons

Les programmes Office attribuent automatiquement un nom à chaque nouveau bouton VBA. Il va de soi qu'un bouton hyperlarge comme celui qui suit est non seulement moche comme un pou mais prend aussi une place folle sur votre barre d'outils :

```
ModèlePourLesNuls.RoutinesGraphismes.GénèreGraphismeDesVentes
```

Vous pouvez cependant troquer cette prose verbeuse contre une petite image. Procédez comme suit :

1. **Si la boîte de dialogue Personnalisation n'est pas déjà affichée, ouvrez-la de nouveau, cliquez sur l'onglet Commandes.**

   Voir les étapes 1 à 3 de la section "Créer des boutons de barre d'outils personnalisés dans Access".

2. **Faites un clic droit dans la barre d'outils sur votre nouveau bouton.**

   Un menu contextuel très long apparaît.

3. **Environ à la moitié du menu, placez le pointeur de votre souris sur Modifier l'image du bouton pour afficher un menu présentant des graphismes pour boutons.**

   Cette procédure est illustrée par la Figure 4.7.

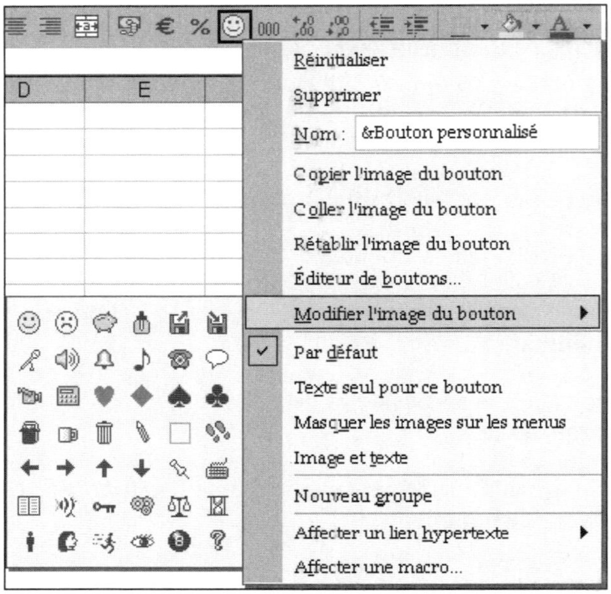

Figure 4.7 : Une fois la boîte de dialogue Personnalisation ouverte, un clic droit sur une barre d'outils Office permet d'afficher ce menu contextuel.

4. **Si l'une des images proposées vous plaît, sélectionnez-la en cliquant dessus puis passez à l'étape 8. Sinon, poursuivez avec l'étape 5.**

5. **Choisissez Editeur de boutons dans le menu contextuel.**

   La Figure 4.8 montre la fenêtre Editeur de boutons, un petit atelier dans lequel vous pouvez peindre votre bouton point par point.

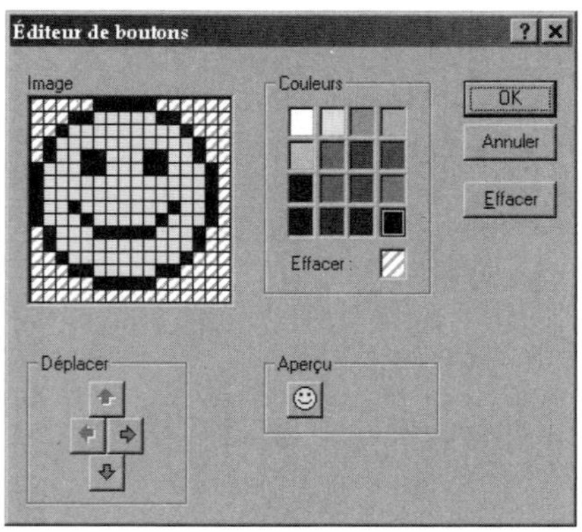

Figure 4.8 : Utilisez l'Editeur de boutons d'Office pour dessiner vos propres boutons.

6. **Choisissez une couleur dans la palette puis cliquez dans la fenêtre présentant un agrandissement du bouton pour commencer le barbouillage.**

Afin de supprimer la couleur et rendre l'arrière-plan de la barre d'outils transparent, peignez après avoir cliqué dans le carré situé à droite du terme Effacer (attention ! il ne s'agit pas du bouton de droite Effacer). Vous pouvez cliquer sur les boutons (flèches) Déplacer pour positionner l'image sur un côté vierge de toute couleur.

Maintenant que votre bouton a son graphisme, vous pouvez enlever ce texte.

7. **Ouvrez de nouveau le menu contextuel (voir étape 2).**

8. **Sélectionner l'option Par défaut.**

   Lorsque vous avez terminé, un joli petit bouton doit être stocké dans la barre d'outils, prêt à passer à l'action si vous cliquez dessus. Le bouton qui est dans la marge est celui de la Figure 4.8.

Supprimer un bouton

Dans Office, vous pouvez supprimer un bouton de barre d'outils dont vous ne vous servez plus : il suffit de le glisser en dehors de la barre d'outils. Lorsque vous déplacez le bouton vers une zone de l'écran où il n'y a pas de barre d'outils, veillez simplement à maintenir la touche Alt enfoncée. Dès que vous voyez un petit X à côté du pointeur de la souris, vous pouvez relâcher le bouton de la souris pour procéder à la suppression.

Personnaliser des boutons avec du code VBA

Je suis de tout cœur avec vous si votre application VBA ne permet pas de personnaliser des boutons par simple glisser-poser. Pour quelqu'un qui découvre VBA, le code nécessaire à la création des boutons est plutôt effrayant. Mais, en fait, ce n'est pas *trop* difficile. L'essentiel est de trouver, dans votre application VBA, les objets qui représentent les barres d'outils et les boutons, ainsi que les propriétés et les méthodes servant à les modifier.

Et on ose qualifier VBA de standard...

Dans Office, par exemple, les boutons sont des `CommandBarButtons`, et ils appartiennent aux collections `CommandBarControls`. Un CommandBar (la barre d'outils qui contient une collection CommandBarControls) figure dans une collection `CommandBars`, laquelle peut appartenir à l'objet `Application` ou à un objet `Document`.

Dans Visio, par contre, l'objet `ToolbarItem` représente un seul bouton. Mais pour travailler sur un objet `ToolbarItem` donné, vous devez accéder à la collection

`ToolbarItems` à laquelle il appartient. Cette collection `ToolbarItems` appartient elle-même à la collection `Toolbars`, qui fait partie de la collection `ToolbarSet`, laquelle, appartient à un `UIObject` donné (objet de l'interface utilisateur).

Je vous montre comment tout cela fonctionne avec du code sur le site Internet de ce livre : `www.seldenhouse.com/vba`.

Raccourcis clavier dans Word, Excel et Access

Si vous êtes très bon au clavier, sachez que les commandes que vous utilisez le plus souvent nécessitent vraiment des raccourcis clavier. Dans la plupart des applications, même celles très "graphiques", il est plus rapide d'actionner une commande en appuyant sur une touche plutôt qu'en bougeant la souris. Le seul inconvénient des raccourcis clavier c'est qu'il faut les mémoriser.

De toute façon, certaines applications VBA – y compris Word, Excel et Access – vous donnent un accès direct au clavier, vous permettant ainsi de créer des raccourcis clavier pour vos programmes VBA. N'hésitez surtout pas à l'utiliser.

Raccourcis clavier personnalisés dans Word

Pour la personnalisation du clavier, Word est de loin l'application VBA la plus simple et la plus riche. Prenons un exemple : si vous voulez donner à un programme VBA intitulé `DoublerTaillePolice` le raccourci clavier Alt+> (c'est-à-dire Alt+Maj+la touche >), procédez de la manière suivante :

1. **Ouvrez la boîte de dialogue Personnalisation en choisissant Outils/ Personnaliser ou en faisant un clic droit sur une barre d'outils puis en choisissant Personnaliser dans le menu contextuel.**

   Si vous voulez jeter de nouveau un œil sur cette boîte de dialogue, reportez-vous à la Figure 4.4.

2. **Cliquez sur l'onglet Options puis sur le bouton Clavier... en bas de la boîte de dialogue.**

   Cela ouvre la boîte de dialogue Personnaliser le clavier, illustrée par la Figure 4.9.

3. **Dans la liste Catégories, sélectionnez Macros.**

4. **Localisez puis sélectionnez votre programme dans la liste déroulante Macros.**

Si un raccourci clavier a déjà été affecté à ce programme, il apparaît dans la liste Touches actuelles.

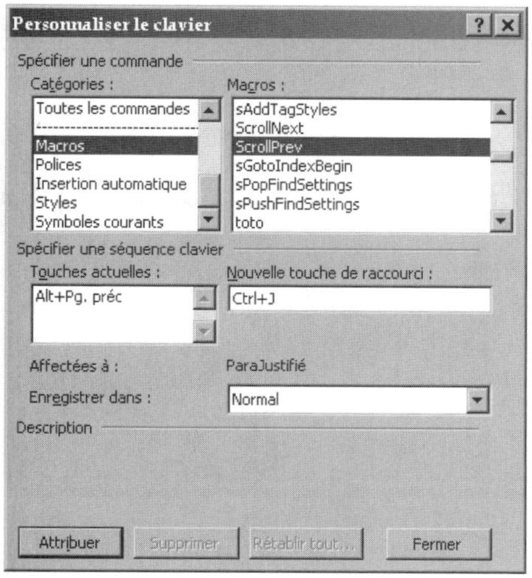

Figure 4.9 : Affecter des raccourcis clavier à vos programmes VBA Word grâce à la boîte de dialogue Personnaliser le clavier.

5. **Appuyez sur la combinaison de touches qui matérialise votre raccourci.**

   Si le raccourci que vous avez choisi est déjà utilisé, la boîte de dialogue vous demande quelle commande exécuter ; vous pouvez ainsi décider de conserver le raccourci existant ou de le remplacer par le nouveau.

6. **Cliquez sur Attribuer puis sur Fermer pour quitter la boîte de dialogue.**

Votre raccourci est paramétré.

Un truc hyper cool : mettez vos programmes dans des menus contextuels

Moyennant une toute petite manipulation, vous pouvez donner une allure branchée à votre modeste programme VBA en l'intégrant à un menu contextuel.

Dans Office, vous pouvez personnaliser n'importe quel menu contextuel à partir de la boîte de dialogue Personnalisation. Le truc, c'est d'afficher d'abord la barre d'outils Menus contextuels. Après avoir choisi Outils/Personnaliser pour ouvrir la boîte de dialogue, cliquez sur l'onglet Barres d'outils (s'il n'est pas au premier plan). Déroulez la liste de barres d'outils jusqu'à ce que vous voyiez l'élément Menus contextuels puis cochez la case située sur sa gauche.

La barre d'outils Menus contextuels doit maintenant être visible à l'écran. Vous pouvez naviguer dans les menus de cette barre d'outils et choisir un menu contextuel à personnaliser. Une fois ce dernier ouvert, procédez comme indiqué au début de la section "Démarrer des programmes rapidement" pour glisser-poser une macro depuis la boîte de dialogue Personnalisation.

Visio vous permet de placer une macro sur le menu contextuel de n'importe quelle forme. Après avoir sélectionné la forme, choisissez Fenêtre/Afficher la feuille ShapeSheet. Dans la fenêtre ShapeSheet, cliquez dans une cellule Action. (Si besoin est, insérer d'abord une section Actions en choisissant Insertion/Section puis en cochant Actions.)

Ensuite, choisissez Edition/Action. Vous pouvez maintenant entrer du texte et d'autres propriétés pour l'élément du menu et choisir le programme à exécuter. Désormais, le menu contextuel qui apparaît lorsque vous faites un clic droit sur la forme doit comprendre un élément pour votre programme VBA.

Raccourcis clavier dans Excel

Excel vous permet d'affecter des raccourcis clavier à des programmes VBA mais vous êtes limité aux combinaisons de touches Ctrl + lettres, chiffres et signes de ponctuation. Pour affecter un raccourci clavier à un programme, utilisez la méthode suivante :

1. **Ouvrez la boîte de dialogue Macro. (Pourquoi ne pas utiliser le raccourci Alt+F8 ?)**

2. **Sélectionnez votre programme dans la liste.**

3. **Cliquez sur Options.**

4. **Dans la boîte de dialogue qui vient de s'afficher (voir Figure 4.10), appuyez sur la touche que vous voulez associer à Ctrl dans votre raccourci.**

   Excel distingue les majuscules des minuscules. (En d'autres termes, une lettre tapée avec la touche Maj enfoncée sera différente de la même lettre tapée sans la touche Maj.)

5. **Cliquez sur OK pour revenir dans la boîte de dialogue Macro.**

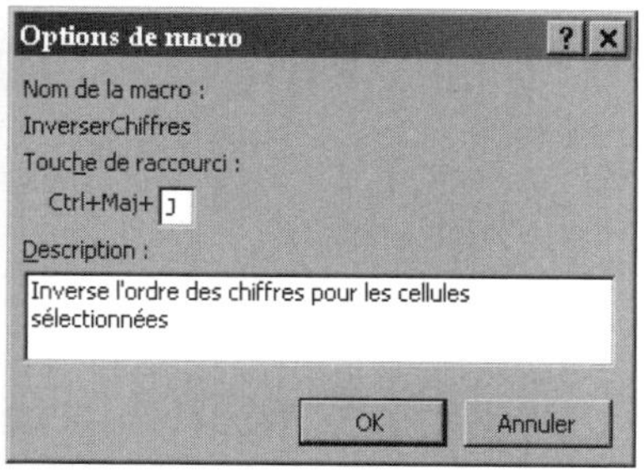

Figure 4.10 : Affecter un raccourci clavier à un programme VBA, dans Excel.

Raccourcis clavier dans Access

Dans les bases de données Access personnalisées, vous pouvez facilement créer vos propres raccourcis clavier. Les applications Access sont basées sur des formulaires personnalisés et leurs contrôles. Il vous suffit de créer des procédures d'événement reliées à ces formulaires et contrôles qui sont exécutées lorsque l'utilisateur appuie sur une touche. Le Chapitre 10 traite les procédures d'événement en long, en large et en travers. Les événements qui vous intéressent sont : KeyPress, KeyDown et KeyUp.

Par contre, il en va autrement si vous travaillez directement dans une base de données Access, avec les commandes et les boutons de barre d'outils Access d'origine. Vous pouvez créer vos propres raccourcis qui lanceront des programmes VBA en y affectant des macros Access. (Vous vous souvenez peut-être que les macros Access *ne sont pas* des procédures VBA.) Access ne dispose pas d'un enregistreur de macros, vous devrez donc vous les fabriquer vous-même, de la manière suivante :

1. **Dans la fenêtre Base de données, sélectionnez le bouton Macros puis cliquez sur le bouton Nouveau.**

   La fenêtre Macro (Figure 4.11) apparaît.

2. **Dans la colonne Action, sélectionnez l'élément ExécuterCode, comme le montre la Figure 4.11.**

3. **Choisissez Affichage/Noms de macro pour faire apparaître une colonne supplémentaire appelée Nom de la macro.**

4. **Dans la colonne Nom de la macro, entrez le raccourci clavier que vous voulez affecter à votre programme VBA.**

Utilisez le symbole ^ pour désigner la touche Ctrl et le symbole +, pour la touche Maj. Vous pouvez entrer des lettres et des chiffres normaux, mais les touches de fonction doivent être placées entre des accolades. Par exemple, vous entrerez **^k** pour créer un raccourci Ctrl+k, ou **+{F8}** pour Maj+F8.

5. **Cliquez dans la zone de texte Nom de la fonction et entrez le nom de la procédure VBA que la macro exécutera.**

   Ce doit être une procédure Function.

6. **Cliquer sur la X dans le coin supérieur droit pour refermer la fenêtre Macro. Quand Access vous demande de donner un nom à la macro, entrez** AutoKeys.

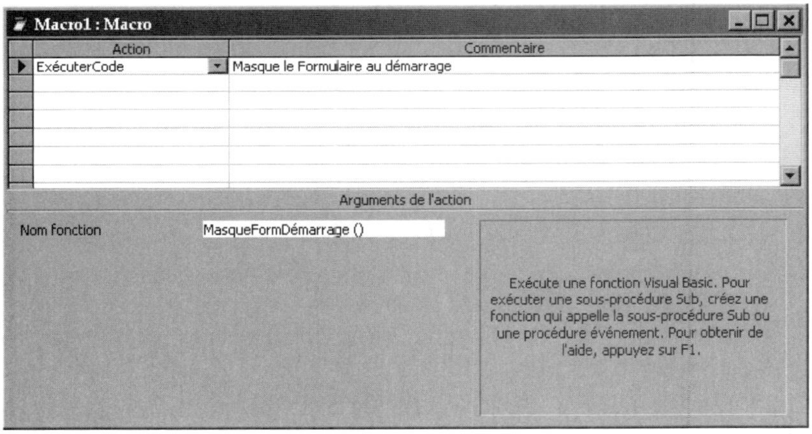

Figure 4.11 : Utilisez cette fenêtre pour créer des macros Access.

Les macros dans Visio

Visio propose un autre moyen d'exécuter des programmes VBA : le double-clic sur une forme associée à votre code. Voici comment définir la réaction d'une forme à un double-clic :

1. **Cliquez sur la forme pour la sélectionner.**

2. **Choisissez Format/Action du double-clic.**

   La boîte de dialogue Action du double-clic donne une idée concrète de l'espace de travail Visio (voir Figure 4.12).

3. **Sélectionnez la procédure VBA de vos rêves dans la liste Exécuter la macro.**

4. **Cliquez sur OK.**

Dorénavant, lorsque vous double-cliquerez sur cette forme, votre programme VBA sera exécuté.

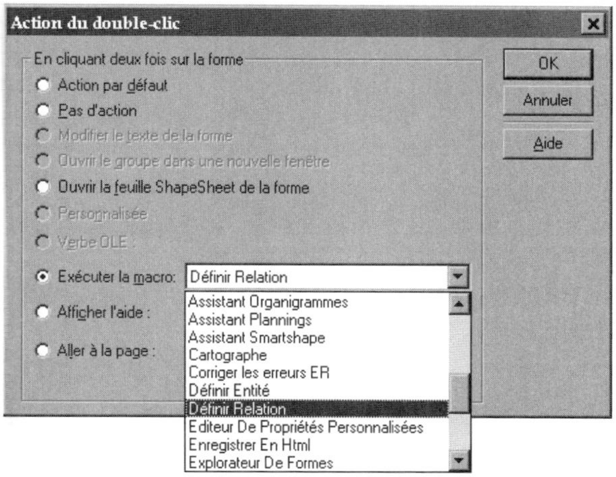

Figure 4.12 : Utilisez cette boîte de dialogue pour associer une forme Visio à une procédure VBA ; celle-ci s'exécutera lorsque vous double-cliquerez sur la forme en question.

Exécuter automatiquement des programmes VBA

Prenons un exemple : vous aimez tellement un de vos programmes VBA que vous voulez l'exécuter chaque fois que vous démarrez votre application. Vous êtes à ce point amoureux de votre programme que même l'attente minime entraînée par un clic vous est insupportable.

Vous avez de la chance car de nombreuses applications vous permettent d'exécuter automatiquement du code VBA lorsque vous démarrez ou quittez une application, ouvrez ou fermez un document, et en réponse à d'autres événements. Les Tableaux 4.1 à 4.3 présentent les différentes techniques utilisables dans les applications VBA qui proposent cette fonctionnalité.

Tableau 4.1 : Exécuter automatiquement des programmes VBA lors du démarrage de l'application.

Application	Commande à entrer dans la zone Cible	Commentaires
Microsoft Word	*/mprocédure*	Remplacez la procédure par le nom de votre procédure VBA.
Microsoft Access	*/xmacro*	Exécute la macro Access choisie. Pour exécuter une procédure VBA, la macro Access doit comprendre une action ExécuterCode (voir "Raccourcis clavier dans Access", plus haut dans ce chapitre).

Tableau 4.2 : Dans Word, exécuter automatiquement des programmes VBA en donnant un nom spécial au programme VBA

Nom du programme VBA	Exécution automatique
`AutoExec`	Au démarrage de Word.
`AutoNew`	Lors de la création d'un nouveau document.
`AutoOpen`	A l'ouverture d'un document existant.
`AutoClose`	A la fermeture d'un document.
`AutoExit`	A la fermeture de Word.

Remarque : La macro `AutoExec` doit être stockée dans le modèle Normal (normal.dot).

Utiliser les raccourcis Windows

Au démarrage de l'application, Word et Access vous permettent d'exécuter du code VBA en ajoutant des commandes supplémentaires après le nom de l'application (voir Tableau 4.1). A moins que vous ne souhaitiez taper ces commandes sous DOS, vous devez modifier ou créer un *raccourci* Windows pour exécuter l'application.

Dans Windows, les icônes du menu Démarrer sont des raccourcis. Pour créer un raccourci qui lance votre macro personnalisée, faites une copie de l'un des raccourcis du menu

Démarrer ou créez un nouveau raccourci dans l'Explorateur ou sur le Bureau en faisant un clic droit sur une zone vide puis en choisissant Nouveau/Raccourci. Dans la boîte de dialogue Création d'un raccourci, recherchez le fichier du programme (`Windword.exe` ou `MSAccess.exe`). Une fois le nom de votre raccourci saisi, celui-ci apparaît sur votre Bureau ou dans l'Explorateur. Ensuite, faites un clic droit sur le raccourci et choisissez Propriétés dans le menu contextuel pour afficher la boîte de dialogue Propriétés.

Maintenant, cliquez sur l'onglet Raccourci. Dans la zone Cible, entrez la commande après le nom de l'application. Par exemple, pour exécuter automatiquement une procédure VBA lors du lancement de Word, vous devez entrer :

"C:\Microsoft Office\WINWORD.EXE" /mDeviseDuJour

L'exemple suivant lance un modèle stocké dans un document donné :

"C:\Microsoft Office\WINWORD.EXE" "C:\Mes documents\Hip.doc" /mHop

Tableau 4.3 : Exécuter des programmes VBA en créant des procédures d'événement VBA (voir Chapitre 14 sur la programmation d'événements).

Application	Exécution automatique	Démarre avec cet objet	Ecrit du code pour cet événement
Word	A l'ouverture d'un document	Document	Open
Word	Lors de la création d'un nouveau document	Document	New
Word	A la fermeture d'un document	Document	Close
Excel	A l'ouverture d'un classeur	Application	WorkbookOpen
Excel	A l'ouverture d'un classeur donné	Classeur	Open
Excel	Lors de la création d'une nouvelle feuille de calcul	Classeur	NewSheet
Visio	Lorsqu'un document est enregistré sous un autre nom	Document	DocumentSavedAs
Visio	Lors de la création d'un nouveau document	Document	DocumentOpened

Remarque : Ce ne sont que quelques-uns des nombreux événements liés à des documents que vous pouvez trouver dans Word, Excel et Visio.

Chapitre 5

Visual Basic Editor à votre service

Dans ce chapitre :

- Trouver des commandes dans les menus de Visual Basic Editor.
- Afficher, déplacer et personnaliser les barres d'outils d'Editor.
- Comprendre l'ancrage des barres d'outils et fenêtres.
- Se débattre avec les multiples fenêtres d'Editor.
- Découvrir les raccourcis clavier disponibles dans Visual Basic Editor.
- Tour d'horizon de vos projets VBA dans l'Explorateur de projets.
- Chercher des objets issus de projets à l'aide de l'Explorateur d'objets.
- Ecriture de code – par vos soins et automatiquement – dans la fenêtre Code.

Vous souvenez-vous de cette scène, dans *Fantasia*, où Mickey joue à l'apprenti sorcier ? Au départ, l'idée de se servir du balai magique pour effectuer les corvées lui semble géniale, mais très vite, il est assailli par un bataillon de seaux et manque de se noyer.

Vos premières expériences avec Visual Basic Editor vous donnent peut-être le sentiment d'être submergé. Vous pouvez ouvrir tellement de fenêtres que vous ne connaissez ni d'Eve, ni d'Adam que le naufrage approche. Ne pa-ni-quez pas ! Ces fenêtres ne provoquent aucun raz-de-marée et peuvent faire du très bon boulot. Grâce à un petit apprentissage et aux astuces que vous apprendrez dans ce chapitre, vous aurez bientôt la maîtrise totale de Visual Basic Editor et ses fenêtres.

Je détaille en particulier l'Explorateur de projets, l'Explorateur d'objets et la fenêtre Code – je ne décris pas uniquement leur apparence ou le fonctionnement de leurs contrôles mais j'explique également comment les utiliser dans une session de programmation. Les autres fenêtres (y compris les fenêtres UserForm, Propriétés et les quatre de débogage), survolées dans le présent chapitre, sont traitées en profondeur aux Chapitres 9 et 10.

Utiliser l'interface utilisateur de Visual Basic Editor

L'interface utilisateur de Visual Basic Editor est typiquement Microsoft – l'apparence et le fonctionnement des menus, barres d'outils et raccourcis clavier ressemblent beaucoup à ceux de Microsoft Office. Lorsque vous utilisez VBA dans une application Office, vous vous sentez vraiment chez vous.

D'un autre côté, vous remarquerez peut-être une différence entre l'interface d'une application non-Microsoft et celle de Visual Basic Editor. Rappelez-vous, les autres éditeurs de logiciels ont acheté la licence VBA à Microsoft et ont greffé le langage sur leurs propres produits qui sont, dans certains cas, bien plus anciens que VBA ou l'interface Office.

Faites connaissance avec les menus d'Editor

Je m'aperçois que vous savez déjà utiliser les menus. Cependant, vous avez peut-être envie de connaître l'emplacement de certaines commandes dans les menus de Visual Basic Editor.

La plupart du temps, les commandes d'Editor respectent une certaine logique. Par exemple, pour afficher une fenêtre bien précise, vous devriez facilement trouver la commande, car, bien entendu, elle se trouve dans le menu Affichage. Mais ce n'est pas toujours aussi évident. Le petit tableau ci-après vous révèle certaines commandes cachées d'Editor.

Tâche	Commande de menu	Commentaires
Contrôler tous les paramètres d'un projet	Outils/Propriétés de projet	C'est un emplacement bizarre pour une commande appartenant au projet VBA sur lequel vous travaillez – je m'attendais plutôt à le trouver dans le menu Fichier.
Personnaliser Visual Basic Editor	Affichage/Barres d'outils/Personnaliser et Outils/Options.	

Tâche	Commande de menu	Commentaires
Passer en Mode création	Exécution/Mode création	La commande Mode création laisse à penser qu'elle sert à créer des feuilles, alors pourquoi figure-t-elle dans le menu Exécution ? Parce qu'elle interrompt tout programme en cours d'exécution. Ce n'est pas une commande très utile dans la mesure où vous pouvez créer des feuilles autrement, et vous n'avez pas besoin de quitter le Mode création pour exécuter un programme.

Paramétrer les barres d'outils

Si vous avez l'habitude d'utiliser Word, Excel ou PowerPoint, vous connaissez sans doute parfaitement le mode de fonctionnement des barres d'outils de Visual Basic Editor. Si ce n'est pas le cas, je pense que quelques rapides commentaires suffiront amplement.

Editor est équipé de quatre barres d'outils :

- **Standard :** C'est la seule barre d'outils visible lorsque vous ouvrez Visual Basic Editor la première fois. Ses boutons donnent accès à un grand nombre de fonctions parmi lesquelles l'enregistrement de votre travail, la création de feuilles et de modules, la modification et l'exécution de vos programmes.
- **Edition :** Ses boutons sont très pratiques pour modifier du code car ils reprennent les commandes du menu Edition.
- **Débogage :** Cette barre d'outils regroupe les boutons dont vous avez besoin pour traquer les erreurs dans vos programmes.
- **UserForm :** Cette barre d'outils sert lors de la création de feuilles. La plupart de ses boutons reprennent les commandes du menu Format (alignement, réorganisation, groupement des contrôles).

Vous pouvez combiner les barres d'outils "de série" comme vous l'entendez. Deux petits clics permettent d'afficher (si elle n'est pas déjà à l'écran) ou de masquer (si elle déjà à l'écran) une barre d'outils. Voici comment faire :

1. **Faites tout d'abord un clic droit sur n'importe quelle barre d'outils.**

   Un menu contextuel surgit (voir Figure 5.1) ; il indique les barres d'outils disponibles. Lorsqu'une barre d'outils est à l'écran, une coche figure à gauche de son nom.

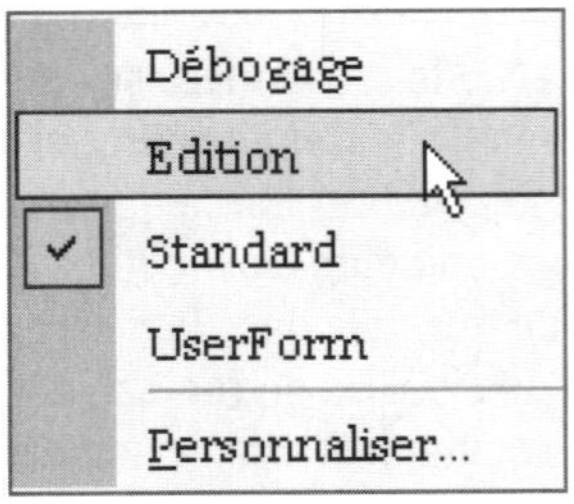

Figure 5.1 : Affichez ou masquez les barres d'outils à l'aide de ce menu contextuel.

2. **Dans le menu, sélectionnez la barre d'outils à afficher ou à masquer.**

   Dès que vous relâchez le bouton de la souris, la modification est effectuée.

Les barres d'outils d'Editor peuvent prendre trois apparences :

Etat de la barre d'outils	Apparence à l'écran
Masquée	Invisible à l'écran.
Ancrée	Rattachée à l'un des bords de la fenêtre de programme.
Flottante	Dans une fenêtre séparée dotée de sa propre barre de titre et d'un bouton Fermer. Les barres d'outils flottantes peuvent être placées en dehors d'Editor.

La Figure 5.2 montre Visual Basic Editor avec deux barres d'outils ancrées et deux flottantes. La plupart des fenêtres peuvent être ancrées, flottantes ou masquées.

Pour qu'une barre d'outils ancrée devienne flottante, il suffit de cliquer dessus tout en l'éloignant du bord de la fenêtre de programme vers le milieu de l'écran. Pour "attraper" facilement une barre d'outils ancrée, cliquez sur les deux petites barres verticales de gauche (une seule dans Office 2000 et Office XP) ; cette zone s'appelle la *poignée de déplacement*. Vous pouvez également double-cliquer sur cette poignée, la barre d'outils ancrée deviendra flottante (cette option n'existe pas dans Office 2000, ni dans Office XP).

Inversement, vous pouvez ancrer une barre d'outils flottante en cliquant sur sa barre de titre tout en la déplaçant vers un bord de la fenêtre de programme. Dès qu'elle s'approche d'un bord, la force gravitationnelle de la fenêtre l'ancre en la rétrécissant ; joli effet, mais il y a plus rapide : il suffit de double-cliquer sur la barre de titre (elle reprend alors une position ancrée).

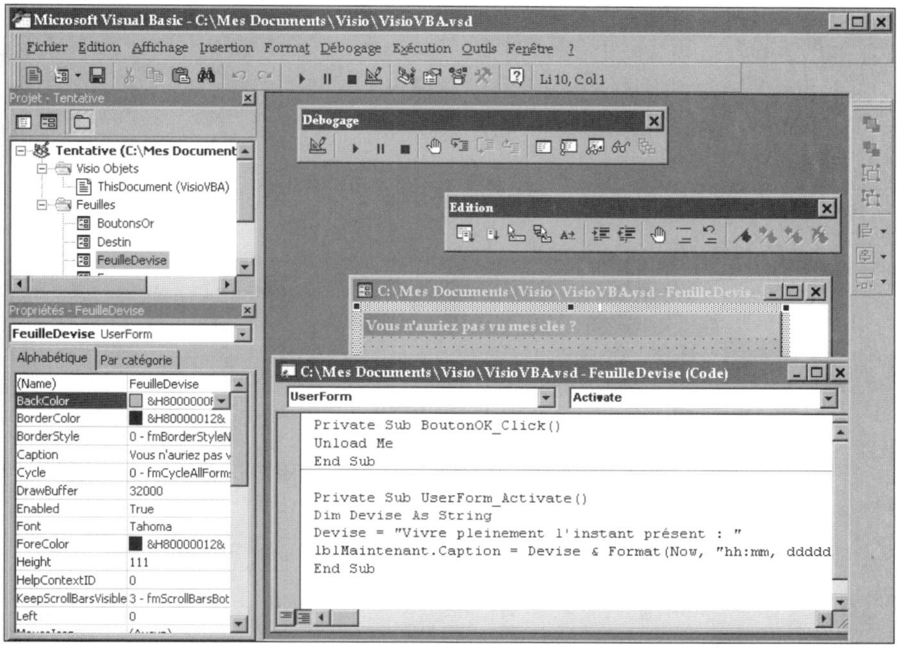

Figure 5.2 : Les barres d'outils de Visual Basic Editor sont ancrées par défaut sous la barre de menus. Vous pouvez les ancrer sur les autres bords de la fenêtre de programme ou les laisser flotter.

Personnaliser vos barres d'outils et menus

Imaginons que les barres d'outils fournies dans Visual Basic Editor ne vous conviennent pas. Créez donc les vôtres ! Vous pouvez ajouter ou supprimer boutons et éléments de menu et si cela ne vous suffit pas encore, vous avez la possibilité de créer vos propres barres d'outils de A à Z (en procédant comme dans les applications Office).

Déplacer et supprimer des boutons de barres d'outils

Si vous voulez simplement déplacer ou supprimer un bouton existant, il vous suffit de le glisser vers un nouvel emplacement tout en maintenant la touche Alt enfoncée. Lorsque la touche Alt est enfoncée vous pouvez :

- Glisser un bouton vers un nouvel emplacement, sur la même barre d'outils ou sur une autre. Pour *copier* ce bouton ailleurs, glissez-le tout en maintenant enfoncées les touches Alt et Ctrl.
- Ajouter une ligne de séparation entre deux boutons en glissant le bouton de droite très légèrement vers la droite (mais pas trop, sinon vous le déplacez). Pour supprimer une ligne de séparation, glissez le bouton situé à sa droite un soupçon vers la gauche.

- Supprimer un bouton en le glissant vers un emplacement où il n'y a pas de barre d'outils. Dès que vous voyez un X à côté du pointeur de la souris, vous pouvez relâcher le bouton et cette barre d'outils redevient poussière.

Créer de nouveaux boutons sur une barre d'outils

Les modifications plus complexes, comme l'ajout de nouveaux boutons à une barre d'outils, font appel à la boîte de dialogue Personnalisation (Personnaliser, dans les versions autres qu'Office XP). Afin de modifier les menus, celle-ci doit demeurer ouverte.

Pour ajouter de nouveaux boutons à une barre d'outils :

1. **Faites un clic droit sur n'importe quelle barre d'outils puis, dans le menu contextuel, choisissez Personnaliser.**

   Ainsi, vous ouvrez la boîte de dialogue Personnalisation illustrée par la Figure 5.3.

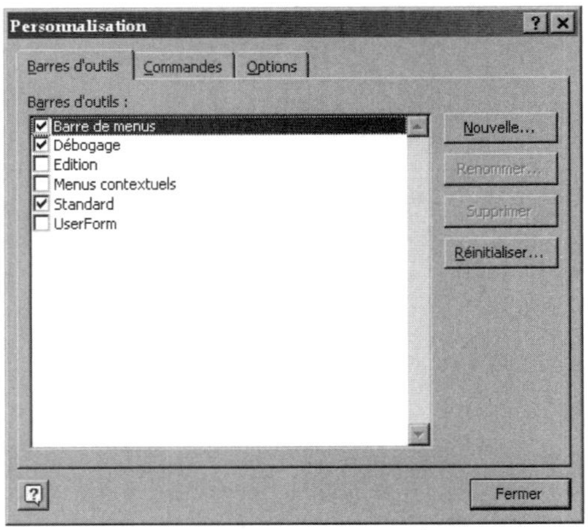

Figure 5.3 : La boîte de dialogue Personnalisation vous permet de façonner l'interface utilisateur de Visual Basic Editor à votre guise.

2. **Si la barre d'outils à personnaliser n'est pas visible, sélectionnez l'onglet Barres d'outils de la boîte de dialogue Personnalisation.**

   Cochez la case de cette barre d'outils. Vous pouvez ajouter une nouvelle barre d'outils en cliquant sur le bouton Nouvelle puis en entrant un nom.

3. **Une fois que vous voyez la barre d'outils, cliquez sur l'onglet Commandes.**

   Vous pouvez maintenant glisser-poser des éléments de la liste vers la barre d'outils ou le menu.

4. **Lorsque vous avez terminé, refermez la boîte de dialogue Personnalisation.**

Notez que, lorsque la boîte de dialogue Personnalisation est ouverte, vous pouvez déplacer ou supprimer des boutons sans maintenir la touche Alt enfoncée. Par contre, pour copier un élément, la touche Ctrl doit être maintenue enfoncée.

Bricoler les menus

Pour personnaliser les menus de Visual Basic Editor, vous devez d'abord afficher la boîte de dialogue Personnalisation (voir étape 1 de la section précédente). Ensuite, vous pouvez ouvrir un menu en cliquant dessus puis glisser-poser ses éléments vers d'autres emplacements ou d'autres menus. Le fait de glisser un élément de menu dans la zone de travail entraîne sa suppression. Vous pouvez ajouter ou supprimer une ligne de séparation entre deux éléments en glissant celui du bas un chouïa vers le bas ou le haut.

Pour créer de nouveaux éléments dans un menu, glissez-posez-les depuis l'onglet Commandes de la boîte de dialogue Personnalisation, comme pour les nouveaux boutons de barre d'outils. Les Figures 5.3 et 5.4 vous éclairent sur ce point.

Comme si la personnalisation du système de menus de Visual Basic Editor ne suffisait pas, vous avez également la possibilité de modifier les menus contextuels (clic droit). Ouvrez tout d'abord la boîte de dialogue Personnalisation, puis cliquez sur l'onglet Barres d'outils et cochez la case Menus contextuels.

Apparaît alors une petite barre d'outils qui sert à la personnalisation. Cliquez sur le menu contextuel recherché. Vous pouvez ensuite glisser-poser des éléments de l'onglet Commandes vers le menu contextuel, comme le montre la Figure 5.4.

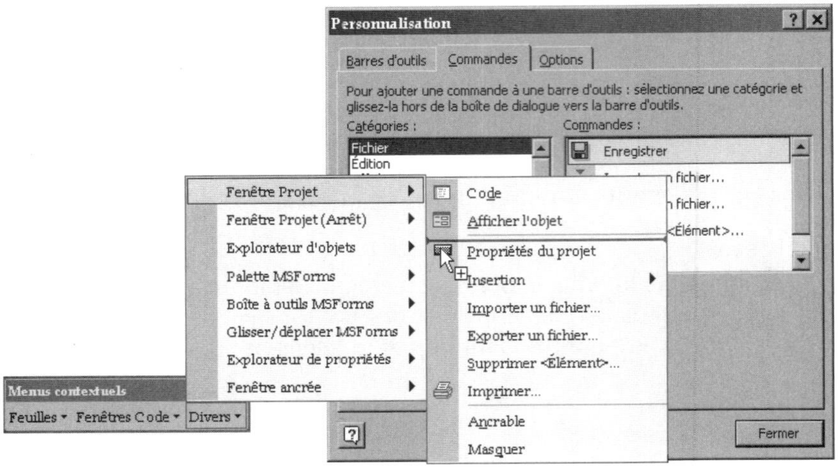

Figure 5.4 : Personnaliser un des menus contextuels de Visual Basic Editor.

Raccourcis clavier

Le Tableau 5.1 indique les raccourcis clavier disponibles dans Visual Basic Editor. Vous pouvez également utiliser les commandes Windows de contrôle du curseur et de modification du texte. Rappelez-vous qu'en appuyant sur Maj+F10, vous ouvrez le menu contextuel de la fenêtre ou tout autre élément actif – comme si vous aviez fait un clic droit sur l'élément.

Tableau 5.1 : Raccourcis clavier dans Visual Basic Editor.

Affichage des fenêtres

Pour	Appuyer sur
Afficher la fenêtre Code de la feuille ou du contrôle sélectionné	F7
Afficher la feuille correspondant à la fenêtre Code active	Maj+F7
Basculer dans la fenêtre Code ou UserForm suivante	Ctrl+Tab
Activer la fenêtre Explorateur d'objets	F2
Activer la fenêtre Propriétés	F4
Activer la fenêtre Exécution	Ctrl+G
Activer la fenêtre Pile des appels pendant l'exécution d'un programme	Ctrl+L

Travailler sur le code

Pour	Appuyer sur
Ouvrir la définition de l'élément sur lequel se trouve le point d'insertion	Maj+F2
Afficher la boîte de dialogue Rechercher	Ctrl+F
Trouver suivant (trouver l'occurrence suivante du texte recherché)	F3
Trouver précédent	Maj+F3
Remplacer	Ctrl+H
Aller à la ligne précédemment modifiée	Ctrl+Maj+F2
Annuler	Ctrl+Z
Répertorier les propriétés/méthodes	Ctrl+J
Répertorier les constantes	Ctrl+Maj+J
Afficher des informations express à propos de la variable ou de l'objet sur lequel se trouve le point d'insertion	Ctrl+I
Afficher l'information sur les paramètres de la fonction sur laquelle se trouve le point d'insertion	Ctrl+Maj+I
Compléter automatiquement le mot saisi	Ctrl+Espace

Travailler sur les propriétés

Pour	Appuyer sur
Dans la fenêtre Propriétés, se placer sur la propriété suivante de la liste commençant par une lettre donnée	Ctrl+Maj+*<lettre>*

Exécuter des programmes

Pour	Appuyer sur
Exécuter la procédure ou le UserForm de la fenêtre active	F5
Arrêter l'exécution du code et basculer en mode Arrêt	Ctrl+Arrêt

Gérer les fenêtres

A moins que vous n'ayez le moniteur du géant Gulliver, préparez-vous à passer beaucoup de temps à déplacer les fenêtres dans Visual Basic Editor. Elles ne sont pas là pour faire joli, chacune vous aide à accomplir vos travaux de programmation. Le problème, c'est qu'il est difficile de toutes les laisser ouvertes en même temps – vous ne disposerez plus d'assez de place pour votre code et vos feuilles.

Certaines fenêtres sont solitaires, d'autres vivent en meute

Il est une information élémentaire sur les fenêtres de Visual Basic Editor qu'il faut connaître : vous pouvez disposer d'autant de fenêtres Code et UserForm que vous voulez – mais pour les autres types, vous êtes limité à une de chaque. Cette restriction vous semble peut-être très logique, mais moi j'ai mis du temps à comprendre comment tout cela fonctionnait.

Il vous faut plusieurs fenêtres Code et UserForm car vous allez sûrement créer plusieurs feuilles et modules VBA. En prévoyant une fenêtre pour chaque, vous pouvez conserver toutes vos feuilles et modules en mémoire et y accéder rapidement.

D'autres fenêtres – Propriétés et Variables locales pour ne pas les nommer – voient leur contenu changer automatiquement dès que vous changez de fenêtre Code ou UserForm. Vous avez donc plusieurs fenêtres pour le prix d'une. D'autres encore, comme l'Explorateur d'objets, l'Explorateur de projets et la fenêtre Exécution, traitent tout ce que vous faites dans Editor, donc une seule suffit.

Afficher et masquer des fenêtres

La plupart des fenêtres d'Editor ont leur propre raccourci, vous pouvez donc les ouvrir sans quitter votre clavier. Le Tableau 5.1 les récapitule. Si vous n'arrivez pas à vous en souvenir, sachez que vous pouvez afficher n'importe quelle fenêtre par le menu Affichage.

Les raccourcis clavier *ne sont pas* des boutons à bascule, et c'est peut-être dommage. Si vous utilisez le raccourci sur une fenêtre déjà à l'écran, vous ne la masquerez pas. Pour la fermer, vous devez cliquer sur le petit bouton de fermeture (celui qui a un X) situé dans le coin supérieur droit de la barre de titre ou appuyer sur Ctrl+F4.

Pour afficher une fenêtre en particulier qui est ouverte mais enfouie sous d'autres, vous pouvez utiliser le menu Fenêtre. Seules les fenêtres qui ne peuvent être ancrées y sont répertoriées.

N'OUBLIEZ PAS

Comme dans de nombreuses applications Windows, deux raccourcis servent à passer d'une fenêtre à une autre : Ctrl+Tab et Ctrl+F6. Mais, dans Visual Basic Editor, seules les fenêtres non ancrables deviennent actives lorsque vous utilisez les raccourcis clavier.

Vous vous demandez peut-être : "mais qu'est-ce qu'une fenêtre non ancrable ?" La réponse se trouve dans la section suivante.

Ancrer ou ne pas ancrer les fenêtres...

A l'instar des barres d'outils, la plupart des fenêtres d'Editor sont *ancrables* – vous pouvez les lier à un des quatre bords de l'espace de travail, là où elles ne recouvrent pas d'autres fenêtres. Bien entendu, ancrer une fenêtre rétrécit l'espace de travail. La Figure 5.5 montre l'Editeur avec toutes les fenêtres visibles ancrées (à l'exception de la Boîte à outils).

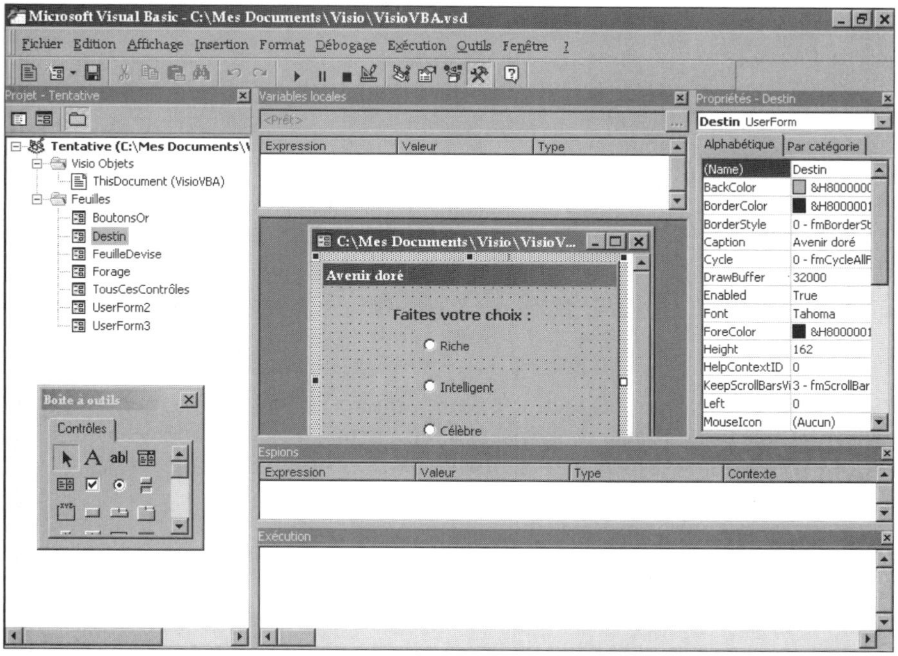

Figure 5.5 : Lorsque vous ancrez des fenêtres dans Visual Basic Editor, l'espace disponible pour modifier du code et créer des feuilles diminue.

Autre possibilité, vous pouvez laisser vos fenêtres flotter, libres comme l'air. Les fenêtres flottantes vous procurent plus de place pour écrire du code ou construire des feuilles mais elles recouvrent souvent d'autres fenêtres. Si vous avez un grand moniteur, vous préférerez peut-être ne pas afficher Visual Basic Editor à sa taille maximum et déplacer les fenêtres flottantes en dehors de la fenêtre.

Ne pas ancrer

Certaines fenêtres ne peuvent pas être ancrées. L'ancrage est exclu pour les fenêtres Code et UserForm (mais vous pouvez les agrandir afin qu'elles exploitent tout l'espace de travail non occupé par les fenêtres ancrées). En outre, vous pouvez rendre n'importe quelle autre fenêtre *non ancrable*. Pour vérifier ou définir l'option d'ancrage de tous les types de fenêtres (à l'exception, bien sûr, des fenêtres Code et UserForm), choisissez Outils/Options et cliquez sur l'onglet Ancrage. La boîte de dialogue illustrée par la Figure 5.6 apparaît.

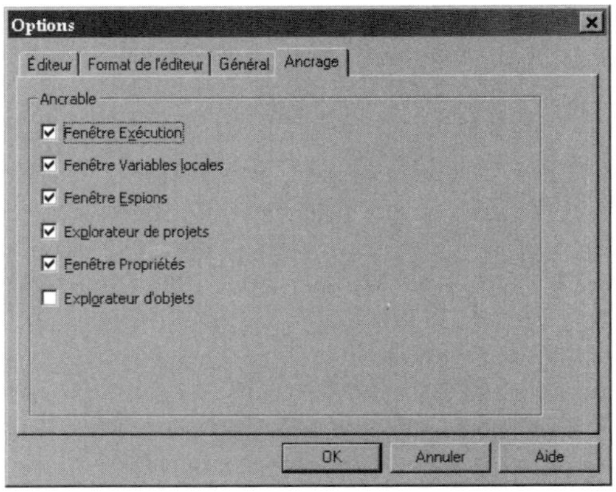

Figure 5.6 : Paramétrez l'ancrage des fenêtres de Visual Basic Editor dans cette boîte de dialogue.

Vous pouvez également rendre ancrable une fenêtre non ancrable (si celle-ci est actuellement ancrée) en faisant un clic droit sur sa barre de titre puis en choisissant Ancrable dans le menu contextuel. Malheureusement, l'opération inverse ne fonctionne pas.

Tout sur l'ancrage

NOTE TECHNIQUE

Quelques éléments de réflexion sur le fonctionnement de l'ancrage des fenêtres :

- Une fenêtre Code, UserForm ou toute autre fenêtre non ancrable peut être agrandie, réduite ou *restaurée* (le jargon Microsoft concernant les fenêtres que l'utilisateur peut dimensionner). Les fenêtres non ancrables disposent de tous les boutons standard Windows dans le coin supérieur droit de leur barre de titre : Réduire, Agrandir (ou Restaurer, si la fenêtre est agrandie) et Fermer.
- Vous pouvez savoir si une fenêtre est actuellement ancrable en regardant sa barre de titre. Les fenêtres ancrables n'ont qu'un bouton Fermer ; les fenêtres non ancrables sont dotées, en plus, des boutons Réduire et Agrandir (ou Restaurer).
- Lorsque vous agrandissez une fenêtre non ancrable, elle remplit l'espace non occupé par celles actuellement ancrées dans la zone de travail.

- Pour déplacer une fenêtre flottante sur un bord de la zone de travail sans l'ancrer, vous devez d'abord la rendre non ancrable.
- Les fenêtres non ancrables ouvertes sont accessibles immédiatement par le raccourci clavier Ctrl+Tab. Elles sont également listées dans le menu Fenêtre.

Enregistrer la configuration de l'écran

Visual Basic Editor garde automatiquement en mémoire la configuration effective lorsque vous quittez. Les emplacements de vos fenêtres, menus et barres d'outils ne changent pas d'une session Visual Basic Editor à l'autre.

Gérer vos projets grâce à l'Explorateur de projets

En VBA, un *projet* comprend le code et les feuilles appartenant à un document, ainsi que le document proprement dit. Dans Visual Basic Editor, l'Explorateur de projets sert à avoir une vue d'ensemble de tous les projets ouverts dans votre application – et, chose essentielle, il permet de basculer rapidement dans une fenêtre Code ou UserForm.

Pour enregistrer le projet sur lequel vous travaillez – celui qui est sélectionné dans l'Explorateur de projets, comme vous le verrez plus loin dans cette section –, cliquez sur le bouton Enregistrer de la barre d'outils Standard de Visual Basic Editor. Vous n'avez pas besoin de retourner dans votre application pour enregistrer le document et son code.

Ouvrir l'Explorateur de projets

La première fois que vous ouvrez Visual Basic Editor, vous devez voir l'Explorateur de projets. Si ce n'est pas le cas, vous pouvez l'afficher en utilisant l'une des méthodes suivantes :

- Appuyez sur Ctrl+R.
- Cliquez sur le bouton Explorateur de projets de la barre d'outils Standard.
- Choisissez Affichage/Explorateur de projets.

Explorer l'Explorateur

Si vous avez déjà utilisé l'Explorateur Windows pour gérer vos disques et fichiers (pardon, *documents*), vous vous sentirez comme chez vous dans l'Explorateur de projets. Ce dernier vous donne un plan hiérarchisé des projets ouverts. La Figure 5.7 illustre mon propos.

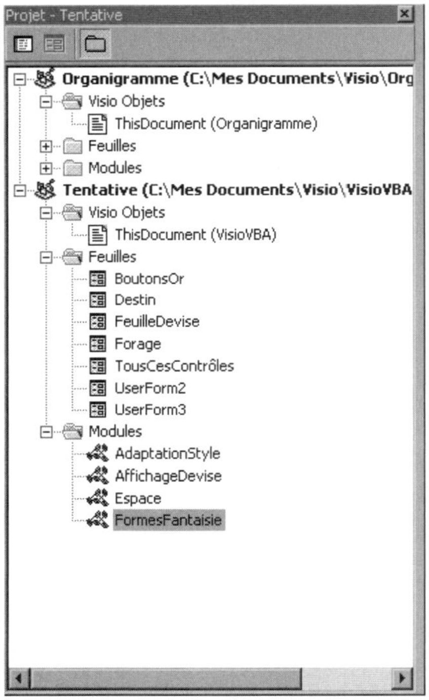

Figure 5.7 : Voici l'Explorateur de projets de Visio, avec plusieurs projets actifs ouverts en même temps.

En haut de l'arborescence se trouvent les projets individuels, les éléments les plus alignés à gauche dans l'Explorateur de projets.

Chaque document ouvert dans votre application présente automatiquement un projet, même s'il ne comprend ni code ni feuille. Un projet prend par défaut le nom du document dont il dépend, mais vous pouvez modifier ce nom dans la boîte de dialogue Propriétés du projet ou dans la fenêtre Propriétés (voir la section "Renommer un projet ou un module dans la fenêtre Propriétés", plus loin dans ce Chapitre).

Au niveau immédiatement inférieur, vous trouvez les groupes ou objets associés, c'est-à-dire les feuilles, les modules, les objets de l'application d'origine et les références à d'autres bibliothèques d'objets. Pour ajouter de telles références à vos projets, reportez-vous au Chapitre 14. Normalement, l'Explorateur de projets affiche un dossier pour chacun de ces groupes. En bas de la hiérarchie se trouvent les objets individuels.

Naviguer dans l'Explorateur de projets

Fouiner dans l'Explorateur de projets est un excellent moyen de ne pas écrire de code tout en ayant l'air de travailler. Il sert également à autre chose : c'est le moyen le plus rapide de trouver et d'activer les modules, les feuilles et les autres objets sur lesquels vous voulez travailler.

Tout comme l'Explorateur de Windows, l'Explorateur de projets affiche une petite case ou *nœud* à côté de chaque élément de la liste – si l'élément contient des sous-éléments. Lorsque seul le projet est visible, son contenu étant donc masqué, cet *indicateur de développement*, c'est son nom officiel, est doté du signe +. Si les niveaux inférieurs sont visibles, il affiche un signe -.

Utilisation de l'Explorateur de projets :

- Pour développer un nœud, et donc afficher les éléments du niveau inférieur, cliquez sur le signe + de l'indicateur de développement ou sélectionnez le nœud puis appuyez sur la flèche de direction droite.
- Pour réduire un nœud développé, et donc masquer les éléments de niveau inférieur, cliquez sur le signe - de l'indicateur ou sélectionnez le nœud puis appuyez sur la flèche de direction gauche.
- Pour ouvrir la fenêtre UserForm ou Code d'un module, d'une feuille ou d'un élément de module dans l'Explorateur de projets, double-cliquez sur l'élément ou sélectionnez-le dans la liste puis appuyez sur Entrée.
- Pour activer la fenêtre Code d'une feuille, sélectionnez cette dernière dans la liste puis appuyez sur Maj+Entrée.

Si vous ne parvenez pas à vous rappeler à quelles actions correspondent Entrée et Maj+Entrée, vous pouvez toujours vous rabattre sur les boutons situés en haut de l'Explorateur de projets, juste sous la barre de titre. Ils fonctionnent ainsi :

- Le bouton de gauche Afficher le code ouvre la fenêtre Code de l'élément sélectionné.
- Le bouton du milieu Afficher l'objet ouvre l'élément proprement dit. S'il s'agit d'une feuille, elle s'affiche dans la fenêtre UserForm. Si c'est un document, vous retournez automatiquement dans celui-ci, dans l'application VBA d'origine.

- Le bouton de droite Basculer les dossiers développe ou réduit le niveau intermédiaire du projet. Normalement, l'Explorateur de projets classe les feuilles, les modules et les documents dans des dossiers différents. Si vous cliquez sur ce bouton, ces dossiers disparaissent et les objets individuels de chaque projet sont affichés par ordre alphabétique. Si vous cliquez de nouveau dessus, les dossiers réapparaissent.

Utiliser le menu contextuel de l'Explorateur de projets

Le menu contextuel de l'Explorateur de projets, Figure 5.8, vous donne des informations précises sur les éléments d'un projet. Toutes ces commandes sont disponibles par les menus, mais le menu contextuel permet un accès plus rapide si vous êtes déjà dans l'Explorateur de projets.

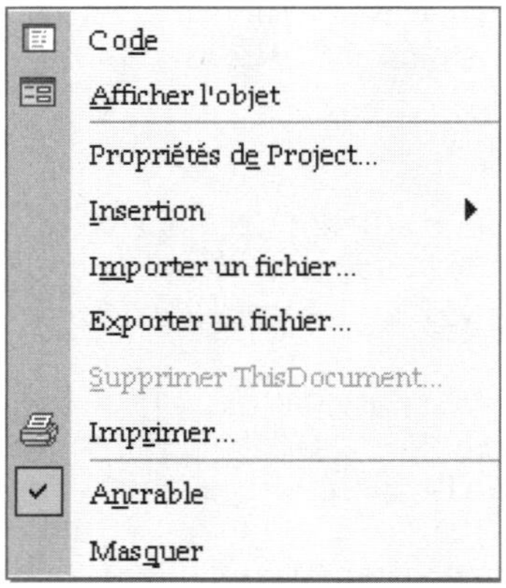

Figure 5.8 : Le menu contextuel de l'Explorateur de projets.

Définir les propriétés d'un projet

La boîte de dialogue Propriétés du projet vous permet de modifier le nom de votre projet, d'ajouter une description sommaire, de joindre un fichier d'aide personnalisé et de protéger le projet contre d'éventuels changements et indiscrétions non autorisés. Ces options ne sont utiles qu'aux programmeurs VBA confirmés.

Mais, vous savez au moins que cette boîte de dialogue existe. Pour l'afficher, choisissez Outils/Propriétés de *<nom du projet>* ou faites un clic droit dans l'Explorateur de projets puis sélectionnez Propriétés de *<nom du projet>* dans le menu contextuel. La Figure 5.9 montre l'onglet Général de la boîte de dialogue Propriétés du projet.

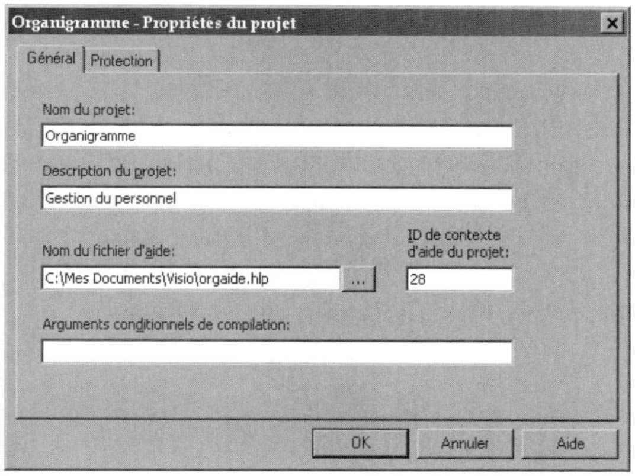

Figure 5.9 : L'onglet Général de la boîte de dialogue Propriétés du projet.

Renommer un projet

La façon la plus simple de modifier le nom de projet attribué par VBA est d'utiliser la fenêtre Propriétés, comme je le décris plus loin dans la section "Renommer un projet ou un module dans la fenêtre Propriétés". Mais, vous avez également la possibilité de modifier le nom du projet dans l'onglet Général de la boîte de dialogue Propriétés du projet si celle-ci est ouverte.

Protéger son projet

S'il existe le risque que votre ordinateur soit infiltré par quelqu'un susceptible de s'amuser avec vos programmes, pensez à protéger vos projets VBA à l'aide d'un mot de passe. Pour ériger une barrière de sécurité, affichez la boîte de dialogue Propriétés du projet puis cliquez sur l'onglet Protection, illustré par la Figure 5.10.

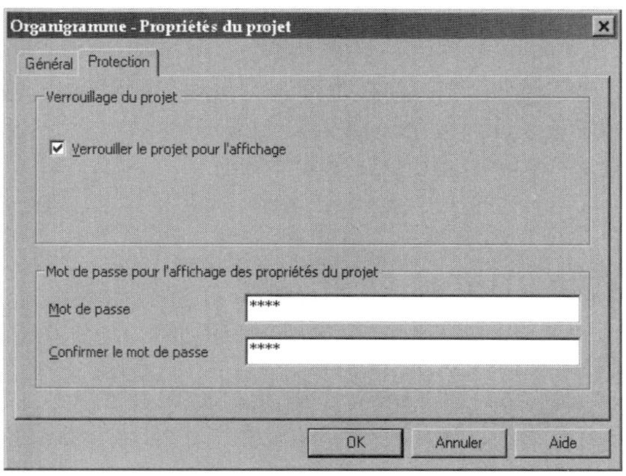

Figure 5.10 : L'onglet Protection de la boîte de dialogue Propriétés du projet.

Les paramètres de l'onglet Protection sont les suivants :

- **Verrouiller le projet pour l'affichage :** En cochant cette case, quiconque ne possédant pas le mot de passe ne peut même pas afficher le projet. Si vous ne cochez pas cette case, votre mot de passe ne permet tout de même pas à quelqu'un d'autre d'ouvrir la boîte de dialogue Propriétés du projet – et cela empêche d'autres utilisateurs de *vous* interdire l'accès à votre propre travail par modification de votre mot de passe.
- **Mot de passe :** Entrez le mot de passe que vous avez choisi.
- **Confirmer le mot de passe :** Entrez de nouveau votre mot de passe pour vous assurer que la première saisie était correcte.

A moins que vous n'ayez une mémoire d'éléphant, écrivez votre mot de passe et mettez-le en lieu sûr. L'encodage de VBA est en béton et si jamais vous oubliez votre mot de passe, il vous faudra recréer votre projet depuis le début.

Utiliser l'Explorateur d'objets

Bien qu'il semble différent et possède plus de gadgets, l'Explorateur d'objets a beaucoup de choses en commun avec l'Explorateur de projets. Lui aussi vous permet de naviguer dans l'arborescence des objets utilisables dans vos programmes VBA.

Esthétisme mis à part, il existe une différence essentielle entre les deux explorateurs : l'Explorateur d'objets n'affiche qu'un seul projet à la fois – tout en vous permettant d'accéder à *tous* les objets susceptibles d'être intégrés à un projet, pas seulement à ceux déjà utilisés par celui-ci. En d'autres termes, outre les modules et feuilles de votre projet, vous avez la possibilité de visualiser les objets de votre application, de VBA et d'autres bibliothèques que vous pourriez choisir. Les instructions pour ajouter des références à d'autres bibliothèques d'objets sont données au Chapitre 14.

Autre atout de l'Explorateur d'objets : il peut rechercher les procédures, méthodes, événements, propriétés et autres merveilles de ce genre dans n'importe quelle bibliothèque d'objets.

Ouvrir l'Explorateur d'objets

La touche F2 est la commande d'affichage de l'Explorateur d'objets la plus rapide. Vous pouvez également cliquer sur le bouton Explorateur d'objets de la barre d'outils Standard (dessiné dans la marge) ou choisir Affichage/

Explorateur d'objets, mais ces deux méthodes prennent un peu plus de temps. La Figure 5.11 montre l'Explorateur d'objets.

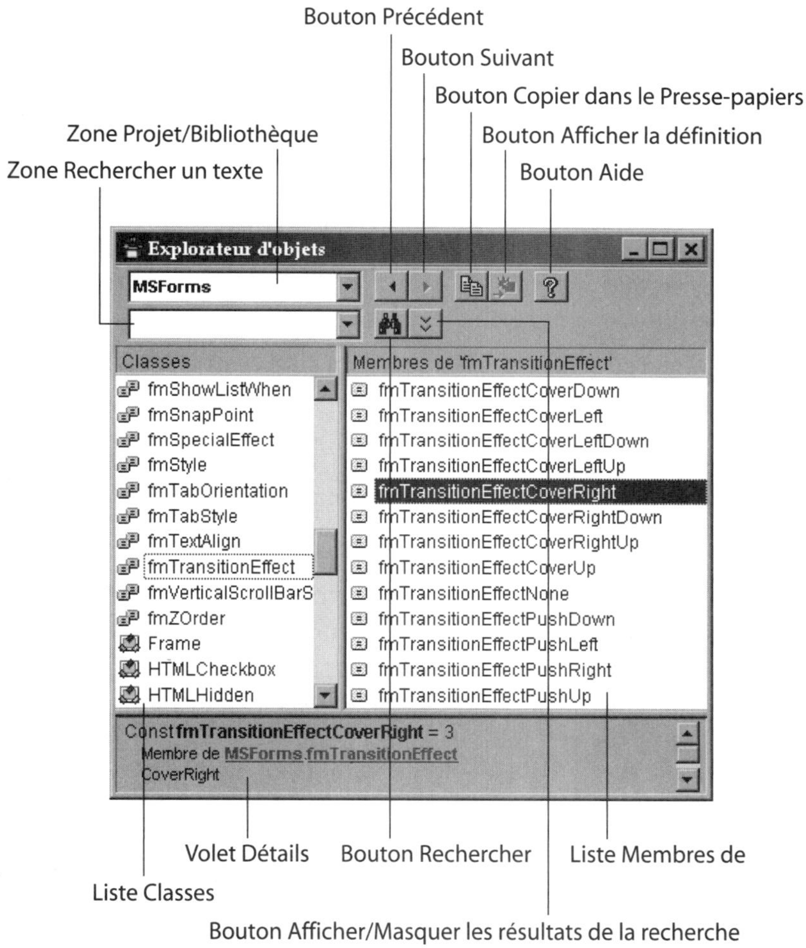

Figure 5.11 : L'Explorateur d'objets.

Parcourir l'Explorateur d'objets

N'OUBLIEZ PAS

Avant de plonger dans l'Explorateur d'objets, vérifiez bien que vous parcourez le bon projet. Il vous suffit de le sélectionner dans l'Explorateur de projets.

Cliquez dans la zone de liste Projet/Bibliothèque, dans le coin supérieur gauche, pour afficher les bibliothèques disponibles dans le projet choisi. (Votre projet doit figurer dans la liste – si ce n'est pas le cas, retournez dans l'Explorateur de projets et sélectionnez-le.) En choisissant <Toutes bibliothèques>, vous pouvez parcourir tous les objets disponibles de votre projet (c'est-à-dire les objets de toutes les bibliothèques utilisées dans votre projet). Pour entrer dans une bibliothèque, sélectionnez-la dans la liste.

Explorer les différents volets

L'Explorateur d'objets est divisé en plusieurs sections ou volets (voir Figure 5.11). Vous pouvez redimensionner un volet en glissant-posant les barres qui les séparent. Le volet du haut contient les boutons de contrôle de l'Explorateur d'objets. En dessous apparaît, lorsqu'une recherche a été effectuée, un volet Résultats de la recherche, que j'aborde dans la section "Rechercher des membres", plus loin dans ce chapitre.

En dessous, se trouvent deux volets disposés côte à côte. Sur la gauche, la zone de liste Classes affiche les objets, collections, modules, feuilles et constantes disponibles dans la bibliothèque ou le projet sélectionné. Si vous cliquez sur un de ces éléments, ses membres sont affichés dans le volet de droite, la zone de liste Membres de. Ces membres peuvent être des procédures, méthodes, propriétés, événements ou des constantes individuelles.

N'OUBLIEZ PAS

Vous voulez savoir où réside votre code VBA ? Cherchez les éléments affichés en gras dans les zones de liste Classes et Membres de.

Le volet Détails, en bas de l'Explorateur d'objets, affiche des informations sur l'objet sélectionné : type d'élément, objet auquel il appartient (si vous ne voyez pas toutes les informations, glissez-posez vers le haut la barre de séparation située juste au-dessus ou utilisez la barre de défilement de droite). Pour l'afficher, cliquez sur l'objet auquel l'élément appartient.

Fureter entre les projets

L'Explorateur de projets se rapproche beaucoup du navigateur Web. Vous pouvez activer les liens hypertexte vers les éléments associés – dans le volet Détails (en bas de la fenêtre), cliquez sur l'objet souligné pour l'afficher dans l'Explorateur d'objets.

Comme dans un navigateur Web, vous pouvez revenir sur vos pas. Pour revenir à des objets déjà consultés, cliquez sur le bouton Précédent en haut de la fenêtre. Bien sûr, vous avez également un bouton Suivant, qui vous permet de revenir à l'objet sur lequel vous étiez avant de cliquer sur le bouton Précédent.

Accès instantané à votre code

Si l'élément que vous avez sélectionné dans l'Explorateur d'objets est un module ou une procédure issue de votre code, appuyez simplement sur Entrée pour ouvrir sa fenêtre Code. Mais les inconditionnels de la souris obtiendront le même résultat en cliquant sur le bouton Afficher la définition (il figure dans la marge).

Obtenir de l'aide dans l'Explorateur d'objets

En appuyant sur F1 ou en cliquant sur le bouton Aide, vous accédez normalement à une rubrique d'aide sur l'objet, la méthode, la propriété ou l'événement sélectionné dans l'Explorateur d'objets. Si votre mode de pensée est plus souple que rigide, promenez-vous au hasard dans l'Explorateur d'objets et affichez de l'aide sur les éléments qui attirent votre attention, c'est un excellent moyen d'explorer tranquillement VBA. Sachez simplement qu'il peut très bien ne rien se passer lorsque vous demandez de l'aide dans l'Explorateur d'objets – vous n'obtiendrez l'information désirée que si le créateur de la bibliothèque s'est donné la peine de l'inclure.

Rechercher des membres

Supposons que vous ne sachiez pas quel module contient la procédure X, ou quel objet comprend la méthode ou l'événement Y. Plutôt que de remuer ciel et terre dans l'Explorateur de projets ou fouiller dans l'aide, vous pouvez demander à l'Explorateur d'objets de le retrouver :

1. **Choisissez <Toutes bibliothèques> dans la zone de liste Bibliothèque/Projet (si vous devez rechercher dans tout le projet) ou cliquez sur une bibliothèque donnée.**

   Si vous sélectionnez la mauvaise bibliothèque, il est possible que votre recherche aboutisse mais, comme un élément peut porter le même nom d'une bibliothèque à l'autre, il ne s'agira peut-être pas de l'élément souhaité.

2. **Entrez le texte que vous cherchez dans la zone de liste Rechercher.**

   Vous pouvez répéter une de vos quatre dernières recherches en cliquant dans la liste déroulante Rechercher.

3. **Appuyez sur Entrée ou cliquez sur le bouton Rechercher (jumelles).**

   Après l'incontournable ronronnement du disque dur, les résultats surgissent dans un volet Résultats de la recherche qui apparaît sur la largeur de la fenêtre, sous les boutons. Vous avez la possibilité de redimensionner les colonnes.

4. **Pour refermer le volet Résultats de la recherche, cliquez sur la double flèche pointée vers le haut, à côté du bouton Rechercher.**

   Cliquez sur ce même bouton, maintenant une double flèche pointée cette fois-ci vers le bas, pour réafficher le volet Résultats de la recherche.

Greffer à votre code des éléments de l'Explorateur d'objets

L'Explorateur d'objets fait plus que satisfaire votre curiosité en matière d'objets, il apporte une humble contribution à l'écriture de votre code. Si vous souhaitez utiliser dans votre code un élément repéré dans l'Explorateur, appuyez sur Ctrl+C ou cliquez sur le bouton Copier. Ensuite, basculez dans la fenêtre Code appropriée puis choisissez Edition/Coller dans votre programme pour insérer le contenu du presse-papiers. Vous serez ainsi certain que les instructions sont bien orthographiées – la moindre coquille peut rendre fou votre programme, voire carrément l'empêcher de fonctionner.

Coder des secrets

Les fenêtres Code sont le cœur de Visual Basic Editor car vous y élaborez vos instructions. Ce chapitre ne comporte rien sur le contenu de ces instructions VBA – ou en tout cas, pas grand-chose. J'ai pris le parti d'indiquer comment tirer le maximum de la fenêtre Code lorsque vous écrivez votre code. Trois types d'éléments VBA ont leur propre fenêtre Code : les modules, les modules de classes et les UserForm. Bien que chacun ait une fonction différente en VBA (traitée plus loin), les fenêtres Code sont identiques et fonctionnent de la même manière pour ces trois éléments.

Ouvrir la fenêtre Code

Dans Visual Basic Editor, vous pouvez ouvrir la fenêtre Code d'un module, d'un module de classe ou d'un UserForm de multiples façons. Vous devez d'abord sélectionner l'élément dans l'Explorateur de projets. Ensuite, vous pouvez procéder de différentes manières :

- Appuyer sur F7.
- Cliquer sur le bouton Afficher le code dans la partie supérieure de l'Explorateur de projets.
- Faire un clic droit sur l'objet puis sélectionner Code dans le menu contextuel.
- Choisir Affichage/Code.
- Pour les modules, double-cliquez sur l'élément ou appuyez simplement sur Entrée (ne fonctionne pas avec les UserForm).

Si vous êtes en train de visualiser un UserForm, appuyez sur la touche F7 ou choisissez Affichage/Code pour afficher la fenêtre Code de cette feuille.

Créer des fenêtres Code

L'insertion d'un nouveau module dans votre projet ouvre automatiquement une nouvelle fenêtre Code. Le Chapitre 6 vous apprend à créer des modules. Lorsque vous créez une feuille, une fenêtre Code est automatiquement générée (mais pour l'afficher à l'écran, vous devez utiliser une des méthodes énumérées plus haut).

Saisir du code

Les fenêtres Code de VBA sont à la base de simples éditeurs de texte, mais ils comprennent un tas de fonctionnalités servant à écrire du code VBA.

Tapez vos instructions comme dans un traitement de texte, à l'aide des touches de modification et de navigation standards de Windows (rappelez-vous, touche Début = retour au début de la ligne, Ctrl+Début = début de la fenêtre). Vous pouvez sélectionner du texte avec la souris ou en déplaçant le curseur à l'aide des flèches de direction tout en maintenant la touche Maj enfoncée.

Comme tout éditeur de texte de ce millénaire qui se respecte, la fenêtre Code autorise les modifications par glisser-poser. Une fois le texte sélectionné, vous pouvez :

- Le glisser vers un autre emplacement.
- Le copier, en maintenant la touche Maj enfoncée pendant le déplacement.

Vous pouvez glisser-poser du texte dans la même fenêtre ou vers une autre fenêtre Code, et vers les fenêtres Exécution ou Espions. Si l'emplacement de destination se situe dans une autre fenêtre Code, disposez dans un premier temps les fenêtres de façon que le texte d'origine et l'emplacement de destination soient tous deux visibles. (La section "Un aperçu de la fenêtre Débogage", plus loin dans ce chapitre, décrit brièvement les fenêtres Exécution et Espions.)

Dans la fenêtre Code, vous pouvez également annuler les dernières modifications apportées à votre code. Chaque fois que vous appuyez sur Ctrl+Z ou choisissez Annuler dans le menu Edition, le changement inverse est paramétré, le menu Edition propose une commande Répéter – pour annuler les effets de la commande Annuler – mais celle-ci ne possède pas de raccourci clavier dans Visual Basic Editor.

L'entraîneur idéal

Visual Basic Editor, à l'image du serviteur dont vous avez toujours rêvé, vérifie et corrige votre travail en permanence, mais discrètement :

- Si vous indentez une ligne, ce retrait est automatiquement appliqué aux lignes suivantes (vous pouvez désactiver cette option en choisissant Outils/Options, onglet Editeur, puis en décochant la case Retrait automatique).
- Si Visual Basic Editor reconnaît un *mot-clé* VBA, il le met automatiquement en majuscules selon les conventions VBA (si vous tapez une instruction `if...then...else`, il la transforme en `If...Then...Else`). En outre, les mots-clés apparaissent automatiquement en couleur (par défaut bleu) pour qu'on les distingue des autres éléments.
- Dans les fenêtres Code, vous pouvez créer une nouvelle procédure en tapant `Sub` ou `Function` suivi de parenthèses et si besoin est d'une liste d'arguments. Visual Basic Editor vous fournit alors automatiquement l'instruction de fermeture – `End Sub` ou `End Function`. Vous remarquerez que les procédures sont séparées par un trait.
- Enfin, élément le plus important, si vous tapez une instruction VBA incomplète ou incorrecte d'un point de vue syntaxique, Editor affiche un message d'avertissement (voir Figure 5.12). Ce message vous permet de corriger immédiatement le problème, tant que vous êtes sur l'instruction incriminée. Même si vous ignorez l'avertissement, il affiche l'instruction fautive en rouge pour vous rappeler qu'elle contient une erreur.

Figure 5.12 : Vous obtenez un message d'avertissement comme celui-ci lorsqu'une erreur de syntaxe s'est glissée dans une ligne de code.

Naviguer dans une fenêtre Code

Lorsque vous créez un programme un tant soit peu complexe, une seule fenêtre de Code peut comprendre des pages et des pages de code. Monter et descendre dans la fenêtre pour chercher au petit bonheur la chance une section bien précise est une technique bien primitive pour un outil si moderne. Profitez donc de ces deux listes déroulantes situées au sommet de la fenêtre Code (visibles sur la Figure 5.13), qui vous conduisent directement à la procédure que vous voulez consulter ou modifier. Voici la marche à suivre :

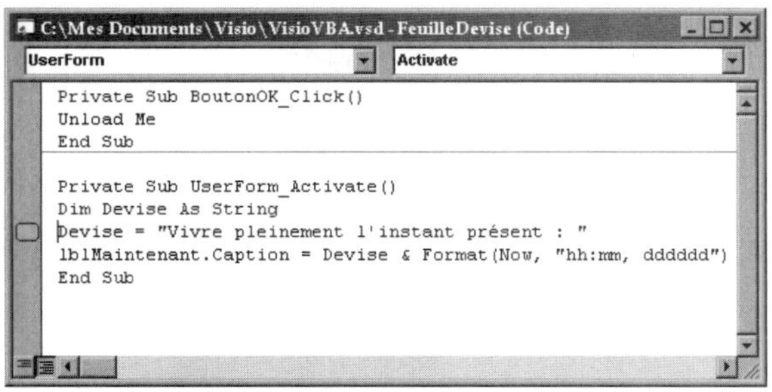

Figure 5.13 : Cette forme ovale dans la marge de gauche de la fenêtre Code est un signet. Il apparaît par défaut en bleu clair (cyan).

- La zone de liste de gauche est la *zone Objet*. Dans la fenêtre Code d'un module, cette liste n'a qu'un seul élément (Général), et vous n'avez pas à vous en soucier. Mais lorsque vous travaillez dans la fenêtre Code d'une feuille, vous pouvez y choisir un contrôle donné (ou la feuille elle-même). La fenêtre Code affiche alors la procédure correspondant à cet événement.

- La zone de liste de droite est la *zone Procédures/Evénements*. C'est ici qu'en sélectionnant la section Déclarations ou une procédure donnée, vous affichez le code de l'élément sélectionné. Je décris la section Déclarations au Chapitre 6. Si vous travaillez dans la fenêtre Code d'une feuille, cette zone ne comprend que les événements disponibles pour l'élément sélectionné dans la zone Objet. Lorsque vous sélectionnez un événement, la fenêtre Code affiche la procédure correspondant à cet événement.

Attribuer un signet à votre code

Il est 3 h 00 du matin. Vos paupières sont si lourdes qu'elles tombent presque sur votre clavier, mais vous avez un délai à respecter et vous continuez de taper des lignes et des lignes de code. Soudain, la lumière jaillit – vous venez de trouver la solution à un gros problème de programmation qui vous pourrissait la vie depuis un moment.

Avant de vous précipiter dans l'autre module pour mettre à exécution votre idée lumineuse, insérez un *signet* sur la ligne où vous vous trouvez. Ainsi, lorsque vous reviendrez dans ce module, vous ferez comme le petit Poucet et retrouverez facilement votre chemin.

Pour insérer un signet sur une ligne de code (plus exactement en marge du code, comme le montre la Figure 5.13), cliquez sur le bouton Basculer signet. Tous les boutons concernant les signets figurent sur la barre d'outils Edition, vous devez donc afficher celle-ci. Mais vous pouvez aussi activer cette commande en utilisant le menu : Edition/Signets/Basculer signet. Cette manipulation prend cependant plus de temps. (Cruauté suprême, Microsoft a omis de proposer des raccourcis clavier pour les commandes de signets.) Vous n'êtes pas limité par le nombre de signets.

Bien entendu, le signet n'a rien de magique. Pour parvenir à votre destination finale, vous devez naviguer d'un signet à l'autre, en cliquant sur les boutons Signet suivant ou Signet précédent.

Pour supprimer un signet, placez le point d'insertion sur la ligne correspondante puis cliquez de nouveau sur le bouton Basculer signet. Si vos signets sont tellement nombreux que les commandes Signet suivant et Signet précédent jouent le rôle de boutons de barres de défilement, vous pouvez tous les supprimer d'un coup en cliquant sur le bouton Effacer tous les signets.

Diviser une fenêtre Code

Vous avez la possibilité de diviser une fenêtre Code en deux volets (voir Figure 5.14). Vous pouvez ainsi visualiser simultanément le code de différentes parties d'un même module. Cela facilite également le copier-coller d'une section à une autre.

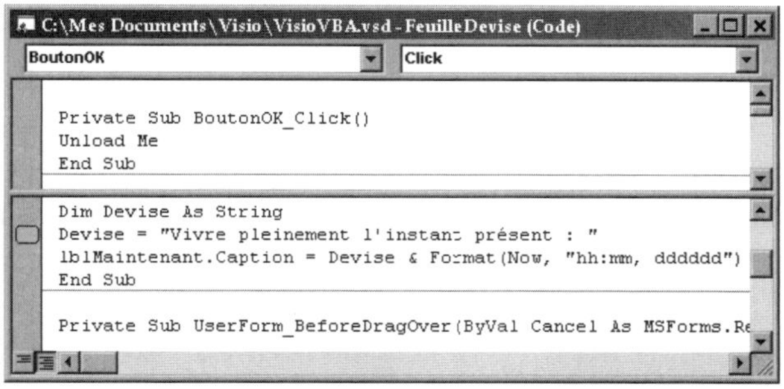

Figure 5.14 : Une fenêtre Code divisée.

Pour diviser une fenêtre Code, utilisez la barre de division – cette petite barre grise horizontale située juste au-dessus de la flèche de défilement supérieure droite. Glissez la barre vers le bas jusqu'à ce que l'affichage vous convienne. Pour les fusionner de nouveau en une seule fenêtre, double-cliquez sur la barre grise ou glissez-la vers sa position d'origine en haut de la fenêtre.

Plus de confort dans la fenêtre Code

Pourquoi écrire vous-même du code si on peut le faire pour vous ? Visual Basic Editor vous dorlote en insérant automatiquement et au moment opportun ces termes VBA marrants. Cela vous permet non seulement d'avoir moins de code à saisir, mais vous préserve aussi d'éventuelles fautes d'orthographe.

Plusieurs fonctionnalités liées, que vous trouverez toutes dans le menu Edition, vous font bénéficier de ces petits agréments :

- Répertorier les propriétés/méthodes.
- Répertorier les constantes.
- Compléter le mot.

Utiliser la fonctionnalité Répertorier les propriétés/méthodes

Cette fonctionnalité est la plus utilisée des trois. Voici son mode de fonctionnement : pour exploiter un objet VBA, vous modifiez le paramètre de l'une de ses propriétés ou activez une de ses méthodes. Pour identifier la propriété ou méthode choisie, vous entrez le nom de l'objet, suivi d'un point, puis du nom de la propriété ou méthode. Cela donne par exemple :

```
ActiveWindow.Selection.Group
```

Toutes les informations sur l'exploitation des propriétés et méthodes des objets sont dans le Chapitre 12.

Avec la commande Répertorier les propriétés/méthodes, vous tapez uniquement le nom de l'objet et le point. Une petite liste de toutes les propriétés et méthodes disponibles apparaît automatiquement dans la fenêtre (voir Figure 5.15). Pour trouver la bonne propriété ou méthode, vous pouvez vous déplacer dans la liste à l'aide des barres de défilement ou taper la ou les deux premières lettres du nom de l'élément. Une fois l'élément sélectionné, appuyez sur la touche Tab pour l'insérer dans votre document.

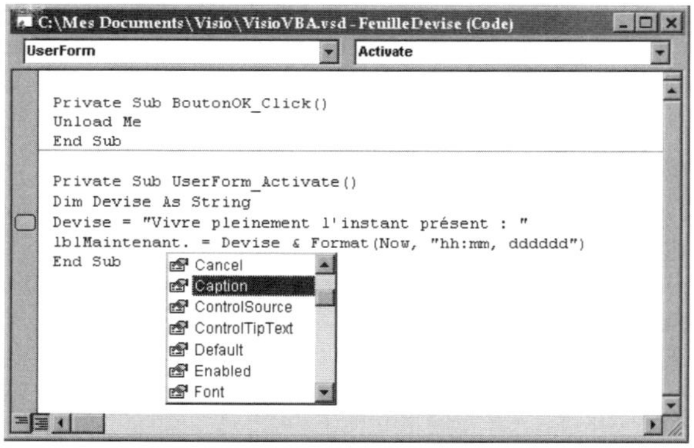

Figure 5.15 : La fonctionnalité Répertorier les propriétés/méthodes vous aide considérablement à insérer des propriétés et des méthodes dans le code – que demander de plus ?

La fonctionnalité Répertorier les propriétés/méthodes sert aussi lors des déclarations de variables (définition du type de variable). Lorsque vous commencez à taper une instruction telle que la suivante, une liste des données et des types d'objets disponibles apparaît dès que vous avez fini de taper le mot `As` :

```
Dim Boeuf As ViandeObject
```

Comme précédemment, vous pouvez vous déplacer dans la liste grâce aux barres de défilement ou taper la ou les deux premières lettres puis appuyer sur la touche Tab. Je vous signale au passage que le Chapitre 7 vous propose un joli menu à base d'informations sur la déclaration des variables.

N'OUBLIEZ PAS

Répertorier les propriétés/méthodes fonctionne non seulement avec les objets VBA intégrés mais également avec vos propres objets et variables.

Ah, encore une chose. La liste des propriétés et méthodes s'affiche automatiquement si la fonctionnalité est activée dans la boîte de dialogue Options. Si vous n'obtenez pas la liste, choisissez Outils/Options et vérifiez que la case Complément automatique des instructions est bien cochée. Vous pouvez afficher la liste manuellement à l'aide du menu Edition ou du raccourci clavier Ctrl+J.

Répertorier automatiquement les constantes

La fonctionnalité Répertorier les constantes est identique à celle concernant les propriétés et méthodes, mais elle affiche les noms des constantes prédéfinies pour la propriété utilisée. Cette liste surgit dès que vous avez tapé le signe = dans une instruction telle que :

```
Viande.Cuisson = Saignante
```

Je ne comprends pas pourquoi cette commande est séparée et ne fait pas partie de la fonctionnalité Répertorier les propriétés/méthodes. En tout cas, le raccourci clavier est différent : Ctrl+Maj+J. Si vous souhaitez savoir comment fonctionnent les constantes, reportez-vous au Chapitre 7.

Compléter le mot automatiquement

Avec la fonctionnalité Compléter le mot de Visual Basic Editor, n'importe quel terme VBA est entré pour vous. Pour l'activer, appuyez sur Ctrl+Espace. Cela entraîne l'affichage d'une liste qui ressemble et fonctionne comme celle de la fonctionnalité Répertorier les propriétés/méthodes. Par contre, la liste Compléter le mot comprend n'importe quel terme concernant les objets, fonctions, procédures, constantes, méthodes, propriétés, ainsi que vos propres variables, à l'exception des mots-clés pour des types de données intégrés tels que Integer et Variant.

Taper une ou les deux premières lettres avant d'appuyer sur Ctrl+Espace réduit la liste aux éléments commençant par ces lettres. Encore mieux, si vous avez entré suffisamment de lettres qui correspondent à un élément, l'Editeur l'insère à votre place dès que vous appuyez sur Ctrl+Espace – dans ce cas, la liste proprement dite n'apparaît pas.

Se plonger dans les arguments

De nombreuses procédures VBA demandent de spécifier un ou plusieurs *arguments* avant leur exécution. Elles axent leurs calculs (ou les autres opérations qu'elles effectuent) sur l'information fournie par ces arguments. Nombreuses sont les méthodes qui, comme les procédures, nécessitent des arguments.

Maintenant, Visual Basic Editor ne tapera pas les arguments à votre place – il ne le peut pas car il ne connaît pas les valeurs que vous voulez leur attribuer. Cependant, il fait apparaître une petite fenêtre mal fichue avec une espèce d'antisèche qui vous indique quels sont les arguments requis par la fonction, lesquels sont facultatifs, et le type d'information présenté par chaque argument. Cette fenêtre d'Information express est illustrée par la Figure 5.16.

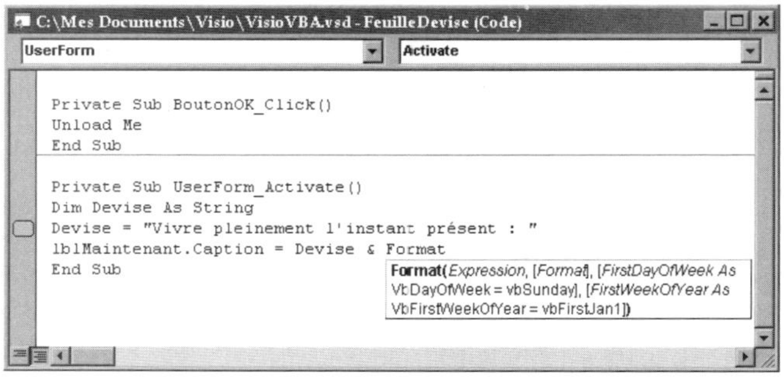

Figure 5.16 : La fenêtre Info express.

Si, dans la boîte de dialogue Options, la case Info express automatique est cochée, elle apparaît automatiquement dès que vous tapez le nom d'une fonction, méthode ou procédure nécessitant des arguments. Si vous décochez cette case, vous pouvez toujours afficher la fenêtre Info express en appuyant sur Ctrl+I.

Nombre de fonctions et procédures nécessitent plusieurs arguments. Pour vous aider à vous repérer dans la liste des arguments, la fenêtre Info express affiche en gras l'argument que vous êtes en train de taper. Dès que la virgule de fin d'argument est entrée, l'argument suivant se met en gras.

Info express contre Info paramètres

La fonctionnalité Info paramètres vient compléter l'Info express pour les programmes complexes. Il arrive souvent que l'on veuille utiliser une fonction pour définir la valeur d'un argument requis par une autre fonction, comme dans ce simple exemple :

```
MsgBox(Str(VariableInteger))
```

Ici, la fonction `Str` convertit l'entier stocké dans la variable `VariableInteger` en une chaîne de caractères. Cette chaîne est ensuite utilisée comme argument pour la fonction `MsgBox` (elle correspond à l'invite que vous voyez lorsque VBA affiche la boîte de message à l'écran).

Mais, dans la mesure où il est impossible d'*imbriquer* des fonctions entre elles de cette manière, la fenêtre Info express ne suffit pas car elle vous montre toujours la liste des arguments pour la fonction sur laquelle se trouve le point d'insertion. Il existe un autre type d'aide, l'Info paramètres, qui affiche la liste des arguments pour la fonction *extérieure*, celle dans laquelle toutes les autres fonctions sont imbriquées. Le raccourci clavier pour accéder à l'Info paramètres est Ctrl+Maj+I.

Utiliser la fenêtre Propriétés

La fenêtre Propriétés vous permet de visualiser et modifier les propriétés de n'importe quel objet actif (projet, module, feuille ou contrôle) dans Visual Basic Editor. (Ne confondez pas l'importantissime fenêtre Propriétés avec la petite boîte de dialogue Propriétés du projet dont j'ai parlé plus haut et illustrée par la Figure 5.9.) Si vous regardez la Figure 5.17, vous remarquerez que la barre de titre de la fenêtre Propriétés comprend le nom de l'objet actif, lequel est également sélectionné dans l'Explorateur de projets (si l'objet sélectionné est un contrôle de feuille, seule la feuille est affichée dans l'Explorateur de projets).

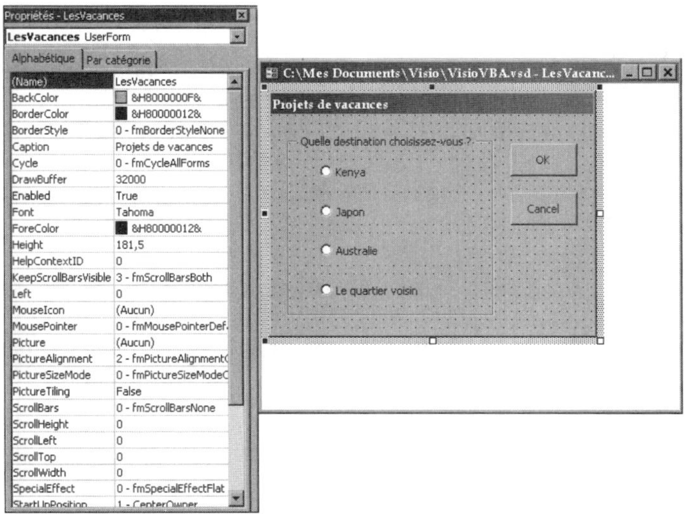

Figure 5.17 : La fenêtre Propriétés d'une feuille.

Lorsqu'un projet ou module est sélectionné, la seule propriété visible dans la fenêtre Propriétés est le nom du projet. Par contre, pour les feuilles et contrôles, la fenêtre Propriétés vous donne accès à une kyrielle de propriétés concernant l'apparence et le comportement de l'objet sélectionné.

La fenêtre Propriétés étant essentiellement utile à la conception de feuilles, vous en trouverez une étude en profondeur au Chapitre 10. Je me contenterai donc ici de vous montrer comment afficher la fenêtre et l'utiliser pour renommer projets et modules.

Ouvrir la fenêtre Propriétés

Il existe plusieurs méthodes pour afficher la fenêtre Propriétés :

- Appuyer sur F4.
- Cliquer sur le bouton Propriétés de la barre d'outils Standard.
- Choisir Affichage/Fenêtre Propriétés.

Une fois la fenêtre Propriétés à l'écran, vous pouvez basculer dans la fenêtre Code ou UserForm (ou cliquer sur un élément dans l'Explorateur de projets) et en afficher les propriétés.

Renommer un projet ou un module dans la fenêtre Propriétés

Les projets et modules n'ont qu'une seule propriété, leur nom, que vous modifierez dans cette fenêtre Propriétés. L'Explorateur de projets et l'Explorateur d'objets présentent les projets par ordre alphabétique ; vous pouvez donc déplacer un projet dans une autre fenêtre en modifiant son nom. (Bien entendu, vous pouvez tout aussi bien changer le nom d'un projet par pur esthétisme.)

Pour renommer un projet ou module, procédez ainsi :

1. **Sélectionnez le projet ou module dans l'Explorateur de projets.**

2. **Activez la fenêtre Propriétés.**

   Si elle n'est pas visible, affichez-la en procédant comme indiqué dans la section "Ouvrir la fenêtre Propriétés". Si elle est déjà à l'écran, assurez-vous qu'elle est bien active – cliquez dessus ou appuyez sur F4.

3. **Entrez le nouveau nom.**

   Dans la mesure où c'est la seule et unique propriété, il n'est pas nécessaire de cliquer dans la case où figure la propriété (Name), vous pouvez taper le nouveau nom directement.

Aperçu des fenêtres Débogage

Bien que le Chapitre 9 traite le débogage en détail, cette étude des fenêtres de Visual Basic Editor ne serait pas complète si je n'abordais pas les fenêtres de débogage. Elles sont au nombre de quatre :

- **La fenêtre Exécution** vous permet d'exécuter sur-le-champ des instructions VBA individuelles. Vous pouvez également faire en sorte que vos programmes affichent dans cette fenêtre des messages lorsque vous traquez des bogues. La Figure 5.18 vous montre la fenêtre Exécution.
- **La fenêtre Variables locales** affiche des informations sur les objets et variables utilisés dans la procédure en cours d'exécution.
- **La fenêtre Espions** montre les valeurs courantes d'objets ou variables que vous avez choisi d'afficher. Elles proviennent de n'importe quelle partie de votre programme, pas uniquement de la procédure en cours d'exécution.
- **La fenêtre Pile des appels** donne la liste des procédures exécutées jusqu'à présent.

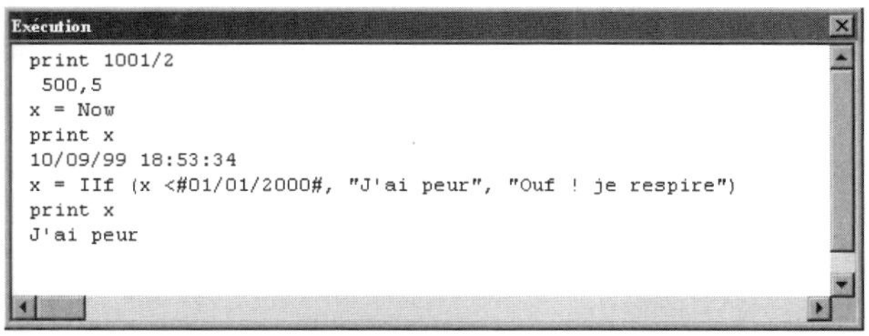

Figure 5.18 : Exécuter une ligne de code dans la fenêtre Exécution.

Vous pouvez afficher ces fenêtres à n'importe quel moment, à l'exception de la fenêtre Pile des appels, uniquement visible lorsqu'un programme est exécuté en *mode arrêt.* Toutefois, il vaut mieux être en mode arrêt pour voir des éléments utiles dans les fenêtres Variables locales et Exécution.

Deuxième partie

Les notions fondamentales de la programmation VBA

"T'as pas parfois l'impression que ce projet peut rendre l'âme à tout moment ?"

Dans cette partie...

Si vous êtes en quête de fondamentaux sur la programmation VBA, votre Graal se trouve dans les pages suivantes. Cette partie vous enseigne les bases qui vous permettront de relever les défis de la programmation au quotidien. Je suis persuadé que c'est la partie dans laquelle vous vous replongerez le plus souvent.

Le Chapitre 6 dissèque la structure des programmes VBA, expliquant en détail le rôle de chaque brique. Il détaille les règles et conventions d'attribution de noms et vous donne des conseils pour embellir et simplifier votre code. Dans le Chapitre 7, vous ferez un tour d'horizon complet des variables et constantes VBA – le pedigree des informations que vous faites circuler dans vos programmes.

Le Chapitre 8 explique comment organiser les différentes séquences de programmation – techniques essentielles pour donner à vos programmes un soupçon d'intelligence. Ensuite, parce que les choses ne fonctionnent jamais comme prévu, le Chapitre 9 vous apprend à éviter, trouver et corriger les erreurs qui se nichent dans vos programmes.

La deuxième partie s'achève par un chapitre sur les feuilles. Dans les versions autonomes de Visual Basic, la feuille est le seul moyen de communiquer avec le programme pendant son exécution. En VBA, par contre, les feuilles sont moins fondamentales car vos programmes peuvent exploiter l'interface utilisateur de l'application VBA hôte. Malgré tout, nombreuses sont les situations où les programmes VBA font appel à des boîtes de dialogue personnalisées, dont la construction est présentée dans le Chapitre 10.

Chapitre 6

Portrait du programme VBA parfait

Dans ce chapitre :

- Nature et fonctionnement des ingrédients d'un programme VBA.
- Créer et enrichir un module.
- Ecrire des procédures `Sub` et `Function`.
- Ecrire tous les types d'instructions VBA.
- Respecter les règles d'affectation de noms pour les éléments de vos programmes.
- Mettre en forme votre code pour plus de clarté et une meilleure lisibilité.
- Ajouter des commentaires d'explication à votre code.

Dans les chapitres précédents, j'ai abordé les différents éléments de code VBA au gré de mon propos, de manière plutôt informelle. Mais maintenant, il est temps que je donne de ces notions une définition un peu plus officielle. Je vais d'abord faire un rapide tour d'horizon de l'arborescence VBA. Ensuite, la première partie de ce chapitre sera consacrée à l'étude systématique et détaillée de tous ces éléments, d'un bout à l'autre de la chaîne VBA.

Puis, je m'attarderai sur les techniques permettant d'obtenir des codes lisibles, compréhensibles et opérationnels. Vous découvrirez les règles et conventions en vigueur pour nommer variables, procédures et autres éléments. Je vous donnerai des astuces qui vous serviront à mettre votre code en forme et le rendre ainsi plus lisible, et à ajouter des commentaires qui vous éviteront d'oublier pourquoi vous avez écrit cette fichue procédure de telle façon.

Les briques d'un programme

Les instructions d'un programme VBA ne sont pas mises bout à bout au petit bonheur la chance, elles sont plutôt bien organisées. Les lignes de code sont rassemblées dans des procédures, lesquelles sont hébergées dans des modules qui font partie de projets.

Définition d'un programme

Qu'est-ce donc qu'un *programme ?* D'un point de vue conceptuel, c'est un logiciel complet qui fonctionne, bien ou mal. Il est composé d'une ou plusieurs instructions qui sont exécutées selon un ordre défini par le programmeur.

Mais le programme ne fait pas partie des composants officiels VBA, lesquels se limitent aux procédures, modules et projets. Un programme VBA doit être au moins constitué d'une procédure – car VBA exécute uniquement des instructions "rangées" dans des procédures –, cependant il peut en comprendre plusieurs, appartenant à un ou plusieurs modules, au sein d'un ou plusieurs projets.

Dans cet ouvrage, je m'en tiens aux programmes se rapportant à un seul projet. Le Chapitre 14 survole simplement la programmation "interprojets".

Un exemple de programme

Pour rendre cet exposé sur la hiérarchie des éléments VBA un peu moins abstrait, je vous présente un module. Il comprend tous les éléments mentionnés précédemment (à l'exception du projet car les modules vont à l'intérieur de projets et non l'inverse). Vous avez ensuite droit à une description de ces éléments.

Il est important que vous sachiez comment fonctionne ce programme. Il commence par la création d'un jeu *(tableau)* de six nombres entiers (integer) auxquels sont attribuées aléatoirement des valeurs entre 1 et 1 000. Après avoir compté le nombre de valeurs supérieures à la moitié, 500, le programme affiche le résultat dans une petite boîte de message VBA.

N'OUBLIEZ PAS

```
Option Explicit
  Const Maximum As Integer = 500
  Const Combien As Integer = 5
  Dim ListeDenombres() As Integer
  Sub MAIN()
     Dim ElementsDeLaListe, n, x As Integer
```

```
    ReDim ListeDenombres(Combien)
    Randomize
    For x = 0 To 5
       ListeDenombres(x) = Int((1000 * Rnd) + 1)
    Next x
    n = CompterGrandsNombres()
    MsgBox ("Il y a " & n & " valeurs supérieures à " & _
     Maximum)
End Sub
Function CompterGrandsNombres()
    Dim Compteur, y As Integer
    Compteur = 0
    For y = 0 To 5
       If ListeDenombres(y) > Maximum Then
          Compteur = Compteur + 1
       End If
    Next y
    CompterGrandsNombres = Compteur
End Function
```

Ce bloc de code s'appelle un *module*. Il comprend une série d'instructions organisées en trois sections : la section Déclarations, qui commence par l'instruction `Option Explicit`, une procédure Sub, qui commence par `Sub Main()` et la procédure Function qui commence par l'instruction `Function CompterGrandsNombres()`. La plupart des instructions du module tiennent sur une ligne, mais celle commençant par `MsgBox` déborde sur une seconde ligne.

La hiérarchie VBA

Ce programme devrait vous aider à mieux comprendre les définitions et descriptions des briques de code VBA qui suivent.

Une *instruction* est la plus petite unité de code productive. Elle peut servir à déclarer ou définir une variable, paramétrer une option du compilateur VBA ou mener une action dans votre programme. Une instruction correcte s'apparente à une phrase complète – elle doit comprendre "les éléments du discours" appropriés, sinon ce n'est pas une instruction.

Une *procédure* est la plus petite unité de code à laquelle vous faites référence par son nom et que l'on peut exécuter seule. Il existe deux types de procédures VBA : les procédures *Sub* et les procédures *Function*. Chacune est constituée d'une ou plusieurs instructions coincées entre deux instructions spéciales : la déclaration de la procédure située au début et l'instruction End Sub ou End Function, à la fin.

Un *module* est une unité dotée d'un nom et composée d'une ou plusieurs procédures et de déclarations communes à toutes les procédures du module. Bien que VBA vous permette de placer toutes vos procédures dans un seul module, il est préférable de les répartir dans différents modules en fonction de leurs relations car cela aide à les repérer.

NOTE TECHNIQUE

Il existe deux types de modules. Le plus commun est de loin le *module standard*, celui que vous utilisez pour exécuter du code. L'autre, c'est le *module de classe*, qui sert à définir les objets personnalisés ainsi que leurs propriétés et méthodes. J'aborde brièvement les modules de classe dans le Chapitre 14.

Un *projet* est constitué de tous les modules, feuilles et objets d'une application associés à un document en particulier, ainsi que du document proprement dit.

Maman, comment on fait les projets ?

C'est la cigogne qui les transporte. En réalité, pas tout à fait. Mais il n'y a rien de spécial à faire pour créer un projet. Tout document d'une application VBA est automatiquement un projet. Bien sûr, le projet d'un document ne contient ni code ni feuille tant que vous ne les avez pas créés dans Visual Basic Editor ou que vous n'avez pas enregistré de macro dans l'application d'origine. Le Chapitre 5 traite les techniques à employer pour utiliser des projets.

Entièrement modulaire

Dans la hiérarchie VBA, le module est situé juste en dessous du projet, il stocke une ou plusieurs procédures VBA, et comprend une section de Déclarations contenant les instructions qui s'appliquent à tout le module.

Organiser vos modules

Ne vous faites pas une montagne de l'organisation de vos modules. Vous devez réfléchir au nombre de modules à créer et aux procédures qu'ils comprendront. L'essentiel est d'avoir à l'esprit les principes suivants :

- Vos procédures peuvent *appeler* (exécuter, si vous préférez) des procédures stockées dans d'autres modules. Un module peut également utiliser des variables déclarées dans un autre module.
- Cependant, l'utilisation de procédures et variables appartenant à d'autres modules peuvent entraîner de légères complications. Par exemple, vous

pouvez appeler une procédure dans un autre module en entrant uniquement son nom. Cependant, si la procédure que vous appelez a le même nom qu'une procédure du module actif, le nom de la procédure doit être précédé de celui du module : par exemple, `SecondModule.DistanceEtoile`. (Je vous conseille d'utiliser cette technique *Module.Procédure* même si vous n'y êtes pas obligé, ainsi vous saurez toujours à quel module appartient la procédure que vous appelez.)

En principe, on place toutes les procédures d'un programme VBA dans un même module, pour qu'elles ne soient pas mélangées à d'autres procédures totalement étrangères. Cela vous simplifiera la tâche et vous ne vous compliquerez pas la vie à appeler des procédures ou des variables dans d'autres modules.

Cependant, si vous créez des procédures que vous envisagez d'utiliser dans plusieurs programmes, vous pouvez les regrouper dans des modules par type, par exemple : `MesProceduresDeMaths` ou `RoutinesTraitementDeTexte`. Vous pouvez aussi créer des modules intitulés `NouvellesProcedures` ou `AnciennesProceduresAConserver`. La section "Donner un nom à votre progéniture", plus loin dans ce chapitre, reprend les règles de constitution des noms.

Ajouter un module à un projet VBA

Pour créer un module dans Visual Basic Editor, vérifiez tout d'abord que vous êtes dans le bon projet. Dans l'Explorateur de projets, sélectionnez le projet ou un de ses objets (ce peut être une feuille, un objet de l'application ou un module existant – cela n'a pas d'importance). Utilisez ensuite une des méthodes suivantes :

- Cliquez sur le bouton Ajouter de la barre d'outils Standard. Ce bouton est multifonction, il sert à insérer différents éléments. Si l'icône Module n'est pas visible, cliquez sur la petite flèche de ce bouton (deuxième bouton en partant de la gauche, de la barre d'outils Standard de Visual Basic Editor), puis choisissez Module dans le menu.
- Faites un clic droit dans l'Explorateur de projets – assurez-vous que vous êtes dans le bon projet – puis choisissez Insertion/Module dans le menu contextuel.
- Choisissez Insertion/Module.

Visual Basic Editor ouvre automatiquement la fenêtre Code du nouveau module. Il attribue également à ce dernier un nom générique que vous pouvez modifier dans la fenêtre Propriétés (voir Chapitre 5).

Ranger ses affaires dans un nouveau module

La fenêtre Code d'un nouveau module ne comporte qu'une seule section, la section Déclarations. La zone de texte située en haut à droite de la fenêtre Code vous indique dans quelle section vous vous trouvez.

Vous pouvez entrer deux types d'instructions dans la section Déclarations d'un module :

- Déclarations de variables, constantes, types de données définis par l'utilisateur. Elles indiquent au compilateur le nom et le type de chaque élément (mais pas sa valeur). Les variables et les constantes déclarées dans la section Déclarations d'un module peuvent être utilisées dans n'importe quelle procédure de ce module.
- Options gérant le fonctionnement du compilateur.

Par contre, vous ne pouvez pas placer dans cette section Déclarations des instructions d'affectation ou d'exécution – instructions qui déclenchent une action lors de l'exécution du programme. Par exemple, il vous est impossible d'y spécifier la *valeur* d'une variable. Cela nécessite une instruction d'affectation qui doit être intégrée dans une procédure, ailleurs dans le module. (J'explique la différence entre les instructions exécutables, les instructions d'affectation, les déclarations et les options du compilateur dans la section "Définir vos instructions", plus loin dans ce chapitre.)

N'OUBLIEZ PAS

Les instructions saisies dans la section Déclarations sont également appelées *déclarations de niveau module*.

Chaque procédure ajoutée à un module marque le début d'une nouvelle section. Une fois la procédure ajoutée, son nom apparaît dans la zone de liste située dans le coin supérieur droit de la fenêtre Code, ce qui vous permet d'y accéder directement en sélectionnant son nom dans la liste.

Modules standards et modules de classe

Le module VBA ordinaire est un *module standard*. Dans les précédentes versions de VBA et Visual Basic, on l'appelait *module de code*. Il contient des instructions permettant de déclarer des variables et des constantes, définir des types de données personnalisés (définis par l'utilisateur), et paramétrer le compilateur ; il comprend également des instructions exécutables. Dans un module standard, vous avez la possibilité d'utiliser n'importe quel objet auquel vous avez accès, mais vous ne pouvez pas créer de nouveaux types d'objets.

Les types de procédures

L'essentiel du code VBA que vous générez est hébergé par deux types de procédures : les procédures `Sub` et les procédures `Function`. Les procédures d'évènement, que VBA exécute lorsqu'un événement, tel qu'un clic de souris, se produit, sont des procédures `Sub` spéciales. Il en existe également un troisième type, les procédures `Property`.

Les différents types de procédures :

- Une procédure `Sub` est une procédure générale. C'est le seul type de procédure exécutable toute seule (voir Chapitre 4). Mais elle peut également *appeler* une autre procédure `Sub`.
- Une procédure `Function` est capable d'exécuter n'importe quelle instruction VBA. Mais elle diffère de la procédure `Sub` en ce sens qu'elle calcule une valeur puis la *renvoie* vers la procédure ayant déclenché la `Function`.
- Une procédure `d'évènement` est une procédure `Sub` spéciale. Je sais, je me répète ! Mais ce que je ne vous ai pas encore dit c'est que le Chapitre 14 décrit ses caractéristiques.
- Une procédure `Property` définit ou affecte la valeur d'une propriété d'un objet personnalisé. Les procédures d'évènement sont traitées au Chapitre 14, mais j'en parle ici car elles apparaissent dans la boîte de dialogue Ajouter une procédure.

D'un point de vue technique, une macro VBA est une procédure `Sub` qui *ne prend* aucun argument. Les macros sont les seules procédures `Sub` exécutables directement à partir de leur nom, dans Visual Basic Editor ou votre application VBA. Pour exécuter une procédure `Sub` qui prend des arguments, vous devez l'appeler depuis une autre procédure. Les arguments sont abordés dans la section "Trouver des arguments", un peu plus loin dans ce chapitre.

A l'inverse, le *module de classe* sert à définir vos propres objets. Comme je l'explique dans le Chapitre 12, une classe est un modèle servant de base aux objets. Le module de classe accueille le code relatif aux propriétés et méthodes des objets créés. Vous pouvez ensuite accéder à ces propriétés et méthodes depuis d'autres modules, comme s'il s'agissait d'objets VBA intégrés. Pour plus d'informations sur la création de classes d'objets, reportez-vous au Chapitre 14.

Ecrire des procédures

Les procédures sont des organes très importants qui hébergent votre code et sans lesquelles ce dernier ne peut s'exécuter. Il existe deux types de procédures courantes : les procédures Sub et les procédures Function (voir plus haut l'encadré "Les types de procédures").

Squelettes de procédures

Voici deux procédures simples, une Sub et une Function :

```
Public Sub SousMarin()
  MsgBox "Tube 1 paré !"
End Sub
```

```
Public Function VieilleBranche (DateNaissance As Date)
  VieilleBranche = DateDiff("yyyy", DateNaissance, Date)
End Function
```

Comme vous pouvez le remarquer, chaque procédure commence par une instruction de déclaration, suivie d'une ou plusieurs lignes de code puis se termine par l'instruction `End`. J'explique ces éléments dans les sections "Tout sur les procédures Sub" et "Tout sur les procédures Function", plus loin dans ce chapitre.

Créer une procédure

Avant de commencer à créer une procédure, vous devez d'abord ouvrir la fenêtre Code du module dans lequel vous allez stocker la procédure. Créez un module comme indiqué dans la section "Ajouter un module à un projet VBA", plus haut dans ce Chapitre, ou ouvrez un module existant en double-cliquant dessus dans l'Explorateur de projets.

Une fois la fenêtre Code ouverte et active, vous voilà prêt à créer une procédure. Votre première tâche est d'insérer dans le module l'instruction de déclaration de la procédure, et son pendant, l'instruction `End` qui indique la fin de la procédure. Pour cela, vous avez deux options :

- Renseigner la boîte de dialogue Ajouter une procédure. Pour l'afficher, choisissez Insertion/Procédure ou cliquez sur la flèche du bouton Ajouter de la barre d'outils Standard puis choisissez Procédure dans le menu déroulant qui apparaît.

- Entrer vous-même les instructions.

Saisie contre Boîte de dialogue

Je vous conseille de saisir cette "carcasse" de procédure car vous ne gagnerez pas de temps à utiliser la boîte de dialogue, à moins que vous ne tapiez vraiment *très* lentement au clavier. Cette méthode vous offre la possibilité de choisir l'emplacement de la procédure au sein du module, ce que ne permet pas la boîte de dialogue.

1. **Cliquez à l'endroit où vous souhaitez positionner la procédure.**

2. **Saisissez l'instruction de déclaration de la procédure.**

3. **Appuyez sur Entrée.**

Vous n'avez même pas besoin de taper l'instruction de clôture End Sub ou End Function, Visual Basic Editor le fait à votre place.

Cependant, amis débutants, vous vous sentirez peut-être plus sûr de vous si vous utilisez la boîte de dialogue. Pour cela :

1. **Choisissez Insertion/Procédure.**

   La boîte de dialogue Ajouter une procédure apparaît.

2. **Tapez le nom choisi pour la procédure dans la zone de liste Nom.**

3. **Choisissez le Type et la Portée à l'aide des cases d'option correspondantes puis cochez le cas échéant la case Toutes les variables locales statiques.**

   Je sais, je n'ai pas encore expliqué les termes *portée* et *statique*, mais je réponds à toutes vos questions dans la section "Régler sa portée", plus loin dans ce chapitre.

4. **Cliquez sur OK.**

   Visual Basic Editor insère la paire d'instructions à la fin du module, sans tenir compte de la position initiale du point d'insertion.

Alimenter la procédure

Entrer l'instruction de déclaration et l'instruction `End` est la manipulation la plus facile à effectuer lorsque l'on crée une procédure. Les choses sérieuses commencent lorsqu'il s'agit d'alimenter votre procédure avec des instructions disposées entre ces deux tranches de pain placées en premier. Je n'entrerai pas dans les détails dans cette section mais vous dirai simplement que dans une procédure, les instructions sont exécutées par ordre d'apparition à l'écran, sauf lorsque votre programme ordonne à VBA de se positionner sur un emplacement précis.

Tout sur les procédures Sub

Je trouve toujours ce terme *procédure Sub* particulièrement bizarre, mais c'est l'appellation VBA officielle. Dans certains langages de programmation, les "sous-procédures" ou "sous-routines" sont appelées par des procédures principales. En VBA, vous pouvez appeler une procédure Sub à partir d'une autre procédure, mais la procédure principale d'un programme est *toujours* une procédure Sub. Mystère.

Bon, j'arrête de râler, entrons maintenant dans le vif du sujet. Voici un exemple de procédure Sub, commençant par la déclaration et se terminant par l'instruction End, avec quelques instructions entre les deux.

```
Public Sub UneJoliePetiteProcedure()
  Dim UnMessageGentil As String
  UnMessageGentil = "Bonne journée !"
  MsgBox UnMessageGentil
  (instructions suivantes)
...
End Sub
```

La première ligne, la déclaration de la procédure Sub, joue deux rôles importants. Primo, elle indique le point de départ de la procédure, pour que VBA sache où commencer à exécuter le code lorsque vous lancez la procédure. Deuzio, elle déclare les caractéristiques de la procédure, comme je l'indique dans la section suivante.

Toute procédure Sub doit se terminer par l'instruction End Sub. Cette ligne informe VBA qu'il faut arrêter l'exécution du code.

Les éléments de déclaration d'une procédure Sub

Dans la déclaration, le premier terme, `Public`, définit la portée de la procédure. Ce peut être `Public` ou `Private`. `Public` est inséré par défaut, vous n'avez donc pas besoin d'ajouter ce mot-clé. La portée est alors évidente. Encore une fois, j'aborde en détail la portée dans la section "Régler sa portée".

Puis, vous avez le mot-clé `Sub`, qui indique simplement que vous déclarez une procédure Sub. Vient ensuite le nom de la procédure, que vous pouvez choisir en toute liberté, tout en respectant les conventions décrites dans la section "Donner un nom à votre progéniture".

Arguments

Une paire de parenthèses termine la déclaration. A quoi servent-elles puisqu'il n'y a rien entre ? C'est l'emplacement réservé aux *arguments*. Les arguments sont des données que la procédure s'attend à recevoir à son lancement. Dans ce cas précis, notre procédure n'a pas d'arguments, ce qui est plutôt sympathique (les parenthèses sont malgré tout obligatoires – mais si vous les oubliez, VBA les saisit pour vous). J'aborde les arguments dans la section "Trouver des arguments", plus loin dans ce chapitre.

Pour reprendre ce que j'ai déjà dit, une macro VBA est, par définition, une procédure Sub sans argument. Afin d'exécuter une procédure Sub prenant des arguments, vous devez l'appeler depuis une autre procédure.

Appeler des procédures Sub

Vous pouvez exécuter, ou *appeler*, n'importe quelle procédure `Sub` – prenant ou non des arguments – depuis une autre procédure. Pour appeler une procédure `Sub`, il suffit d'insérer une instruction comportant son nom, comme illustré dans le code suivant (si la procédure que vous appelez prend des arguments, vous devez les saisir après le nom de la procédure). Dans le bout de code suivant, la ligne comprenant `LaverMaVieilleVoiture` appelle la procédure `Sub`, qui ne prend pas d'arguments.

```
...
MaVieilleVoiture = "TeufTeuf"
LaverMaVieilleVoiture
NombreDeLavages = NombreDeLavages + 1
...
```

Tout sur les procédures Function

Une procédure Function peut effectuer des tâches générales comme une procédure Sub, mais sa raison d'être est le calcul des valeurs. Lorsque la procédure Function termine son travail, elle renvoie la valeur à la procédure d'appel qui utilise cette valeur pour d'autres opérations.

Voici un exemple de procédure Function :

```
Public Function CalculSavant (x As Integer, y As Integer)
  Dim z As Integer
  Z = x + y
  CalculSavant = x ^ z
End Function
```

Bien entendu, une procédure Function de base ressemble fort à une procédure Sub. La déclaration commence par un mot-clé facultatif définissant la portée de la procédure (ici, Public). Ensuite vient le mot clé Function, qui indique le type de procédure. puis le nom de la procédure et, enfin, ses arguments, entre parenthèses. Je définis les arguments dans la section "Trouver des arguments", mais vous pouvez déjà comprendre leur fonctionnement en lisant le code.

Déclarer le type de renvoi d'une procédure Function

Le dernier élément de la déclaration d'une procédure Function – que l'on ne retrouve pas dans une procédure Sub – indique le *type de renvoi* de la procédure. Ce dernier détermine le type de données – Integer (entier), String (chaîne, texte), Date, Object, entre autres – que la procédure Function renverra à la procédure d'appel.

Ce type de renvoi peut prendre la forme de n'importe quelle donnée VBA ou type d'objet. Vous le spécifiez de la même façon que vous le faites pour une variable (voir Chapitre 7). Dans l'exemple, le mot-clé As Integer situé à la fin de la déclaration de la procédure signale que la procédure `CalculSavant` renvoie un entier (Integer). Si vous ne déclarez pas explicitement un type de renvoi, votre procédure Function renverra sa valeur en tant que `Variant`, un type de données générique que je traite au Chapitre 7.

Enrichir la procédure Function

Après la déclaration, vient le code de votre procédure `Function`. Il s'agit du code ouvrier de la procédure, mais nous verrons cela plus tard. Une procédure Function se termine toujours par une instruction de clôture, End Function.

NOTE TECHNIQUE

J'ouvre une parenthèse car vous devez savoir que VBA est doté de nombreuses *fonctions* intégrées. A l'instar d'une procédure Function, une fonction VBA renvoie une valeur à une procédure d'appel. Vous utiliserez également la même technique pour appeler les fonctions et les procédures Function. La seule différence entre les deux, c'est qu'avec les fonctions, vous n'avez pas besoin d'écrire du code ! Le Chapitre 11 vous donne un aperçu des fonctions disponibles dans VBA.

Ecrire la valeur de renvoi de la procédure Function

Il existe une différence essentielle entre les procédures Sub et les procédures Function : dans la procédure Function, la valeur de la fonction proprement dite est mentionnée au moins dans une instruction, grâce à l'utilisation du nom de la procédure, comme si c'était une variable. Dans l'exemple précédent, cela intervient à la ligne `CalculSavant = x ^ z`. Une fois cette ligne exécutée, `CalculSavant` contient la valeur qui sera renvoyée vers la procédure d'appel, où elle sera utilisée.

Appeler des procédures Function

Vous ne pouvez exécuter des procédures Function qu'en les appelant depuis d'autres procédures. Généralement, vous procédez en définissant une variable qui a le nom de la fonction. Dans l'exemple suivant, la variable `PuissanceZ` reçoit la valeur renvoyée par la procédure `CalculSavant` :

```
...
PuissanceZ = CalculSavant(3, 4)
...
```

Après l'exécution de cette instruction, la variable `PuissanceZ` contiendra la valeur calculée par la procédure Function `CalculSavant` ; la valeur est égale à 3^7. Vous remarquerez que cette instruction passe les arguments demandés par la procédure `CalculSavant` et présentés entre parenthèses après le nom de la procédure.

Trouver des arguments

Les *arguments* sont des valeurs que VBA doit transférer, ou *passer*, d'une procédure à une autre. On dit que la procédure en bout de chaîne *prend* des arguments. Vous définissez des arguments pour que la procédure modifie son comportement en fonction des valeurs fournies au moment où vous l'appelez. Les procédures Sub et Function prennent des arguments.

Je vous redonne la procédure `Function CalculSavant` :

```
 Public Function CalculSavant (x As Integer, y As Integer)
  Dim z As Integer
  z = x + y
  CalculSavant = x ^ z
End Function
```

Cette procédure prend deux arguments, `x` et `y`. Tel que le code le montre, les arguments sont déclarés comme faisant partie intégrante de la procédure. Ils apparaissent toujours entre parenthèses, juste après le nom de la procédure. Dans cette *liste*, vous déclarez des arguments individuels à l'aide de leur nom et de leur type de données (pour de plus amples informations, reportez-vous à la section "Ecrire des procédures qui prennent des arguments", plus loin dans ce chapitre).

Une procédure qui prend des arguments attend de ceux-ci qu'ils fassent son travail. Au sein de la procédure, les arguments jouent exactement le même rôle que les variables classiques – pour de plus amples informations sur les variables, lisez le Chapitre 7.

Observez le code de la procédure `CalculSavant`. Après avoir déclaré une variable `z`, la procédure calcule la valeur de `z` en tant que somme des arguments `x` et `y`. Ensuite, pour calculer la propre valeur de renvoi de la procédure, la ligne suivante élève `x` à la puissance `z`. Comme vous pouvez le remarquer, `x`, `y` et `z` jouent les mêmes rôles. Vous auriez très bien pu faire l'inverse et élever `z` à la puissance `x`.

Des arguments productifs

Si les arguments ressemblent tant à des variables, pourquoi les utiliser ? En fait, vous n'y êtes pas obligé – vous pouvez très bien vous servir de variables ordinaires à la place d'arguments. Mais ces derniers simplifient l'utilisation de vos procédures et la lecture de votre code.

Comparons cela à l'aide d'exemples. Les deux premières procédures utilisent les arguments `Modele` et `Annee` pour transmettre des valeurs :

```
Public Sub ProcedureAppel()
  VientDeVieilleVoiture = VendreVieilleVoiture ("Coccinelle",1940)
End Sub

Public Function VendreVieilleVoiture(Modele As String, _
   Annee As Integer)
Dim FacteurAge As Integer
Dim FacteurPrix As Single
  FacteurAge = Annee - 1900
  If Modele = "Coccinelle" Then
    FacteurPrix = .001
  Else If Modele = "2CV" Then
    FacteurPrix = .005
  Else If ...
    (instructions suivantes)
  End If
  VendreVieilleVoiture = FacteurAge * FacteurPrix * 1000
End Function
```

Expliquons cet exemple en langage courant : la procédure `ProcedureAppel` utilise `VendreVieilleVoiture`, une procédure Function, pour calculer un résultat intitulé `VientDeVieilleVoiture`. La procédure Function prenant des arguments, vous pouvez donner immédiatement des informations sur le type et l'âge de la voiture à vendre.

Maintenant, voici deux procédures qui font la même chose mais sans arguments. Notez que vous devez déclarer deux variables de niveau module, en dehors de ces procédures, pour que celles-ci puissent accéder aux variables.

```
Dim Modele As String
Dim Annee as Integer

Public Sub ProcedureAppel()
  Modele = "Coccinelle"
  Annee = 1940
  ProvientDeVieilleVoiture = VendreVieilleVoiture2()
End Sub

Public Function VendreVieilleVoiture2()
Dim FacteurAge As Integer
Dim FacteurPrix As Single
  FacteurAge = Annee - 1900
If Modele = "2CV" Then
    FacteurPrix = .001
  Else If Modele = "Coccinelle" Then
    FacteurPrix = .005
  Else If ...
    (instructions suivantes)
  End If
  VendreVieilleVoiture2 = FacteurAge * FacteurPrix * 1000
End Function
```

Défendez vos arguments

Maintenant que vous avez ces exemples à l'esprit, je peux vous énumérer les avantages de l'utilisation d'arguments lorsque des informations doivent être partagées entre deux procédures :

- Je le répète, lorsque vous lisez le code d'une procédure, les arguments indiquent clairement quelles sont les valeurs externes dont la procédure a besoin pour accomplir sa mission.
- Lorsque vous écrivez du code, les arguments vous permettent de diminuer le nombre de variables à créer (dans la section Déclarations du module, en dehors de toute procédure).

- L'inconvénient avec ces variables de niveau module c'est qu'il vous est impossible de voir leurs déclarations lorsque vous écrivez du code pour une procédure qui les utilise.

- Lorsque vous appelez une procédure qui prend des arguments, VBA vous *force* à définir des valeurs pour ces arguments. Cette obligation permet d'être certain que la procédure dispose des bonnes valeurs.

Ecrire des procédures qui prennent des arguments

Dans la section Déclaration, mettez immédiatement les arguments entre parenthèses, après le nom de la procédure. Voici un exemple :

```
Sub Romancier(Titre As String, Pages As Integer, _
Delai As Date)
```

Comme le montre cet exemple, vous désignez le type de données de chaque argument en ajoutant, après son nom, *As type*, type correspondant à n'importe quel type de données ou classe d'objet VBA. Si vous mettez uniquement le nom de l'argument sans *As type*, VBA choisit automatiquement le type de données Variant. (Je sais, je sais, je n'ai pas abordé les types de données ni les classes d'objet dans ce chapitre, mais vous trouverez tout ce dont vous rêvez aux Chapitres 7 et 12.)

Appeler des procédures qui prennent des arguments

Pour appeler une procédure qui prend des arguments dans votre code, il suffit d'indiquer la valeur de chaque argument après le nom de la procédure que vous appelez. Ces valeurs doivent être listées dans l'ordre d'apparition des arguments dans la section Déclarations de la procédure. Les valeurs que vous fournissez doivent apparaître dans l'ordre et correspondre aux types de données des arguments définis dans la déclaration de la procédure appelée.

N'OUBLIEZ PAS

La seule question est de savoir si vous devez ou non mettre les arguments entre parenthèses. La règle dit ceci :

- Lorsque vous utilisez une procédure Function pour renvoyer une valeur, mettez les arguments entre parenthèses comme indiqué dans l'exemple ci-dessus.

- *Ne mettez pas de parenthèses* lorsque vous appelez une procédure Function sans vous servir de sa valeur de renvoi dans le code d'appel.

- Lorsque vous appelez une procédure Sub qui prend des arguments ou une procédure Function mais ne souhaitez pas utiliser sa valeur de renvoi, ne mettez pas les parenthèses.

Organiser ses procédures

Tout un programme VBA, quelle que soit sa longueur, peut tenir dans une seule procédure. Alors, pourquoi se compliquer la vie à écrire plusieurs procédures ? Essentiellement pour garder plus facilement trace de votre travail.

Plus le programme est volumineux, plus les risques de se perdre dans le code sont grands. En divisant le programme en une série de procédures dont le nom indique clairement leur mission, vous avez la possibilité de vous positionner directement sur la partie du programme qui vous intéresse. Rappelez-vous que vous pouvez utiliser la zone de liste située dans le coin supérieur droit de la fenêtre Code qui comprend toutes les procédures par ordre alphabétique ; vous serez immédiatement transporté vers la procédure choisie quelle que soit sa position dans le module.

Autre bonne raison de mettre un bloc de code dans une procédure séparée : cela permet d'éviter les répétitions. Si votre programme comprend plusieurs fois la même séquence, en divers endroits, ces instructions peuvent être placées dans une procédure ; ainsi, votre programme diminuera en taille et sera moins complexe. Vous pourrez ensuite appeler cette procédure depuis n'importe quel endroit du programme.

Il existe un avantage supplémentaire à la création de cette procédure séparée : cela vous évite d'écrire plusieurs fois les mêmes instructions et de commettre les erreurs que vous pourriez faire (que vous *feriez* sûrement pour dire les choses clairement) si vous deviez modifier toutes ces instructions identiques éparpillées dans tout votre programme. Si vous rassemblez les instructions qui se répètent dans une seule et unique procédure, vous n'aurez à modifier que cette procédure.

Régler sa portée

Chaque procédure VBA a une *portée*. La portée détermine les parties de votre programme d'où vous pouvez appeler cette procédure. Pour employer une métaphore visuelle, la portée permet de décider quelles parties du programme seront capables de "voir" la procédure.

Il existe trois types de portées :

- Par défaut, les procédures VBA (à l'exception des procédures d'événement) sont *publiques* (public). Cela signifie que vous pouvez les appeler depuis n'importe quelle partie de votre programme – depuis le module d'origine, un autre module, voire même un autre projet (si votre programme comprend plusieurs projets, voir Chapitre 14).

- En fonction de vos besoins, vous pouvez créer des procédures *privées* (private). Elles sont visibles uniquement depuis le module d'origine. En d'autres termes, vous pouvez appeler une procédure privée depuis une autre procédure dans le module d'origine, mais pas depuis des procédures appartenant à d'autres modules.
- Dans un programme VBA comprenant plusieurs projets, vous avez la possibilité de créer des procédures accessibles depuis tous les modules d'un projet donné mais interdites aux autres projets.

Les variables ont, elles aussi, une portée qui fonctionne de la même façon. Reportez-vous au Chapitre 7.

Définir la portée d'une procédure

Pour définir la portée d'une procédure, il vous suffit de placer le mot-clé `Public` ou `Private` au début de la déclaration de la procédure. Voici quelques exemples :

```
Public Sub Carnaval()
... (instructions)
End Sub
```

```
Private Function Nice()
... (instructions)
End Function
```

Une procédure étant publique par défaut, vous n'avez pas besoin d'insérer le mot-clé `Public` lors de la création d'une procédure. Par contre, si un programme compte des procédures privées je vous conseille de déclarer les procédures publiques explicitement, afin de les distinguer facilement.

Pour restreindre la portée d'une procédure publique à son projet, et la rendre ainsi inaccessible à d'autres projets, mettez l'instruction Option Private Module dans la section Déclarations du module dans lequel vous déclarez la procédure. Pour obtenir des informations sur l'utilisation de ces instructions, lisez les sections "Déclarations" et "Options du compilateur", plus loin dans ce chapitre.

Utiliser des procédures privées

La procédure privée permet d'éviter certaines erreurs. En effet, comme vous ne pouvez appeler la procédure que depuis le module d'origine, il est plus facile de contrôler les conditions d'environnement au moment de l'appel de la procédure (par conditions j'entend, par exemple, les valeurs des variables utilisées par la procédure).

Transformer une procédure publique en procédure privée est assez simple, mais pourquoi s'embêter ? Après tout, VBA *ne vous oblige pas* à appeler une procédure depuis un autre module uniquement parce celle-ci est publique.

Et bien, c'est pour des raisons de sécurité. Vous avez peut-être oublié que vous avez conçu une procédure pour qu'elle ne puisse être appelée que depuis le module d'origine. Si la procédure est privée, VBA ne vous autorisera jamais à l'appeler depuis un autre module. Autre avantage, dans les programmes de taille et complexité significative, limiter le nombre de points d'accès à une procédure donnée vous permet de clarifier la structure de votre programme.

Créer des instructions

Les procédures comportent des *instructions*, les plus petites unités de code syntaxiquement complètes. La plupart des instructions occupent une seule ligne, et une ligne de code ne comprend généralement qu'une seule instruction – mais pas toujours, comme je l'explique plus loin dans cette section. VBA distingue quatre types d'instructions : *déclarations*, *instructions d'affectation*, *instructions exécutables* et *options du compilateur*.

Déclarations

Une *déclaration* est une instruction qui indique au compilateur que vous avez l'intention d'utiliser un élément – variable, constante, type de données défini par l'utilisateur ou procédure – dans votre programme. La déclaration va plus loin, elle spécifie le type d'élément et fournit au compilateur des informations complémentaires dont celui-ci a besoin pour utiliser l'élément. Une fois déclaré, vous pouvez utiliser cet élément n'importe où dans votre programme.

Le premier exemple déclare une *variable*. Les variables sont des valeurs nommées modifiables au cours de l'exécution d'un programme (pour en savoir plus, reportez-vous au Chapitre 7). L'instruction suivante déclare la variable nommée `MonNombre` et indique qu'elle contient toujours un entier (integer) :

```
Dim MonNombre As Integer
```

Egalement abordées dans le Chapitre 7, les *constantes* sont des valeurs nommées qui ne sont jamais modifiées pendant l'exécution d'un programme. L'instruction suivante crée une constante *chaîne* (string – texte) nommée `TexteImmuable` et comprenant le mot `Eternité` :

```
Constant TexteImmuable = "Eternité"
```

Vous pouvez déclarer une variable dans la section Déclarations d'un module ou dans une procédure. Le choix de l'emplacement conditionne l'accessibilité de l'élément – pour de plus amples informations, reportez-vous au Chapitre 7.

Vous trouverez d'autres exemples de déclarations de procédure dans la section "Ecrire des procédures" plus haut dans ce chapitre.

Instructions d'affectation

Les *instructions d'affectation* définissent la valeur d'une variable ou de la propriété d'un objet. Ces instructions comprennent toujours trois éléments : le nom de la variable ou de la propriété, le signe égal et une *expression* spécifiant la nouvelle valeur.

J'explique le terme *expression* un peu plus loin. En attendant, voici quelques exemples. L'instruction suivante fixe la valeur de la variable `MonNombre` qui est la somme de la variable `AutreNombre` et du chiffre 12 :

```
MonNombre = AutreNombre + 12
```

L'instruction qui suit attribue la valeur `Blue` à la propriété `Color` de l'objet `FormeGeometrique` (`Blue` est sans doute une constante nommée représentant une valeur numérique de couleur) :

```
FormeGeometrique.Color = Blue
```

Pour affecter une valeur à la variable `RacineCarree`, cette instruction appelle la fonction `Sqr` – une fonction intégrée de VBA qui calcule les racines carrées – avec la valeur courante de la variable `MonNombre` :

```
RacineCarree = Sqr(MonNombre)
```

Juste avant ces exemples, j'ai employé le terme expression. Dans VBA, une expression est un fragment de code qui définit une valeur numérique, une chaîne de caractères ou un objet donné. Vous pouvez combiner les nombres réels ou caractères, constantes, variables, propriétés d'objets, fonctions intégrées et procédures Function, à l'aide d'opérateurs (tels que + ou *) qui agissent sur ces éléments. Voici des exemples d'expressions.

Expression	Valeur
3.14	3,14
FormeGeometrique.Sides	5 (en supposant que l'objet FormeGeometrique est un pentagone)
(12 – Sqr(x))/5	2 (en supposant que la variable x = 4)
"Les roses sont rouges", & "Les violettes sont bleues"	Les roses sont rouges, les violettes sont bleues

Instructions exécutables

Les instructions exécutables sont le moteur du programme. Vous utilisez des instructions de ce type pour :

- Appeler une autre procédure depuis votre code.
- Activer une méthode appartenant à un objet.
- Vérifier l'ordre dans lequel d'autres instructions sont exécutées, à l'aide de boucles ou en choisissant la section de code à exécuter.
- Exécuter une des instructions ou fonctions intégrées de VBA.

Etudiez les exemples qui suivent. Ces instructions exécutent la méthode `Rotate` de l'objet `FormeGeometrique` :

```
FormeGeometrique.Rotate(90)
```

Le petit morceau de code suivant comprend deux instructions exécutables : l'instruction `If...Then` vérifie si la valeur courante de la variable `SeuilAudible` est supérieure à 3. Si c'est le cas, elle indique au programme d'exécuter l'instruction exécutable suivante, celle qui appelle la procédure `MonterLeVolume` :

```
If SeuilAudible > 3 Then
  MonterLeVolume
End If
```

Options du compilateur

Le dernier type d'instructions permet de contrôler le compilateur VBA. Ces instructions sont les suivantes :

Instruction	Action
Option Base *nombre*	Cette instruction indique si le système de numérotation par défaut des variables de tableau commence par 0 ou par 1 – voir Chapitre 13.
Option Compare *méthode*	Cette instruction détermine la méthode de comparaison de chaînes utilisée par VBA. Le terme *méthode* peut être *Binary*, pour les comparaisons sur chaque caractère d'un code numérique, *Text*, aucune distinction entre majuscules et minuscules, ou *Database*, uniquement disponible dans Access et utilisant l'ordre de tri de la base de données.
Option Private Module	Lorsque vous mettez cette instruction dans la section Déclarations d'un module, d'autres projets ne peuvent accéder aux procédures, variables ou constantes du module même si ces éléments ont une portée publique. Voir "Régler sa portée", plus haut dans ce chapitre.
Option Explicit	Cette instruction est une option du compilateur qu'il faut connaître et utiliser. Lorsque vous la placez dans un module, VBA ne vous autorise pas à utiliser des variables non déclarées. Voir Chapitre 7.

Donner un nom à votre progéniture

Dans une certaine mesure, vous être libre de donner le nom de votre choix à vos variables, procédures, etc. Les règles suivantes s'appliquent à tout élément nommé d'un programme VBA, variables, constantes, types de données, procédures, modules, feuilles, contrôles et projets :

- Les noms doivent commencer par une lettre et non un chiffre. Mais vous avez le droit d'utiliser les chiffres et le blanc souligné (_) à partir du deuxième caractère comme dans `Variable_Cachee3`.
- A part le blanc souligné, les signes de ponctuation sont interdits dans les noms VBA. Les caractères *verboten* sont donc les suivants :

  `! @ & ' $ # ? , * . (point) { } ( ) [ ] = + - ^ % / ~ < > : ;`

- Les noms ne peuvent comporter d'espaces.

- Vous êtes limité à 255 caractères (40 pour les noms de feuilles et de contrôles).
- Un nom ne peut pas être identique à un mot-clé, une fonction ou une instruction VBA.
- Vous ne pouvez pas employer deux fois le même nom au même niveau de portée. Par exemple, toutes les procédures d'un module doivent présenter des noms différents. Pour cette raison, une procédure et une variable de niveau module – déclarées dans la section Déclarations d'un module – ne peuvent avoir le même nom. Cependant, des variables peuvent avoir le même nom si elles sont dans des procédures différentes. (Tout cela est expliqué clairement plus haut et dans le Chapitre 7.)

Si vous entrez un nom qui viole une de ces règles, Visual Basic Editor vous avertit dès que le point d'insertion change de ligne. Cette ligne apparaît alors en rouge et Editor affiche un message qui explique presque ce qui se passe (voir Figure 6.1). Exception qui confirme la règle, si vos deux procédures ont le même nom, vous ne serez averti qu'au moment de l'exécution du programme.

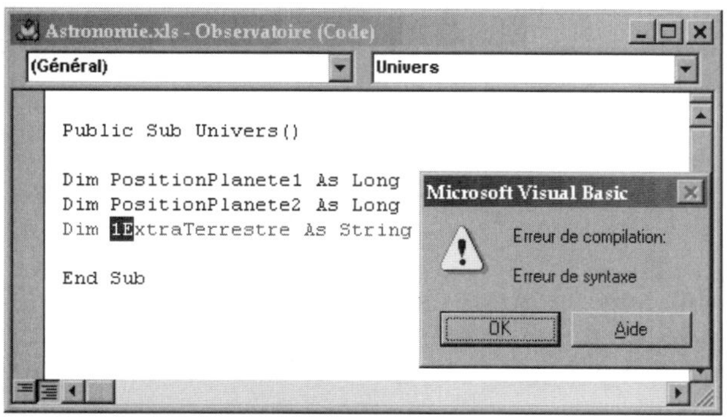

Figure 6.1 : Visual Basic Editor vous informe lorsque qu'un nom est incorrect.

Voici des exemples de noms autorisés et interdits en VBA.

Autorisé	**Interdit**
a	UnNomImmenseDePlusDe255CaractèresQuiNeTiendra...
G4l	4pattes
Je_Me_Moque	TuTeMoques?
MerCalme	Drapeau vert

En matière de majuscules, VBA est très souple. Il ne différencie pas les majuscules des minuscules, vous pouvez donc taper un nom de variable en majuscules à un endroit et en minuscules à un autre et opter pour un étrange aSSorTimEnt à un troisième emplacement. VBA conserve les majuscules lorsque vous déclarer des variables. Si vous vous trompez, Editor corrige automatiquement le nom en rétablissant la version initiale dès que le point d'insertion change de ligne.

Conventions d'affectation de noms en VBA

Vous pouvez donner n'importe quel nom aux éléments de votre programme tant que vous respectez les règles énoncées dans la présente section. Néanmoins, vous vous faciliterez la vie de programmeur en adoptant un système logique. Plus les programmes sont longs, plus il devient difficile, voire impossible, de se rappeler l'objet et le type de vos variables. Facilitez-vous donc la tâche en choisissant des noms parlants.

L'idéal est d'adopter un principe et de s'y tenir. Nombreux sont ceux qui mettent un préfixe indiquant le type de l'élément, suivi d'un nom parlant qui commence par une majuscule. Vous créez par exemple un programme qui gère un stock. S'il vous faut une variable de type entier (integer) pour stocker le nombre de pièces, vous pourriez l'appeler `intNombrePieces`.

Le Tableau 6.1 recense des préfixes applicables aux éléments VBA les plus courants. Vous pouvez créer vos propres préfixes ou utiliser des suffixes, si vous préférez. L'essentiel est de les employer chaque fois.

Je n'ai pas appliqué cette convention jusqu'ici car j'ai estimé qu'il fallait d'abord l'expliquer avant de l'utiliser. Mais à partir du présent chapitre, j'essaierai de prêcher par l'exemple.

Tableau 6.1 : Idées de préfixe pour l'affectation de noms VBA.

Utiliser ce préfixe	Pour nommer ce type d'élément	Exemple
Variables		
byte	Byte (octet)	byteJoursDansUnMois
bool	Boolean	boolRéinitialisation
int	Integer (entier)	intSemainesDansGraphique
lng	Long Integer (entier long)	lngPopulation

Utiliser ce préfixe	Pour nommer ce type d'élément	Exemple
Variables		
sng	Single (nombre à virgule flottante en simple précision)	sngRayon
dbl	Double (nombre à virgule flottante en double précision)	dblParsecs
cur	Currency (entier à virgule fixe)	curPrixUnitaire
str	String (chaîne)	strNomDeFamille
date	Date/Time	dateDateDeNaissance
var	Variant	varMatricule
obj	Object	objCollectionDeTimbres
Contrôles		
txt	Text box (Zone de texte)	txtEntrerNom
lbl	Label (Etiquette)	lblRépondreAuMessage
cmd	Command button (Bouton de commande)	cmdCalculerTauxIntérêt
mnu	Menu	mnuOutils
cmb	Combo box (Liste modifiable)	cmbCatégorieDeJouet
fra	Frame (Cadre)	fraHabitat
opt	Option button (Case d'option)	optTypeDeCarburant
chk	Check box (Case à cocher)	chkPuissanceFiscale
Autres éléments		
bas	Module	basFonctionsMiseEnFormeTexte
frm	UserForm	frmOptions

Embellir votre code

Je vous le concède, votre code n'a pas un besoin vital d'être beau, il doit juste pouvoir être lu facilement. Cette section vous apporte quelques suggestions très simples en matière d'écriture, de sorte que vous puissiez aisément déchiffrer le code si vous relisez votre programme demain, la semaine prochaine ou dans un an.

Des retraits judicieux permettent de structurer votre code

Onzième commandement : tu développeras et emploieras régulièrement une technique de retrait. Le compilateur VBA ignore les espaces en début de ligne, vous êtes donc libre d'utiliser les retraits pour décaler certaines lignes de code. Comparez les deux exemples suivants et dites-moi lequel est le plus facile à comprendre :

```
If intA = 27 Then
If txtChoisirCouleur.Text = "Beige" Then
IntA = 33
IntB = 0
End If
For Each objBarre in BarresDeCommande
If objBarre.Name = "Grande Barre d'outils" Then
If ObjBarre.Visible = True
End If
End If
Next objBarre
End If
```

```
If intA = 27 Then
  If txtChoisirCouleur.Text = "Beige" Then
    IntA = 33
    IntB = 0
  End If
    For Each objBarre in BarresDeCommande
      If objBarre.Name = "Grande Barre d'outils" Then
        ObjBarre.Visible = True
      End If
    End If
  Next objBarre
End If
```

Bien que les deux fragments de code génèrent le même résultat, les retraits du second échantillon permettent assez facilement de dire à quelle instruction `If...Then` tel `End If` appartient. Vous pouvez ainsi suivre les séquences d'exécution selon les conditions en cours lors de l'exécution du programme.

Des retraits pour le code personnalisé

Quelles lignes bénéficieront d'un retrait et quel sera le niveau de retrait appliqué ? Votre objectif est de définir le même retrait pour les instructions qui ont un lien pour que cette relation saute aux yeux. Pour parler concrètement, les instructions exécutées uniquement lorsqu'une condition particulière est réunie doivent présenter un retrait identique.

Par exemple, VBA exécute les instructions d'un `If...Then...Else` ou dans des boucles `Do...Loop` et `For...Next` en groupe ; le même retrait doit donc leur être attribué. Voici un autre exemple :

```
Do While intC <> 20
  intA = IntA + 1
  If intA = intB Then
    intA = 5
    intB = 10
  Else
    intA = intB
    intC = 20
End If
```

VBA exécute l'instruction `intA = intA + 1` et la structure `If...Then...Else` à chaque passage de `Do...Loop`. C'est pourquoi j'ai appliqué le même retrait pour l'instruction `intA = intA + 1` que pour les trois instructions formant la structure `If...Then...Else` (`If intA = intB Then`, `Else` et `End If`). Les deux instructions venant juste après le `If...Then` ne sont exécutées que si `intA` est égal à `intB`, elles bénéficient donc d'un retrait supplémentaire, tout comme les deux instructions venant après `Else`.

Vous remarquerez que les *structures de contrôle* telles que `Do...Loop` et `If...Then...Else` comprennent au moins deux instructions – une de début et une de fin. Pour `Do...Loop`, `Loop` est l'instruction qui termine la structure ; pour `If...Then...Else`, c'est `End If`. Les instructions faisant partie d'une structure de contrôle doivent avoir le même retrait. Cette disposition rend la structure très lisible. Les structures de contrôle sont l'un des principaux sujets abordés au Chapitre 8.

Comment insérer un retrait

Pour insérer un retrait sur une ligne de code, il vous suffit d'appuyer sur la barre d'espacement ou sur la touche Tab. Vous pouvez contrôler la longueur de déplacement du point d'insertion en cas d'utilisation de la touche Tab, en choisissant Outils/Options. Sous l'onglet Editeur de la boîte de dialogue Options, entrez un chiffre dans la zone de texte Largeur de la tabulation. Dans Visual Basic Editor, la place étant très précieuse, j'ai diminué la valeur du paramètre Largeur de la tabulation à 3 ; mais vous pouvez entrer des valeurs entre 1 et 32.

Si vous trouvez rebutant d'appuyer sur la barre d'espacement ou sur la touche Tab, vous pouvez toujours utiliser les boutons Retrait et Retrait négatif de la barre d'outils Edition pour déplacer le début de vos lignes de code respectivement vers la droite ou vers la gauche. Ces boutons fonctionnent également pour une sélection de lignes ; vous pouvez donc insérer, d'un seul clic, un retrait ou un retrait négatif dans un bloc de code. Le retrait est inséré quelle que soit la position du point d'insertion.

Retrait automatique

Pour réduire votre charge de travail au maximum, Visual Basic Editor applique automatiquement à toute nouvelle ligne de code le retrait de la ligne précédente. Lorsque la ligne créée requiert un niveau de retrait de moins, appuyez simplement sur la touche de retour arrière. Si vous n'aimez pas être assisté, vous pouvez désactiver le retrait automatique sous l'onglet Editeur de la boîte de dialogue Options (Outils/Options).

De l'air !

Une ligne vierge entre les groupes d'instructions fait ressortir les différents blocs de code. En outre, cela rend votre programme moins dense et repose votre vue. Pour vous en rendre compte, regardez la Figure 6.2.

Pas de défilement inutile !

Dans la fenêtre Code, une ligne peut comprendre plus de 300 caractères (vous me croyez si je vous dis que le maximum est de 308 ?), cela vous laisse donc une bonne marge de manœuvre. Bien évidemment, la lecture sera facilitée si chaque ligne tient dans la partie visible de la fenêtre Code, vous évitant ainsi de faire défiler la fenêtre vers le côté.

Utiliser le caractère de continuité de ligne

Pour qu'une instruction se poursuive sur une autre ligne, placez le caractère blanc souligné (_) en fin de ligne. Par exemple, les trois lignes suivantes ne sont qu'une seule instruction :

```
sngNombreFou = Cos(12 * 57.5 / _
SqrPetitNombre + intGrandNombre) + _
DonneesPersonnelles(sngInfoBrute. _
12) + (bytPremierMardiAout * curDernièrePaie) + 1)
```

Pensez bien à taper, à chaque ligne, un espace avant le blanc souligné (également appelé *caractère de continuité de ligne*). Sinon, VBA vous envoie un message d'erreur `caractère incorrect`.

Une autre précaution à prendre si des instructions tiennent sur plusieurs lignes : le blanc souligné ne doit pas figurer dans une chaîne de texte placée entre guillemets – à moins que vous ne vouliez qu'il fasse partie de la chaîne. Le Chapitre 7 traite l'utilisation des chaînes sur une ou plusieurs lignes.

Ne pas utiliser d'instructions multilignes

Bien que les instructions tenant sur plusieurs lignes soient préférables à de très longues instructions d'une seule ligne qui débordent de la fenêtre Code, ces deux solutions sont à déconseiller. Certes, VBA n'éprouve aucune difficulté à interpréter des instructions prenant plusieurs lignes mais, généralement, l'être humain normalement constitué a du mal à s'y retrouver.

A moins que vous n'ayez rétréci énormément la fenêtre Code, il est toujours possible de diviser une longue instruction en plusieurs petites aussi efficaces. Vous devrez peut-être créer des variables supplémentaires pour stocker des calculs intermédiaires, mais le jeu en vaut la chandelle.

Par exemple, vous pouvez récrire l'exemple précédent de la manière suivante :

```
sngTemp1 = Sqr(intPetitNombre + intGrandNombre)
sngTemp2 = 12 * 57.5 / sngTemp1
sngTemp3 = DonneesPersonnelles(snginfobrute, 12)
sngTemp4 = bytPremierMardiaout * curDernierePaie
sngNumeroFou = Cos(sngTemp2 + sngTemp3 + sngTemp4 + 1)
```

Ce code est plus long et fait appel à des variables supplémentaires mais il facilite la lecture du calcul. En outre, si le résultat est faux, vous pouvez suivre chaque partie du calcul individuellement pendant l'exécution du programme pour tenter de détecter l'erreur – ce procédé *pas à pas* n'est pas utilisable lorsqu'une seule longue instruction effectue tout le calcul (le Chapitre 9 traite le pas à pas).

Remarques sur vos commentaires

Comme tout langage de programmation sérieux qui se respecte, VBA vous permet ajouter des explications. Les *commentaires* servent à traduire le code en français courant et comprendre ainsi l'objectif de chaque instruction ou groupe d'instructions. Ainsi, vous pouvez inclure des numéros de téléphone, des recettes et des affirmations dans votre code.

Le compilateur VBA ignore les commentaires. Ils apparaissent dans la fenêtre Code mais pas dans le programme compilé, et ne rallongent ni ne ralentissent ce dernier. Ils n'utilisent que très peu d'espace disque, donc n'hésitez pas à vous en servir.

Création de commentaires

Un commentaire commence toujours par une apostrophe. Sur une ligne, tout ce que vous tapez à la droite de l'apostrophe fait partie du commentaire. Vous pouvez consacrer des lignes entières aux commentaires en début de programme ou les placer après une ligne de code. La Figure 6.2 vous montre des lignes de commentaires parmi des instructions.

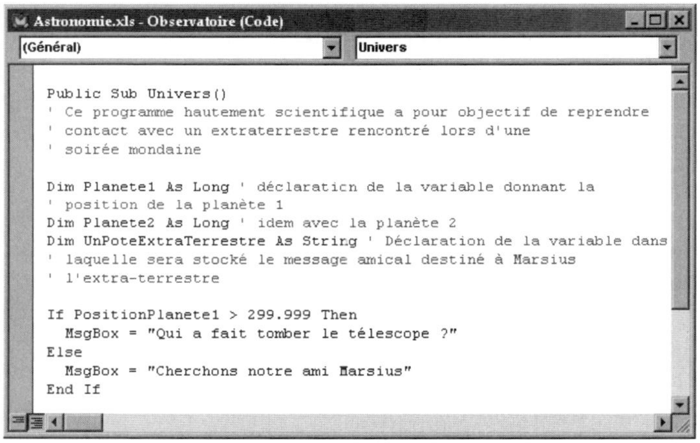

Figure 6.2 : Des commentaires ?

Vous n'avez pas le droit d'insérer un commentaire sur une ligne se terminant par le caractère de continuité de ligne. Par exemple, vous recevrez un message d'erreur si vous entrez le code suivant :

```
a = b _ ' C'est la première ligne d'une instruction multiligne + C
```

Pour commenter une instruction de plusieurs lignes, vous devez placer le commentaire sur une ligne à part avant l'instruction ou sur la dernière ligne de l'instruction, comme ci-après :

```
' Ce commentaire est bien placé
z = x - _
y ' La dernière ligne accepte un commentaire.
```

Quand utiliser les commentaires ?

Ne soyez pas avare de commentaires. Entraînez-vous à ajouter au moins une petite explication à chaque ligne de code et à détailler la fonction de chaque groupe de trois ou quatre instructions. Lorsque vous déclarez une variable, ajoutez un commentaire expliquant son objet et l'endroit où elle sera utilisée. Lorsque vous déclarez une procédure, indiquez son objectif, les arguments et variables utilisés et leur mission, ainsi que les autres procédures qu'elle appelle. Profitez de la moindre accalmie dans votre travail de programmation pour vous entraîner à insérer un commentaire.

Pardonnez ce ton solennel mais le point qui suit est très important ! Lorsque vous êtes plongé en plein travail sur un projet, la logique qui se cache derrière votre code vous semble peut-être évidente, mais cette merveilleuse lucidité peut disparaître facilement. Si vous passez à autre chose, même pendant quelques jours, seuls vos commentaires vous épargneront la corvée de traduire en français intelligible le code généré, lorsque vous vous replongerez dans votre programme. En outre, les commentaires sont capitaux lorsque vous travaillez à plusieurs sur un projet car vous pouvez ainsi expliquer vos objectifs et justifier vos choix.

Vous pouvez désactiver certaines instructions sans les supprimer complètement, en les *mettant en commentaire*. C'est notamment très pratique lorsque vous hésitez entre deux solutions de programmation ou pour désactiver un fragment de code dont vous savez qu'il contient des erreurs, pendant que vous testez une autre partie du même module. Vous pouvez taper des apostrophes au début de chaque ligne que vous souhaitez mettre ponctuellement en commentaire, puis supprimer ces apostrophes afin de ressusciter votre code mis en sommeil. Mais vous avez également la possibilité d'utiliser les boutons Commenter bloc et Ne pas commenter bloc que je décris dans la section suivante, afin de désactiver et réactiver instantanément des blocs de code de n'importe quelle longueur.

Commentaires interminables

Pour insérer un long commentaire sur plusieurs lignes, vous devez mettre une apostrophe au début de chaque ligne. Heureusement, VBA a prévu une commande qui permet de mettre en commentaire plusieurs lignes en cliquant sur un bouton.

Pour insérer un commentaire de plusieurs lignes, tapez vos remarques comme dans un traitement de texte, en ignorant les messages d'erreur que vous obtenez lorsque vous appuyez sur Entrée pour changer de ligne. Lorsque vous avez terminé, sélectionnez le bloc puis cliquez sur le bouton Commenter bloc de la barre d'outils Edition. Visual Basic Editor ajoute l'apostrophe au début de chaque ligne.

Vous pouvez également supprimer les marques de commentaires d'un bloc. Sélectionnez le bloc puis cliquez sur le bouton Ne pas commenter bloc, qui figure également sur la barre d'outils Edition.

N'OUBLIEZ PAS

Une petite remarque sur le fonctionnement de ces boutons : si une ligne commence déjà par une apostrophe et que vous cliquez sur le bouton Commenter bloc, une seconde apostrophe sera insérée. S'il y en a déjà deux, vous en ajoutez alors une troisième, et ainsi de suite. De même, chaque clic sur le bouton Ne pas commenter bloc retire une seule apostrophe. Cela signifie que lorsque vous mettez en commentaire puis restaurez un bloc de code, vous ne perdez pas ce commentaire, seule l'apostrophe disparaît.

Chapitre 7
Stocker et modifier des informations

Dans ce chapitre :

- Utiliser des variables pour stocker n'importe quel type de données.
- Déclarer des variables dans votre code, un gage de programmes rapides et dépourvus d'erreurs.
- Alléger votre charge de programmation grâce aux constantes nommées.
- Définir des valeurs en tant qu'expressions.
- Calculer à l'aide d'opérateurs VBA.
- Comprendre le fonctionnement des types de données affectées aux variables et constantes.

Dans le but d'exploiter tout le potentiel de VBA, les programmes ont besoin de *variables* afin de stocker les informations susceptibles de changer. Les variables sont essentielles pour bâtir des programmes capables de modifier leur comportement en fonction d'informations mises à jour ou de conditions courantes fluctuantes. Ce chapitre étudie dans le détail le fonctionnement et l'utilisation des variables. Les différents types de données affectés à des variables sont traités à fond, tout comme les *constantes*, qui conservent des valeurs inchangées, et les *opérateurs*, symboles et mots-clés utilisés pour calculer une nouvelle valeur à partir de plusieurs autres.

Bien qu'assez étoffé, ce chapitre n'est pas le dernier à traiter le thème des variables. Ainsi, le Chapitre 12 vous indique comment utiliser des variables avec des objets et le Chapitre 13 aborde les variables liées aux types de données tableau ou définis par l'utilisateur.

Utiliser des variables

Une *variable* est avant tout le repère d'identification d'un fragment d'informations stocké par votre programme.

C'est comme au théâtre : lorsque vous laissez votre chapeau au vestiaire, le préposé l'entrepose quelque part – vous n'avez que faire de l'endroit précis, du moment que votre couvre-chef est en lieu sûr. Vous recevez en échange un ticket comprenant un numéro. Lorsque vous repartez, vous donnez au préposé le ticket et vous récupérez votre chapeau. A la représentation suivante, ce numéro sera attribué à une autre personne.

Quoi, vous ne portez jamais de chapeau ? Mais, jusqu'à aujourd'hui vous n'aviez jamais eu de variables non plus, alors…

Le nom de la variable vous permet d'accéder à tout un bloc d'informations, nul besoin de faire référence au contenu. Autre avantage, vous n'avez pas à connaître l'emplacement ni la feuille où votre programme stocke vos données – seul le nom de la variable est important. Enfin, vous êtes libre de modifier, à tout moment, l'information contenue dans la variable.

Cette dernière caractéristique est la clé de voûte des programmes capables de s'adapter à des changements de conditions. Le moment opportun, votre programme peut analyser les informations contenues dans la variable et les comparer au critère que vous avez défini. Si les informations correspondent à ce critère, le programme exécutera la série d'instructions X et, dans le cas contraire, la série Y.

NOTE TECHNIQUE

D'un point de vue technique, il existe une différence entre la variable (un conteneur d'informations doté d'un nom) et l'information qu'elle renferme. Cependant, on s'amuse rarement à dire "l'information représentée par la variable x". A partir du moment où vous avez bien à l'esprit que l'information peut varier, vous pouvez y faire référence en utilisant le nom de la variable.

Déclarer des variables : aperçu

Le Chapitre 6 présente la notion de déclaration, cette instruction VBA qui indique au compilateur que vous envisagez d'utiliser un élément nommé et dont elle décrit exactement le type. Les déclarations servent très souvent à déclarer des variables. Les déclarations de variables ressemblent à ceci :

```
Dim varAncienneVariable
Private intVariableEntier As Integer
Static strResolutions As String
```

La plupart des déclarations de variables sont des instructions `Dim`. Le mot-clé `Dim` est la forme abrégée du terme dimension, utilisé comme un verbe. L'instruction `Dim` indique à VBA les dimensions de la zone de stockage à laquelle la variable fait référence. Les mots-clés `Private`, `Public` et `Static` servent également à déclarer des variables tout en définissant leur portée. (Reportez-vous à la section "Définir la portée d'une variable", plus loin dans ce chapitre.)

Une fois déclarée, une variable peut servir à d'autres instructions de votre programme. Généralement, la première fois qu'une variable passe à l'action c'est lorsque vous y placez une information spécifique et utilisez une instruction d'affectation (voir la section "Attribuer des valeurs à des variables", plus loin dans ce chapitre). Vous pouvez alors utiliser cette information (via le nom de la variable) n'importe où dans votre programme.

Où déclarer des variables ?

Vous pouvez déclarer des variables en deux endroits de votre programme :

- La section Déclarations du module (niveau module).
- N'importe où dans une procédure (niveau procédure).

Le choix de l'emplacement aide à déterminer les procédures autorisées à accéder à la variable, et donc à définir la portée de la variable. En général, si vous déclarez la variable au niveau module, n'importe quelle procédure de ce module peut utiliser cette variable. Si elle est déclarée dans une procédure donnée, la variable ne pourra être utilisée que dans cette procédure. Les mots-clés `Public`, `Private` et `Static` peuvent aussi être employés pour déterminer la portée d'une variable. (Voir le Chapitre 6 et la section "Définir la portée d'une variable" du présent chapitre.)

Bien que VBA ne trouve rien à redire si vous insérez des déclarations de variables au beau milieu d'instructions exécutables, votre code gagnera en clarté si vous groupez ces déclarations en début de procédure. L'exemple suivant respecte ce principe :

```
Public Sub ProceduresVariables
  Dim strPrenomEnfant As String
  Dim intNombreDeJouets As Integer
  Dim curBudget As Currency

  strPrenomEnfant = InputBox ("Entrez le prénom de l'enfant :")
' dans les deux lignes suivantes,
CompterJouets et NouveauBudget
```

```
' représentent des procédures
Function définies ailleurs
  intNombreDeJouets = CompterJouets(strPrenomEnfant)
  curBudget = NouveauBudget(strPrenomEnfant, intNombreDeJouets
End Sub
```

Quand déclarer les variables ?

N'OUBLIEZ PAS

Tous les experts s'accordent à dire que l'idéal est de déclarer les variables avant de les utiliser, et ce pour une raison très simple, votre code sera ainsi plus facile à comprendre. Cela présente d'autres avantages lorsque vous vous servez de la directive du compilateur `Option Explicit`, traitée dans la section "Les déclarations explicites ont du bon", plus loin dans ce chapitre.

Mais, par défaut, VBA vous permet de recourir à des variables sans déclaration préalable. Si vous tapez **A = 7** n'importe où dans votre programme, VBA crée consciencieusement une variable `A` dans laquelle il stocke la valeur `7`. Les variables créées sans déclaration sont automatiquement considérées comme des variables Variant (voir la section suivante).

Choisir et utiliser des types de données

Lorsque vous déclarez une variable, il suffit de préciser son nom. L'instruction suivante demande à VBA de réserver un espace de stockage pour une variable nommée `varIable` mais n'indique pas quel type d'information elle contiendra.

```
Dim varIable
```

Toutefois, vous pouvez aussi indiquer explicitement le type de données concerné. L'instruction suivante déclare la variable `MesVieillesChaussettes` et spécifie le type de données *Single* :

```
Dim sngMesVieillesChaussettes As Single
```

Cela signifie qu'elle renferme un petit nombre à virgule flottante (que l'on retrouve notamment dans les formules scientifiques – vous savez, avec une décimale et un exposant, comme 6,02 x 10^{23}).

VBA distingue un certain nombre de types de données, certaines très utiles comme `Date` et `Currency`. Tâchez de vous familiariser avec tous ces types de données qui sont essentiels au bon fonctionnement du code. Le Tableau 7.1 livre les informations essentielles sur les types de données. La section "Tout sur les types de données", plus loin dans ce chapitre vous donne des astuces sur leur utilisation.

Tableau 7.1 : Types de données VBA.

Type de données	Explication	Valeurs autorisées
Boolean	Logique True ou False	True (–1) ou False (0)
Byte	Petit nombre entier	De 0 à 255
Integer	Nombre entier assez petit	De –32 768 à 32 767
Long	Grand nombre entier	De –2 147 483 648 à 2 147 483 647
Single	Valeur en virgule flottante à simple précision	Pour les valeurs négatives, de –3,402823E38 à – 1,401298E-45 ; pour les valeurs positives, de 1,401298E-45 à 3,402823E38
Double	Valeur en virgule flottante à double précision	Pour les valeurs négatives, de –1,79769313486232E308 à –4,94065645841247E-324 ; pour les valeurs positives, de 4,94065645841247E-324 à 1,79769313486232E308
Currency	Grand nombre de 19 chiffres	De –922 337 203 685 477,5808 à 922 337 203 685 477,5807 comprenant 4 chiffres après la virgule
Decimal	Nombres encore plus précis de 29 chiffres à gauche du séparateur décimal et jusqu'à 28 chiffres à droite du séparateur décimal	+/–79 228 162 514 264 337 593 543 950 335 sans décimale ; 7,9228162514264337593543950335 avec 28 décimales
Date	Dates et heures	Entre le 1er janvier 100 et le 31 décembre 9999
Object	Objet VBA	Référence à n'importe quel objet
String	Chaîne de caractères de longueur variable	De 0 à environ 2 milliards (longueur variable)
String	Chaîne de caractères de longueur fixe	De 1 à environ 65 400 (longueur fixe)
Variant	Données de toutes sortes	N'importe quelle valeur numérique jusqu'à la fourchette d'une valeur Double ; fourchette identique à celle d'une chaîne de longueur variable
Type de données défini par l'utilisateur	Groupe de variables utilisées comme unité	La fourchette de chaque variable (nécessite l'instruction Type) dans le groupe dépend du type de données

Pour ou contre les déclarations explicites : types de données contre Variants

Vous avez ceux qui pensent que déclarer une variable avec un type de données spécifique – c'est-à-dire un type autre que `Variant` – est une excellente idée et ceux qui sont formellement contre. Cette technique permet d'éviter certaines erreurs mais en favorise d'autres. Cela contribue sans nul doute à réduire la taille des programmes tout en rendant ceux-ci plus rapides, mais dans la réalité ces améliorations ne sont pas flagrantes.

Voici quelques principes pour éviter les erreurs : lorsque la déclaration d'une variable spécifie un type de données, VBA vous limite à celui-ci. Admettons que vous déclariez la variable suivante :

```
Dim dateCommemoration As Date
```

VBA affiche un message d'erreur si vous tentez d'affecter du texte à cette variable dans une instruction du type :

```
DateCommemoration = "Voyage en Australie" ' Erreur
```

Certes, un message d'erreur pollue votre environnement mais cela reste préférable à l'exécution d'un programme comportant des informations erronées.

Vous n'auriez pas obtenu ce message d'erreur si vous aviez déclaré `dateCommemoration` en tant que *variant*, un type de données fourre-tout pouvant renfermer n'importe quelle sorte d'informations. Les Variants se déclarent comme n'importe quel autre type de données :

```
Dim varYoupi As Variant
```

Cependant, puisque `Variant` est le type de données par défaut, vous obtiendrez une variable de type Variant si vous oubliez de préciser le type et ne mettez que le nom de la variable, comme dans l'exemple suivant :

```
Dim Youpi
```

Et côté performance ? En déclarant une variable à l'aide d'un type de données spécifique, vous êtes certain d'optimiser l'espace de stockage de l'information. Les Variants occupent plus de mémoire que les autres variables et l'accès à l'information qu'elles contiennent est plus lent. Cependant, ces conséquences restent insignifiantes si vous utilisez peu de variables. Le recours systématique à des Variants diminue le risque d'erreur, facilite la lecture de votre code et rend ce dernier plus souple et moins difficile à modifier. Je n'ai pas la place d'entrer dans le détail mais de très bons programmeurs conseillent d'utiliser exclusivement des Variants.

Adoptez une des deux stratégies – déclarer un type de données spécifique ou utiliser chaque fois des Variants– et n'en changez plus, au moins dans un même programme.

Les déclarations explicites ont du bon

Que vous adoptiez ou non un type de données particulier pour chaque variable, il est toujours judicieux de déclarer vos variables avant de les utiliser. Si vous êtes un programmeur sérieux, vous pouvez paramétrer VBA pour que cette étape soit obligatoire. Il suffit d'entrer l'instruction suivante dans la section Déclarations du module. VBA affiche un message d'erreur lorsque vous tentez d'utiliser une variable non déclarée :

```
Option Explicit
```

Cet avertissement en règle vous permet de revenir en arrière et d'ajouter la déclaration manquante. Le fait d'imposer ainsi des déclarations explicites présente un avantage encore plus important : cela vous protège de graves problèmes dus aux fautes d'orthographe ou aux coquilles.

Imaginez le scénario suivant : vous décidez de vous passer de l'instruction `Option Explicit` dans votre module. Mais, votre main dérape sur le clavier alors que vous entrez le nom d'une de vos variables, quelque part dans une procédure. Lorsque le compilateur VBA arrive à la ligne comprenant le nom mal orthographié, il considère que vous citez là une nouvelle variable et, généreusement, il la crée. Votre programme tournera peut-être encore mais ne soyez pas surpris si votre texte devient violet ou s'il vous indique que 12 âmes vivent sur notre planète.

Vous voilà peut-être convaincu que l'instruction `Option Explicit` doit apparaître dans tous les modules que vous créez. Si c'est le cas, pourquoi devoir le taper chaque fois ? Vous n'y êtes pas obligé. Choisissez Outils/ Options pour ouvrir la boîte de dialogue Options. Sous l'onglet Editeur, cochez la case Déclaration des variables obligatoire. Dorénavant, Visual Basic Editor insère automatiquement une instruction `Option Explicit` chaque fois que vous créez un module. Mais, vous devrez taper l'instruction vous-même dans vos anciens modules.

Définir la portée d'une variable

La *portée* d'une variable – c'est-à-dire les endroits de votre programme d'où la variable est accessible – dépend de deux facteurs qui sont liés :

- L'emplacement où vous déclarez la variable (dans une procédure ou dans la section Déclarations d'un module – cf. "Où déclarer une variable ?", plus haut dans ce chapitre).
- Le mot-clé utilisé pour déclarer la variable (`Dim`, `Public`, `Private` ou `Static`).

Si vous déclarez une variable dans une procédure en utilisant `Dim`, vous ne pourrez l'utiliser que dans cette procédure-ci. VBA ne la reconnaîtra pas ailleurs dans votre programme. Les variables déclarées avec `Dim` dans la section Déclarations du module sont accessibles dans tout le module – mais pas depuis d'autres modules.

Variables privées

Le mot-clé `Private` fonctionne exactement de la même façon que `Dim`. Les deux instructions de déclaration suivantes fonctionnent à l'identique :

```
Private strCoyote As String
```

```
Dim strCoyote As String
```

`Private` et `Dim` fonctionnant de la même façon, vous pouvez oublier `Private` si vous le désirez. Mais, vous voudrez peut-être utiliser `Private` à la place de `Dim`, juste pour bien avoir à l'esprit que la variable est uniquement accessible dans le module ou la procédure courante.

Tout Public

Avec `Public`, la variable est accessible dans tout votre projet. Voici un exemple :

```
Public intSansNumero As Integer
```

N'OUBLIEZ PAS

Vous ne pouvez déclarer des variables avec `Public` que dans la section Déclarations d'un module.

L'avantage de Static

Utilisez `Static` pour déclarer, dans une procédure, une variable que vous voulez conserver en mémoire – et, plus important encore, dont vous tenez à préserver la valeur – même lorsque la procédure n'est pas en cours d'exécution. Dans l'exemple suivant, la variable `intVariableEternelle` sert de compteur et enregistre le nombre d'exécutions de la procédure :

```
Sub ProcedureEphemere()
  Dim strVariableEphemere As String
  Static intVariableEternelle = Format(Now()."Temps moyen")
  IntVariableEternelle = intVariableEternelle + 1
  MsgBox "Le temps est de " & strVariableEphemere & ". " & _
    "Vous avez exécuté cette procédure & _
intVariableEternelle & " fois."
End Sub
```

Dans l'exemple ci-dessus, l'instruction `intVariableEternelle = intVariableEternelle + 1` ajoute 1 à la valeur de la variable à chaque exécution de la procédure. Si vous déclarez `intVariableEternelle` avec `Dim` au lieu de `Static`, la variable est remise à zéro à chaque exécution, ce qui rend cette procédure inutile.

Vous ne pouvez déclarer de variables `Static` que dans une procédure. Si vous voulez que toutes les variables d'une procédure demeurent intactes – même lorsque la procédure n'est pas exécutée –, déclarez toute la procédure en `Static`. Dans la déclaration de la procédure, placez le mot-clé `Static` juste avant le type de procédure, `Sub` ou `Function` qui définit le type de procédure que vous déclarez. Voici deux exemples :

```
Private Static Sub ToutFaire()
```

```
Static Function NeRienFaire(intTempsAPerdre as Integer)
```

Vous remarquerez que dans la déclaration de la procédure, `Static` vient après `Private` ou `Public`, si vous ajoutez un des mots-clés facultatifs concernant la portée.

Déclarer une variable ou procédure en `Statice` ne préserve sa valeur que lors de l'exécution de tout le programme, *et non* entre les différentes sessions d'exécution. Pour conserver une valeur en vue d'une utilisation lors de la prochaine exécution du programme, vous devez la stocker sur disque ou dans la base de registre Windows (voir le Chapitre 14).

Déclarer plusieurs variables sur la même ligne

Pour gagner de la place, vous pouvez très bien déclarer plusieurs variables sur une seule ligne. Vous ne tapez le mot-clé `Dim` qu'une seule fois. Les variables doivent être séparées par une virgule. Pensez simplement à indiquer le type de données de chaque variable déclarée, même si toutes les variables sont du même type. Voici comment faire :

```
Dim IntA As Integer, IntD As Integer, IntL As Integer
```

Vous pouvez également mélanger plusieurs types de données :

```
Dim curRentabilite As Currency, datSecondMardi As Date
```

Si vous déclarez plusieurs variables sur la même ligne, le risque d'oublier un type de données est bien entendu plus grand. Toute variable dont le type n'est pas spécifié est automatiquement considérée comme Variant. Si votre déclaration ressemble à la suivante, `strX` et `strY` sont considérées comme des variables Variant et non String.

```
Dim strX, strY, strZ As String
```

Affecter des valeurs aux variables

Une fois la variable déclarée, il faut généralement y stocker des informations (lorsque l'on stocke des informations dans une variable pour la première fois, on dit que l'on *initialise* la variable). Pour cela, vous affectez la valeur de l'information à la variable. En fonction de vos besoins, vous pouvez y stocker différentes données en changeant la valeur affectée.

Les affectations

Pour affecter une valeur à une variable, vous avez juste besoin du signe égal. Par exemple, pour stocker le chiffre 3 dans la variable `intC`, il suffit de taper **intC = 3**.

Dans VBA, une instruction d'affectation comprend le signe égal, qui est situé entre, à gauche, une variable et, à droite, une *expression* qui fixe la valeur de la variable. Dans cet exemple, l'expression est le chiffre `3`. Les valeurs fixées ainsi, directement, sont appelées des *valeurs littérales*. (Les expressions sont abordées dans la section "Expression-nisme" plus loin dans ce chapitre.)

Jetez un œil à cette autre instruction d'affectation :

```
StrCitation = " Ne demandez pas ce que votre pays peut faire pour vous. " & _
"demandez ce que vous pouvez faire pour votre pays."
```

Dans ce cas, l'instruction affecte tout le texte situé à droite du signe égal à la variable `strCitation`. Comme dans l'exemple précédent, il s'agit de valeurs littérales – le texte que vous voulez stocker dans la variable. Cependant, l'instruction tient sur deux lignes et l'expression doit donc être divisée en deux chaînes. Ce signe `&` (Et commercial) indique à VBA que les deux chaînes vont ensemble.

Ce que je veux montrer ici, c'est que les expressions ont très souvent plusieurs composants. Leur nombre n'a aucune importance car VBA prend en compte la valeur dans son ensemble puis l'affecte à la variable.

Comprenez bien qu'une instruction d'affectation n'est pas encore une instruction tant qu'elle n'a pas été exécutée. En maths, lorsque vous posez une opération du style 2 + 2 = 4, vous affirmez que les valeurs situées de part et d'autre du signe égal sont bien égales. Par contre, une instruction d'affectation VBA oblige la variable à devenir égale à la valeur de l'expression. Une autre instruction d'affectation peut venir modifier la valeur de la variable à tout moment.

Utiliser des variables dans des instructions d'affectation

La valeur d'affectation d'une variable peut dépendre d'autres variables, mais aussi de valeurs littérales. L'instruction suivante multiplie les variables `curCout` et `sngMarge` et affecte le résultat obtenu à la variable `curPrixDeVente` :

```
curPrixDeVente = curCout * sngMarge
```

Vous remarquerez que dans cette instruction, les expressions correspondent à d'autres variables et non à des valeurs littérales. VBA effectue le calcul en fonction des valeurs stockées dans ces variables. (Au fait, conformément à la convention sur les noms mentionnée au Chapitre 6, `curPrixDeVente` et `curCout` sont des variables de type de données `Currency`.)

Utiliser des fonctions dans des instructions d'affectation

Vous pouvez également utiliser des fonctions et procédures `Function` dans des instructions d'affectation, comme le montre l'exemple suivant :

```
strGouts = InputBox("Quel est votre parfum préféré ?")
```

Les fonctions VBA et les procédures `Function` sont acceptées dans des instructions d'affectation car elles renvoient une valeur. La fonction `InputBox` affiche le message dans une petite boîte de dialogue et fournit un espace pour que l'utilisateur puisse taper sa réponse. Cette dernière est la valeur renvoyée par la fonction, sous la forme d'une chaîne (pour en savoir plus sur la fonction `InputBox`, reportez-vous au Chapitre 11).

Expression-nisme

Une *expression* est une partie d'instruction VBA qui peut donner comme résultat une valeur, telle qu'un nombre, une chaîne de texte ou une référence à un objet. Ce peut être une combinaison de :

- Variables telles que `bytMois` ou `boolHiver`.
- Valeurs littérales telles que `1234` ou `Ceci est un test`.
- Constantes qui remplacent des valeurs littérales, traitées dans la section "Utiliser des constantes" plus loin dans ce chapitre.
- Fonctions VBA telles que `InputBox()` ou `Sqr()`.
- Procédures Function.

Si l'expression comprend plusieurs de ces éléments, ceux-ci sont liés à l'aide d'opérateurs tels que le signe + ou, parfois, de fonctions et procédures `Function` imbriquées dans d'autres fonctions ou procédures `Function`.

Notez bien que si une expression comprend plusieurs éléments, chaque élément est en soi une expression – il a une valeur.

Utiliser des constantes

Lorsque votre programme utilise une valeur qui ne change pas, vous n'avez pas besoin d'une variable. Bien que vous puissiez toujours placer des valeurs littérales au sein de vos procédures, il est plutôt préférable de déclarer des constantes ; d'où la section suivante sur la déclaration de constantes.

Déclarer des constantes

Pour déclarer des constantes, utilisez l'instruction `Const` :

```
Const cstrNomAnimal As String = "Dingo"
Const cdateDateCible As Date = #10/12/2000#
Const cboolUp As Boolean = True
```

Retenez que cette technique ressemble au procédé de déclaration de variables ; seule différence, *vous déterminez la valeur de la constante au moment de sa déclaration*. Vous pouvez utiliser les mêmes types de données que pour les variables, à l'exception d'Object, type défini par l'utilisateur et Decimal (voir Tableau 7.1).

Vous remarquerez également que j'ai déclaré le nom de chaque constante avec, comme initiale un *c* minuscule (c pour "constante"). C'est la méthode la plus simple pour différencier le nom d'une constante de celui d'une variable. Mais vous êtes libre de choisir un autre préfixe parlant.

Vous suivrez peut-être l'exemple de VBA et Visual Basic et choisirez un préfixe représentant votre nom ou le nom de votre projet VBA. Dans VBA et Visual Basic, les constantes portent le préfixe `vb`, comme dans `vbBlue` (représente le numéro de code de la couleur bleu, 16711680) ou `vbKeyTab` (représente le code de la touche Tab, 9). Les applications VBA ont chacune un préfixe spécifique pour les constantes ; par exemple, `xlBarStacked` représente le code d'un graphique en barres Excel, 58.

Au fait, vous pouvez très bien utiliser les constantes de VBA ou celles de votre application VBA dans vos propres programmes. Servez-vous de l'Aide ou de l'Explorateur d'objets pour trouver des informations sur ces constantes prédéfinies (pour en savoir plus sur l'Explorateur d'objets, reportez-vous au Chapitre 5).

Tirer profit des constantes

Une fois la constante déclarée, vous pouvez l'utiliser dans votre programme en indiquant son nom quel que soit l'endroit où vous avez entré les valeurs littérales correspondantes. Admettons par exemple que vous écriviez un programme qui fixe le salaire des employés en fonction de leur pointure. Une partie du programme pourrait être transcrite ainsi :

```
If bytPointure > 45 Then
  CurSalairePaul = 15000
End If
```

L'inconvénient de cette méthode c'est qu'elle inscrit le montant du salaire *"en dur"* dans votre programme. Si le salaire augmente, vous devrez vous plonger dans le code et retrouver le montant à modifier. Et si vous utilisez la même valeur plusieurs fois, vous devrez modifier chaque occurrence et vous multipliez donc les risques de coquilles, lesquelles risquent de bousiller votre travail.

Voici le même code, avec une constante :

```
Const ccurPlafondSalaire As Currency = 15000
...
If bytPointure > 45 Then
  CurSalairePaul = ccurPlafondSalaire
End If
```

Cette solution permet de localiser facilement la déclaration de la constante en début de module ou de procédure. Si vous changez la valeur de la constante à cet endroit, chaque occurrence verra sa valeur modifiée instantanément. En prime, le code est bien plus facile à comprendre. Vous n'avez pas besoin de demander "A quoi correspond 15 000 ?", un seul coup d'œil suffit pour constater que Paul touche le plafond salarial parce qu'il chausse du 45.

Vous pourriez utiliser une variable pour tirer profit des avantages d'une constante. Cependant, les variables occupent plus de place en mémoire, et, chose plus importante, vous courez le risque de modifier par mégarde la valeur de la variable.

Utiliser des constantes pour représenter des attributs

Les constantes sont pratiques si vous travaillez avec un groupe d'éléments ou de caractéristiques nommées telles que les jours de la semaine (lundi, mardi, etc.) ou les goûts (sucré, salé, aigre ou amer). Au lieu d'utiliser dans votre programme le nom de ces éléments sous forme de chaînes de texte, il est plus facile de leur attribuer un numéro. A partir de là, vous pouvez faire référence à ces éléments par leur nom au lieu de leur numéro. Voici un p'tit morceau de code qui reprend cette technique :

```
Const cbytSucre = 1, cbytSale = 2
Const cbytAigre = 3, cbytAmer = 4
Do While intGout = cbytAigre
  AjouterEdulcorant
  IntGoût = TesterGout()
Loop
```

Bonjour, monsieur l'Opérateur

Dans VBA, un *opérateur* est un symbole ou mot-clé d'une expression qui associe deux valeurs (des sous-expressions, si vous préférez) pour générer un nouveau résultat. Les deux valeurs apparaissent de part et d'autre de l'opérateur.

Dans l'expression suivante, l'opérateur + (addition) ajoute 3 à la valeur de la variable `intA`.

```
intA + 3
```

Le résultat de cette addition constitue la valeur de l'expression. (Rappelez-vous, une expression n'est qu'une partie d'une instruction VBA qui ne peut pas être exécutée seule – vous devez la mettre dans une instruction complète telle que `intB = intA + 3`. Pour de plus amples informations sur les expressions, lisez la section "Expression-nisme", plus haut dans ce chapitre.)

Il existe trois grandes catégories d'opérateurs VBA : les opérateurs arithmétiques, les opérateurs de comparaison et les opérateurs logiques. Vous avez également d'autres opérateurs tels que ceux de *concaténation* de chaîne (permettant d'assembler plusieurs chaînes pour en former une seule). Je traite chacun d'eux un peu plus loin.

Utilisé avec des chaînes de texte, l'opérateur + effectue des concaténations et non des additions – il combine deux chaînes. Mais il est préférable d'avoir recours au véritable opérateur de concaténation, le symbole `&`, rendant ainsi plus claire votre intention d'assembler les chaînes. VBA interprète l'expression suivante comme "Je m'appelle Gaston."

```
"Je m'appelle " & "Gaston."
```

Au fait, si une chaîne de texte ne contient que des caractères numériques, vous pouvez utiliser l'opérateur ± pour ajouter la valeur numérique de la chaîne à un autre nombre. Une fois l'instruction suivante exécutée, la valeur de la variable `intC` est 579.

```
intC = 123 + "456"
```

Dans les feuilles VBA, les nombres saisis par l'utilisateur sont stockés en tant que chaînes. VBA vous autorise à utiliser des chaînes numériques telles que des nombres sans d'abord les convertir explicitement, comme dans l'exemple ci-dessus.

Voici un opérateur de comparaison :

```
Tan(sngAngleA) <> 1.4
```

Le symbole `<>` ne correspond pas à l'opérateur "n'est pas égal à". Il permet de tester si les deux valeurs de l'expression sont différentes et renvoie un résultat : `True` (vrai) ou `False` (faux). Si la tangente de `sngAngleA` *n'est pas* égale à 1,4, le résultat de l'expression est `True`, sinon le résultat est `False`.

Accorder des priorités

Dans les expressions un peu élaborées comprenant plusieurs opérateurs, VBA doit définir l'ordre dans lequel seront exécutées les différentes opérations. L'expression suivante comprend deux opérateurs : `+` (l'opérateur d'addition) et * (l'opérateur de multiplication) :

```
intA + intB * intC
```

En français, cette expression se lira "`intA` plus `intB` fois `intC`".

Bien qu'ici le symbole `*` soit le second opérateur, il a la priorité sur l'opérateur d'addition. VBA effectue d'abord `intB` fois `intC` puis ajoute le résultat à `intA`. Comme le montre cet exemple, VBA suit une séquence prédéfinie lorsqu'il analyse les parties d'une expression comprenant plusieurs opérateurs.

Vous avez la possibilité d'utiliser des parenthèses pour chuinter l'ordre de priorité initial. Si vous tapez le code suivant, VBA fait d'abord l'addition des deux premières variables puis multiplie le résultat par la valeur de `intC`.

```
(intA + intB) * intC
```

Sans les parenthèses, comment VBA définit-il l'ordre de priorité des opérateurs ? Si l'expression comprend plusieurs catégories d'opérateurs, VBA les classe dans l'ordre suivant :

1. Viennent en premier les opérateurs arithmétiques et de concaténation.

2. Ensuite, vous avez les opérateurs de comparaison.

3. Et enfin, les opérateurs logiques ferment la marche.

Au sein d'une catégorie, l'ordre de passage est également fixé par VBA. Les opérateurs arithmétiques, de comparaison et logiques sont traités selon l'ordre indiqué dans le Tableau 7.2. VBA prend les opérateurs de comparaison dans l'ordre d'apparition, de gauche à droite. Si plusieurs opérateurs d'un même niveau de priorité figurent dans une expression, VBA commence également par la gauche.

Tableau 7.2 : Ordre de priorité concernant les opérateurs VBA (au sein de chaque catégorie, les opérateurs sont traités dans l'ordre mentionné ci-après).

Opérateurs	Opération effectuée
Arithmétiques	
^	Elévation à une puissance
-	Négation
* ou /	Multiplication ou division
\	Division avec comme résultat un nombre entier
Mod	Reste
+ ou -	Addition ou soustraction
Concaténation	
&	Concaténation de chaînes
Comparaison	
=	Egal à
<>	Différent de
<	Inférieur à
>	Supérieur à
<=	Inférieur ou égal à
>=	Supérieur ou égal à
Like	Comparaison de chaînes
Is	Test pour savoir si deux éléments se réfèrent au même objet
Logiques	
Not	Négation logique
And	Conjonction logique
Or	Disjonction logique
Xor	Exclusion logique
Eqv	Equivalence logique
Imp	Implication logique

Effectuer des calculs à l'aide d'opérateurs arithmétiques

VBA comprend sept opérateurs arithmétiques (voir Tableau 7.2). Pour quatre d'entre eux, vous pouvez deviner les opérations qu'ils permettent d'effectuer rien qu'en regardant leur symbole : +, -, * et /. Par exemple, il va de soi que l'expression 6/2 donne 3.

Mais, les trois autres opérateurs sont moins évidents, ils fonctionnent ainsi :

- L'opérateur ^ élève la première valeur de l'expression à la puissance de la deuxième valeur. L'expression

  ```
  2 ^ 3
  ```

  donne comme résultat 8 (2^3 ou 2 x 2 x 2).

- L'opérateur \ permet de diviser deux nombres et donne comme résultat un entier. VBA supprime simplement les chiffres après la virgule au lieu d'arrondir le résultat. (***Remarque*** **:** Ce caractère est la *barre oblique inverse*, alors que celui employé pour la division classique est la *barre oblique*.) Effectuez cette opération :

  ```
  244 \ 7
  ```

  Le résultat, 34, vous indique combien il y a de semaines pleines dans 244 jours.

- L'opérateur `Mod` divise la première valeur par la seconde mais ne renvoie que le reste. Pour poursuivre avec le même exemple, si vous souhaitez savoir combien de jours il reste en dehors des 34 semaines pleines, il vous faut poser l'expression suivante :

  ```
  244 Mod 7
  ```

  Le résultat est 6. L'opérateur `Mod` renvoie toujours un nombre entier. Si, pour une raison ou pour une autre, vous voulez obtenir un résultat de division avec une virgule, utilisez une expression comme celle-ci :

  ```
  (244 Mod 7)/7
  ```

  Cela revient à poser l'opération 6/7, ce qui donne à peu près 0,857.

Comparer des valeurs

VBA propose six opérateurs de comparaison généraux qui s'utilisent avec des valeurs numériques et des chaînes, et deux opérateurs spéciaux, `Like` (pour les chaînes) et `Is` (pour les objets). Les opérateurs de comparaison sont repris dans le Tableau 7.2.

Le résultat d'une expression basée sur un de ces opérateurs est soit `True`, soit `False`. Voici par exemple une expression avec l'opérateur `<=` (inférieur ou égal à) :

```
IntX <= 11
```

Si la valeur de `intX` est 12, le résultat de l'expression est `False` car 12 n'est pas inférieur à 11. La plupart du temps, les opérateurs de comparaison sont utilisés dans des instructions conditionnelles telles que `If...Then`. Je traite en détail les instructions conditionnelles au Chapitre 8, voici juste un exemple :

```
If intX = 2000 Then
  FaireCoucou
End If
```

L'opérateur = vérifie si les valeurs qui l'entourent sont les mêmes. Le résultat de l'expression est `True` si les valeurs sont identiques et `False` dans le cas contraire. La traduction en français de ce code serait "Si la valeur de `intX` est égale à 2 000, exécute la procédure Sub `FaireCoucou`."

Retenez que VBA utilise le signe = de deux manières. Pour les déclarations, il sert à assigner des valeurs aux variables, comme l'explique la section "Affecter des valeurs aux variables", plus haut dans ce chapitre. En outre, il sert d'opérateur de comparaison lorsqu'il s'agit de déterminer si deux valeurs sont identiques.

Comparer des chaînes

Vous pouvez utiliser des opérateurs de comparaison pour comparer des chaînes ou des nombres. L'expression suivante donnera le résultat `False` car, à l'évidence, ces deux chaînes sont différentes.

```
"Vache" = "Chien"
```

Mais, parfois, le résultat d'une comparaison de chaînes n'est pas si facile à prévoir. Afin d'obtenir les résultats souhaités, vous devez comprendre comment VBA procède pour décider qu'une chaîne est "plus grande" qu'une autre.

A moins que vous n'en décidiez autrement, VBA utilise une méthode de comparaison binaire. Les deux chaînes sont comparées sur la base de codes numériques qui représentent leur valeur codée au sein de votre programme. Dans ce système, les signes de ponctuation se voient attribuer les chiffres les plus petits, suivis des nombres, majuscules, minuscules puis des caractères accentués. Les chiffres codés des minuscules étant plus grands que ceux des majuscules, les expressions `"a" > "A" et "a" > "Z"` renvoient un résultat `True`.

Pour utiliser une méthode plus intuitive de comparaison de chaînes, ajoutez l'instruction `Option Compare Text` dans la section Déclarations de votre module. Ainsi, les chaînes sont comparées par rapport à l'ordre alphabétique, sans tenir compte de la casse (la valeur des lettres accentuées demeure supérieure à celle des mêmes lettres non accentuées). Dans ces conditions, les expressions suivantes renvoient toutes un résultat `True` :

```
"a" = "A"
"a" < "Z"
"Aie" < "Aïe"
```

Lorsque VBA compare deux chaînes, il commence par le premier caractère. S'ils sont différents, la chaîne la plus grande est celle comprenant le caractère le plus grand. Si ce premier caractère est le même, VBA passe alors au deuxième, et ainsi de suite.

Comparer des chaînes de longueur différente

Que se passe-t-il lorsque vous comparez des chaînes de longueur différente ? Si les chaînes sont identiques mais qu'une est plus longue que l'autre, la plus longue sera considérée comme la plus grande. Par exemple, l'expression suivante est `True` :

```
"Dans une vallée, dans une caverne" > "Dans une vallée"
```

Cependant, si les deux chaînes diffèrent de par leur contenu et leur longueur, le critère de comparaison classique s'appliquera. L'expression suivante est `True` car le `i` de `six` est plus grand que le `e` de `sept`, même si la première partie de l'expression est plus courte que la seconde (3 lettres pour six et 4 pour sept).

```
"J'en prends six" > "J'en prends sept"
```

A quoi sert Like ?

L'opérateur `Like` compare une chaîne à un modèle générique plutôt qu'à un jeu de caractères. Utilisez-le pour vérifier si une chaîne entre ou non dans une fourchette donnée. Par exemple, la valeur de l'expression suivante est `True` :

```
"Grande girafe" Like "g*g" 'doux euphémisme, vrai pléonasme
```

Je n'ai pas la place de traiter à fond l'utilisation de cet opérateur, mais il est bon de savoir qu'il existe, car c'est un outil très puissant pour manipuler du texte.

Utiliser des opérateurs de comparaison dans du code

Le résultat d'une comparaison peut être stocké dans une variable, généralement dont le type de données est Boolean (booléen) ; utilisez alors une instruction d'affectation classique :

```
boolLaReponseEst = 5 > 4
```

5 étant supérieur à 4, le résultat de cette opération supérieure à est `True`, et VBA affecte la valeur `True` à la variable `boolLaReponseEst`.

Les mots-clés `True` et `False` sont en fait des constantes numériques VBA intégrées qui représentent respectivement les valeurs –1 et 0. Vous pouvez affecter le résultat d'une comparaison à n'importe quelle variable numérique.

Les opérateurs de comparaison sont souvent utilisés dans les instructions conditionnelles pour décider de l'exécution ou non d'une branche de code spécifique :

```
If intP <= intQ Then
  QuelqueChoseNeVaPas 'appelle une procédure de traitement d'erreurs
End If
```

Enchaîner du texte

L'opérateur de concaténation, `&` (Et commercial), relie plusieurs chaînes. Il peut servir avec des chaînes littérales, des variables de type chaîne ou n'importe quelle fonction qui renvoie une chaîne. Vous pouvez l'utiliser plusieurs fois pour construire une longue chaîne formée de plusieurs chaînes, comme dans l'exemple suivant :

```
strA = "Vous avez répondu" & InputBox("Entrez votre réponse :" & _
 " . La bonne réponse était " & strReponse & "."
```

Après l'exécution de cette instruction, `strA` pourrait contenir `"Vous avez répondu Portugal. La bonne réponse était Espagne"`.

N'OUBLIEZ PAS

Lorsque vous formez de grandes chaînes à partir de petites, n'oubliez pas de prévoir les espaces et signes de ponctuation dont la dernière chaîne a besoin.

Pour répartir une chaîne sur plusieurs lignes codes, vous avez besoin de l'opérateur de concaténation, même si vous n'assemblez pas la chaîne à des variables ou fonctions. Voici un exemple :

```
strB = "J'ai donné à mon amour une cerise" _
& "sans noyau."
```

Vous pouvez placer l'opérateur `&` à la fin de la première ligne (avant le blanc souligné) ou au début de la suivante. Comparez l'exemple précédent avec celui-ci :

```
strB = "J'ai donné à mon amour un poulet" & _
& "sans os."
```

Tout sur les types de données

Cette section vous propose des astuces sur l'utilisation des divers types de données VBA, à une ou deux exceptions près. Le type de données Object est important mais très complexe, il a donc le droit à un traitement spécial au Chapitre 12. Les types de données définis par l'utilisateur ne sont pas abordés dans cet ouvrage.

Conversion de types de données

Pour nous, êtres humains, les types de données sont très pratiques – mais en fait, VBA stocke toutes les informations sous une forme numérique. Par conséquent, VBA n'éprouve guère de difficultés à convertir les types de données.

VBA est équipé de nombreuses fonctions qui vous permettent de procéder à des conversions de types de données et que je traite au Chapitre 11. Mais sachez que, dans la mesure du possible, VBA convertit automatiquement des types de données en fonction du contexte. Par exemple, l'opérateur ± ajoute le nombre dans une chaîne à une valeur numérique, tant que la chaîne contient uniquement des nombres. De même, si vous affectez une valeur décimale à une variable Integer, VBA arrondit automatiquement la valeur.

Parfois, ces conversions automatiques correspondent exactement à ce que vous souhaitez. Mais il faut souligner que même si vous vous efforcez de déclarer vos variables avec précision, des erreurs sont toujours possibles à cause du souci permanent de VBA d'anticiper vos besoins.

Comprendre le fonctionnement des Variants

Le type de données Variant vous fournit un réservoir de taille unique pour vos données. Il peut contenir des données de toutes sortes, valeurs numériques, chaînes, dates et heures et objets. Avantage indéniable, dans un même programme, une variable peut stocker différents types de données à des moments différents. Le code suivant est tout à fait correct mais guère productif :

```
Dim varToutFonctionne as Variant
varToutFonctionne = 3
varToutFonctionne = "Je suppose."
varToutFonctionne = #31/12/99 23:59:59#
```

VBA autorise non seulement de telles instructions mais est également capable de trouver et conserver le type de données placé dans la Variant. Par exemple, après la dernière instruction de la série ci-dessus, `varToutFonctionne` est considérée comme une variable `Variant/Date`. Vous avez la possibilité de trouver quel type de données VBA stocke à l'instant T dans une Variant en utilisant la fonction `TypeName`. Supposons que le fragment de code ci-dessus soit suivi de l'instruction suivante :

```
strVariantType = TypeName(varToutFonctionne)
```

Après exécution de cette instruction, la valeur de `strVariantType` est `Date`, parce que c'est ce type de données qui est actuellement stocké.

De par leur grande souplesse, les variables `Variant` sont très pratiques. Vous n'avez pas besoin de vous soucier du type de données à employer, toutes vos variables peuvent être des Variants et vous pouvez y planquer n'importe quel type de données, selon vos besoins. Mais, comme je le précise dans la section

"Pour ou contre les déclarations explicites : types de données contre Variants", plus haut dans ce chapitre, cette méthode présente certains inconvénients.

Même si vous déclarez la plupart de vos variables avec des types de données, les Variants peuvent toujours servir de variables de travail pour des calculs simples, dans de petites procédures. En outre, dans VBA 5 et 6, vous êtes obligé d'utiliser des Variants avec des variables de type Decimal, qui servent à obtenir une précision de calcul maximum (voir l'énumération de la section suivante).

Choisir un type de données numérique

Si vos déclarez vos variables avec un type de données spécifique, le plus petit possible, et non des Variants, vos programmes seront plus rapides, moins volumineux et susceptibles de mieux fonctionner. Bien sûr, la variable doit disposer d'un espace de stockage suffisant pour accueillir les valeurs, mais tout espace en plus est un espace gaspillé.

Supposez que votre programme nécessite une variable pour le jour de la semaine (valeurs possibles de 1 à 7) et une pour le jour du mois (1 à 31). Vous pouvez faire une croix sur le type de données `Byte` qui peut contenir des valeurs situées entre 0 et 255. Pour travailler avec les 365 jours de l'année, il vous faut une variable `Integer`.

Le Tableau 7.1 récapitule les fourchettes de valeurs pour chaque type de données numérique. Voici quelques conseils pour certains types de données :

- Utilisez les types de données `Boolean`, `Byte`, `Integer` ou `Long` pour stocker des nombres entiers (qui n'ont pas de décimales).
- Utilisez les types de données `Single` et `Double` pour stocker les nombres à virgule flottante jusqu'à 15 chiffres significatifs et leurs exposants. Bien que la fourchette de valeurs soit immense, n'oubliez pas que les arrondis peuvent être source d'erreurs, des erreurs importantes pour des opérations sur des valeurs de tailles très différentes. Pour affecter une valeur à virgule flottante telle que 4,72 x 10-22 à une variable `Single` ou `Double`, utilisez le format suivant (VBA part du principe que l'exposant est positif si vous omettez le signe + ou – après la lettre E) :

```
SngFlottant = 4.72E-22
```

- Si vos calculs doivent être plus précis, le type de données `Currency` comprend au maximum 19 chiffres significatifs et avec le type `Decimal` vous en avez 29 (aucun des deux types n'autorise les exposants). Mais, dans la version actuelle de VBA, `Decimal` n'est pas un type de données autonome – en d'autres termes, vous ne pouvez pas déclarer une variable `Decimal`. En effet, le type `Decimal` n'est qu'un type spécifique de `Variant`. Pour vous assurer qu'un nombre est stocké en tant que Variant `Decimal` plutôt qu'en un type à virgule flottante, utilisez la fonction `CDec` dans l'instruction d'affectation.

  Voici comment procéder (notez que dans la fonction `CDec`, les nombres longs doivent être entrés en tant que chaînes) :

```
Dim decvarPi As Variant
DecvarPi = CDec("3.1415926535897932384626433833")
```

ATTENTION !

Si votre programme effectue des calculs dans une variable, vous devriez peut-être choisir un type de données assez grand pour conserver le résultat de ces calculs, même si vous n'affectez pas les résultats des calculs à cette variable proprement dite. Observez attentivement cet exemple :

```
Dim bytOctet1 As Byte
Dim bytOctet2 As Byte
Dim intEntier As Integer
bytOctet1 = 255 'valeur maximale autorisée
bytOctet2 = 1
intEntier = bytOctet1 + bytOctet2 ' erreur !
```

Ici, même si `intEntier` dispose de suffisamment d'espace pour conserver les résultats du calcul, VBA envoie à la dernière ligne une erreur de dépassement de capacité. Pour que le calcul fonctionne, vous devez transformer au moins une de ces variables Byte en Integer.

Quand utiliser des variables Boolean ?

Les variables de type `Boolean` peuvent contenir une des deux valeurs suivantes : `True` (stockée sous la forme –1) ou `False` (0). Déclarez une variable Boolean lorsque vous devez savoir entre deux conditions laquelle prévaut à l'instant T. Par exemple, vous pouvez avoir une variable appelée `boolMarche`, dont la valeur serait `True` si un appareil fonctionne, et `False` s'il est arrêté.

Il existe un autre moyen d'utiliser des variables `Boolean` : définir d'autres constantes avec les mêmes valeurs, `True` ou `False`. Les noms de vos variables peuvent alors être neutres car les constantes font clairement référence aux deux conditions. Cette méthode est bien plus facile à montrer qu'à expliquer, jetez un œil à cet exemple :

```
Dim boolTypeDeNombril as Boolean
Const Enfoncé As Boolean = True
Const Saillant As Boolean = False
If boolTypeDeNombril = Saillant Then
  Chatouiller
End If
```

N'OUBLIEZ PAS

Voici une astuce géniale ! Pour inverser la valeur d'une variable Boolean ou de la propriété d'un objet, utilisez l'opérateur `Not`. Dans Word, par exemple, vous pouvez afficher l'explorateur de document s'il est masqué et vice versa, grâce à la ligne de code suivante :

```
ActiveWindow.DocumentMap = NotActiveWindow.DocumentMap
```

Utiliser des valeurs de type Currency

Le type de données `Currency` est surtout intéressant car il permet d'obtenir des résultats précis. Certes, les types de données Single et Double, à virgule flottante, peuvent stocker des nombres avec décimale – ce qui correspond en gros à la particularité des valeurs currency. Mais, les calculs sur des valeurs à virgule flottante génèrent souvent de petites erreurs, ce qui a le don de rendre fou les comptables.

Adaptation au format des devises

L'un des nombreux atouts de VBA est sa capacité à s'adapter automatiquement aux coutumes locales, par exemple le format des dates ou des devises. Si votre programme est bien conçu, vous ne devriez pas avoir besoin d'insérer des symboles de devise tels que $, ¥ ou £ dans votre code – VBA le fait à votre place, en fonction du pays sélectionné dans les Paramètres régionaux du Panneau de configuration de Windows.

Prenez par exemple le code suivant :

```
Const ccurArgent As Currency = 5463.72
MsgBox Format(ccurArgent, "Currency")
```

Aux Etats-Unis, la boîte de message affichera $5,463.72, alors qu'en France, vous verrez 5 463,72 F (et très bientôt 832,94 ¤). Le Chapitre 11 détaille la fonction `Format`.

Mais vous n'avez pas besoin de déclarer une variable de type `Currency` pour obtenir le symbole monétaire approprié. Utilisée avec le format `"Currency"`, la fonction `Format` permet d'afficher à bon escient des dollars, des francs, etc.

Autres utilisations du type de données Currency

Vous pouvez utiliser le type `Currency` même si vous n'exploitez pas des devises :

- Pour stocker des nombres qui ne tiennent pas dans une variable entier `Long`.
- Pour effectuer des calculs impliquant de grands nombres, qui demandent plus de précision que ne peuvent apporter les types de données à virgule flottante.

Les valeurs Currency peuvent comprendre jusqu'à 19 chiffres significatifs, 15 à gauche du séparateur décimal et 4 à droite (la virgule est fixe).

Utiliser des dates

Le type de données `Date` permet de travailler facilement avec des dates, des heures ou les deux à la fois. En coulisses, VBA code une date ou une heure sous la forme d'un nombre tel que 35692.9201273148, qui, pour nous, simples mortels, ne signifie rien. Mais vous n'avez pas à vous soucier de cette précision et pouvez utiliser dates et heures comme vous le faites sur papier ou dans votre traitement de texte.

Retenez juste que vous devez toujours taper dates et heures – littéraux date en VBA – par groupe de deux chiffres. Par exemple, les instructions suivantes déclarent deux variables `Date` et leur affectent des valeurs :

```
Dim dateMariage As Date, dateHeureCeremonie As Date
dateMariage = #20/04/99#
dateHeureCeremonie = #15:15:00#
```

Comme avec le type Currency, VBA sort automatiquement les dates selon les usages locaux. L'expression `Format (#10/24/89#, "Long Date")` donnera "Tuesday, October 24, 1989" aux Etats-Unis, mais "mardi, 24 octobre 1989" en France.

Entrer des valeurs date

Vous pouvez taper des littéraux date dans le format que vous voulez. Les formats suivants sont tous autorisés :

```
#09/01/1998#
#10 nov. 93#
#9-janv.-75#
```

Si Visual Basic Editor considère que la date saisie est correcte, il la convertit au format "abrégé" défini dans le Panneau de configuration de Windows. Si vous oubliez l'année, VBA insère automatiquement l'année en cours. La conversion est effectuée dès que vous déplacez le point d'insertion sur une autre ligne, avant l'exécution du programme.

L'heure a de la valeur

Entrez les littéraux heure au format `#heures:minutes:secondes indicateur#`, `indicateur` correspondant à AM (matin) ou PM (après-midi) :

```
#10:45:00 PM#
#2:3:30 AM#
```

Vous n'avez pas besoin de taper les zéros non significatifs, comme dans `#01:02:03 PM#`, mais VBA les ajoute automatiquement dès que vous changez de ligne. Vous pouvez également omettre des éléments. Par exemple, vous pouvez taper uniquement les secondes comme dans : `#0:0:23#`, mais VBA corrigera en : `#12:00:23 AM#`.

Opérations mathématiques avec date et heure

Ajouter ou soustraire des dates avec les opérateurs arithmétiques VBA classiques est possible, mais malheureusement, le résultat ne sera pas celui escompté. Par exemple, `#19/03/2005# - #19/03/2004#` n'est pas égal à "1 an" mais à #30/12/1900#. Cela est dû au procédé de stockage des dates, avec lequel je ne vais pas vous ennuyer. Il faut juste que vous sachiez que VBA propose deux fonctions, `DateAdd()` et `DateDiff()`, abordées au Chapitre 11.

Par contre, vous pouvez effectuer assez facilement des calculs sur des heures avec les opérateurs arithmétiques classiques. Jetez un coup d'œil aux expressions suivantes :

```
Dim dateEnsuite As Date
dateEnsuite = #07:15 AM# + #12:00# ' = #07:15 PM#
```

```
dateEnsuite = #07:15:00 AM# - #0:15 AM# ' = #07:00:00 AM#
dateEnsuite = #07:15:15 AM# + #0:0:30 AM# ' = #07:15:45 AM#
```

Ces exemples vous montrent la saisie minimum à effectuer. Comme chaque fois, VBA convertit les éléments entrés en littéraux heure complets – `#0:0:30 AM#` devient `#12:00:30 AM#`. Autre point, comme l'illustre bien cet exemple, vous devez déclarer explicitement les variables utilisant le type de données `Date` pour obtenir les résultats escomptés lorsque vous soustrayez des heures.

Libérez-vous de vos chaînes

VBA convertit très facilement les types de données et vous aurez donc moins souvent besoin de variables String que vous ne le pensez. Si vous devez afficher une valeur qui n'est pas une chaîne sous une forme lisible par les humains, ce n'est pas la peine de la convertir d'abord en chaîne. A la place, vous avez la possibilité d'utiliser un nombre ou une date – ou une variable qui en contient – comme argument d'une fonction ou valeur de la propriété d'un objet qui doit obligatoirement être une chaîne.

L'exemple suivant a recours à la célèbre fonction `MsgBox` qui sert à afficher des chaînes de caractères dans des petites boîtes de dialogue (pour en savoir plus sur cette fonction, reportez-vous au Chapitre 11). Les instructions suivantes génèrent le message de la Figure 7.1.

```
Dim dateUneDatePasUneChaine As Date
Date
UneDatePasUneChaine = #17:23:16#
MsgBox dateUneDatePasUneChaine
```

Figure 7.1 : Le texte figurant dans cette boîte de message n'a jamais été explicitement converti en chaîne.

Et cette hérésie :

```
Dim intPetit As Integer, sngGrand As Single
Dim varVousTous As Variant
intPetit = 3
sngGrand = 9.99E+33
varVousTous = intPetit & sngGrand
```

Selon cette séquence, `varVousTous` contient "39,99E+33". A cause de l'opérateur de concaténation `&`, VBA convertit les deux variables numériques en chaînes pour pouvoir les concaténer, bah mince alors !

Les variables String doivent vraiment et uniquement être réservées à des caractères non numériques, c'est-à-dire des lettres, des signes de ponctuation. Mais pas question de mettre des nombres dans ces variables !

En matière de programmation, la prudence veut que vous convertissiez explicitement toute valeur numérique en chaîne avant de l'utiliser comme telle. Si vous respectez ce principe, vous ferez moins d'erreurs et générerez un code plus compréhensible. Mais c'est bien de savoir que l'on peut sortir des variables en un tour de main.

Les guillemets dans des déclarations de chaînes : facultatif ?

Dans le même ordre d'idées, les guillemets ne sont pas vraiment nécessaires lorsque vous affectez des valeurs numériques, date ou currency à une variable string (que vous avez déclarée avec le type de données string). Toujours aux petits soins, VBA fait son possible pour convertir de telles valeurs en chaînes, sans jamais ronchonner. Si votre programme exécute le code suivant, la variable `strGChaine` contient la chaîne "22/07/1904" jusqu'à ce qu'une autre instruction la modifie :

```
Dim strGChaine As String
strGChaine = #22 juillet 1904#
```

Mais, faites-moi plaisir, mettez des guillemets pour vous assurer que la variable contient exactement ce que vous voulez.

Fixer vos chaînes

VBA vous permet de déclarer des variables String de deux manières. La déclaration standard, telle que `Dim strMessage As String`, crée une variable qui peut contenir une chaîne de n'importe quelle longueur. Vous pouvez également modifier la taille de la variable comme vous l'entendez, en lui affectant simplement une chaîne de longueur différente.

Dans certains cas, il est pratique de prédéfinir la taille d'une variable String. C'est surtout avantageux lorsque vous lisez et écrivez des enregistrements dans un fichier à *accès sélectif*. Pour le moment, je me contenterai de vous montrer comment déclarer une chaîne de longueur fixe. Voici un exemple :

```
Dim strFixe As String * 5
```

Ainsi déclarée, la variable contient toujours 5 caractères. Si vous lui affectez une chaîne plus courte, VBA ajoute des espaces après le dernier caractère. Si vous lui affectez une chaîne plus longue, VBA fourre les 5 premiers caractères de la chaîne dans la variable et se débarrasse du reste :

```
strFixe = "abc" ' strFixe contient maintenant "abc  "
strFixe = "Quatre-vingt-sept ans" ' strFixe contient "Quatr"
```

Chapitre 8
Réguler le flot

Dans ce chapitre :

- Utiliser des structures de contrôle.
- Critères de test dans des expressions conditionnelles.
- Prendre des décisions à l'aide des instructions `If...Then` et `Select Case`.
- Répéter des blocs de code grâce aux instructions `For...Next`, `For Each...Next` et `Do...Loop`.
- Branchements à volonté grâce aux instructions `GoTo`.

Les *structures de contrôle* sont des instructions qui définissent l'action suivante d'une procédure, en fonction des conditions rencontrées lors de l'exécution du code. VBA dispose d'un bel arsenal de structures de contrôle puissantes que ce chapitre dissèque à l'aide de cas pratiques (enfin, presque pratiques).

Maîtriser les programmes fous grâce aux structures de contrôle

Il existe trois grandes catégories de structures de contrôle : les instructions conditionnelles, les boucles et l'instruction `With`. Elles fonctionnent de la manière suivante :

- Une *instruction conditionnelle* détermine quel fragment de code doit être exécuté en fonction du résultat, `True` ou `False`, d'une condition. Il s'agit de `If...Then` (avec plusieurs variantes) et de `Select Case`.
- Une *boucle* répète l'exécution d'un bloc de code un certain nombre de fois ou jusqu'à ce qu'une condition devienne `True` ou `False`. Si vous

connaissez le nombre d'exécution, utilisez plutôt une boucle `For...Next`. Si vous devez tester une condition avant de poursuivre ou non l'exécution de la boucle, optez pour une instruction `Do...Loop`, qui existe en plusieurs modèles. Pour répéter des actions sur les objets d'une collection, préférez une boucle `For Each...Next` (voir Chapitre 12).

- L'instruction `With` vous permet d'exécuter de multiples actions avec le même objet sans être obligé de nommer ce dernier chaque fois. L'instruction `With` est traitée au Chapitre 12.

Les structures de contrôles clarifient, organisent et... structurent votre programme. Elles permettent de suivre relativement facilement le cheminement de votre programme.

Portrait d'une structure de contrôle

On peut parler de "structure" car il s'agit plus que d'une simple instruction, c'est un bloc d'instructions. L'instruction élémentaire `If...Then` sert de modèle à toutes les structures de contrôle :

```
If a < b Then ' "Si a est plus petit que b, alors"
  b = a ' "Définit b comme étant égal à a"
  a = c "Puis définit a comme étant égal à c."
End If ' "Tout est fait avec le programme."
```

Le squelette de cette structure est formé d'une instruction de début de programme qui identifie son type et définit une condition et une instruction qui indique à VBA où se termine la structure. Logé entre les deux se trouve le moteur de la structure – les instructions qui *font* vraiment quelque chose.

Toutes les structures de contrôle ont cet aspect mais certaines voient leur condition exprimée à la dernière instruction et non à la première.

Structures de contrôle imbriquées

En matière de structures de contrôle, *imbriquer* signifie placer une structure à l'intérieur d'une autre, au-dessus de l'instruction qui signale la fin de la précédente. VBA insère la seconde structure avant la fin de la première. L'imbrication est nécessaire lorsqu'il s'agit de résoudre des problèmes complexes dans des programmes grandeur nature. Vous pouvez imbriquer des structures de contrôle sur autant de niveaux que vous voulez.

Dans l'exemple suivant, une structure `Do While...Loop` est imbriquée dans un `If...Then`, et une autre structure `If...Then` est imbriquée dans le `Do While...Loop` :

```
If a < b 'Démarrage de l'If…Then principal
  Do While b > c 'Démarrage du Do While…Loop secondaire
    b = b - 1
    If c > d Then 'Démarrage de l'If…Then secondaire
      d = a
    End If 'Fin de l'If…Then secondaire
  Loop 'Fin du Do While…Loop
End If 'Fin de l'If…Then principal
```

Créez des retraits !

Des retraits réguliers favorisent une meilleure compréhension de votre code. Dans l'exemple de la section précédente, les instructions appartenant à une structure présentent le même retrait. Ainsi, il est plus facile de voir à quel `If...Then` correspond tel `End If`, par exemple.

Trouver sa voie : les expressions conditionnelles

En programmation, comme dans la vie, il est important de faire des choix. Bien qu'elles soient théoriquement simples, les structures de contrôle sont les outils de programmation les plus puissants. "Tout" ce que font ces structures, c'est de décider quel bloc de code sera exécuté. Mais lorsque vous constatez qu'un bloc est exécuté et l'autre non, vous pouvez lâcher froidement : "Là est toute la différence !"

Pour décider de l'exécution d'un bloc de code, trois des structures de contrôle VBA se servent d'une *expression conditionnelle* que vous devez écrire ; il s'agit de la boucle `Do...Loop`, de `If...Then` et de `Select Case`. Le reste de cette section est consacré aux expressions conditionnelles utilisées dans ces trois structures. Deux autres structures de contrôle n'ont pas recours aux expressions conditionnelles, il s'agit de `For...Next` et `For Each...Next`.

Fonctionnement des expressions conditionnelles

`If...Then`, `Select Case` et `Do...Loop` se servent d'un simple test : la condition est-elle `True` ou `False` ? Cette condition peut être n'importe quelle expression VBA. (Rappelez-vous qu'en VBA, `0` est égal à `False` et toutes les autres valeurs sont `True`.)

La plupart du temps, les expressions conditionnelles sont bâties autour d'un opérateur de comparaison qui compare les valeurs de deux sous-expressions. Vous trouverez une liste détaillée de ces opérateurs au Chapitre 7. Mais vous pouvez déjà vous en faire une idée en regardant les exemples du tableau qui suit. Les expressions de ce tableau sont-elles `True` ou `False` ? Seule la structure le sait.

Expression	Traduction en français
`a < b`	a est plus petit que b
`b = c`	b est égal à c
`colNounours("Marcel") Is objOursCourant`	L'objet "Marcel" de la collection `colNounours` sous la clé est le même que celui stocké dans la variable `objOursCourant`.
`sqr (1/x * 29,3234) >= CBdl (strNombre) + 12`	La racine carrée de 1 divisée par x multipliée par 29,3234 est plus grande ou égale à la valeur numérique de la variable de chaîne `strNombre` plus 12.

Expressions conditionnelles sans opérateur de comparaison

Bien que la plupart des expressions conditionnelles comprennent des opérateurs de comparaison, vous êtes libre de créer des conditions qui en sont dépourvues. Mais avant de voir comment tout cela fonctionne, une petite mise en contexte s'impose.

J'aborde ce sujet non pas pour vous inciter à utiliser des expressions conditionnelles sans opérateurs de comparaison mais parce que nombre de programmeurs procèdent ainsi. C'est notamment le cas des codes que vous trouvez dans les magazines de programmation et de ceux postés sur Internet. Si vous n'avez pas encore de sang VBA dans les veines, je vous conseille, par souci de clarté, d'employer des opérateurs de comparaison dans vos expressions conditionnelles, même là où ils ne s'imposent pas.

Et maintenant, entrons dans le vif du sujet ! Comme vous le savez, la valeur d'une variable Boolean (booléenne) est soit `True`, soit `False`. Donc, bien entendu, l'expression

```
boolMoinsDe18Ans ' la valeur ne peut être que True ou False
```

convient parfaitement à une instruction conditionnelle telle que :

```
If boolMoinsDe18Ans Then
  AccorderReduction
End If
```

Mais, `True`, et `False` ayant des valeurs numériques, vous pouvez utiliser comme condition des expressions numériques telles que :

```
1234 'Toujours True
0    'Toujours False
True 'Toujours True
False 'Toujours False
intCombienAnimaux 'False if intCombienAnimaux = 0
lngA + lngB + lngC 'False si somme = 0
```

Les propriétés d'objets ont souvent des valeurs Boolean (`True/False`), donc des expressions telles que `frmFenetreAide.Enabled` sont souvent testées comme conditions, sans opérateurs de comparaison.

Vous pouvez très bien utiliser des chaînes ou des objets en tant que conditions mais sachez qu'ils fonctionnent parfaitement dans des expressions faisant appel aux opérateurs de comparaison appropriés.

Utiliser des opérateurs logiques dans des conditions

Les opérateurs logiques, présentés au Chapitre 7, testent deux sous-expressions séparément, renvoient la valeur `True` ou `False` puis les associent selon des règles précises pour générer une valeur finale – également `True` ou `False` – qui respecte aussi certaines règles.

Les opérateurs logiques les plus importants – ou tout du moins ceux dont l'utilisation est la plus simple à saisir – sont `And`, `Or` et `Xor`. Le tableau suivant indique le fonctionnement de ces opérateurs.

Opérateur	Renvoie True	Exemples	Résultat
`And`	Seulement si *les deux* sous-expressions sont `True`	3*2 = 6 And 12 > 11	`True`
		2+2 = 4 And 4-2 = 1	`False`
`Or`	Si *une* ou *les deux* sous-expressions sont `True`	10 > 20 And 20 > 10	`True`
		5 < 4 And 6 < 5	`False`
`Xor`	Si une seule sous-expression est `True` (`False` si les deux sous-expressions sont `True` ou `False`)	5 + 5 < 9 Xor 5 + 5 = 10	`True`
		5 + 5 < 9 Xor 5 + 5 = 10	`False`

Si vous aimez cela, vous pouvez associer plusieurs opérateurs logiques dans une même expression conditionnelle. Régalez-vous avec cette expression :

```
(a + b > 20 And c =10) Or (objPorte.Open)
```

En français, cela donne "Cette expression est vraie

- Si `a + b` est supérieur à `20` et si `c = 10` ; ou
- Si la propriété `Open` de l'objet `objPorte` est `False`."

A moins que vous ne soyez un génie qui peut se passer d'ordinateur, allez-y mollo avec les opérateurs logiques dans une seule expression. Surtout, mettez des parenthèses pour bien faire ressortir les éléments comparés par les opérateurs. Dans l'exemple précédent, les parenthèses de la sous-expression `objPorte.Open` indiquent clairement qu'il s'agit de `Or`.

Utiliser les instructions If...Then

Les instructions les plus utilisées sont, et de loin, `If..Then` et ses variantes `If...Then...Else` et `If...ElseIf`. Les autres chapitres montrent de nombreuses instructions `If...Then` mais cette section leur fait la part belle.

Le modèle de base : If...Then

Dans sa forme la plus élémentaire, une instruction `If...Then` exécute un bloc de code spécial si la condition exprimée est `True`, et ne fait rien si elle est `False`. La syntaxe est la suivante :

```
If condition Then
(instructions à exécuter si condition est True)
End If
```

Une instruction `If...Then` complète est présentée dans la section "Portrait d'une structure de contrôle", en début de chapitre.

Tenez compte de ces quelques éléments sur les instructions `If...Then` :

- `Condition` est une expression conditionnelle identique à celle décrite dans la section "Trouver sa voie : les expressions conditionnelles". Si *condition* est `True`, VBA exécute les instructions situées entre `If...` et `End If`. Si *condition* est `False`, VBA ignore ces instructions et passe à l'instruction venant juste après `End If`.

- Notez que le mot-clé Then est sur la même ligne que le If et *l'expression conditionnelle*. VBA ne sait pas quoi faire si vous mettez le Then sur la ligne suivante et il génère une erreur, à moins que vous n'utilisiez le caractère de continuité de ligne, le blanc souligné (_).
- Vérifiez que vous n'avez pas oublié l'instruction End If. Sinon, VBA affiche un message d'erreur parce qu'il est dans l'impossibilité de repérer la dernière instruction du bloc.

If...Then sur une seule ligne

Lorsqu'une structure If...Then doit exécuter une instruction si la condition est True, vous pouvez la mettre sur une ligne. Dans ce cas, l'instruction End If n'est pas obligatoire – en fait, c'est illégal. L'instruction

```
If curPrix > 20 Then MsgBox "Attention ! Prix trop élevé !"
```

fonctionne de la même façon que cette structure, qui a besoin de l'instruction End If :

```
If curPrix > 20 Then
  MsgBox "Attention ! Prix trop élevé !"
End If
```

Les instructions If...Then...Else

Si vous voulez que votre programme choisisse entre deux blocs de code à partir d'une condition, il vous faut une instruction If...Then...Else. Un bloc est exécuté si la condition est True et un autre, complètement différent, si la condition est False. Voici la syntaxe correcte :

```
If condition then
(instructions à exécuter si la condition est True)
Else
(instructions à exécuter si la condition est False)
End If
```

Si condition est True, VBA exécute le premier bloc d'instructions puis passe directement à la ligne de code suivant l'instruction End If. Par contre, si condition est False, seules les instructions du bloc venant après le Else sont exécutées.

Regardez l'exemple suivant :

```
If TypeOf ctlControleCourant Is CommandButton Then
  ctlControleCourant.BackColor = &HFF& 'Rouge
Else
  ctlControleCourant.BackColor = &HFFFF00 'Cyan
End If
```

Ici, l'expression conditionnelle est `TypeOf ctlControleCourant Is CommandButton`. On peut supposer que la variable `ctlControleCourant` renferme la référence objet à un contrôle du `UserForm`. Le mot-clé `TypeOf` vous permet de vérifier si l'objet auquel une variable ou un autre objet fait référence est d'un certain type – ici, un objet `CommandButton`.

L'instruction `If` de la première ligne de code vérifie si le contrôle d'un UserForm est un bouton de commande. Si c'est le cas, l'expression applique un fond rouge au bouton. Tous les autres contrôles sont peints en cyan (bleu ciel).

Les subtilités de If...Then : introduction

Souvent, vous devez tester plusieurs conditions avant de savoir quel chemin va emprunter votre programme. C'est à l'image de la vie courante. Si vous écriviez un ouvrage sur VBA, vous pourriez avoir un raisonnement du genre "si je termine dans les délais, ne suis pas à cours d'argent d'ici là et le franc ne baisse pas par rapport à la livre sterling, je pourrai passer deux semaines en Ecosse au mois de novembre. Mais si le franc chute, je me contenterai d'aller à Lamotte-Beuvron".

En fonction des tests envisagés, vous devrez peut-être inclure des clauses `ElseIf` à votre structure `If...Then` ou imbriquer un ou plusieurs niveaux d'instructions `If...Then`.

Subtilités, Partie 1 : utiliser les instructions If...ElseIf

Lorsque vous voulez exécuter certaines instructions uniquement si la première condition *n'est pas* `True`, utilisez le mot-clé `ElseIf` pour tester une nouvelle condition. La syntaxe est la suivante :

```
If condition1 Then
(instructions à exécuter si la condition1 est True)
ElseIf condition2
(instructions à exécuter si la condition1 est False mais la condition2 est True)
```

```
ElseIf condition3
(instructions à exécuter si la condition1 et la condition2 sont toutes deux
False mais la condition3 est True)
...(clauses ElseIf supplémentaires)
Else 'clause facultative
(instructions à exécuter si toutes les conditions sont False)
End If
```

Une seule clause `ElseIf` est obligatoire mais vous pouvez en ajouter autant que vous voulez. La clause `Else` est facultative mais si vous l'incluez, elle doit être la dernière de la structure.

Pour mettre en marche cette monstruosité, imaginez un programme qui vous aide à faire l'inventaire de toutes les pellicules de votre magasin. Les pellicules dont la date d'expiration est atteinte ne doivent pas être répertoriées. Mais si ce n'est pas le cas, le programme doit les prendre en compte et les archiver dans la catégorie appropriée.

C'est ce que réalise le fragment de code suivant. On part du principe qu'une pellicule est un objet doté de trois propriétés : date d'expiration, type de pellicule et couleur (ou noir et blanc).

```
If objPellicule.ExpDate < Date Then
  MsgBox "Cette pellicule n'est pas bonne."
ElseIf objPellicule.Type = "Diapositive" Then
  intNombreDiapos = intNombreDiapos + 1
ElseIf objPellicule.Color Then
  IntNombrePelCouleur = intNombrePelCouleur + 1
Else
  IntNombrePelNB = intNombrePelNB + 1
End If
```

La première instruction compare la propriété `ExpDate` de l'objet à la date système. Si la date est dépassée, le programme affiche simplement la boîte de message adéquate. Ce n'est que si la pellicule est encore bonne – en d'autres termes si la première condition est `False` – que la première clause `ElseIf` est exécutée. Celle-ci analyse la propriété `Type` de l'objet pellicule. Si la propriété est `"diapositive"`, le compteur de pellicules diapositives est incrémenté d'1.

Mais si la pellicule est d'un autre type, le programme passe directement à la clause `ElseIf` suivante qui teste la propriété `Color` de l'objet, sans opérateur de comparaison (on suppose donc que cette propriété ne peut avoir que deux valeurs : `True` ou `False`). Si la valeur est `True`, il s'agit d'une pellicule couleur, si elle est `False`, l'instruction `Else` renvoie le résultat vers le dernier endroit disponible et la pellicule incrémente le compteur de la catégorie noir et blanc.

Dans une structure `If...ElseIf`, seules les instructions associées à la première condition `True` sont exécutées et les clauses `ElseIf` et `Else` sont ignorées.

Subtilités, Partie II : imbriquer des instructions If...Then

Les instructions imbriquées `If...Then` sont en quelque sorte les contraires des instructions `If...ElseIf`. Utilisez-les pour tester une deuxième condition avant l'éventuelle exécution d'un bloc de code, mais seulement si la première condition est `True`. Imbriquer deux instructions `If...Then` revient à dire "si `X` est `True` *et* `Y` est `True`, je fais `A`, `B` et `C`".

Vous pouvez imbriquer n'importe quelle sorte d'instructions `If...Then` – `If...Then...Else`, `If...ElseIf` ou de simples `If...Then` – dans l'ordre que vous voulez. Voici une paire d'instructions `If...Then` imbriquées, en forme abrégée :

```
If condition1 Then
  If condition2 Then
(instructions à exécuter si la condition1 et la condition2 sont True)
  ElseIf condition3 Then
(instructions à exécuter si la condition1 et la condition3 sont True mais la
condition2 est False)
  End If ' Find du bloc If...Then secondaire
(d'autres instructions sont exécutées si la condition1 est True, quelle que
soit la condition2)
Else
(instructions à exécuter uniquement si la condition1 est False)
End If
```

L'exemple suivant d'instructions imbriquées `If...Then` simples affiche un message de félicitations aux étudiants ayant obtenu leur diplôme avec une très bonne moyenne (sur 20) et une grande assiduité aux cours (sur 10) :

```
If sngAssiduite > 8
  If sngMoyenne > 14
    MsgBox "Vous êtes au tableau d'honneur !"
  End If
End If
```

Subtilités, Partie III : utiliser des opérateurs logiques dans des conditions

L'utilisation d'opérateurs logiques dans des expressions conditionnelles peut apporter plus d'élégance que les clauses `ElseIf` et les structures imbriquées

If…Then, mais uniquement si les instructions à exécuter se trouvent dans la même branche d'une structure à plusieurs conditions.

Si vous prenez le fragment de code proposé à la fin de la section précédente, vous pouvez obtenir exactement le même résultat avec une seule instruction If…Then :

```
If sngAssiduite > 8 And sngMoyenne > 14 Then
  MsgBox "Vous êtes au tableau d'honneur !"
End If
```

ATTENTION !

Les expressions conditionnelles utilisant des opérateurs logiques ne valent pas grand-chose pour des instructions réparties sur plusieurs branches. Essayez de fusionner cette variante de l'exemple précédent à l'aide d'opérateurs logiques :

```
If sngAssiduite > 8
  If sngMoyenne > 14
    MsgBox "Vous êtes au tableau d'honneur !"
  Else
    MsgBox "Votre nom me dit quelque chose !"
  End If
End If
```

La seule solution que je propose comprend encore deux instructions If…Then mais non imbriquées :

```
If sngAssiduite > 8 And sngMoyenne > 14 Then
  MsgBox "Vous êtes au tableau d'honneur !"
End If
If sngAssiduite < 8 And sngMoyenne > 14 Then
  "Votre nom me dit quelque chose !"
End If
```

Utiliser les instructions Select Case

N'OUBLIEZ PAS

If…Then et If…Then imbriquée sont des instructions idéales pour tester différentes expressions, avant de choisir le bloc à exécuter. Par contre, si vous devez tester la *même* valeur avec différentes conditions, il est préférable d'opter pour une instruction Select Case, dont la syntaxe est la suivante :

```
Select Case value
  Case test1
    (instructions à exécuter si value répond au critère du test1)
```

```
  Case test2
    (instructions à exécuter si value répond au critère du test2)
...' clauses Case supplémentaires
  Case Else ' facultatif
    (instructions à exécuter si value ne répond à aucun des critères précédents)
End Select
```

Tester des conditions avec des instructions Select Case

La structure `Select Case` n'utilise pas directement des expressions conditionnelles complètes comparables à celles de la section "Trouver sa voie : les expressions conditionnelles". Il vous faut diviser chaque condition en deux parties, dans l'exemple de la section précédente la première partie de la condition est `value` et chaque test (`test1, test2,etc.`) représente la seconde partie d'une expression. Si vous comparez avec l'expression conditionnelle suivante,

```
a + b = c
```

`value` correspond à la partie située à gauche de l'opérateur de comparaison (`a + b`) tandis que `testn` se rapporte à celle de droite, opérateur compris (`= c`).

Un exemple d'instruction Select Case

Pour vous montrer à quoi ressemble une "véritable" instruction `Select Case`, un exemple s'impose :

```
Select Case objPellicule.Type
  Case "Diapositive"
    intNombreDiapos = intNombreDiapos + 1
  Case "Couleur"
    IntNombrePelCouleur = intNombrePelCouleur + 1
  Case "NoirEtBlanc"
    IntNombrePelNB = IntNombrePelNB + 1
  Case Else
    MsgBox "Type inconnu !"
End Select
```

Ce code effectue à peu près les mêmes tâches que les instructions `If...ElseIf` exposées plus haut, la date d'expiration en moins. L'objet VBA pellicule semble avoir été modifié – l'information concernant la couleur figure maintenant dans la propriété `Type` et non plus dans une propriété `Color` spécifique. Et les constantes nommées servent à représenter les éventuelles valeurs de la propriété.

Ainsi, le programme ne travaille que sur une seule valeur – celle renvoyée par la propriété `Type` – mais qui est comparée plusieurs fois. L'instruction `Select Case` est exactement ce qu'il faut dans cette situation.

La première clause `Case` de l'exemple revient à écrire `If objPellicule.Type = "Diapositive" Then`, c'est-à-dire, si la propriété `Type` de l'objet est `Diapositive`, le programme exécute l'instruction suivante ; sinon, il passe à la clause `Case` numéro 2.

N'OUBLIEZ PAS

Mais notez que l'opérateur que vous pourriez espérer trouver n'apparaît pas dans les tests des trois clauses `Case` et pour une raison toute simple : dans une instruction `Select Case`, on considère qu'il s'agit d'une comparaison avec le signe égal.

La clause Case Else

Si la valeur de la propriété `Type` n'est pas égale au résultat du test des clauses `Case`, c'est la clause `Case Else`, toujours située à la fin d'une structure `Select Case`, qui prend le relais. Dans l'exemple ci-dessus, le résultat est le message d'erreur "Type inconnu !". Une clause `Case Else` est facultative car vous voulez peut-être qu'il ne se produise rien si l'expression ne répond à aucun critère défini. Mais, comme dans l'exemple, il est souvent plus sage de l'inclure, rien que pour vous avertir de la présence de valeurs inconnues dans votre programme.

En savoir plus, bien plus, sur les tests de la clause Case

Les tests effectués par les clauses `Case` dans l'exemple précédent sont "gentils" car basés uniquement sur le rapport d'égalité du genre "la propriété `Type` est-elle égale à ceci ou cela ?". Mais ils peuvent être bien plus complexes.

Un exemple numérique l'illustrera bien mieux que n'importe quel discours. Supposons que votre instruction `Select Case` commence par la ligne de code suivante :

```
Select Case intAgeDuPatient
```

Dans cet exemple, la valeur à tester est une variable de type Integer, `intAgeDuPatient`, qui représente l'âge d'un patient hospitalisé dans une clinique. Elle sera testée dans les clauses `Case` qui suivent. Je décris ci-après les types de tests que vous pouvez effectuer dans des clauses `Case` et les illustre avec des exemples :

- Vous pouvez tester la valeur dans une fourchette :

```
Case 18 To 35
  Messages("JeuneAdulte").Print
```

  Vous remarquerez que le mot-clé `To` doit être placé entre les deux limites, incluses, de la fourchette.

- Vous pouvez tester la valeur en utilisant un opérateur de comparaison autre que = :

```
Case Is > 65
  Messages("PersonneAgée").Print
```

  Dans cet exemple, le mot-clé `Is` est inséré avant l'opérateur de comparaison. Mais, en fait, vous n'avez pas besoin de taper `Is`, VBA le fait pour vous si vous l'oubliez.

- Vous pouvez effectuer plusieurs tests dans une même clause `Case` :

```
Case 0 To 5, 15, Is > 55
  Messages("Vaccination").Print
```

  Séparez bien les tests par une virgule. Au fait, une clause `Case` à tests multiples équivaut à une expression comprenant une série d'expressions `Or` – si la valeur franchit avec succès *un* de ces tests, les instructions qui suivent sont exécutées.

Répétez-vous avec des boucles

Une structure de contrôle en boucle répète le même bloc de code plusieurs fois. Si vous effectuez de nombreuses opérations mathématiques, extrayez des fragments de données depuis des sources plus importantes et générez une même action sur plusieurs éléments d'un groupe, la répétition des instructions est essentielle.

VBA propose trois grands types de boucles :

Type de boucle	Fonctionnement
`Do…Loop`	Tant ou jusqu'à ce qu'une condition soit `True`.
`For…Next`	Un nombre limité de fois.
`For Each…Next`	Pour chaque objet d'une collection.

N'OUBLIEZ PAS

Lorsque vous utilisez des boucles imbriquées, rappelez-vous ce principe très simple : la boucle secondaire s'arrête avant la boucle principale.

Les boucles Do

Les différentes versions de l'instruction `Do…Loop` visent toutes à répéter un bloc de code indéfiniment, jusqu'à ce qu'une condition soit remplie. Une instruction `Do…Loop` poursuit ou interrompt sa mission après avoir testé une expression conditionnelle telle que celles décrites dans la section "Trouver sa voie : les expressions conditionnelles", plus haut dans ce chapitre, et celles utilisées dans les instructions `If…Then`.

Les utilisations de structures `Do…Loop` sont légion :

- Afficher un message d'erreur plusieurs fois jusqu'à ce que l'utilisateur entre une donnée ou fasse un choix valide dans une boîte de dialogue.
- Lire des données jusqu'à la fin d'un fichier.
- Chercher et compter le nombre d'occurrence d'une petite chaîne au sein d'une plus grande.
- Interrompre votre programme pendant une durée déterminée.
- Exécuter des actions sur tous les éléments d'un tableau de chaînes.
- Avec les instructions `If…Then`, exécuter des actions dans un tableau de chaînes ou une collection, sur plusieurs éléments répondant à un critère (les tableaux de chaînes et les collections sont détaillées au Chapitre 13).

Types d'instructions Do...Loop

Il existe cinq modèles de `Do...Loop`, qui fonctionnent de la même façon :

Instruction	Action
`Do While...Loop`	Démarre et répète le bloc uniquement si la condition est `True`.
`Do...Loop While`	Exécute le bloc une fois puis répète l'opération tant que la condition est `True`.
`Do Until...Loop`	Démarre et répète le bloc uniquement si la condition est `False`.
`Do...Loop Until`	Exécute le bloc une fois puis répète l'opération tant que la condition est `False`.
`Do...Loop`	Répète le bloc indéfiniment et ne sort que lorsqu'une instruction conditionnelle, à l'intérieur de la boucle, exécute un `End Do`.

L'instruction Do While...Loop

L'archétype de la structure `Do` est `Do While...Loop`, dont la syntaxe est la suivante :

```
Do While condition
(instructions exécutées tant que condition est True)
Loop
```

Lorsque VBA rencontre une instruction `Do While`, il commence par tester la `condition`. Si l'expression est `False`, VBA ignore le reste de la boucle et passe directement à l'instruction venant après `Loop`. Mais si la `condition` est `True`, VBA exécute les instructions du bloc. Une fois parvenu à l'instruction `Loop`, VBA revient immédiatement à l'instruction `Do While` et teste de nouveau la `condition`.

Généralement, une ou plusieurs instructions au sein de la boucle sont en mesure de modifier la valeur de la `condition`, qui peut donc devenir `False`. Si c'est le cas, VBA sort de la boucle, et passe directement à l'instruction qui suit `Loop`. Mais si la condition demeure `True`, la boucle est une nouvelle fois exécutée.

L'ensemble du processus est répété jusqu'à ce que la `condition` devienne `False`. Autrement dit, le nombre d'exécutions de la boucle n'est pas prédéterminé. Imaginons que votre ordinateur puisse être alimenté indéfiniment et qu'il ne tombe jamais en panne, la boucle pourrait tourner à perpétuité si la `condition` ne devenait jamais `False`.

Un exemple de Do While...Loop (deux, en fait)

L'exemple suivant repose sur deux instructions `Do While…Loop` et permet d'inverser les chiffres d'un nombre choisi par l'utilisateur. Il ne sert pas à grand-chose – mais je le trouve sympa, il fonctionne dans n'importe quelle application VBA, n'est pas trop long, et illustre donc bien le mécanisme des boucles `Do`.

```
Sub InverserChiffres()
Dim intNombreOriginal As Integer
Dim UnChiffre As Integer, strNombreInverse As String
Do While intNombreOriginal < 10
  intNombreOriginal = _
    InputBox("Tapez un nombre entier supérieur à 9."
Loop
Do While intNombreOriginal
  intUnchiffre = intNombreOriginal Mod 10
  strNombreInverse =
strNombreInverse & intUnChiffre
  intNombreOriginal = int(intNombreOriginal / 10)
Loop
MsgBox strNombreInverse
End Sub
```

Explication de l'exemple

La première boucle `Do` vérifie que le nombre tapé par l'utilisateur n'est pas négatif et comprend bien deux chiffres – sinon, pourquoi s'embêter à les inverser ? La première fois que le programme rencontre la boucle, la valeur de la variable `intNombreOriginal` est zéro car jusqu'à présent aucune valeur ne lui a été affectée. Zéro étant inférieur à 10, la condition est donc `True` et VBA entre dans la boucle.

La boucle contient une instruction : une boîte qui demande à l'utilisateur de taper un nombre. Une fois le nombre saisi, l'instruction `Loop` renvoie VBA en début de boucle pour que le nombre entré soit vérifié. La boucle ne se termine que si ce nombre est correct. (Notez bien que cet exemple n'effectue pas deux contrôles importants de validité : le nombre est-il un entier ? Est-il inférieur à la valeur maximale autorisée pour une variable `Integer`.)

Lorsque VBA confirme que la valeur est correcte, il passe à la boucle suivante, laquelle n'est exécutée que si la valeur stockée dans la variable est supérieure à zéro. Une valeur différente de zéro renvoyant un `True`, vous pouvez simplement écrire `Do while intNombreOriginal` au lieu de `Do while intNombreOriginal > 0` – les deux solutions donnent le même résultat.

Dans la boucle proprement dite, une procédure simple à trois étapes prend à part les chiffres du nombre original et les traite de droite à gauche, les utilisant ainsi dans l'ordre inverse pour constituer une nouvelle chaîne. Vous n'avez pas besoin de comprendre le fonctionnement de ce code pour démonter le mécanisme de la boucle, mais ça ne peut pas vous faire de mal :

- La première ligne utilise l'opérateur `Mod` pour diviser le nombre par 10 et uniquement affecter le reste à la variable `intUnChiffre`. Comme vous divisez par 10, le reste est le dernier chiffre (le plus à droite) du nombre original.
- La deuxième ligne prend le chiffre obtenu et l'ajoute à la fin de la chaîne en construction.
- La troisième ligne divise de nouveau le nombre par 10 en gardant cette fois-ci dans la variable originale le résultat de la division. La division coupe bien le dernier chiffre de droite. Mais vous noterez qu'avant l'affectation du résultat à la variable, la fonction `Int` entre en jeu. Celle-ci est nécessaire car en son absence, VBA arrondirait le résultat, ce qui aurait pour conséquence de modifier les chiffres entrés par l'utilisateur.
- Pendant le fonctionnement de la boucle, `intNombreOriginal` prend la valeur 0 une fois tous ses chiffres traités (tout chiffre divisé par 10 est inférieur à 1 et la fonction `Int` supprime la décimale du résultat). Dans l'univers VBA, zéro est égal à `False`, donc la boucle se termine et le programme affiche le nombre inversé.

Les autres instructions Do

Une fois que vous connaissez la forme élémentaire, les variantes de `Do While...Loop` sont faciles à comprendre. Cette section traite trois des quatre boucles `Do` ; la quatrième est abordée à la section "Quand utiliser Do sans While ni Until", plus loin dans ce chapitre.

Do...Loop While

La différence entre `Do While...Loop` et `Do...Loop While` est simple : avec `Do While...Loop`, la condition est située en début de boucle tandis qu'avec `Do...Loop While`, elle vient à la fin.

Dans une structure `Do While...Loop`, la boucle n'est exécutée que si la condition est `True` au premier passage. Si la condition est `False`, les instructions de la boucle ne seront pas exécutées.

Par contre, dans une structure `Do…Loop While`, la boucle est au moins exécutée une fois : à la première exécution du code. Ce n'est qu'à ce moment-là que la condition est testée, la boucle tournant tant que la condition est `True`. Utilisez une structure `Do…Loop While` lorsque le bloc de la boucle comprend une instruction qui définit une valeur avant le test de la condition.

Il est une autre situation favorable à l'emploi d'une structure `Do…Loop While` : lorsque vous exécutez une action sur un élément (une chaîne ou un tableau de chaînes) qui peut être doté de plusieurs composants. Si vous savez déjà que l'élément a au moins un composant, vous voudrez que la boucle soit exécutée au moins une fois, puis autant de fois qu'il existe de composants.

Les boucles Do Until

Les instructions `Do While…Loop` et `Do Until…Loop` fonctionnent selon le même principe – vous pouvez exécuter exactement les mêmes instructions, il suffit de modifier l'expression conditionnelle pour réaliser le test inverse. Les `Do…Loop While` et `Do…Loop Until` sont elles aussi complémentaires.

Imaginez que vous soyez un grand cuisinier présentant une émission culinaire ; vous préparez une recette tout en vous adressant aux téléspectateurs. Vous diriez, "continuez à battre la pâte tant qu'il reste des grumeaux" ou alors "continuez à battre la pâte jusqu'à ce qu'elle devienne onctueuse". La signification est exactement la même.

`Do While` et `Do Until` sont aussi complémentaires. Si la condition d'une instruction `Do While` est `A = B`, une instruction `Do Until` avec `A <> B` fonctionnera de la même façon.

To Do or not to Do

Au sommet de leur forme, les boucles `Do` fournissent à VBA toutes les informations dont il a besoin pour exécuter la boucle dans l'expression conditionnelle. Malheureusement, les choses ne sont pas toujours aussi nettes dans la programmation grandeur nature. Parfois, un changement de condition à l'intérieur de la boucle nécessite une sortie précipitée et c'est la raison pour laquelle VBA dispose d'une instruction `Exit do`.

Uniquement utilisable dans une structure `Do`, `Exit Do` met sommairement fin à la boucle et le programme passe directement à l'instruction qui vient juste après. L'exemple suivant concatène une variable de type String sur une chaîne existante mais si la variable comprend plusieurs caractères, la boucle se termine :

```
Do While strA < "Z"
  If Len(strA) > 1 Then
    Exit Do
  End If
  strB = strB & strA
  strA = PasserAuCaractereSuivant
Loop
```

Normalement, l'instruction `Exit Do` devrait apparaître dans une instruction `If…Then` ou `Case Select` imbriquée dans la boucle. Ainsi, la boucle tourne normalement, à moins qu'une valeur spéciale ou aberrante ne surgisse. Vous pouvez également vous servir d'`Exit Do` comme d'un outil de débogage afin de court-circuiter temporairement la boucle, sans devoir la mettre en commentaires.

Utiliser Do sans While ni Until

Avec les instructions classiques `Do While/Until…Loop`, vous pouvez tester une condition au début ou à la fin d'une boucle. Et si vous voulez tester cette condition *en plein cœur* de la boucle ?

Dans cette situation, utilisez une instruction `Do…Loop` – sans `While` ni `Until`. Il vous faut alors une instruction `If` ou `Select Case` imbriquée dans une boucle. Une ou plusieurs branches de l'instruction conditionnelle imbriquée comprennent un `Exit Do`, ce qui permet au programme de sortir de la boucle lorsqu'une condition précise est remplie.

Voici à quoi ressemble, schématiquement, une instruction `Do…Loop` :

```
Do
(instructions à exécuter à chaque passage)
  If condition Then
    Exit Do
  End If
(instructions supplémentaires à exécuter uniquement si la boucle continue de
tourner)
Loop
```

Comme vous pouvez le constater, cette technique convient bien lorsque vous souhaitez exécuter certaines instructions de la boucle sans tenir compte de la condition. Elle est également utile si la boucle doit se terminer lorsque différentes conditions ont été remplies.

Il arrive souvent, par exemple, que vous deviez valider une entrée de l'utilisateur, en fonction de plusieurs critères. Dans l'exemple qui suit, une structure Do...Loop répète la boucle jusqu'à ce que l'utilisateur ait entré une lettre valide :

```
Sub ObtenirUneReponse()
strReponse = InputBox("Entrez votre réponse (A-E)")
Do
  If strReponse = "" Then
    strReponse = InputBox("Vous n'avez rien tapé." _
& " Veuillez taper une lettre entre A et E.")
  ElseIf Len(strReponse) > 1 Then
  strReponse = InputBox("Votre réponse ne devrait comporter " _
& " qu'une seule lettre. Veuillez refaire une tentative.")
  ElseIf strReponse < "A" Or strReponse > "E" Then
    strReponse = InputBox("Vous avez tapé un caractère" _
& " non valide. Tapez une lettre entre A et E.")
  Else
     Exit Do
  End If
Loop
End Sub
```

Le programme n'exécute l'instruction Exit Do que lorsque trois critères de validation – exprimés dans les clauses If et ElseIf – ont été respectés.

N'OUBLIEZ PAS

Une autre syntaxe, qui emploie un Do While True comme première ligne de la boucle, fait exactement la même chose. True (la constante) demeurant toujours une valeur True, la condition est toujours remplie et ainsi, VBA entre toujours dans la boucle. Là encore une instruction Exit Do à l'intérieur de la boucle est nécessaire pour pouvoir en sortir.

Boucles For...Next avec compteur

Lorsque vous connaissez à l'avance le nombre d'exécutions de la boucle, optez pour une structure For...Next. Ajoutez des valeurs début et fin pour indiquer à VBA le nombre de passages dans la boucle ; ces valeurs peuvent être des entiers littéraux, des variables, voire des expressions complexes. Pendant le fonctionnement de la boucle, une variable compteur mémorise le nombre de passages complets. Lorsque la valeur du compteur est égale à celle de fin, la boucle est terminée.

En simplifiant, la syntaxe d'une structure `For...Next` est la suivante :

```
For Compteur = début To fin
(instructions à exécuter à chaque passage dans la boucle)
Next compteur
```

Pour nos amis débutants, la procédure suivante est simple, elle se sert de la fenêtre Exécution pour afficher un message indiquant le nombre de passage dans la boucle (dans Visual Basic Editor, vous ouvrez la fenêtre Exécution en appuyant sur Ctrl+G) :

```
Sub Compter10()
Dim j As Integer
  For j = 1 to 10
    Debug.Print "Passage numéro " & j
  Next j
End Sub
```

Dans l'exemple ci-dessus, les valeurs `début` et `fin` sont des nombres littéraux. Au démarrage de la boucle, `j` est égal à `1` – autrement dit, la valeur `début` est affectée à la variable `compteur`. A chaque passage dans la boucle, l'instruction `Next j` incrémente `j` (augmente sa valeur de 1) puis un retour au début de la boucle est effectué. Lorsque `j` est égal à 10, la boucle est terminée.

Conseils importants à propos des boucles For...Next

Votre code doit rester facile à comprendre. Dans une boucle `For...Next`, choisissez `1` comme valeur de début, à moins que vous n'ayez de bonnes raisons de choisir un autre nombre.

Ces bonnes raisons existent : lorsque la valeur du compteur est utilisée dans la boucle proprement dite (et non modifiée dans la boucle, nuance) ; si la boucle entraîne des actions basées sur des éléments dont les numéros se suivent, pour des pièces détachées par exemple, vous pouvez utiliser les valeurs réelles des éléments comme valeur `début` et `fin`. Plus fréquent, la valeur `début` est fixée à 0 lorsque vous utilisez des tableaux de chaînes (voir section suivante).

N'OUBLIEZ PAS

Dans l'instruction `Next Compteur` qui termine la boucle `For...Next`, le nom de la variable `compteur` n'est en fait pas nécessaire – le mot-clé `Next` calcule tout seul, automatiquement, la valeur suivante du `compteur` et renvoie VBA en début de boucle. Mais habituez-vous vraiment à inclure le compteur dans l'instruction `Next`. Car, ainsi, lorsque vous imbriquez plusieurs boucles `For...Next`, un seul coup d'œil vous suffit pour savoir à quelle boucle appartient telle instruction `Next`.

Ne modifiez jamais la valeur de la variable `compteur` à l'intérieur d'une boucle `For…Next`. Le compteur n'est rien d'autre qu'une variable et il est possible – et même parfois tentant – d'écrire du code pour modifier la valeur du compteur. Retenez-vous. Touchez au compteur et la boucle risque de sauter des étapes importantes ou de ne jamais s'arrêter.

Bien que vous puissiez spécifier la valeur `fin` d'une boucle `For…Next` à l'aide d'une variable, modifier celle-ci une fois la boucle lancée n'entrave pas son exécution ; le nombre de passages indiqué dans la variable `fin` originale est respecté.

Boucles For…Next et tableaux de chaînes

Les boucles `For…Next` sont peut-être les plus utiles dans les *tableaux de chaînes*, boîtes de stockage nommées qui hébergent des données. Je les traite en détail au Chapitre 13. Mais, on ne peut aborder les boucles `For…Next` sans parler de ces paniers à données.

Une boucle `For…Next` peut servir à remplir un tableau de chaînes à l'aide de valeurs calculées, comme le montre l'exemple suivant :

```
Dim intTableau (14) As Integer
For a = 0 To 14
  IntTableau (a) = a * a
Next a
```

Ce code commence par la déclaration d'un tableau de chaînes de 15 valeurs de type Integer (15 et non 14 car VBA affecte au premier élément d'un tableau de chaînes le numéro 0). Ensuite, une boucle `For…Next` affecte une valeur à chaque élément du tableau, de 0 à 14. Notez que la variable `a` sert non seulement de compteur mais également d'*index*, pointant sur un emplacement numéroté du tableau.

Boucles For…Next imbriquées

A l'instar des autres structures de contrôle VBA, les boucles `For…Next` peuvent être imbriquées les unes dans les autres – ou dans d'autres structures de contrôle – aussi profondément que nécessaire. Le fragment de code suivant, parfaitement inutile au demeurant, illustre cette notion d'imbrication :

```
Dim sngA ' A représente probablement un nombre aléatoire
Randomize ' Initialise le générateur de nombres aléatoires
For A = 1 To 5
  SngA = Rnd ()
  For B = 1 To 5
```

```
      Debug.Print sngA * Rnd ( )
    Next B
  Next A
```

Si vous êtes observateur, vous pouvez suivre les étapes empruntées par VBA pour exécuter ce code. Les voici :

1. **D'abord, les préliminaires.**

   Cela commence par la déclaration d'une variable et l'initialisation du générateur de nombres aléatoires VBA.

2. **La boucle `For...Next` principale démarre.**

   VBA appelle la fonction `Rnd` pour affecter un nombre aléatoire à la variable `sngA`.

3. **Ensuite vient la boucle `For...Next` secondaire.**

   Cette boucle calcule cinq autres nombres en multipliant `sngA` par un nouveau nombre aléatoire à chaque passage. Le résultat est affiché dans la fenêtre Exécution.

4. **La boucle secondaire se termine une fois les cinq calculs effectués.**

   La boucle principale prend de nouveau la main. VBA obéit à l'instruction `Next A` et se repositionne au début de la boucle principale.

5. **Les étapes 2 et 3 sont répétées quatre autres fois par la boucle principale.**

Cet exemple est peut-être sans intérêt mais moyennant quelques enrichissements, il peut s'avérer vraiment très utile. Supposez que vous vouliez écrire un programme multimédia qui permette de sélectionner 5 CD de façon aléatoire puis de lire 5 plages, également choisies aléatoirement, de chaque CD. Admettons que vous sachiez écrire le code nécessaire, et bien l'exemple précédent devrait vous permettre de démarrer.

Comme l'explique le Chapitre 13, les boucles `For...Next` imbriquées permettent d'effectuer un travail systématique dans les tableaux de chaînes multidimensionnels.

Sortez immédiatement, ordonne Exit For

L'instruction `Exit For` est un moyen très rapide de sortir d'une boucle `For...Next` avant la fin. Généralement, cette instruction est utilisée dans une instruction conditionnelle (`If...Then` ou `Case Select`) imbriquée dans la boucle `For...Next` principale.

Le sas de secours `Exit For` sert par exemple à rechercher des valeurs non valides dans un tableau de chaînes ; le processus est stoppé à la découverte du moindre élément suspect.

Par exemple, vous entendez dire qu'un petit génie malveillant a inséré dans votre base de prix un tableau de chaînes comprenant de fausses informations. Vous apprenez que cet infâme personnage a signé son forfait. Lorsque vous mettez à jour les prix en fonction des récentes augmentations dues à l'inflation, vous voulez être sûr que les données n'ont pas été falsifiées. Le code suivant effectue ces deux tâches :

```
For p = 1 To varTailleTableau
  If varTableauPrix(p) = "Un pirate est passé par là !" then
    MsgBox "Données infectées !"
    Exit For
    End If
  varTableauPrix(p) = varTableauPrix(p) * sngCOLA
Next p
```

Interrompre le flot grâce à GoTo

Si votre programme se comporte bizarrement, dites-lui où aller – en transférant l'exécution vers un autre emplacement de la procédure. Une instruction `GoTo` associée à une instruction étiquette spéciale à l'emplacement de destination vous permet de passer en toute liberté d'un emplacement à l'autre, au sein d'une même procédure. Une *étiquette* est une instruction qui met un repère dans votre code. Pour insérer une étiquette, tapez son nom (en suivant la convention de dénomination VBA) suivi de deux-points (:).

Exemple de GoTo

Dans cet exemple, une instruction `GoTo` dévie le flot du programme de la partie principale de la fonction vers une étiquette `ValeurSpeciale` lorsqu'une valeur bizarre est détectée :

```
Function GoToExemple (NumeroElement As Integer)
  Dim intA As Integer
  Select Case NumeroElement
    Case 2412
```

```
      GoTo ValeurSpeciale
    Case Is < ValeurLimite
      FaireQuelqueChose
    Case >= ValeurLimite
      Farniente
  End Select
  (instructions exécutées dans tous les cas)
  GoToExemple = intA
  Exit Function
ValeurSpeciale:
  FaireChoseSpeciale
  GoToExemple = -intA
End Function
```

Notez bien le format de l'étiquette `ValeurSpeciale`, qui a sa propre ligne, suivi de deux-points. Les deux-points sont très importants – VBA attrape une indigestion et affiche un message d'erreur si vous oubliez ce signe de ponctuation.

Avertissements contre les GoTo

L'utilisation de l'instruction `GoTo` n'est pas le gage d'une programmation de qualité. En effet, elle a tendance à créer du *code spaghetti*, le chemin d'exécution étant éparpillé un peu partout. Essayez de démêler des spaghettis ! un code comprenant plusieurs `GoTo` devient vite illisible. Dans la mesure du possible, utilisez des contrôles de structure pour diriger l'exécution du programme.

Mais, de temps en temps, une instruction `GoTo` est le moyen le plus commode pour que votre programme réalise une tâche précise. Il peut arriver que votre cerveau soit trop fatigué pour élaborer un jeu complexe de boucles imbriquées et expressions conditionnelles, qui est nécessaire à la mise en place de critères avancés. Dans ce cas, `GoTo` peut constituer un raccourci, mais n'en abusez pas.

Chapitre 9

Code indéchiffrable : débogage et chasse aux erreurs

Dans ce chapitre :

- Un catalogue de tous les types d'erreurs susceptibles de ruiner vos programmes VBA.
- Les principes du débogage.
- Le bonheur d'évoluer en mode Arrêt lors de la chasse aux bogues.
- Tous les outils de débogage de Visual Basic Editor, y compris les commandes `Pas à pas` et les fenêtres Exécution, Variables locales et Espions.
- Comment transformer Visual Basic Editor en calculateur dans les fenêtres Exécution et Espions.
- Des techniques avancées de gestion des erreurs pour soulager la douleur en cas d'erreurs lors d'exécution.

Rien de plus facile que d'écrire du code VBA. Par contre, faire en sorte que ce code s'exécute et produise les résultats escomptés est une autre paire de manches. Chasser et exterminer les bogues est une étape capitale du processus de codage ; ce chapitre vous explique la marche à suivre. J'aborde également la gestion des erreurs, qui permet à un programme de répondre avec grâce en cas d'incident pendant l'exécution.

Vous n'y échapperez pas

Il existe trois espèces principales de maladie susceptibles de gangrener un programme, quel que soit le langage :

- **Erreurs de compilation :** Erreurs de syntaxe, entre autres, qui empêchent l'exécution du programme.
- **Erreurs logiques :** Défaut de conception du programme qui fait quelque chose que vous *ne souhaitez pas* ou ne fait pas ce que vous *attendez* de lui. Le programme est exécuté mais pas correctement.
- **Erreurs d'exécution :** Elles provoquent une interruption de l'exécution et peuvent provenir d'erreurs logiques ou être dues à des conditions extraordinaires rencontrées par le programme. (voir "D'où viennent les erreurs d'exécution", plus loin dans ce chapitre.)

De ces trois catégories, les erreurs de syntaxe sont les plus simples à détecter et corriger. J'en parlerai donc rapidement et traiterai en priorité les deux autres types d'erreurs qui correspondent aux véritables bogues.

Corriger les erreurs de syntaxe

Si vous faites une erreur de syntaxe, Visual Basic Editor vous aide à en trouver l'origine avant que vous n'essayiez d'exécuter le programme. Dès que vous tapez quelque chose qu'Editor ne reconnaît pas, la ligne est affichée en rouge. Si, dans la boîte de dialogue Options (Outils/Options, onglet Editeur), la case Vérification automatique de la syntaxe est cochée, dès que vous changez de ligne, un message vous explique la nature du problème. Par exemple, si vous tapez **If X = 3** mais oubliez le **Then**, le message sera le suivant : `Erreur de compilation : Attendu : Then ou GoTo`.

Certaines erreurs de syntaxe ne sont détectées par VBA qu'au moment de l'exécution du programme. En particulier, VBA ne proteste pas tout de suite si vous mettez un `GoTo` dirigé vers une étiquette ou appelez une procédure qui n'existe pas ; vous n'obtiendrez un message d'erreur de compilation qu'une fois la commande Exécuter lancée.

Une fois informé, il est relativement facile de corriger les erreurs de syntaxe. Si vous avez le moindre doute sur la façon d'appeler ou déclarer une procédure ou une fonction, nommer ou déclarer une variable, créer une nouvelle instance d'objet ou utiliser une structure de contrôle, lisez les chapitres du présent ouvrage abordant ces questions, ou consultez l'aide VBA.

Entomologie à l'attention des programmeurs VBA

Une fois l'épreuve des erreurs de compilation surmontée et l'exécution de votre programme lancée, il est humain de se sentir submergé par une vague de fierté et de soulagement. Mais si le programme vous indique que `2 + 2 = 22` ou si tout le texte de votre document prend une couleur chartreuse, vous savez qu'une erreur s'est glissée quelque part dans votre code.

Ces types d'erreurs font apparaître des failles dans la logique du programme. Celui-ci tourne et fait exactement ce que vous lui avez dit de faire ; mais ce que vous lui avez *dit* de faire, à travers le code que vous avez écrit, ne correspond pas à ce que vous *attendiez* de lui. Votre mission est alors de retrouver les instructions responsables du résultat obtenu. C'est ce que l'on appelle *déboguer* un programme. Cette section répertorie tous les outils et techniques à utiliser lors de vos campagnes de débogage.

Bien entendu, les techniques de débogage utilisées pour corriger les erreurs logiques contribuent grandement à éviter les nombreuses erreurs d'exécution qui en découlent. Mais, dans la mesure où un programme ne peut prévoir toutes les situations auxquelles il est susceptible de faire face, et, s'il est destiné à être utilisé par des tierces personnes, vous devez écrire du code permettant de gérer les erreurs d'exécution.

Des tests, encore des tests, toujours des tests

Il est bien pratique d'être clairement averti en cas d'erreurs : affichage de mauvaises réponses évidentes, éléments apparaissant dans des couleurs étranges ou messages d'erreur qui surgissent subitement. Malheureusement, nombre d'erreurs logiques sont plus subtiles et on ne compte plus les erreurs d'exécution aléatoires. Ne vous imaginez pas que votre programme fonctionnera parfaitement dès le dernier boulon serré, et prévoyez donc de consacrer beaucoup de temps à tester votre chef-d'œuvre dans différentes conditions.

Voici quelques suggestions en matière de test :

- Si le programme est supposé servir pour différents documents, exécutez-le avec chacun de ceux-ci. Tentez de l'exécuter avec deux ou trois documents ouverts en même temps dans votre application VBA et également sans document à l'écran.

- Voyez ce qui se produit si vous exécutez votre programme lorsque votre document est affiché dans différentes formes de fenêtres (réduit, normal ou restauré).
- Démarrez le programme après avoir sélectionné des éléments ou groupes d'éléments de votre document.
- Si le programme est interactif avec l'utilisateur via une boîte de message avec invite (inputbox) ou une feuille personnalisée, saisissez toutes sortes d'entrées, classiques et farfelues pour voir ce qui se passe. Si vous attendez un entier comme valeur, essayez un nombre à virgule flottante, une date ou une chaîne de caractère et observez la réaction du programme.
- Si le programme fonctionne avec des dates et des heures, testez-le par exemple au 29 février et à minuit. Affectez différentes dates et heures aux variables mais essayez également d'exécuter le programme dans différentes configurations. Pour cela, vous n'avez pas besoin d'y passer des nuits blanches ou attendre une année bissextile, il vous suffit de changer temporairement la date et l'heure système.

Pendant le déroulement du test, guettez les anomalies. Analysez votre document pour vérifier que tous les changements prévus et uniquement ceux-ci ont été effectués. Lorsque le programme affiche le résultat dans une boîte de dialogue ou le colle dans votre document, vérifiez que cela correspond exactement à ce que vous attendiez. L'idéal serait également que vous vérifiiez les variables pendant l'exécution du programme pour être certain qu'aucune valeur bizarre ne s'immisce. (Je vous montre comment vérifier vos variables dans la section suivante.) Bien évidemment, si VBA détecte une erreur d'exécution, cela signifie qu'il y a un problème.

Si vous trouvez des erreurs, mettez-vous sérieusement à la chasse aux bogues. Mais ce n'est pas parce que vous n'avez pas décelé d'erreurs qu'il n'en existe pas. Souvenez-vous que le bogue est l'animal le plus répandu sur Terre.

Raccourcis clavier pour le débogage

Le Tableau 9.1 vous indique les commandes clavier à votre disposition pour procéder au débogage de vos programmes. Je traite en détail la plupart de ces commandes dans le présent chapitre.

Tableau 9.1 : Débogage.

Pour	Appuyez sur
Exécuter le code pas à pas	F8
Exécuter les instructions ligne par ligne sans appeler de procédure	Maj+F8
Exécuter jusqu'à la ligne où se trouve le point d'insertion	Ctrl+F8
Basculer le point d'arrêt sur la ligne de code où se trouve le point d'insertion	F9
Effacer tous les points d'arrêt	Ctrl+Maj+F9
Spécifier (définir) l'instruction suivante à exécuter	Ctrl+F9
Ajouter un espion à l'élément sur lequel se trouve le point d'insertion	Maj+F9
Exécuter le sous-programme de traitement d'erreurs ou renvoyer l'erreur vers la procédure d'appel	Alt+F5
Exécuter pas à pas le sous-programme de traitement d'erreurs ou renvoyer l'erreur vers la procédure d'appel	Alt+F8

Aux arrêts de rigueur !

Pour déboguer un programme, le *mode Arrêt* de VBA est capital. Avec cette technique, votre programme commence à s'exécuter puis s'arrête lorsqu'il rencontre une instruction donnée. Vous êtes alors en mesure d'inspecter la valeur courante de toutes les variables, car le programme est toujours actif. A partir de là, vous pouvez utiliser les commandes `Pas à pas` pour exécuter le programme instruction par instruction, analyser les changements de valeurs dans les variables et vérifier si vous obtenez les résultats escomptés à chaque étape du processus. Les prochaines sections de ce chapitre détaillent le fonctionnement des variables et des commandes `Pas à pas`.

La Figure 9.1 montre une procédure VBA en mode Arrêt. A part la ligne jaune qui surligne l'instruction suivante à exécuter, l'apparence de Visual Basic Editor ne diffère pas de celle constatée lorsque vous écrivez ou modifiez votre code.

N'OUBLIEZ PAS

En mode Arrêt, vous pouvez modifier le code pendant l'exécution de votre programme, ajouter de nouvelles lignes si le besoin s'en fait sentir ou si un vent de folie vous balaie. Cette fonctionnalité n'a rien d'un gadget, elle joue un rôle clé dans le débogage et je vous conseille d'apprendre à l'utiliser pour en tirer le maximum de profit – je vous en dis plus dans la section "Ajouter et modifier du code en mode Arrêt", plus loin dans ce chapitre.

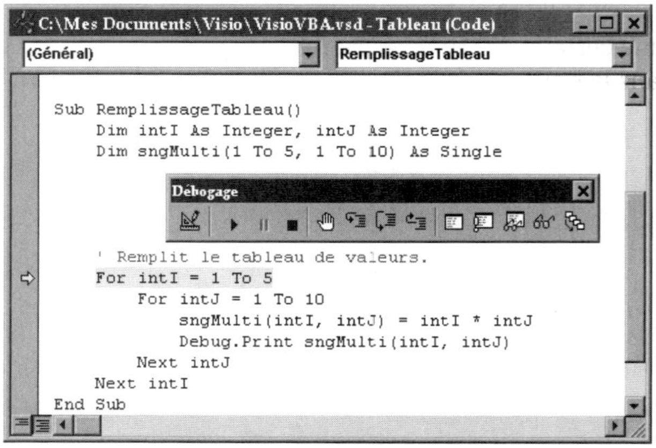

Figure 9.1 : Une procédure VBA en mode Arrêt.

Utiliser le mode Arrêt

Vous avez le choix entre plusieurs techniques pour passer en mode Arrêt :

- Démarrer le programme en mode Arrêt dès le début grâce à la commande `Pas à pas détaillé`. (Voir "Progresser pas à pas dans votre code", plus loin dans ce chapitre.)
- Mettre un *point d'arrêt* sur une ligne de code. Lorsqu'un programme atteint une instruction marquée avec un point d'arrêt, il suspend son exécution et passe alors en mode Arrêt.
- Placer une instruction `Stop` dans votre code. Pendant l'exécution, cette instruction bascule en mode Arrêt et le programme se trouve ainsi prêt à exécuter l'instruction venant juste après l'instruction `Stop`.
- Cliquer sur le bouton Arrêt, choisir Exécution/Arrêt ou appuyez sur Ctrl+Pause pendant l'exécution du programme. Utilisez cette technique pour reprendre le contrôle d'un programme devenu fou qui ne s'arrête plus. Il est impossible de savoir où vous allez atterrir lorsque le programme passe en mode Arrêt mais vous pouvez au moins voir ce qui se passe.
- Insérer un *espion* `Break When True` ou `Break When Changed`. Le programme se met en mode Arrêt dès que la valeur de l'expression espionne devient `True` ou se trouve modifiée.

Un programme peut également passer en mode Arrêt lorsque se produit une erreur d'exécution. Dans ce cas, VBA affiche une boîte de dialogue décrivant l'erreur (voir Figure 9.2). Le bouton Fin stoppe complètement le programme tandis que le bouton Débogage permet de passer en mode Arrêt. Vous pouvez choisir, dans une certaine mesure, les erreurs d'exécution qui déclenchent le mode Arrêt, dans la boîte de dialogue Options, onglet Général (Outils/Options).

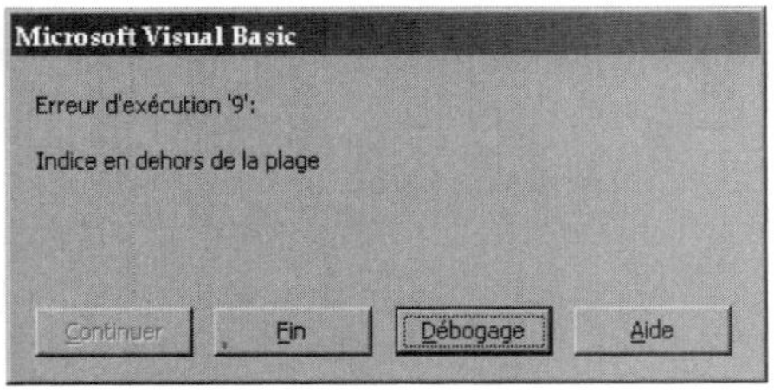

Figure 9.2 : Une boîte de dialogue signalant une erreur d'exécution.

Mettre des points d'arrêt

Si vous suspectez un bloc de code de cacher une erreur logique, placez un point d'arrêt juste avant les instructions hors-la-loi. La Figure 9.3 montre comme Visual Basic Editor représente un point d'arrêt à l'écran – c'est ce gros point dans la marge de la fenêtre Code.

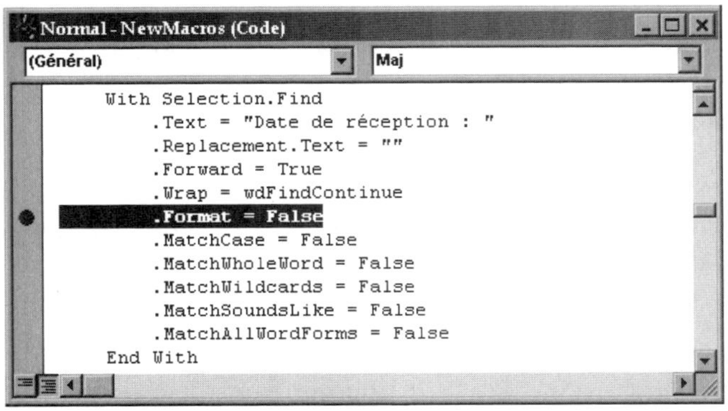

Figure 9.3 : Si vous mettez un point d'arrêt, Visual Basic Editor surligne la ligne de code où devra s'interrompre l'exécution du programme.

Une fois le point d'arrêt disposé, vous pouvez exécuter le programme à pleine vitesse jusqu'à ce point, en omettant le code qui (vous l'espérez) fonctionne correctement. Lorsque VBA parvient à l'instruction comprenant le point d'arrêt, il suspend l'exécution du programme. Une fois en mode Arrêt, vous pouvez examiner les variables puis utiliser les commandes `Pas à pas` pour voir comment se comportent les instructions douteuses lorsque VBA les exécute une par une.

Pour mettre un point d'arrêt, il vous suffit de cliquer dans la marge de la fenêtre Code au niveau de la ligne visée. Au clavier, placez le point d'insertion à l'endroit souhaité puis appuyez sur F9.

Vous pouvez mettre autant de points d'arrêt que vous le souhaitez, mais pas sur des commentaires ni des instructions que VBA n'exécute pas, telles que les déclarations de variables.

Gardez bien à l'esprit que VBA stoppe le programme et passe en mode Arrêt juste après avoir exécuté l'instruction précédant le point d'arrêt. En d'autres termes, l'instruction sur laquelle se trouve le point d'arrêt ne sera exécutée que lors de la reprise du programme.

Effacer les points d'arrêt

Une fois que vous avez corrigé le code fautif ou abandonné l'idée de le faire pour le moment, *effacez* le point d'arrêt. Cela permettra à VBA d'exécuter normalement cette instruction la prochaine fois que vous lancerez le programme. On efface un point d'arrêt comme on le crée, c'est-à-dire en cliquant dans la marge de la fenêtre Code ou en appuyant sur F9.

Pour liquider tous les points d'arrêt en même temps, choisissez Débogage/Effacer tous les points d'arrêt ou appuyez sur Ctrl+Maj+F9. Vous pouvez ensuite les restaurer en utilisant la commande Annuler.

Se repérer en mode Arrêt

Lorsqu'un programme est en mode Arrêt, Visual Basic Editor surligne toujours l'instruction suivante à exécuter. Pour être sûr que vous avez vu le message, dans la marge de la fenêtre Code, une flèche pointe vers cette même instruction, comme le montre la Figure 9.4 (même si avec l'image en noir et blanc, il faut plutôt faire marcher son imagination).

Lorsque l'instruction suivante est à l'écran, elle est parfaitement visible, mais que se passe-t-il si vous descendez ou remontez dans le code ou allez dans la fenêtre Code d'un autre module ? Vous pouvez avoir du mal à la retrouver.

N'OUBLIEZ PAS

C'est là que la commande bien nommée `Afficher l'instruction suivante` entre en jeu. Lorsque vous choisissez Débogage/Afficher l'instruction suivante, Visual Basic Editor vous téléporte directement vers l'instruction en question. Une autre commande vous permet de choisir une autre instruction comme instruction suivante, voir la section "Choisir une autre instruction suivante", plus loin dans ce chapitre.

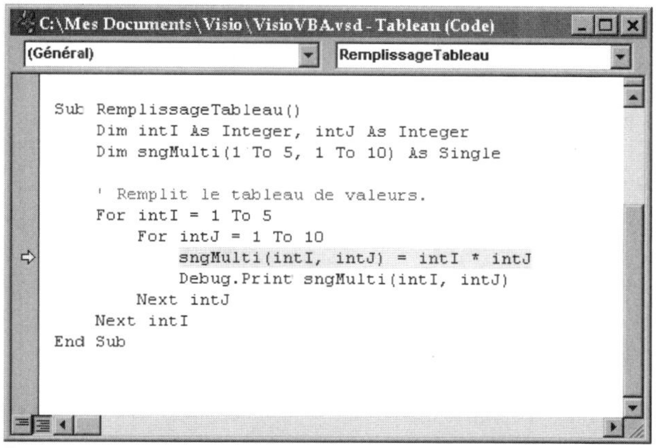

Figure 9.4 : Vous ne pouvez pas manquer l'instruction suivante (bien sûr, tant que celle-ci est visible à l'écran).

Une alternative au point d'arrêt : l'instruction Stop

Les points d'arrêt sont très faciles à utiliser mais ils présentent un inconvénient : ils sont temporaires. Si vous déboguez un programme complexe, vous ne pourrez peut-être pas résoudre tous vos problèmes dans la même session. N'étant pas stockés avec votre code, ils auront disparu la prochaine fois que vous ouvrirez le projet dans Visual Basic Editor.

L'instruction `Stop` est la réponse à votre problème. Ajoutez cette instruction à votre code là où vous souhaitez que le programme passe en mode Arrêt. Comme tout élément de code que vous tapez, les instructions `Stop` sont enregistrées lorsque vous sauvegardez votre projet.

Monsieur ou Madame sollicite la présentation d'un exemple ? A votre service !

```
...
intDonneesDeMars = ObtenirDonneesDeMars(1,5454)
Stop
MsgBox "Le résultat est " & intDonneesDeMars / Z
...
```

A la vue de ce code, vous devinez sans doute que l'instruction `Stop` sert à examiner les résultats suspects affichés dans la boîte de message. Lorsque l'instruction `Stop` est exécutée, le programme passe en mode Arrêt juste après l'affectation d'une valeur à la variable par la fonction `intDonneesDeMars`. Vous pouvez maintenant examiner les valeurs des deux variables impliquées dans le prochain calcul pour voir laquelle semble hors limite.

Sortir du mode Arrêt

Lorsque vous en avez fini, au moins temporairement, avec le mode Arrêt, vous pouvez demander à VBA de reprendre le cours normal de l'exécution. Toutes les commandes servant à exécuter normalement un programme fonctionnent aussi dans ce cas. En mode Arrêt, l'élément de menu et le bouton de barre d'outils Exécuter occupent la même place mais portent un nom différent : ils s'appellent tous deux Continuer. Le raccourci clavier demeure F5. Ensuite, le programme reprend l'exécution puis bascule de nouveau en mode Arrêt s'il rencontre un autre point d'arrêt ou si une des conditions qui activent ce mode est remplie.

Pour arrêter complètement l'exécution d'un programme, utilisez la commande `Réinitialiser`, par le menu Exécution ou le bouton de la barre d'outils Standard de Visual Basic Editor. Le fait d'appuyer sur Alt+F4 arrête tout programme Windows en cours d'exécution y compris les programmes VBA. Cependant, veillez bien à appuyer sur Alt+F4 lorsque votre programme est bien en cours d'exécution ; sinon vous refermerez Visual Basic Editor, votre application VBA ou n'importe quel programme Windows actif.

Progresser pas à pas dans votre code

Comme tout bon "débogueur", Visual Basic Editor vous permet d'exécuter votre programme une instruction ou un pas à la fois. Ce mode ralenti est un excellent moyen de voir dans quelle mesure une erreur logique détraque une valeur capitale.

N'OUBLIEZ PAS

Pour utiliser au mieux cette technique *d'exécution pas à pas*, il faut que vous puissiez voir les valeurs de vos variables pendant que votre programme les modifie. Visual Basic Editor dispose ainsi d'une fonctionnalité très sympa : Information express automatique ; mais les fenêtres Variables locales et Espions donnent plus de détails et vous permettent le cas échéant de modifier les valeurs. Je traite ces fonctionnalités un peu plus loin dans ce chapitre.

Voyons maintenant les trois commandes `Pas à pas` disponibles dans Visual Basic Editor : `Pas à pas détaillé`, `Pas à pas principal` et `Pas à pas sortant`. Vous pouvez y accéder par le menu Débogage, la barre d'outils Débogage ou les raccourcis clavier suivants :

Commande	**Raccourci clavier**
`Pas à pas détaillé`	F8
`Pas à pas principal`	Maj+F8
`Pas à pas sortant`	Ctrl+Maj+F8

Pas à pas détaillé

La commande `Pas à pas détaillé` sert à exécuter votre programme instruction par instruction. Chaque fois que vous appelez cette commande, VBA exécute l'instruction suivante puis revient en mode Arrêt, vous permettant ainsi de vérifier les changements apportés. Le meilleur moyen de lancer la commande `Pas à pas détaillé` est d'appuyer sur F8.

Cette commande comprend le terme détaillé car elle entre dans d'autres procédures appelées par votre programme. Si l'instruction suivante est une procédure `Sub` ou `Function`, la commande `Pas à pas détaillé` l'ouvre dans la fenêtre Code, vous permettant ainsi d'observer son fonctionnement.

N'OUBLIEZ PAS

La commande `Pas à pas détaillé` est disponible même si vous n'êtes pas en mode Arrêt. Pour passer en revue l'intégralité de votre programme, il suffit de lancer la commande `Pas à pas détaillé` qui exécute la première instruction et déclenche le mode Arrêt. Utilisée ainsi, elle exécute la procédure sur laquelle se trouve le point d'insertion, dès la première ligne.

Pas à pas principal et sortant

La commande `Pas à pas principal` (Maj+F8) fonctionne comme la commande `Pas à pas détaillé`, à deux exceptions près :

- Elle ne parcourt pas les instructions individuelles des procédures appelées.
- Il est impossible de commencer à exécuter un programme en mode Arrêt à l'aide de cette commande.

Si l'instruction suivante appelle une autre procédure, la commande `Pas à pas principal` exécute celle-ci d'un seul coup puis se place sur l'instruction suivante de la procédure courante. C'est excellent si, avant de mener une analyse détaillée, vous voulez uniquement survoler la procédure à la recherche d'un comportement loufoque. Cela offre également un gain de temps considérable si vous êtes presque certain que la procédure fonctionne correctement.

La commande `Pas à pas sortant` (CtrL+Maj+F8) est un bon complément de la commande `Pas à pas détaillé`. Une fois dans les entrailles d'une procédure, soit vous estimez que tout est en ordre, soit vous repérez une erreur et la corrigez. Ou, plus gênant, vous avez peut-être cliqué sur le bouton `Pas à pas détaillé` au lieu du bouton `Pas à pas principal` (cela m'arrive souvent).

En tout cas, cela ne sert à rien de se coltiner les autres instructions de la procédure. Mieux vaut utiliser la commande `Pas à pas sortant` pour exécuter rapidement le reste de la procédure. VBA vous renvoie ensuite vers la procédure d'origine et surligne l'instruction venant après l'appel de la procédure.

Les principales opérations de débogage

Ce n'est pas parce que vous exécutez votre programme en mode Arrêt que son déroulement est figé. VBA est suffisamment évolué pour permettre des corrections en pleine action. Vous pouvez notamment modifier le code et la séquence dans laquelle des instructions sont exécutées.

Ajouter et modifier du code en mode Arrêt

Toutes les fonctionnalités de modification de la fenêtre Code sont utilisables en mode Arrêt. Vous pouvez taper de nouvelles instructions, modifier des instructions existantes ou supprimer toutes les instructions. Mais ce qui est unique c'est que toutes vos modifications sont immédiatement intégrées au programme actuellement exécuté. Par exemple, vous pouvez déclarer puis utiliser immédiatement dans des calculs de nouvelles variables, notamment en les associant à des variables existantes. Certaines modifications telles que le changement de type de variable dans la zone de déclaration stoppent le programme.

Changer d'instruction suivante

Supposez que vous progressiez pas à pas dans votre code et vous rendiez compte que l'instruction suivante comporte une grosse erreur. Plutôt que d'exécuter cette instruction et mettre ainsi votre programme en vrille, vous pouvez choisir de l'omettre en attendant de la corriger.

D'autres manières d'omettre du code

Pour omettre du code erroné, il existe d'autres options qui fonctionnent lorsque vous exécutez un programme pas à pas en mode Arrêt ou modifiez le code avant de le lancer. La première méthode consiste à mettre le code en commentaires, donc taper une apostrophe au début de chaque ligne à omettre. Le seul inconvénient est la perte de temps que la mise en commentaires et la restauration du code prennent. Cependant, vous pouvez mettre en commentaires tout un bloc de code avec une seule manipulation : sélectionnez-le puis cliquez sur le bouton Commenter bloc de la barre d'outils Edition (voir Chapitre 6).

Il existe parfois un meilleur moyen d'omettre un fragment de code : utiliser des étiquettes associées à des instructions `GoTo` temporaires. A l'exécution du code suivant, VBA omet toutes les instructions situées entre `GoTo ApresZoneInterdite` et l'instruction venant après l'étiquette de ligne `ApresZoneInterdite`. Lorsque vous voulez exécuter de nouveau la partie de code omise, supprimez simplement l'instruction `GoTo` ou mettez-la en commentaires (tapez une apostrophe en début de ligne).

```
...
GoTo ApresZoneInterdite
  A = B + C
  D = A + E/F
  G = B + D
ApresZoneInterdite
  MsgBox "Nous sommes " & Format(Now,"dddd")
...
```

Visual Basic Editor vous permet de sélectionner, au clavier ou à la souris, pratiquement n'importe quelle autre instruction comme instruction suivante. Vous pouvez avancer ou reculer dans le code. Ainsi, vous avez non seulement la possibilité d'omettre le code erroné mais également de répéter les instructions jusqu'à ce que vous compreniez bien comment elles sont articulées.

Sachez bien que les variables conservent les valeurs qu'elles avaient avant la modification, valeurs qui peuvent être considérablement différentes de ce qu'elles sont habituellement à ce stade du programme, lors d'une séquence normale. Si besoin est, vous pouvez affecter aux variables une valeur de votre choix via les fenêtres Exécution, Espions ou Variables locales, que je décris plus loin dans ce chapitre.

Si vous pouvez retenir tout cela, voici comment sélectionner une autre instruction suivante :

- Au clavier, déplacez le point d'insertion vers la ligne comprenant l'instruction puis appuyez sur Ctrl+F9 ou choisissez Débogage/Définir l'instruction suivante.
- A la souris, déplacez la flèche jaune située dans la marge de la fenêtre Code vers la nouvelle instruction suivante (voir Figure 9.5).

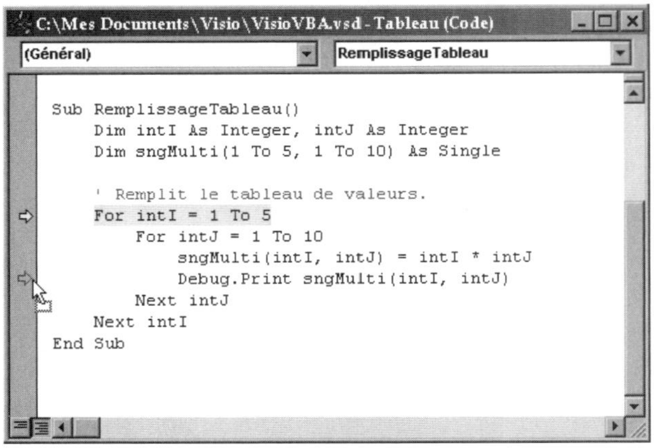

Figure 9.5 : En sélectionnant une instruction suivante différente, vous pouvez répéter des blocs de code dont vous voulez étudier le fonctionnement.

Voir les info-bulles

Les info-bulles automatiques de VBA vous permettent de visualiser la valeur courante d'une variable quelle que soit sa position dans votre code. En mode Arrêt, lorsque le pointeur de la souris passe sur une variable, une info-bulle – petite boîte comprenant le nom et la valeur de la variable – apparaît (voir Figure 9.6).

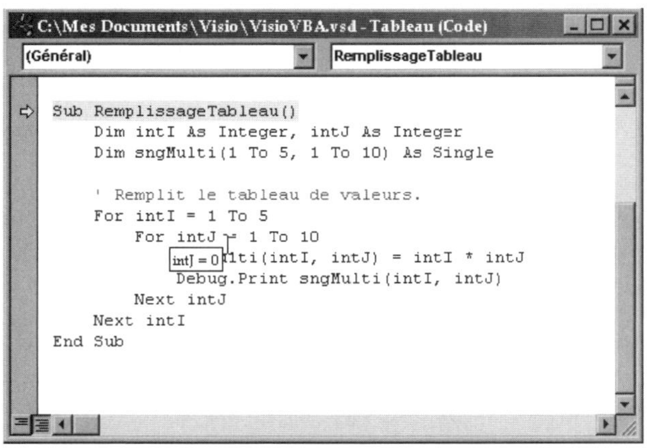

Figure 9.6 : La petite boîte info-bulles automatiques affiche la valeur de la variable sur laquelle le pointeur de la souris est placé.

Si jamais vous ne la voyez pas à l'écran, vérifiez dans la boîte de dialogue Options, onglet Editeur que la case Info-bulles automatiques est bien cochée.

Pour afficher le type et la portée d'une variable, il existe une autre fonctionnalité, moins automatique. Placez le point d'insertion à l'intérieur ou à côté de la variable puis appuyez sur Ctrl+I pour afficher la boîte Info express. Il n'est pas nécessaire d'être en mode Arrêt et cette fonctionnalité est particulièrement utile lorsque votre programme et très long et les variables déclarées au tout début. La Figure 9.7 montre le type d'informations que vous obtenez.

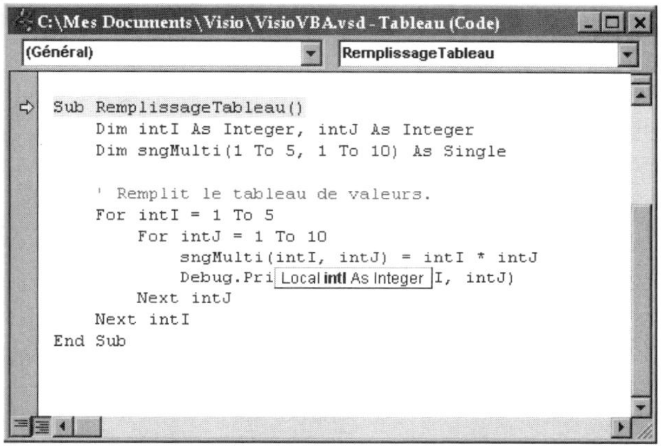

Figure 9.7 : Afficher l'Info express à propos d'une variable.

Exécution en direct

Pour afficher la fenêtre Exécution de la Figure 9.8, appuyez sur Ctrl+G ou choisissez Affichage/Fenêtre Exécution. Elle vous permet de :

- Visualiser les valeurs de calculs et de variables à l'aide de la méthode `Debug.Print`.
- Exécuter des instructions individuelles en dehors de procédures. Pour ce faire, il suffit de les taper puis d'appuyer sur Entrée.

Et vous allez me demander : à quoi ça sert ? Laissez-moi vous énumérer les avantages :

- La fenêtre Exécution peut servir de calculatrice rudimentaire. Tapez une expression telle que celle-ci :

```
Print (27 * 398) + 1414
```

  Ensuite, appuyez sur Entrée pour obtenir le résultat (voir Figure 9.8). Lorsque vous travaillez dans la fenêtre Exécution, vous n'avez pas besoin de mentionner l'objet `Debug`.

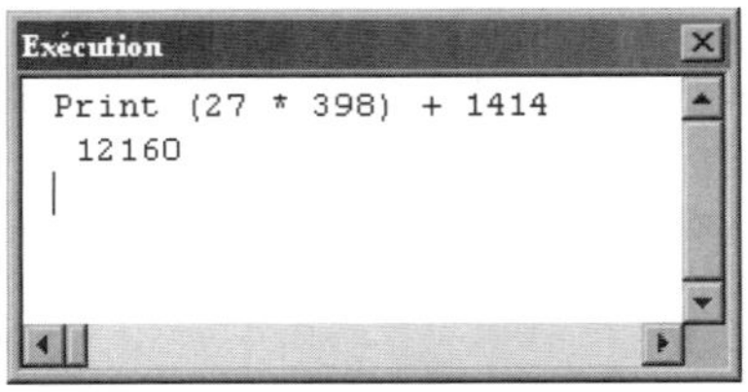

Figure 9.8 : La fenêtre Exécution en plein travail.

- Vous pouvez acheminer vers la fenêtre Exécution des valeurs intermédiaires de variables et d'expressions de différentes parties d'un programme qui tourne, en insérant la méthode `Debug.Print` dans le code (pas dans la fenêtre Exécution proprement dite). Lorsque l'exécution du programme est terminée, vous pouvez tout de suite vérifier si vous avez obtenu les résultats escomptés sans avoir besoin d'afficher une boîte de message pour chaque valeur. La Figure 9.9 illustre cette technique.

- En mode Arrêt, vous pouvez afficher dans cette fenêtre Exécution la valeur d'une variable ou de la propriété d'un objet via une instruction `Print` ou modifier cette valeur en tapant une affectation classique telle que celle-ci :

```
intLeurNombre = 25
```

  Vous avez également la possibilité d'appeler normalement des procédures `Sub` et `Function`, en tapant le nom de la procédure et les arguments nécessaires. Notez qu'en mode Arrêt, les instructions exécutées dans la fenêtre Exécution ne peuvent avoir accès qu'aux variables, objets et procédures qui sont dans les limites de la portée de la procédure en cours d'exécution. Autrement dit, exécuter une instruction dans la fenêtre Exécution revient à la taper et à l'exécuter dans la procédure en cours.

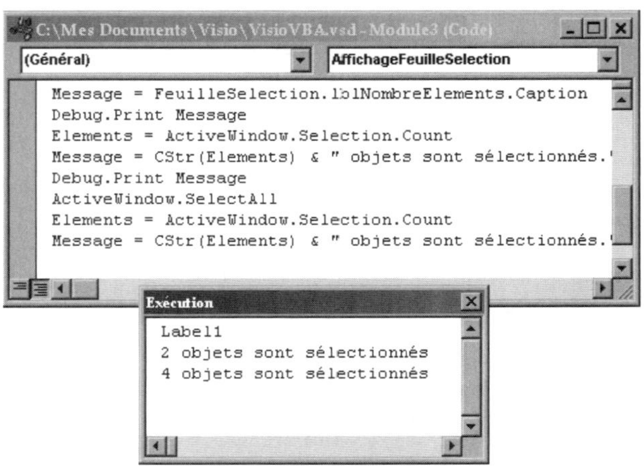

Figure 9.9 : Résultat d'un programme qui utilise la méthode Debug.Print.

Une dépêche du Bureau des choses intéressantes à noter : Vous pouvez glisser-poser un texte sélectionné de la fenêtre Code vers la fenêtre Exécution ; cela signifie que vous n'êtes pas obligé de retaper des expressions ou noms de variables longs (si vous ne maintenez pas la touche Ctrl enfoncée pendant le déplacement, le code est *déplacé* dans la fenêtre Exécution *et non copié*). La touche F1 fonctionne comme dans la fenêtre Code, et affiche donc l'aide relative au mot-clé sur lequel se trouve le pont d'insertion. Par contre, les info-bulles automatiques ne sont pas disponibles.

Garder un œil sur les Variables locales

Si vous avez suffisamment de place à l'écran, affichez en permanence la fenêtre Variables locales lorsque vous déboguez un programme en mode Arrêt. Pour ce faire, cliquez sur le bouton approprié de la barre d'outils Débogage ou choisissez Affichage/Fenêtre Variables locales.

Comme le montre la Figure 9.10, la fenêtre Variables locales affiche automatiquement le nom, la valeur et le type de données de toutes les variables de la procédure courante. Visual Basic Editor met à jour cette information chaque fois que vous exécutez une instruction, cette fenêtre reflète donc toujours les valeurs courantes.

Le mécanisme de la fenêtre Variables locales

A l'instar de la plupart des fenêtres de Visual Basic Editor, celle des Variables locales est ancrable par défaut mais peut également flotter. Le Chapitre 5 vous dit l'essentiel sur les fenêtres d'Editor.

Si vous ne parvenez pas à voir toutes les informations dans une colonne, souvenez-vous que celle-ci est redimensionnable. Placez le pointeur de la souris sur la barre de séparation en haut de la fenêtre. Lorsque le pointeur se transforme en double flèche, cliquez puis glissez vers la gauche ou la droite pour élargir ou rétrécir la fenêtre.

Si vous regardez la Figure 9.10, vous vous apercevrez que certaines rangées comprennent des variables individuelles tandis que d'autres affichent des tableaux de chaînes, des variables définies par l'utilisateur et des objets. Ces éléments n'ont ici de valeurs que par les variables ou autres éléments "conteneurs" d'informations qu'ils renferment. Lorsque l'exécution d'une procédure a débuté, la fenêtre Variables locales affichent ces éléments sans leurs éléments secondaires. Pour développer ces derniers, cliquez sur la boîte située à leur gauche comprenant le signe +. (Voir Figure 9.11.)

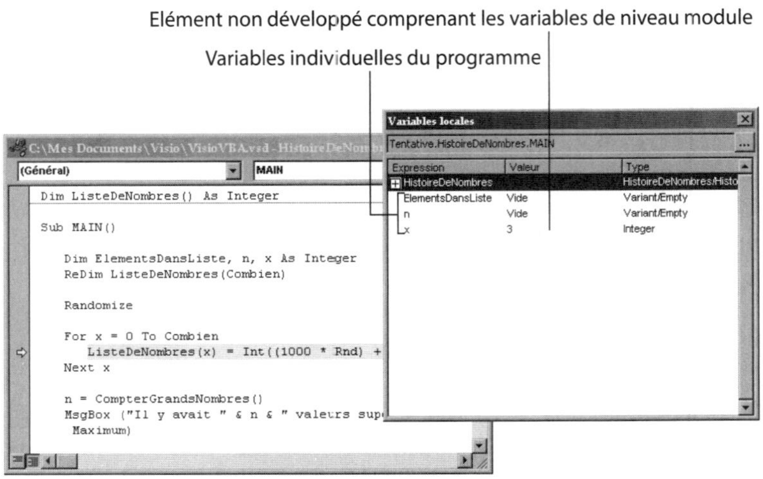

Figure 9.10 : La fenêtre Variables locales en mode Arrêt.

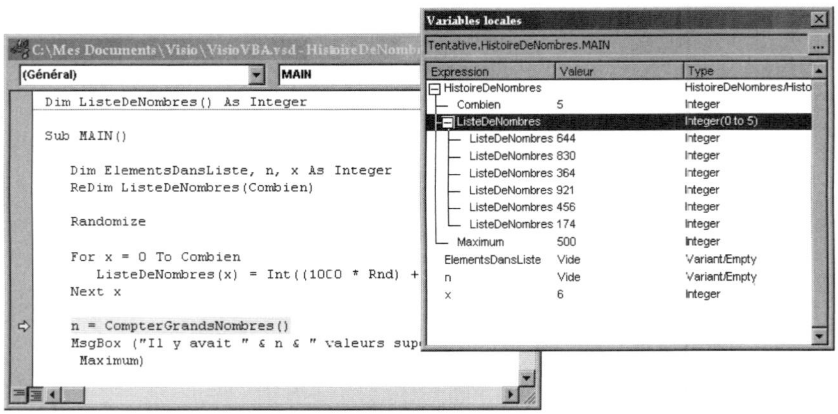

Figure 9.11 : La même procédure que celle de la Figure 9.10, mais ici, les éléments de la fenêtre Variables locales sont développés.

N'OUBLIEZ PAS

Seules les variables déclarées (implicitement ou explicitement) de la procédure en cours d'exécution apparaissent dans leur forme développée en haut de l'arborescence de la fenêtre Variables locales. Pour visualiser les variables de niveau module accessibles à toutes les procédures du module courant, développez le premier élément de la fenêtre Variables locales. Cet élément appartient toujours au module dans lequel la procédure courante est exécutée. Dans la fenêtre Variables locales, il est impossible de travailler sur les variables globales ou celles d'autres projets.

Pourquoi modifier la valeur d'une variable ?

Avant que je ne vous indique comment modifier la valeur d'une variable, vous vous demandez sûrement quel en est l'intérêt ; les bonnes raisons sont multiples :

- Une ligne de code affecte une valeur erronée à une variable. Vous vous êtes aperçu de l'erreur mais souhaitez poursuivre la progression pas à pas. Avant de continuer, modifiez la valeur de cette variable pour que l'erreur ne se répercute pas sur les instructions suivantes.
- Vous souhaitez tester plusieurs valeurs sur une variable sans modifier votre code. Vous pouvez utiliser la commande `Définir l'instruction suivante` pour effectuer plusieurs passages sur la même ligne de code en modifiant chaque fois la valeur de la variable dans la fenêtre Variables locales.
- Le programme n'a pas encore accès aux valeurs qu'il utilise lors de son exécution car celles-ci proviennent d'une base de données ou d'Internet, par exemple. Dans ce cas, vous avez la possibilité de simuler des valeurs dans la fenêtre Variables locales.

Comment modifier la valeur d'une variable

Bon ! Pour changer la valeur d'une variable dans la fenêtre Variables locales, procédez de la manière suivante :

1. **Cliquez deux fois (ne double-cliquez pas) sur la valeur courante de la variable pour la surligner.**

   Si vous cliquez ailleurs sur cette même rangée, c'est toute la ligne qui est sélectionnée.

2. **Tapez la nouvelle valeur.**

   Si vous tapez une valeur de type chaîne, n'oubliez pas les guillemets. De même, délimitez les valeurs littérales de date avec le signe dièse (#).

3. **Si vous changez d'avis, vous pouvez annuler la nouvelle entrée et restaurer l'ancienne en appuyant sur la touche Echap ; sinon, appuyez sur Entrée pour valider.**

   Editor n'accepte pas les valeurs non valides et affiche un message d'erreur vous indiquant la nature de l'erreur.

Toutes les valeurs de variables sont modifiables, y compris celles des membres de tableaux de chaînes et des types de données définis par l'utilisateur. Il faut juste que vous pensiez à développer la branche appropriée de l'arborescence pour accéder à ces éléments. Dans le cas d'une variable objet, vous ne pouvez pas changer l'objet auquel la valeur est affectée mais vous êtes autorisé à en modifier les propriétés (à l'exception des propriétés en lecture seule). Là encore, vous devez cliquer sur le signe + pour afficher les éléments à modifier. (Voir Figure 9.11).

La fenêtre Espions : un outil de débogage essentiel

Si vous maîtrisez la fenêtre Variables locales, l'utilisation de la fenêtre Espions est un jeu d'enfant. Le principe est le même à la différence près que c'est *vous* qui choisissez les valeurs à afficher. La Figure 9.12 montre la fenêtre Espions en action.

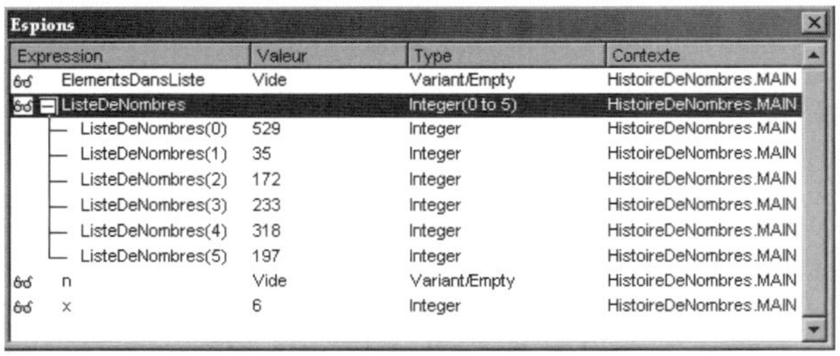

Figure 9.12 : La fenêtre Espions de Visual Basic Editor.

N'OUBLIEZ PAS

Utilisez la fenêtre Espions pour déboguer les gros programmes dans lesquels de nombreuses procédures comprennent des variables globales. Ainsi, vous pourrez surveiller leurs valeurs quelle que soit la partie du programme où vous vous trouvez.

La fenêtre Espions est automatiquement affichée dès lors que vous définissez une *expression espionne*. (Voir l'encadré "Quelles sont les autres différences par rapport à la fenêtre Variables locales"). Toutefois, si vous voulez disposer de plus d'espace à l'écran, vous pouvez refermer la fenêtre en cliquant sur la croix, dans le coin supérieur droit.

Ajouter des expressions espionnes

Si vous aimez avoir le choix, vous adorerez la fenêtre Espions. Préparez-vous à être submergé d'options au moment d'ajouter des expressions espionnes.

Quelle que soit la méthode employée, vous devez commencer par sélectionner la variable ou l'expression à espionner. J'entends par "sélectionner", mettre en surbrillance l'ensemble de l'élément, comme dans un traitement de texte, à l'aide de la souris ou des flèches de direction du clavier.

Cependant, si vous désirez espionner une variable individuelle (autrement dit, autre chose qu'une propriété d'objet ou un élément d'un type de données défini par l'utilisateur), vous n'êtes pas obligé de sélectionner l'ensemble, il suffit que vous placiez le point d'insertion dans le nom de la variable.

Passons maintenant à cette "méga" liste de méthodes qui s'offrent à vous. Vous pouvez ajouter un espion en :

- Glissant-posant la sélection vers la fenêtre Espions. Cette méthode crée directement l'espion. Elle est rapide mais vous ne pouvez plus tout contrôler.
- Faisant un clic droit sur la sélection puis en choisissant Ajouter un espion dans le menu contextuel pour afficher la boîte de dialogue Ajouter un espion. Ainsi, vous pouvez paramétrer le comportement de l'espion (voir la section "La boîte de dialogue Ajouter un espion", plus loin dans ce chapitre).
- Choisissant Débogage/Ajouter un espion ; vous faites apparaître là aussi la boîte de dialogue Ajouter un espion.
- Cliquant sur le bouton Espion express de la barre d'outils Débogage ou en choisissant Débogage/Espion express. Editor affiche alors un message décrivant l'expression espionne que vous allez ajouter, mais vous ne pouvez rien modifier.

Quelles sont les autres différences par rapport à la fenêtre Variables locales

Outre le fait que vous décidiez de tout ce qui apparaît dans la fenêtre, il existe deux autres différences importantes :

- Vous pouvez surveiller la valeur de n'importe quelle expression VBA valide, pas uniquement celle des variables individuelles. Les expressions telles que `(X - Y) > 15`, `"La couleur est " & strColor`, ou même `2 + 2` sont tout à fait concernées. C'est la raison pour laquelle on parle d'*expressions* espionnes.
- La fenêtre Espions étant en mesure de surveiller les variables de n'importe quel module ou procédure du projet, elle comprend une quatrième colonne intitulée Contexte qui indique la portée de la valeur affichée. Si vous exécutez une procédure en dehors du contexte défini, il ne sera affiché que <Hors du contexte>.

Si vous êtes un bricoleur invétéré, vous n'avez pas besoin de sélectionner quoi que ce soit dans la fenêtre Code. Il vous suffit de cliquer sur le bouton Ajouter un espion puis de taper l'expression souhaitée dans la boîte de dialogue Ajouter un espion.

La boîte de dialogue Ajouter un espion

La Figure 9.13 montre la boîte de dialogue Ajouter un espion, qui apparaît lorsque vous faites Débogage/Ajouter un espion ou choisissez Ajouter un espion depuis le menu contextuel (clic droit) de la fenêtre Code. Cette boîte de dialogue vous sert à paramétrer votre expression espionne.

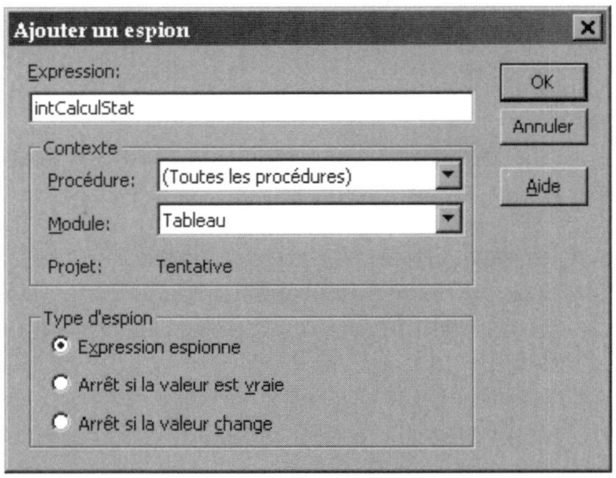

Figure 9.13 : La boîte de dialogue Ajouter un espion.

La zone de texte Expression vous sert bien entendu à définir l'expression à espionner. Si vous avez sélectionné la variable ou l'expression avant l'ouverture de la boîte de dialogue, vous n'avez rien à changer mais restez libre de le faire.

La section Contexte de la boîte de dialogue vous permet de définir les procédures dans lesquelles Visual Basic Editor calcule et affiche la valeur de l'expression espionne. Les valeurs des options Procédure et Module correspondent par défaut à la procédure dans laquelle la variable est apparue lorsque vous avez ajouté l'espion. Pour visualiser la valeur pendant l'exécution d'une autre procédure, indiquez son nom. Si cette procédure appartient à un autre module, vous devez d'abord sélectionner ce dernier puis choisir la procédure.

Si vous voulez que la valeur de la variable reste affichée quelle que soit la procédure d'un module donné en cours d'exécution, choisissez (Toutes les procédures), le premier élément de la liste Procédure. Et si vous souhaitez que la valeur soit *toujours* affichée, dans tout le programme, choisissez (Tous les modules) dans la liste Module. Plus la portée est grande, plus le calcul et le renvoi de la valeur prennent du temps. Mais, malgré tout, la surveillance d'une variable depuis n'importe quelle partie du programme vaut bien une petite attente.

S'il s'agit d'une expression espionne normale, dans la section Type d'espion, laissez l'option sur Expression espionne sélectionnée. J'explique les autres choix dans la section "Utiliser des expressions espionnes pour définir des points d'arrêt", un peu plus loin.

Modifier des expressions espionnes

Pour modifier une expression espionne, le plus simple est de le faire directement dans la colonne Expression de la fenêtre Espions. Sélectionnez la ligne souhaitée en cliquant dedans puis cliquez sur l'expression à modifier pour la surligner. Vous pouvez ensuite apporter les changements désirés.

Comme dans la fenêtre Variables locales, vous pouvez modifier la valeur d'une variable pendant l'exécution du programme. Cependant, il est impossible de modifier le paramètre Contexte d'une expression espionne dans la fenêtre Espions. Pour cela, il vous faut ouvrir la boîte de dialogue Modifier un espion, véritable clone de la boîte de dialogue Ajouter un espion : choisissez Débogage/Modifier un espion ou faites un clic droit sur l'expression espionne puis choisissez Modifier un espion dans le menu contextuel. Une fois la boîte de dialogue ouverte, vous pouvez modifier le contexte, le type ou l'expression elle-même comme lorsque vous l'avez défini la première fois.

Utiliser des expressions espionnes pour définir des points d'arrêt

Plus le programme est volumineux, plus il est difficile de savoir de quelles procédures et instructions dépendent les variables. Il arrive souvent que vous suspectiez la valeur d'une variable d'être erronée mais ne sachiez pas où se trouve la ligne de code à l'origine du problème. Dans cette situation, un point d'arrêt relié à une expression espionne peut vous sauver la vie (ou au moins le code).

Grâce aux options de la section Type d'espion des boîtes de dialogue Ajouter un espion ou Modifier un espion, vous pouvez définir les deux types de point d'arrêt automatique suivants :

- Votre programme peut passer automatiquement en mode Arrêt dès qu'il exécute une instruction qui modifie une expression avec une valeur différente de 0. (Rappelez-vous qu'en VBA, `0` est `False` et toute autre valeur, `True`.) Pour ce type de point d'arrêt, choisissez Arrêt si la valeur est vraie.
- Votre programme peut passer automatiquement en mode Arrêt après exécution d'une instruction qui change la valeur d'une expression. Pour ce type de point d'arrêt, choisissez Arrêt si la valeur change.

Malgré leurs talents particuliers, ces expressions espionnes "d'arrêt" fonctionnent, dans la fenêtre Espions, comme des espions normaux. Mais il est possible de distinguer les différents types d'espions par la petite icône située sur le côté gauche de la fenêtre. Vous devez pouvoir les apercevoir si vous regardez attentivement la Figure 9.14 ; rassurez-vous, elles sont bien visibles à l'écran.

Lorsqu'un point d'arrêt est déclenché par le changement d'une valeur, VBA interrompt l'exécution du programme et passe en mode Arrêt. Dans la fenêtre Code, l'instruction à l'origine du changement est située juste avant la procédure surlignée. Dans la fenêtre Espions, l'expression espionne concernée est surlignée pour que vous puissiez la repérer (voir Figure 9.14).

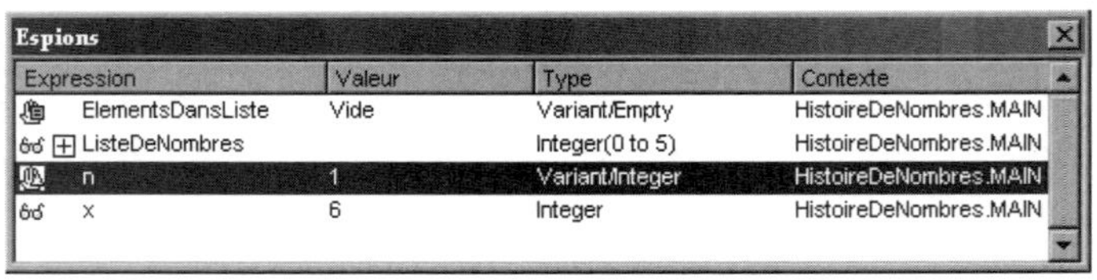

Figure 9.14 : Une expression espionne de type "Arrêt si la valeur change" sur la variable n vient de faire basculer le programme en mode Arrêt.

Chasser le bogue sauvage avec On Error et l'objet Error

Si un incident se produit pendant l'exécution du programme, le résultat est souvent catastrophique. VBA stoppe brusquement le programme et affiche une boîte de dialogue vous informant laconiquement des raisons de cette erreur d'exécution. Je vous ai présenté cette boîte dans la Figure 9.2. Vous avez le choix entre cliquer sur Fin (pour mettre fin à l'exécution du programme), Débogage (pour passer en mode Arrêt) et Aide (pour afficher une rubrique d'aide sur l'erreur en question).

Ces options ne sont vraiment pas attirantes, surtout si vous exécutez votre programme pour de bon et non plus dans le cadre de tests. Ce serait bien plus agréable si votre programme pouvait détecter et corriger l'erreur – ou au moins la contourner – avant que VBA ne débarque avec son message d'erreur d'exécution de mauvaise augure. A défaut, vous pouvez proposer à l'utilisateur un message un peu plus sympathique.

C'est réalisable, moyennant l'ajout d'un code de gestion des erreurs. La section suivante vous indique la marche à suivre.

D'où viennent les erreurs d'exécution ?

Les erreurs d'exécution se produisent pour les deux raisons suivantes :

- Une grave erreur logique dans votre programme crée une situation que VBA est incapable de gérer. Pour ressortir le bon vieil exemple concret, imaginez que vous ayez écrit une instruction dans laquelle une valeur est divisée par une variable. Si votre code affecte la valeur zéro à cette variable, vous êtes fichu car il est formellement interdit de diviser par zéro, sous peine que votre ordinateur fasse une attaque ; donc, VBA arrête le programme.
- Une circonstance imprévue vexe votre programme. Par exemple, une connexion à un fichier de base de données, un serveur de réseau ou un site Internet peut être coupée ; votre programme est alors incapable d'extraire les valeurs dont il a besoin.

Dans les deux cas, le résultat est le même. Protégez votre programme et vos utilisateurs en écrivant votre propre code de gestion des erreurs.

Fonctionnement du code de gestion d'erreurs

Pour éviter que VBA ne prenne en charge lui-même les erreurs d'exécution, vous devez affecter à chaque procédure un *gestionnaire d'erreurs* – bloc de code dont la seule mission est d'intervenir si une erreur se produit. En cas d'incident pendant l'exécution de la procédure, VBA confit l'exécution du programme au gestionnaire d'erreurs qui peut identifier le type d'erreur et prendre les mesures nécessaires pour rétablir la situation.

Comment écrire le code de gestion d'erreurs

Pour ajouter un code de gestion d'erreurs à une procédure, trois opérations sont nécessaires :

- Ajouter une instruction `On Error` au début de la procédure pour indiquer à VBA où se trouve le gestionnaire d'erreurs.
- Taper une instruction `Exit Sub` ou `Exit Function` après le corps de la procédure et juste avant le code de gestion d'erreurs.
- Ecrire le code du gestionnaire d'erreurs proprement dit, précédé d'une étiquette d'identification.

Ces trois étapes sont vitales.

Ecrire des instructions On Error

L'instruction `On Error` permet au gestionnaire d'erreurs d'indiquer à VBA sa position à l'intérieur de la procédure. L'instruction complète présente la syntaxe suivante `On Error GoTo label` (étiquette), cette dernière permettant d'identifier la première ligne de code du gestionnaire d'erreurs.

Voici à quoi ressemble une instruction `On Error` dans une procédure :

```
Sub DemoGestErreurs()
On Error GoTo GestErreurs
  VariableMaman = CetteFonction (X,Y,Z)
  VariablePapa = CetteProcedure
  VariableBebe = VariableMaman + VariablePapa
' Stoppe la procédure ici si aucune erreur ne s'est produite
  Exit Sub GestErreurs:
(le code de gestion d'erreurs vient ici)
End Sub
```

Vous devez connaître deux autres variantes de l'instruction `On Error` :

- `On Error GoTo 0` désactive la gestion des erreurs à partir de ce point de la procédure et supprime l'objet `Err`. Utilisez-la dans votre procédure après un `On Error GoTo label` lorsque vous souhaitez désactiver votre propre code de gestion d'erreurs et instaurer de nouveau le système par défaut de VBA.
- Avec `On Error Resume Next`, VBA ignore la ligne à l'origine de l'erreur et poursuit l'exécution à partir de la ligne suivante. Il va de soi qu'ignorer une erreur ne la fait pas disparaître. `On Error Resume Next` est surtout utile lorsque votre code utilise des objets de l'application hôte ou d'autres composants qui ne sont pas de votre cru – voir Chapitre 14.

Ajouter une instruction Exit à la procédure

Un gestionnaire d'erreurs fait partie intégrante de la procédure dans laquelle il apparaît, ce qui signifie que VBA exécute le code du gestionnaire chaque fois que la procédure est lancée. Bien entendu, cela n'est pas normal car le gestionnaire d'erreurs ne doit normalement intervenir qu'en cas d'erreur.

Pour que le gestionnaire d'erreurs entre en jeu à bon escient, il vous suffit d'ajouter une instruction `Exit` juste avant le code du gestionnaire comme le montre l'exemple de la section précédente "Ecrire des instructions On Error". Si vous créez une procédure `Sub`, l'instruction `Exit` doit être `Exit Sub`, et `Exit Function` pour une procédure `Function`.

Créer le code du gestionnaire d'erreurs

Pour vous enquiquiner le moins possible, positionnez toujours le code du gestionnaire d'erreurs à la fin de la procédure. Ce gestionnaire d'erreurs est constitué de plusieurs composants :

- Une étiquette marquant le début du gestionnaire d'erreurs.
- Le code qui détermine le type d'erreur.
- Le code pour corriger l'erreur.
- Une instruction, facultative, pour reprendre l'exécution de la partie principale de la procédure.

Ajouter une étiquette

Pour repérer le début de votre code de gestion d'erreurs, ajoutez une étiquette VBA au niveau de la première ligne. (Rappelez-vous qu'une étiquette est un seul mot suivi de deux-points.) L'instruction `On Error` dirige l'exécution de la procédure vers cette étiquette en cas d'erreur. Dans l'exemple suivant, `LeGestionnaire` correspond à l'étiquette :

```
...
LeGestionnaire:
...
(instructions de gestion d'erreurs)
...
End Sub
```

Dans cet exemple, le code de gestion d'erreurs est à sa place, à la fin de la procédure – le `End Sub` marque donc la fin du gestionnaire d'erreurs.

Recueillir des informations sur l'erreur et la corriger

Votre gestionnaire d'erreurs effectue deux tâches principales : vérifier le type d'erreur survenue et proposer une solution. Bien que, théoriquement, ces deux corvées diffèrent, dans la pratique, elles sont liées.

Pour connaître la nature de l'erreur, la méthode classique consiste à utiliser l'objet `Err`. Si vous savez qu'une variable donnée a tendance à perdre la boule, vous voudrez peut-être vérifier directement si sa valeur est hors limite avant de regarder l'objet `Err`. Sinon, l'objet `Err` est la solution.

L'objet `Err` existe dans tous les programmes VBA. Vous pouvez l'utiliser directement, sans créer d'abord une instance. VBA stocke automatiquement dans l'objet `Err` les informations sur l'erreur la plus récente. Votre code n'a ensuite plus qu'à extraire les propriétés de l'objet `Err`, dont `Number` et `Description`.

La propriété `Number` vous donne simplement le numéro de l'erreur détectée. Vous pouvez affecter cette propriété à une variable ou l'utiliser directement dans une instruction conditionnelle comme dans l'exemple suivant :

```
Sub EncoreUneSubtilite()
On Error GoTo JePenseMaisRienNeSePasse
...
(instructions sujettes aux erreurs)
...
```

```
Exit Sub
JePenseMaisRienNeSePasse:
Select Case Err.Number
  Case 7 ' Mémoire insuffisante
    (code pour gérer l'erreur N°7)
  Case 11 ' Division par zéro
    (code pour gérer l'erreur N°11)
… (etc.)
  Case Else
    (code pour gérer les autres erreurs)
End Select
End Sub
```

Dans l'exemple ci-dessus, l'instruction `Select Case` compare la propriété `Number` par rapport à un certain nombre de valeurs pour lesquelles vous avez écrit des instructions de gestion d'erreurs spécifiques qui doivent accomplir les tâches suivantes :

- Informer l'utilisateur qu'une erreur s'est produite et demander des instructions par l'intermédiaire d'une boîte de saisie ou d'une feuille personnalisée.
- Essayer de nouveau d'obtenir des données correctes d'une source qui n'était pas disponible ou changer de source.
- Remplacer la valeur fautive par une valeur correcte et l'enregistrer dans un fichier ou indiquer via une boîte de message que les données ont dû être modifiées par la force pour résoudre le problème.

Afin d'utiliser efficacement la propriété `Number`, vous devez connaître la signification des numéros d'erreur. Je n'ai pas la place de toutes les énumérer ici. Dans certaines applications VBA – telles que celles d'Office XP –, vous trouvez des informations sur les erreurs les plus courantes dans l'aide VBA.

Si votre code ne peut traiter une erreur donnée ou si vous ne voulez pas vous donner la peine de le faire, vous pouvez toujours éviter le message d'erreur d'exécution standard de VBA grâce à la propriété `Description` de l'objet `Err`. L'exemple suivant affiche un message d'erreur distingué tiré de la chaîne de caractères fournie par la propriété `Description` :

```
strMonMessageErr = "Je suis au regret de vous informer que " _
& "quelque chose cloche dans ce " & "charmant programme. _
Selon VBA, la cause du problème est "
MsgBox strMonMessageErr & Err.Description
```

Certaines applications VBA fournissent des objets et des fonctions supplémentaires dispensant des informations sur les problèmes qui leur sont spécifiques. Microsoft Access, par exemple, dispose d'un objet `Error` à part.

Reprendre l'exécution du programme

Lorsque le gestionnaire d'erreurs a effectué son travail, vous avez deux options : laisser la procédure reprendre là où elle en était juste avant l'apparition de l'erreur ou retransférer l'exécution du programme vers la procédure qui a appelé celle dans laquelle s'est produite l'erreur.

Placez l'instruction `Resume` dans votre gestionnaire d'erreurs si vous voulez revenir dans la procédure courante. L'instruction `Resume` existe en plusieurs modèles :

- Le fait de taper **Resume** seul sur une ligne redonne la main à la procédure à l'endroit où l'erreur s'est produite. Choisissez cette version si votre gestionnaire d'erreurs a corrigé des valeurs utilisées dans cette instruction pour que vous sachiez qu'une erreur ne pourra se reproduire.
- Pour omettre l'instruction à l'origine de l'erreur, ajoutez plutôt une instruction `Resume Next` à votre code de gestion d'erreurs. L'exécution reprendra à partir de l'instruction située juste après la fautive.
- Pour aller directement à un endroit de la procédure, entrez une instruction `Resume label` après le code de gestion d'erreurs. Ici, `label` fait référence à une étiquette quelque part dans votre procédure mais *pas* à celle qui identifie votre gestionnaire d'erreurs. Bien entendu, si vous utilisez cette version de l'instruction, l'étiquette doit, elle aussi, être ajoutée à la procédure.

Chapitre 10

Créer des feuilles VBA interactives

Dans ce Chapitre :

- Exécuter et imprimer des feuilles pendant le processus de création.
- Insérer une nouvelle feuille et l'enrichir de contrôles.
- La fenêtre Propriétés – un moyen facile de définir des propriétés.
- Etudier les principales propriétés des feuilles et des contrôles.
- Travailler avec des étiquettes, des zones de texte, des boutons et des cadres.
- Ouvrir et fermer des feuilles dans vos programmes VBA.
- Ecrire des procédures d'événement pour rendre vos feuilles interactives.

Avec VBA, vous pouvez dessiner de jolies fenêtres, de la simple boîte de dialogue au centre de contrôle d'une application personnalisée. Ce chapitre vous présente toutes les étapes à suivre pour créer une feuille – le terme VBA pour désigner des boîtes de dialogue personnalisées. Vous apprendrez à dessiner une feuille, ajouter des contrôles tels que boutons et des zones de texte, puis, étape fondamentale, faire en sorte que la feuille et ses contrôles se comportent comme vous l'entendez.

Concevoir une feuille

Avant de s'atteler à la tâche, il est important de connaître quelques principes de base qui accéléreront et faciliteront le processus de création.

Exécuter une feuille

Lorsque vous dessinez une feuille, vous pouvez l'*exécuter* (l'afficher puis l'activer) à tout moment ; pour cela, il faut :

1. **Sélectionner la fenêtre de la feuille.** Cliquez dans la fenêtre de la feuille ou dans la fenêtre Code associée à la feuille.

2. **Afficher la feuille.** Appuyez sur F5 ou cliquez sur le bouton Exécuter de la barre d'outils Standard.

Lorsque vous exécutez une feuille, elle apparaît à l'écran par-dessus votre application VBA (cela signifie que Visual Basic Editor disparaît momentanément). Vous pouvez alors tester la feuille en cliquant sur ses contrôles pour voir ce qui se passe. Rappelez-vous simplement que si la feuille fait partie d'un programme étoffé, il est possible qu'elle ne fonctionne pas parfaitement si vous l'exécutez toute seule.

Avant d'exécuter une feuille il faut d'abord sélectionner sa fenêtre. Dans Visual Basic Editor, les poignées de sélection figurant sur le périmètre de la feuille demeurent visibles même si vous cliquez dans une autre fenêtre d'Editor. Vous avez l'impression que la feuille est sélectionnée mais elle ne sera pas exécutée automatiquement si vous appuyez sur F5. Si la boîte de dialogue Macros surgit subitement, cliquez sur Annuler puis n'importe où dans la feuille avant de relancer l'exécution.

Pour arrêter l'exécution d'une feuille qui n'est pas dotée d'un bouton Annuler, cliquez sur le bouton Fermer, dans le coin supérieur droit de la barre de titre. Vous pouvez également appuyer sur Alt+Tab pour revenir dans Visual Basic Editor et cliquer sur le bouton Réinitialiser de la barre d'outils Standard.

Pour exécuter une feuille toute seule, vous devez être dans Visual Basic Editor et utiliser la technique décrite ci-dessus. Cependant, lorsque vous créez une feuille, l'objectif est de pouvoir l'exécuter depuis votre application VBA. Pour ce faire, vous devez lancer la feuille à partir d'un autre code VBA, comme l'explique la section "Du code dans vos feuilles", plus loin dans ce chapitre. Ce code s'exécute comme décrit au Chapitre 4.

Les feuilles et les contrôles sont des objets – ils doivent être programmés

Juste un rappel : les feuilles et les contrôles sont des objets VBA à part entière qui ont donc des propriétés, des méthodes et des événements. Elles se différencient des autres objets en ce sens qu'il est possible de définir leurs propriétés et celles de leurs contrôles sans avoir recours à la programmation.

Mais, gardez bien à l'esprit que vous devez écrire du code pour chaque contrôle, à l'exception de quelques étiquettes et cadres. Les feuilles proprement dites nécessitent elles aussi souvent du code. Pour plus d'informations sur l'étape de programmation du processus de création d'une feuille, reportez-vous à la section "Du code dans vos feuilles", plus loin dans ce chapitre.

Une information rapide sur les feuilles de Microsoft Access : bien qu'Access soit doté du langage VBA standard pour l'écriture du code, des feuilles et des contrôles, qui ressemblent et fonctionnent comme ceux des autres applications VBA, les feuilles Access ne sont pas des feuilles VBA traditionnelles. Les propriétés des contrôles Access sont très différentes de celles des contrôles VBA classiques. Il est impossible de remplacer une feuille Access par une feuille conçue dans une autre application VBA.

Créer des feuilles adaptées à votre programme

Dans VBA, dessiner des feuilles est simple et ludique mais demande une planification sérieuse si elles sont destinées à de véritables programmes. Rappelez-vous que vos feuilles font partie d'un logiciel qui a une mission à accomplir. Par conséquent, avant de laisser parler votre talent d'artiste, consacrez un peu de temps aux tâches suivantes :

1. **Définissez clairement l'objectif de votre programme.**

   C'est également valable pour les programmes ne comprenant pas de feuilles. Pendant l'étape de planification de vos feuilles, ne perdez pas de vue l'objectif principal de votre programme.

2. **Recensez les tâches à affecter aux feuilles pour atteindre cet objectif.**

   A quelles informations l'utilisateur devra répondre ? Quels sont les renseignements sur l'utilisateur dont vous avez besoin ? Quelle sera la marge de manœuvre de l'utilisateur pendant le fonctionnement du programme ? Vous devez bâtir sur votre feuille les éléments qui permettront de mener ces tâches à bien.

3. **Pour chaque tâche, trouvez le type de contrôle le plus adapté.**

   L'utilisateur doit-il choisir une seule option parmi plusieurs ? Si c'est le cas, il vous faut un groupe de boutons d'option, mais si les options peuvent être définies indépendamment, optez pour des cases à cocher.

4. **Choisissez un emplacement pour vos contrôles.**

   Ce choix doit être motivé par l'importance de la tâche à accomplir, sa fréquence d'utilisation et sa relation avec les autres tâches (ainsi, vous saurez quels sont les contrôles à regrouper).

5. **Une fois tous ces points éclaircis, vous pouvez faire l'ébauche de votre feuille, au moins mentalement.**

   Evitez de surcharger votre feuille de contrôles. Une utilisation judicieuse des objets multipage ou des étiquettes d'onglet permet de limiter le nombre de feuilles mais soyez prêt à ajouter des feuilles supplémentaires à votre projet, c'est un remède "antipagaille" et le gage d'une certaine facilité de lecture de vos feuilles.

6. **Ce n'est qu'après avoir réglé ces détails pratiques que vous pourrez penser aux chichis.**

   Est-ce que le fait de choisir une police différente pour certains boutons – ou opter pour des boutons toupies en forme de vaisseau spatial – facilite vraiment la tâche de l'utilisateur ? Utilisée avec parcimonie, la pluralité des couleurs, polices ou graphismes décuple l'intérêt que peuvent susciter vos feuilles mais trop de variété risque de distraire l'utilisateur.

Il ne s'agit pas non plus de passer des heures et des heures sur cette planification. En fait, une fois votre objectif défini dans ses grandes largeurs, il est généralement utile de commencer à créer une feuille provisoire, de la tester pour vérifier ce qui fonctionne et ce qui ne va pas. J'entends par là que si vous créez des feuilles à la va-vite, sans aucune stratégie, vous risquez de vous apercevoir par la suite qu'elles ont besoin d'être sérieusement modifiées. Il faut trouver le juste milieu.

Imprimer des feuilles pendant le processus de création

En période de création, il est parfois utile de disposer de copies papier de votre projet que vous gardez sur vous et pouvez modifier si une idée vous vient à l'esprit. La version papier est idéale pour griffonner des modifications et vous pouvez la faire circuler parmi les utilisateurs potentiels ou vos collègues programmeurs pour avis.

Pour lancer l'impression des feuilles de votre projet dans Visual Basic Editor, procédez ainsi :

1. **Si vous ne voulez imprimer qu'une seule feuille, sélectionnez-la dans l'Explorateur de projets ; pour imprimer toutes les feuilles d'un projet, sélectionnez une feuille, un module ou un autre composant de ce projet.**

2. **Choisissez Ficher/Imprimer ou appuyez sur Ctrl+P.**

3. **Dans la boîte de dialogue qui s'affiche, cochez la case Feuille.**

4. **Décochez la case Code à moins que vous ne vouliez également imprimer le code associé à la feuille.**

5. **Choisissez Module en cours pour imprimer uniquement la feuille en cours ou Projet en cours pour imprimer toutes les feuilles.**

6. **Cliquez sur OK pour lancer l'impression.**

Dessiner une feuille

Comme le montre la Figure 10.1, une nouvelle feuille vous offre un canevas vierge, terrain de vos expériences en matière de création d'interface utilisateur. Vous pouvez dimensionner la feuille, modifier ses couleurs et la remplir de contrôles qui la rendent productive.

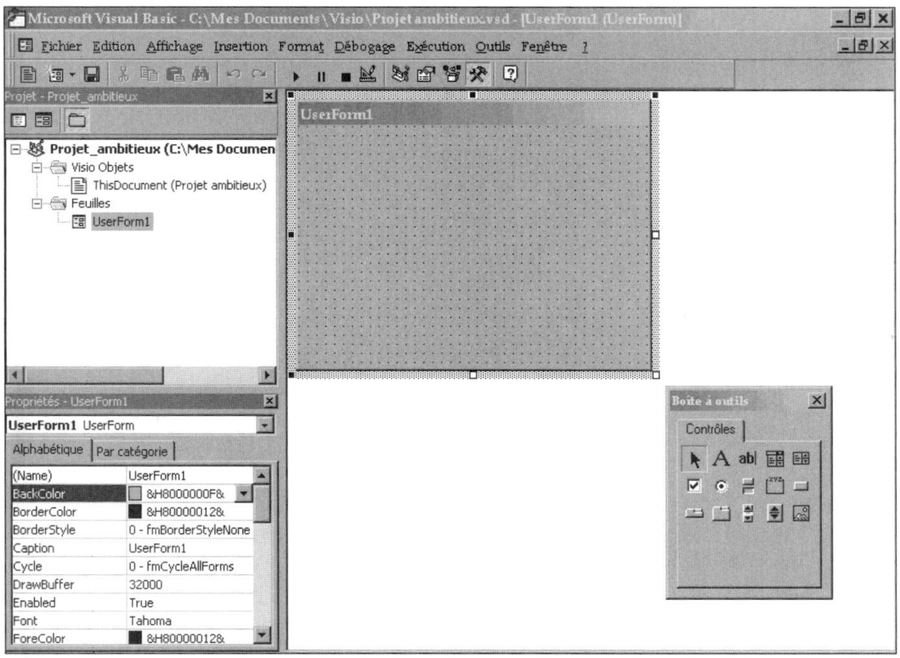

Figure 10.1 : Un UserForm flambant neuf. Notez la présence de la Boîte à outils remplie de contrôles.

Avant de créer une feuille, assurez-vous que le projet actif est le bon – celui dans lequel vous voulez insérer la feuille. Ouvrez le document du projet dans l'application VBA puis basculez dans Visual Basic Editor. Si votre application vous permet d'ouvrir plusieurs documents en même temps ou si elle utilise des modèles, servez-vous de l'Explorateur de projets pour sélectionner votre projet. (L'Explorateur de projets est traité au Chapitre 5.)

Créer la feuille

Pour créer une feuille VBA, choisissez Insertion/UserForm dans Visual Basic Editor ou depuis le menu contextuel (clic droit) de l'Explorateur de projets. Le nouveau UserForm apparaît dans une fenêtre spécifique, accompagné de la Boîte à outils (voir Figure 10.1), une barre d'outils spéciale dotée des contrôles que vous insérerez dans vos UserForms.

Ajouter des contrôles à l'aide de la Boîte à outils

Une fois le UserForm vierge à l'écran, l'heure est venue d'ajouter des *contrôles* – les petits bidules entreposés dans la Boîte à outils et qui, une fois sur votre feuille, servent à communiquer avec l'utilisateur.

La Boîte à outils est automatiquement affichée lorsque vous créez un UserForm, à moins que vous ne l'ayez fermée auparavant. Elle se cache avec humilité lorsque vous cliquez dans une fenêtre qui n'est pas une feuille mais réapparaît dès que vous cliquez de nouveau dans le UserForm. Si la Boîte à outils n'est pas visible à l'écran, choisissez Affichage/Boîte à outils.

Pour ajouter un contrôle à votre feuille :

1. **Dans la Boîte à outils, cliquez sur l'icône du contrôle à ajouter.**

2. **Déplacez le pointeur de la souris sur la feuille.**

   Le pointeur se transforme en croix et l'icône du contrôle sélectionné apparaît.

3. **Cliquez puis déplacez la souris vers l'emplacement où vous souhaitez placer le contrôle (voir Figure 10.2).**

4. **Relâchez le bouton de la souris.**

   Le contrôle apparaît sur la feuille.

N'OUBLIEZ PAS

Normalement, dès que vous avez ajouté un contrôle, le pointeur de la souris reprend la forme de la flèche de sélection des objets. Pour insérer d'autres contrôles du même type, double-cliquez simplement sur son icône dans la Boîte à outils. Pour arrêter d'ajouter des contrôles, cliquez sur l'icône de sélection (la flèche).

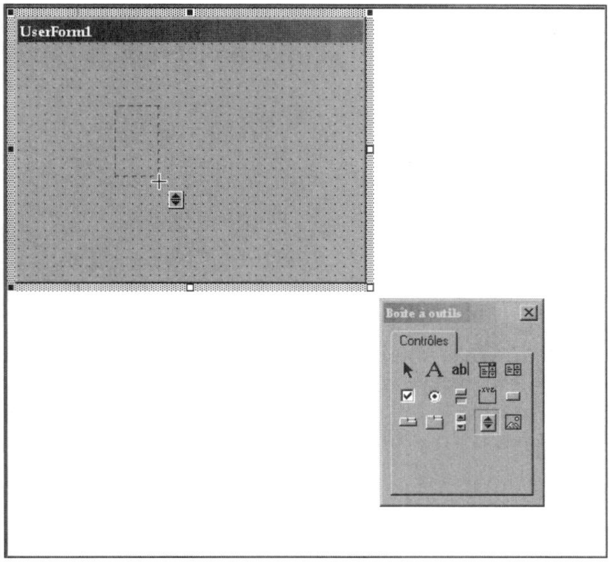

Figure 10.2 : Insertion d'un bouton rotatif dans un UserForm.

Utiliser les propriétés des feuilles et des contrôles

Les feuilles et les contrôles VBA sont des objets et ont donc des *propriétés* qui conditionnent leur apparence et leur comportement. Et, comme toute propriété d'objet qui se respecte, vous avez la possibilité de les consulter et de les modifier dans votre code.

Mais, dans le cas de ces objets, vous *n'avez pas besoin* d'écrire du code. En effet, la fenêtre Propriétés de Visual Basic Editor vous permet de gérer de nombreuses caractéristiques concernant les feuilles et les contrôles sans avoir recours à la programmation pure. Plus vos programmes deviendront complexes, plus vous voudrez – en fait, plus vous *supplierez* – que vos propriétés soient paramétrées avec des lignes de code. Mais, même dans ce cas, la fenêtre Propriétés demeure le moyen le plus simple de contrôler les paramètres initiaux des feuilles et contrôles.

Le fenêtre Propriétés est illustrée par la Figure 10.3. Si elle n'est pas déjà à l'écran, vous pouvez l'afficher en choisissant Affichage/Fenêtre propriétés ou en appuyant sur F4.

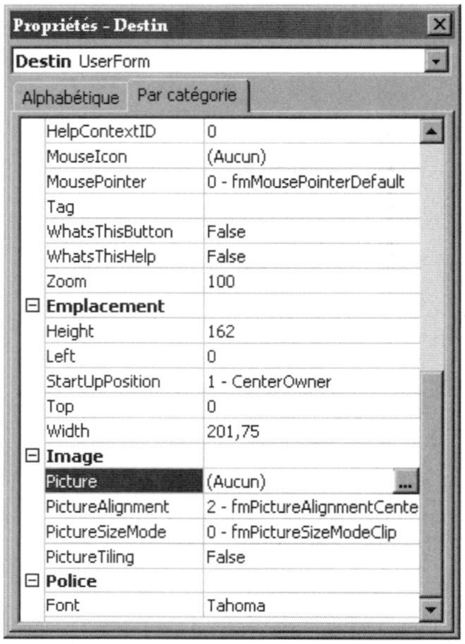

Figure 10.3 : La fenêtre Propriétés d'une feuille VBA.

Si vous ne savez pas à quoi sert telle propriété, consultez l'aide. Cliquez dans le champ de la propriété puis appuyez sur F1 pour afficher la rubrique correspondante du fichier d'aide VBA.

Visite guidée de la fenêtre Propriétés

La fenêtre Propriétés est très pratique pour deux raisons :

- Elle affiche automatiquement les propriétés de tout élément sélectionné dans la fenêtre UserForm, qu'il s'agisse d'un contrôle ou de la feuille proprement dite.
- Vous pouvez manipuler les propriétés de n'importe quel élément de la feuille en choisissant ce dernier dans la liste déroulante en haut de la fenêtre Propriétés (voir Figure 10.4).

Vous noterez que, par défaut, cette liste déroulante présente toujours le nom et le type de l'élément sélectionné.

La fenêtre Propriétés comprend deux onglets qui affichent exactement les mêmes propriétés mais sous une forme différente : l'onglet Alphabétique classe les propriétés selon le revenu annuel (non, je plaisante !) et l'onglet Par catégorie selon le type.

Figure 10.4 : La liste déroulante de la fenêtre Propriétés vous permet de consulter et modifier les propriétés de tout contrôle appartenant à la feuille ou celles de la feuille proprement dite.

Quel que soit l'onglet choisi, la fenêtre fonctionne de la même manière. A droite des noms de propriété figure un *champ* où vous pouvez modifier les paramètres.

Modifier les paramètres d'une propriété

Selon la propriété, vous pouvez modifier sa valeur de trois manières :

- En tapant une nouvelle valeur.
- En choisissant la nouvelle valeur dans une liste déroulante.
- En choisissant la nouvelle valeur dans une boîte de dialogue.

Certaines propriétés vous permettent soit de taper la nouvelle valeur, soit de la choisir dans une liste.

N'OUBLIEZ PAS

Il est impossible de savoir s'il s'agit d'une liste déroulante ou d'une boîte de dialogue avant d'avoir cliqué dans le champ de la propriété. Ce n'est qu'au moment du clic qu'un bouton apparaît. (Ce bouton présente une flèche pointant vers le bas pour les listes déroulantes ou trois petits points pour les boîtes de dialogue ; voir Figure 10.3.)

Veiller à sélectionner le bon élément

Lorsqu'elle est vierge, la feuille est le seul élément visible dans la fenêtre Propriétés. Mais lorsque vous avez ajouté plusieurs contrôles, vérifiez bien quel élément (la feuille ou l'un de ses contrôles) est sélectionné. VBA respecte la convention de sélection traditionnelle : de petites *poignées* apparaissent aux quatre coins et sur les côtés de l'objet sélectionné.

Bien entendu, pour sélectionner un élément vous pouvez tout simplement cliquer dessus, mais cette technique peut jouer de vilains tours. Je vous suggère donc de prendre l'habitude de sélectionner les éléments de votre feuille à l'aide de la liste déroulante de la fenêtre Propriétés. Les poignées de sélection apparaissent alors autour de l'objet comme si vous aviez cliqué dessus. Si vous préférez la technique du clic, habituez-vous au moins à jeter un œil à la barre de titre de la fenêtre Propriétés pour voir si vous avez sélectionné l'élément souhaité.

Utiliser les propriétés principales des feuilles et des contrôles

Nombre de propriétés de feuilles et de contrôles fonctionnent à l'identique quel que soit l'objet. Par exemple, les techniques de redimensionnement d'une feuille et de ses contrôles sont très similaires. Toutes les propriétés concernant la couleur sont les mêmes, qu'il s'agisse de définir la couleur d'arrière-plan d'une feuille ou celle du texte d'un contrôle. Cette section traite les principales propriétés de mise en forme communes aux feuilles et aux contrôles.

Lorsque vous créez une feuille, habituez-vous à définir les paramètres suivants avant de l'enrichir de contrôles :

Action	Propriété	Commentaires
Nommer la feuille	`(Name)`	Le nom sert à se référer à la feuille dans le programme. Il doit être concis mais suffisamment parlant pour bien décrire sa fonction.
Affecter une légende à la feuille	`Caption`	La légende est le texte qui apparaît dans la barre de titre de la feuille. Choisissez une légende qui indique à l'utilisateur quel est l'objectif de la feuille.
Définir une police par défaut	`Font`	
Sélectionner la couleur de premier plan par défaut de la feuille	`ForeColor`	
Spécifier la couleur de fond de la feuille	`BackColor`	

Ces propriétés sont détaillées dans les sections suivantes.

Ne confondez pas Nom et Légende (caption)

Comme vous le savez peut-être maintenant, tout objet d'un programme VBA possède un nom, et les feuilles ainsi que les contrôles n'échappent pas à la règle. Mais le nom d'un objet n'apparaît pas dans la feuille. En fait, dans le code, il sert à faire référence à l'objet – au cas où votre programme devrait activer une des méthodes de l'objet ou modifier une de ses propriétés.

Eh oui, feuilles et contrôles ont bien une propriété `Name`. Un nom de feuille ou de contrôle doit respecter les règles VBA (interdiction d'employer les espaces ou les signes de ponctuation ; voir Chapitre 6). Et ce nom décrit la fonction de l'objet dans votre programme.

La *légende* (caption) d'une feuille ou et celle d'un contrôle sont encore différentes. La légende d'une feuille détermine le texte affiché dans la barre de titre tandis que celle d'un contrôle – s'il en est doté – définit le texte apparaissant sur le contrôle. Vous pouvez modifier la propriété `Caption` en tapant un nouveau texte dans le champ correspondant de la fenêtre Propriétés. Pour ce qui est des contrôles, vous cliquez une fois pour sélectionner le contrôle puis une seconde fois pour modifier directement la légende sur le contrôle. (Ne faites pas un double clic car vous vous retrouveriez dans la fenêtre Code.)

Feuilles non modales contre feuilles modales

L'exemple classique d'une feuille *modale* est la boîte de dialogue : lorsqu'elle est active, vous ne pouvez pas travailler dans une autre partie du programme, à moins de la fermer. De même, lorsqu'une feuille modale est active, seules les procédures appartenant à cette feuille peuvent être exécutées. La feuille peut répondre à des événements mais le reste de votre programme est suspendu et l'application hôte elle-même est inaccessible à l'utilisateur – jusqu'à ce que la feuille soit fermée. C'est un bon moyen pour que les utilisateurs restent concentrés sur la tâche en cours mais cela les empêche de décider par eux-mêmes de la marche à suivre.

Dans VBA 6.3 (comme dans son prédécesseur, VBA 6), les boîtes de dialogue peuvent être modales ou *non modales*, vous pouvez choisir entre les deux types. La feuille est modale par défaut, car la propriété `ShowModal` est `True`. Si vous voulez que l'utilisateur puisse passer de la feuille active, d'autres feuilles ouvertes, et l'application VBA d'origine, choisissez `False`. Lorsqu'une feuille non modale est à l'écran, l'utilisateur peut copier des données d'une feuille ouverte à une autre et faire défiler la fenêtre de l'application principale afin de consulter d'autres informations pertinentes – tout cela sans avoir à fermer puis rouvrir la feuille.

Les utilisateurs de votre programme ne peuvent se déplacer d'une feuille à l'autre que si toutes les feuilles ouvertes sont non modales. Dès qu'une seule feuille modale est ouverte, le reste du programme est suspendu jusqu'à ce que l'utilisateur ferme cette feuille. Si le programme ouvre d'autres feuilles avant la feuille modale, elles restent visibles à l'écran mais ne peuvent être activées tant que la feuille modale reste ouverte.

Cet ouvrage traite VBA 6, mais pour ceux qui en sont restés à VBA 5, il est à noter que *toutes* les feuilles sont modales et ne possèdent donc pas la propriété `ShowModal`.

Dimensionner et positionner feuilles et contrôles

Avant de commencer les grands travaux d'aménagement dans votre feuille, sachez que, comme tout bon logiciel de graphismes qui se respecte, Visual Basic Editor comprend une grille. Cette *grille* trace des lignes magnétiques verticales et horizontales imaginaires. Lorsque vous déplacez ou redimensionnez un élément, ses coins se collent automatiquement contre la ligne la plus proche. Je traite en détail cette grille dans la section "Utiliser la grille", plus loin dans ce chapitre.

Cela étant dit, la propriété d'une feuille ou d'un contrôle la plus facile à modifier est sa taille. Bien que vous puissiez définir les propriétés `Height` (hauteur) et `Width` (largeur) dans la fenêtre Propriétés, il est bien plus commode d'attraper l'élément par une de ses poignées – les petits carrés situés dans les coins et sur les côtés de l'objet lorsqu'il est sélectionné. Je sais, vous savez déjà comment redimensionner un élément. Tous les programmes Windows permettant de redimensionner des formes graphiques, même Paint, utilisent cette méthode. Mais je vous dis quand même comment procéder :

- Glissez la poignée du bas ou de droite pour modifier une dimension de la feuille.
- Glissez la poignée de "coin" pour modifier la feuille simultanément dans les deux dimensions.

Dimensionner des feuilles à l'aide de la souris

Notez bien que seules les poignées blanches permettent de redimensionner et que la plupart des poignées d'une feuille sont noires. Ces poignées noires ne servent qu'à faire beau. Les feuilles sont toujours accolées au coin supérieur gauche de la fenêtre. Il n'est pas possible de déplacer une feuille dans sa fenêtre mais ne vous en faites pas pour cela, sa position dans la fenêtre ne conditionne en rien son apparence à l'écran.

Dimensionner à l'aide de valeurs numériques

Vous pouvez également dimensionner une feuille ou un contrôle en entrant des valeurs numériques précises : il suffit de modifier les propriétés `Height` et `Width` dans la fenêtre Propriétés. "Point" essentiel : les valeurs de ces propriétés sont exprimées en points (un *point* correspond à 1/72 de pouce, un pouce étant égal à 2,54 cm).

Contrôler la position d'une feuille à l'écran

Lorsque vous exécutez votre programme, vous contrôlez complètement la position initiale de la feuille à l'écran (ou lorsque vous exécutez la feuille toute seule, notamment pour la tester). C'est la propriété `StartUpPosition` qui s'en charge.

La valeur par défaut de cette propriété est `1 - CenterOwner`. Cela signifie que la feuille est centrée dans la fenêtre de l'application VBA, quelle que soit sa taille ou sa position à l'écran (enfin, à moins qu'une partie de la fenêtre ne soit en dehors de l'écran, auquel cas votre feuille se met dans le coin, mais jamais au-delà). Si vous voulez centrer votre feuille par rapport à l'écran, quoi que fasse l'application VBA, choisissez `2 - CenterScreen`. Pour définir vous-même la position, optez pour `0 - Manual` puis entrez également les valeurs que vous voulez pour les propriétés `Left` et `Top`.

Positionner des contrôles

Pour modifier la position d'un contrôle sur une feuille, glissez-le simplement vers l'emplacement de votre choix. Si vous êtes tatillon, libre à vous de taper les valeurs numériques pour les propriétés `Left` et `Top`.

Soyez branché grâce aux effets spéciaux en 3D

Si vous raffolez des faux effets 3D, penchez-vous sur la propriété `SpecialEffect`, utilisable avec les feuilles et certains contrôles. Vous les choisissez dans une liste déroulante ; les valeurs autres que 0 (effet plat) donne à l'objet une légère mais réelle profondeur.

Modifier des contrôles : principes de base

Avant que vous ne piquiez une crise avec les commandes de mise en forme avancées, assurez-vous de bien maîtriser les bases. Je traite le dimensionnement et la suppression de contrôles à l'aide de la souris ou des propriétés dans la section "Dimensionner et positionner feuilles et contrôles", plus haut dans ce chapitre. La présente section vous dévoile d'autres techniques simples pour apporter des modifications.

Couper, copier et coller des contrôles

En tant que membre de la famille Windows, Visual Basic Editor vous permet de couper, copier et coller des contrôles individuels ou des groupes de contrôles, à l'aide des commandes de menus standards ou des raccourcis clavier. En outre, pour accéder à ces fonctions d'un simple clic, vous pouvez utiliser les boutons Couper, Copier et Coller de la barre d'outils Standard de Visual Basic Editor. (Ces boutons sont les mêmes que ceux de Microsoft Office.)

La seule petite nuance concerne la commande Coller. Lorsque vous collez un contrôle depuis le Presse-papiers, VBA le place au centre de la feuille même si cette partie de la feuille n'est pas visible à l'écran. Mais, si vous sélectionnez un contrôle Cadre ou Multipage avant de coller, le contrôle sera positionné au centre de cet élément. (Les contrôles Cadre et Multipage sont traités dans le chapitre supplémentaire F.)

Supprimer des contrôles

Vous pouvez supprimer un ou plusieurs contrôles sélectionnés sans passer par le Presse-papiers, en appuyant simplement sur la touche Suppr ou en choisissant Edition/Supprimer. Notez bien que la touche Retour arrière ne fonctionne pas pour ce type d'action.

Sélectionner plusieurs contrôles

Vous avez la possibilité de sélectionner un groupe de contrôles puis de les déplacer, redimensionner, couper ou copier en une seule fois ou de les mettre en forme à l'aide d'autres commandes, comme je l'explique dans la section "Mettre en forme des contrôles", plus loin dans ce chapitre. C'est également un excellent moyen d'affecter aux propriétés qu'ils partagent les mêmes valeurs, sans risque de disparité. Pour sélectionner plusieurs contrôles, il existe différentes méthodes :

- Après avoir cliqué sur la flèche dans la Boîte à outils, dessinez un rectangle de sélection autour des contrôles visés en glissant le pointeur en diagonale. Il suffit qu'une petite partie d'un contrôle soit à l'intérieur du rectangle pour que la sélection s'effectue.
- Cliquez sur un contrôle puis, en maintenant la touche Maj enfoncée, cliquez sur un autre contrôle situé à l'opposé de la zone de sélection. Tous les contrôles se trouvant entre les deux seront sélectionnés.
- Cliquez successivement sur les contrôles à intégrer dans le groupe tout en maintenant la touche Ctrl enfoncée (cette méthode permet également de retirer un contrôle d'une sélection multiple).

Annuler des modifications

En principe, vous pouvez inverser les effets de la dernière modification de mise en forme sur les contrôles grâce à la commande Annuler (Ctrl+Z). Mais cette commande ne permet pas d'annuler le redimensionnement d'une feuille ou tout changement apporté à la fenêtre Propriétés.

Utiliser la grille

La *grille* est un tableau de lignes verticales et horizontales qui s'entrecroisent sur votre feuille. Elle a deux fonctions :

- **Vous guider lorsque vous positionnez des contrôles avec la souris.** La grille comprend ces pointillés que vous avez déjà dû voir sur vos feuilles.
- **Aligner automatiquement les contrôles que vous déplacez ou redimensionnez.** Quelle que soit la manière dont vous déplacez la souris, les bords de vos contrôles se collent toujours sur une des lignes de la grille. Cela garantit une certaine homogénéité tout en réduisant votre liberté d'agencement.

Ces deux fonctions ne sont pas liées. Vous pouvez désactiver la grille tout en conservant l'alignement automatique et vice versa.

Paramétrer la grille

Pour contrôler le fonctionnement de la grille, choisissez Outils/Options. Dans la boîte de dialogue, cliquez sur l'onglet Général pour faire apparaître les choix montrés par la Figure 10.5.

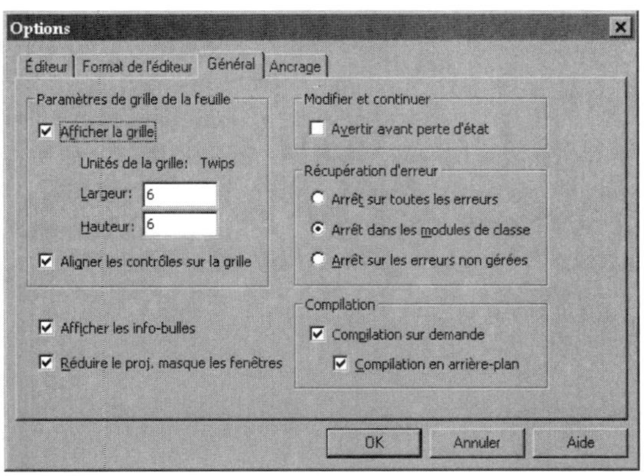

Figure 10.5 : L'onglet Général de la boîte de dialogue Options permet de modifier les paramètres de la grille.

En haut à gauche de la boîte de dialogue figurent les options concernant la grille :

- **Afficher la grille.** Décochez cette case pour désactiver la grille – ces lignes en pointillé qui traversent vos feuilles. Cette option ne conditionne pas l'alignement automatique sur la grille.
- **Largeur** et **Hauteur.** Ces deux zones de texte vous permettent de définir indépendamment les dimensions verticales et horizontales de la grille. Le paramètre Largeur détermine la distance entre chaque ligne verticale, et influe donc sur la position horizontale des contrôles. De même, le paramètre Hauteur règle les lignes horizontales mais conditionne également la position verticale des contrôles.
- **Aligner les contrôles sur la grille.** Lorsque cette case est cochée, la fonction "coller à la grille" est appliquée. Décochez la case pour positionner et dimensionner les contrôles en toute liberté. Là encore, la grille peut être activée même si cette fonction ne l'est pas.

Mettre en forme des contrôles

En règle générale, les gens accordent de l'importance à des notions abstraites telles que la symétrie, l'homogénéité et l'organisation. Votre objectif est d'aider l'utilisateur à rester concentré sur ce qu'il fait plutôt que de se laisser distraire par un méli-mélo de contrôles.

Heureusement, VBA fournit toute une panoplie d'outils qui vous permettront de mener à bien facilement cette mission. Bien que la création d'une feuille convenablement organisée demande encore de la main d'œuvre, Visual Basic Editor se charge du plus gros du travail grâce à ses fonctionnalités de mise en forme automatiques.

Utiliser le menu Format

Le menu Format de Visual Basic Editor (voir Figure 10.6) est le centre névralgique qui regroupe les commandes de mise en forme des contrôles de votre feuille. Le fait de connaître à fond ce menu et ses sous-menus vous sera d'un très grand secours pour la création des feuilles.

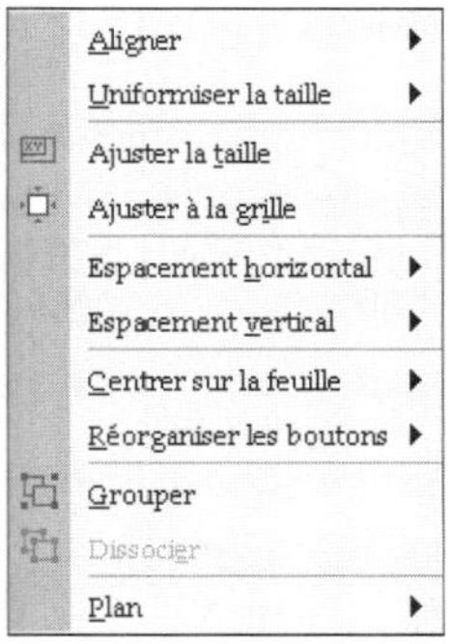

Figure 10.6 : Le menu Format de Visual Basic Editor.

Utiliser la barre d'outils UserForm

Lorsque vous travaillez sur une feuille dans Visual Basic Editor, la barre d'outils UserForm s'avère très pratique. Si elle n'est pas déjà à l'écran, faites un clic droit sur n'importe quelle barre d'outils puis choisissez UserForm dans le menu contextuel pour l'afficher. La Figure 10.7 vous montre l'aspect de la barre d'outils UserForm lorsqu'elle est flottante.

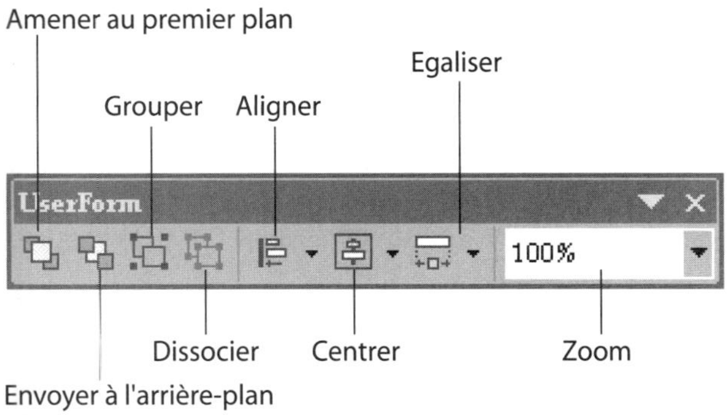

Figure 10.7 : La barre d'outils UserForm comprend les boutons des commandes de mise en forme des contrôles.

La plupart des boutons de la barre d'outils UserForm reprennent les éléments du menu Format. Certains de ces boutons dotés, sur leur partie droite, d'une petite flèche pointant vers le bas, offrent plusieurs options. Si vous cliquez sur la partie principale de ce bouton (pas sur la flèche), VBA active immédiatement la dernière option utilisée. Pour sélectionner une autre option, cliquez sur la flèche puis choisissez dans la liste.

Grouper des contrôles

Bien qu'il soit assez facile de sélectionner plusieurs contrôles à l'aide de la souris, cette méthode n'est pas idéale lorsqu'il s'agit de répéter l'opération sur les mêmes contrôles. En associant ces contrôles au sein d'un *groupe*, vous n'êtes pas obligé de les sélectionner à chaque modification et évitez ainsi les erreurs de sélection. La Figure 10.8 vous montre des exemples de contrôles groupés.

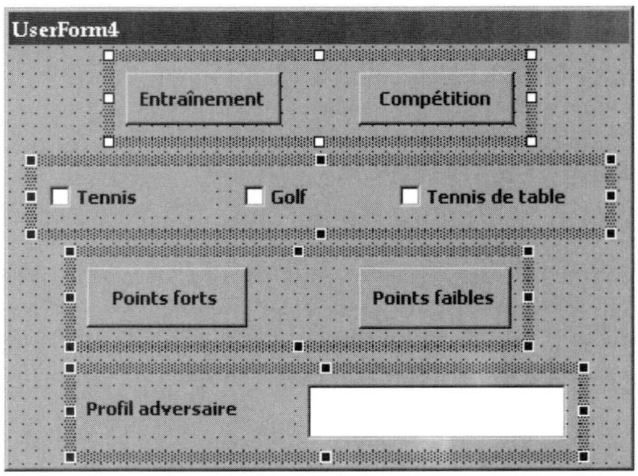

Figure 10.8 : Plusieurs groupes de contrôles. Vous remarquerez que le rectangle de sélection englobe tous les contrôles de chaque groupe.

La création d'un groupe est simple :

1. **Sélectionnez tous les contrôles à inclure dans le groupe.**

2. **Cliquez sur le bouton Grouper de la barre d'outils UserForm ou choisissez Format/Grouper.**

Cette technique permet d'appliquer à un groupe des commandes de mise en forme qui fonctionnent normalement sur les contrôles individuels. Si vous voulez obtenir le même espacement entre trois rangées de boutons, par exemple, vous pouvez convertir chaque rangée en groupe, sélectionner les trois groupes en même temps puis choisir Format/Espacement horizontal/Egaliser (voir "Ajuster l'espacement horizontal et vertical", plus loin dans ce chapitre).

Réorganiser des contrôles empilés

Bien qu'en principe, il soit conseiller d'éviter d'entasser les contrôles, vous pouvez être amené à le faire lors de la modification d'une feuille en cours d'exécution du programme. Si vous affectez à la propriété `Visible` la valeur

`True` ou `False`, le programme peut masquer tous les contrôles empilés sauf un (voir le Chapitre A).

Dans Visual Basic Editor, un contrôle est toujours visible – à moins qu'il ne soit enfoui sous d'autres contrôles. Dans ce cas, vous pouvez utiliser les commandes Plan du menu Format pour les redisposer.

Voici quelques suggestions d'utilisation des commandes Plan :

- Si vous apercevez une petite partie du contrôle, cliquez dessus pour le sélectionner puis choisissez Format/Plan/Amener au premier plan pour le remonter à la surface.
- Si le contrôle visé est complètement recouvert par plusieurs autres, cliquez sur celui du dessus pour le sélectionner puis mettez-le sous la pile en choisissant Format/Plan/Envoyer à l'arrière-plan. Répétez l'opération jusqu'à ce que le bon contrôle se retrouve sur le dessus.
- Si vous redisposez des contrôles qui seront empilés lors de l'exécution du programme, vous devrez peut-être utiliser les commandes Format/Plan/Premier plan ou Arrière-plan. Ces commandes déplacent le contrôle sélectionné d'une place dans la pile.

Mettre en forme plusieurs contrôles

Nombre des commandes les plus avancées du menu Format ne fonctionnent qu'avec plusieurs contrôles ou des sélections comprenant plusieurs groupes. Cette section présente chacune de ces commandes après une longue digression sur la priorité accordée entre plusieurs contrôles sélectionnés.

Contrôle et domination

Non, rassurez-vous, vous ne trouverez rien de pervers dans cette section. Dans certaines commandes de mise en forme impliquant plusieurs contrôles, un de ceux-ci sert toujours de référence. En jargon VBA, on parle de *contrôle dominant.*

Lorsque vous utilisez la commande Format/Uniformiser la taille pour un groupe de contrôles, par exemple, VBA copie la dimension choisie (hauteur, largeur ou les deux) du contrôle dominant et l'applique aux autres. Il en va de même avec la commande Aligner – les contrôles s'alignent sur le contrôle dominant, lequel ne bouge pas. Les commandes Espacement horizontal et vertical (également dans le menu Format) se basent aussi sur le contrôle dominant.

Sur la Figure 10.9, vous pouvez remarquer qu'un seul des contrôles sélectionnés est doté de poignées blanches. Il s'agit du contrôle dominant dont les poignées sont toujours blanches, alors que les autres contrôles ont des poignées noires.

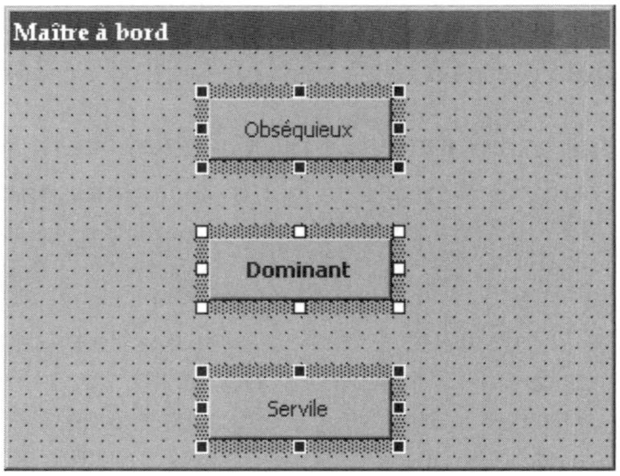

Figure 10.9 : Le contrôle dominant est doté de poignées blanches.

Comme vous le savez déjà, vous pouvez sélectionner un groupe de contrôles de deux façons : dessiner un rectangle de sélection autour des contrôles souhaités à l'aide de la flèche de la Boîte à outils ou cliquer sur chaque contrôle tout en maintenant enfoncée la touche Maj ou Ctrl. Mais je ne vous ai pas encore expliqué comment désigner le contrôle dominant ; le tableau suivant s'en charge :

Stratégie de sélection du contrôle	Technique de sélection
Choisir le contrôle dominant en dessinant un rectangle de sélection	Dessiner le rectangle en commençant le plus près possible du contrôle choisi pour être dominant
Choisir comme contrôle dominant celui sur lequel vous cliquez en premier	Cliquer sur chaque contrôle tout en maintenant la touche Maj enfoncée
Choisir comme contrôle dominant celui sur lequel vous cliquez en dernier	Cliquer sur chaque contrôle tout en maintenant la touche Ctrl enfoncée
Changer de contrôle dominant dans une sélection existante	Cliquer deux fois sur le contrôle choisi tout en maintenant la touche Ctrl enfoncée

Aligner des contrôles

Même avec la grille, il n'est pas rare que des contrôles se retrouvent mal alignés. Alors, plutôt que de les aligner laborieusement à la main, acceptez le concours des commandes d'alignement de Visual Basic Editor qui se chargeront de tout. Vous pouvez aligner verticalement ou horizontalement la ligne médiane ou un des quatre bords de chaque contrôle sélectionné.

Voici comment aligner un groupe de contrôles :

1. **Sélectionnez les contrôles en veillant à choisir le bon contrôle dominant, celui qui restera à sa place (voir section précédente).**

2. **Choisissez Format/Aligner puis un type d'alignement dans le sous-menu.**

A la place, vous pouvez également cliquer sur le bouton Aligner de la barre d'outils UserForm (si l'alignement indiqué correspond à celui que vous recherchez) ou cliquez sur la petite flèche à côté du bouton pour choisir un autre type d'alignement dans le menu.

Uniformiser la taille des contrôles

Les trois commandes Uniformiser la taille du menu Format ajustent automatiquement la taille des contrôles sélectionnés par rapport à celle du contrôle dominant. L'ajustement peut se faire sur la largeur, sur la hauteur ou sur les deux dimensions à la fois. Ces trois commandes figurent également sur la barre d'outils UserForm.

Ajuster l'espacement horizontal et vertical

Les commandes Espacement horizontal et vertical du menu Format peuvent chacune modifier, de quatre manières différentes, l'espacement entre plusieurs contrôles. Trois de ces options sont les plus utiles lorsque la sélection comprend au minimum trois contrôles – une n'est disponible que dans ce cas précis. Voici comment elles fonctionnent :

- **Egaliser :** Insère le même espace entre les contrôles (à partir de trois). Les contrôles situés à chaque extrémité de la sélection ne bougent pas tandis que ceux qui sont entre sont déplacés. Cette commande n'est pas disponible si uniquement deux contrôles sont sélectionnés.

- **Augmenter** ou **Diminuer :** Augmente ou diminue la distance entre les contrôles sélectionnés d'une unité de grille dans la dimension choisie. Le contrôle dominant reste en place, ce sont les autres qui bougent.

- **Supprimer :** Rapproche les contrôles jusqu'à ce qu'ils soient bord à bord. Le contrôle dominant reste en place.

Un peu de tenue, les contrôles !

Cette section est consacrée aux fonctions des contrôles VBA les plus importants (la première partie de chapitre traite l'esthétique). Avant que chaque contrôle n'occupe le devant de la scène, j'aborde plusieurs propriétés importantes qui régissent le comportement de nombreux types de contrôles. Par ailleurs, certaines de ces propriétés s'appliquent aux feuilles proprement dites. Pour plus d'informations sur l'utilisation de la fenêtre Propriétés, qui permet de consulter et de modifier les propriétés de vos feuilles et contrôles, reportez-vous à la section "Utiliser les propriétés des feuilles et des contrôles", plus haut dans ce chapitre.

Souvenez-vous que vous pouvez tester visuellement vos contrôles pendant le processus de création sans écrire une seule ligne de code. Lorsque vous exécutez une feuille depuis Visual Basic Editor, les contrôles réagissent normalement. Par exemple, lorsque vous cliquez sur un bouton, il semble enfoncé. Par contre, pour que ce contrôle se rende utile, c'est une autre paire de manches – je vous dis tout dans la section "Du code dans vos feuilles", plus loin dans ce chapitre.

Utiliser les propriétés Enabled et Locked

Deux propriétés – `Enabled` et `Locked` – régissent l'accès de l'utilisateur à un contrôle ou à une feuille. Bien entendu, la plupart du temps, vous souhaiterez que l'utilisateur puisse accéder aux contrôles – sinon, pourquoi les mettre sur la feuille ? Mais, il arrive parfois que le principe "ne pas toucher !" soit opportun. Il est souvent nécessaire d'afficher un contrôle pour que l'utilisateur prenne connaissance de son existence, tout en le *grisant*, afin de montrer qu'il est actuellement indisponible. Dans un traitement de texte, par exemple, la commande Couper ne peut pas être utilisée lorsque aucun élément n'est sélectionné.

La propriété `Enabled` indique si le contrôle ou la feuille peut recevoir le focus – capacité à réagir aux actions générées par l'utilisateur à l'aide de la souris ou du clavier. Dans Windows, le focus est toujours sur un objet à la fois. Pour que vous sachiez où se trouve le focus, Windows entoure d'une bordure en pointillé le contrôle bénéficiaire.

Lorsque `Enabled` est `True`, le contrôle apparaît normalement et peut recevoir le focus. Quand `Enabled` est `False`, Windows affiche une version estompée du contrôle, lequel ne peut alors recevoir le focus (voir Figure 10.10).

La propriété `Locked` conditionne la liberté d'action d'un contrôle. Si `Locked` est `True`, vous aurez beau cliquer dessus, appuyer sur sa touche d'accès rapide ou lui jeter des pierres, le contrôle ne bougera pas (voir la section "Attribuer une touche d'accès rapide", plus loin dans ce chapitre). Par contre, si `Enabled` est `True`, le contrôle peut recevoir le focus et à l'écran son apparence est normale.

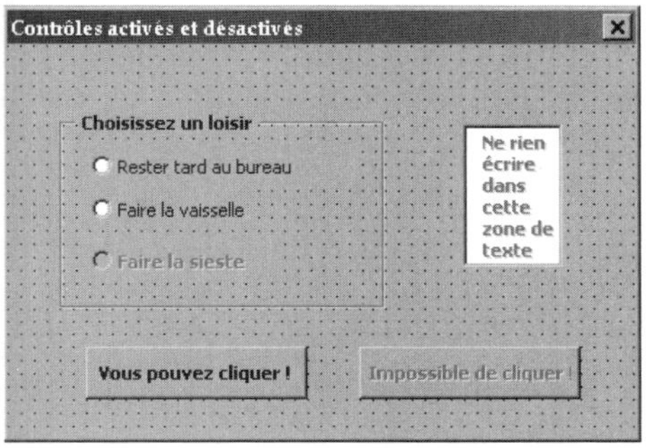

Figure 10.10 : Cette boîte de dialogue montre des exemples de boutons de commandes et boutons d'option activés et désactivés, ainsi qu'une zone de texte désactivée.

Définir l'ordre de tabulation pour les contrôles

Parmi les nombreuses conventions sacrées de Windows, si vous appuyez sur la touche Tab dans une boîte de dialogue, le focus passe d'un contrôle à un autre. Chaque contrôle ajouté dans une feuille VBA prend une position définie par défaut dans *l'ordre de tabulation* – ordre dans lequel sont sélectionnés les contrôles lorsque vous appuyez sur la touche Tab (au passage, la combinaison Maj+Tab vous permet de parcourir l'ordre de tabulation en sens inverse).

Il n'est pas nécessaire d'exécuter une feuille pour en vérifier l'ordre de tabulation. En appuyant sur Tab dans la fenêtre UserForm, vous sélectionnez les contrôles les uns après les autres dans le même ordre.

Au départ, l'ordre de tabulation est basé sur l'ordre dans lequel les contrôles ont été créés. Mais, généralement, vous ajoutez des contrôles au fur et à mesure qu'ils vous viennent à l'esprit et non pas selon l'ordre de tabulation. Mais vous avez la possibilité de gérer l'ordre de tabulation – et même d'ôter certains contrôles de cet ordre.

Finalement, vous recherchez une progression logique d'un contrôle à l'autre. Normalement, cette progression s'effectue de gauche à droite et de haut en bas, mais il est parfois logique d'omettre des contrôles facultatifs. En tous cas, pour modifier l'ordre de tabulation, le meilleur moyen est de choisir

Affichage/Ordre de tabulation. La Figure 10.11 montre la modeste boîte de dialogue qui s'affiche lorsque vous choisissez cette commande. Pour remanier l'ordre proposé, cliquez sur un contrôle puis sur le bouton Monter ou Descendre.

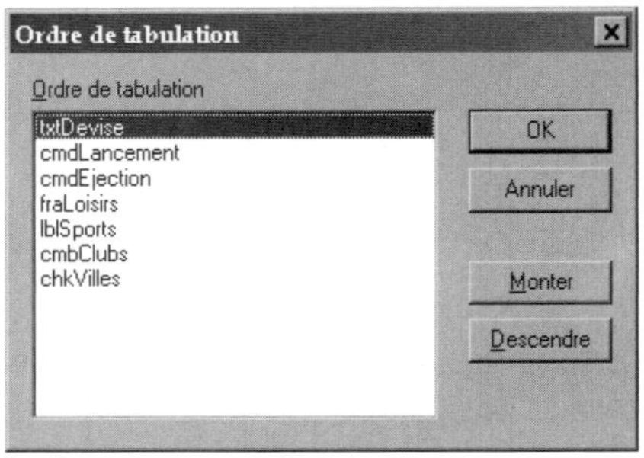

Figure 10.11 : La boîte de dialogue Ordre de tabulation vous permet de contrôler la navigation au clavier dans vos feuilles VBA.

Cet ordre de tabulation est en fait géré par la propriété `TabIndex` de chaque contrôle. La propriété `TabIndex` du premier contrôle présente la valeur 0, celle du second, 1 et ainsi de suite. Si vous modifiez le paramètre `TabIndex` d'un contrôle, VBA ajuste automatiquement celui de tous les autres.

Pour retirer un contrôle de l'ordre de tabulation, placez la propriété `TabStop` sur `False`. Cela ne change pas la position du contrôle dans l'ordre de tabulation, donc, si vous affectez la valeur `True` à la propriété `TabStop`, le contrôle reprend sa place initiale.

Attribuer une touche d'accès rapide

Bien que la sélection de contrôles à la souris conviennent à nombre d'utilisateurs, certains préfèrent vraiment se servir du clavier. Soyez gentil – offrez-leur un raccourci clavier, ou *touche d'accès rapide*, pour chaque contrôle. Une fois la feuille exécutée, le fait d'appuyer simultanément sur Alt et sur cette touche d'accès rapide déplace le focus sur le contrôle et peut déclencher un événement (tel que `Click`).

Pour attribuer ce raccourci, tapez un seul caractère dans le champ Accelerator de la fenêtre Propriétés. Il doit s'agir d'un caractère figurant dans la légende du contrôle et différent de ceux de tous les contrôles de la feuille. VBA le souligne automatiquement.

Pour ajouter une touche d'accès rapide à un contrôle dépourvu de propriété `Caption` – tel qu'une zone de texte ou une barre de défilement –, procédez de la manière suivante :

1. **Créez une étiquette pour le contrôle.**

   Je traite les étiquettes dans la section suivante.

2. **Modifiez l'ordre de tabulation de sorte que l'étiquette soit placée juste avant l'autre contrôle.**

3. **Attribuez une touche d'accès rapide à l'étiquette.**

Désormais, lorsque l'utilisateur appuiera sur cette touche d'accès rapide, le focus passera sur le contrôle situé juste après l'étiquette dans l'ordre de tabulation. La Figure 10.12 montre une feuille qui utilise cette technique.

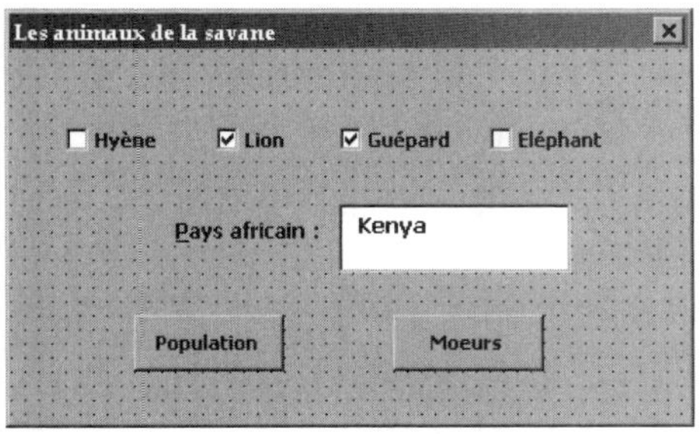

Figure 10.12 : En appuyant sur Alt+N lorsque cette feuille est active, l'utilisateur sélectionne la zone de texte et peut ainsi entrer le nom d'un animal.

Envoyer des messages à l'aide d'étiquettes

Sur votre feuille, une *étiquette* offre une zone rectangulaire dans laquelle vous pouvez afficher des messages. Du point de vue de l'utilisateur, l'étiquette n'a rien d'un contrôle – l'utilisateur n'a aucune maîtrise sur l'objet, lequel ne fait qu'afficher du texte, voire une image. Il ne peut écraser le texte affiché, ni même le copier dans le Presse-papiers.

Toutefois, les étiquettes sont essentielles pour le programmeur car elles lui permettent de délivrer des messages à ses utilisateurs. Les étiquettes servent généralement à identifier les contrôles et indiquer leurs fonctions, comme l'atteste la feuille de la Figure 10.13. Cette technique est particulièrement utile avec les contrôles ne disposant pas de légende, tels que les barres de défilement et les boutons rotatifs. Mais, si vous voulez devenir un grand prêcheur, sachez que les étiquettes supportent les discours les plus pompeux (voir Figure 10.14).

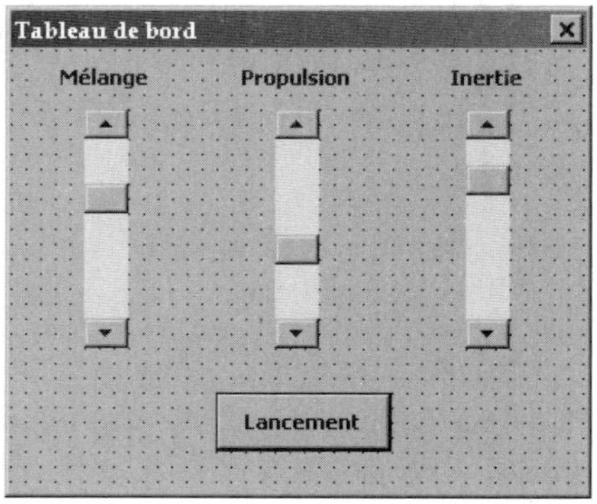

Figure 10.13 : Les étiquettes situées en haut de cette feuille indiquent la fonction de chaque barre de défilement.

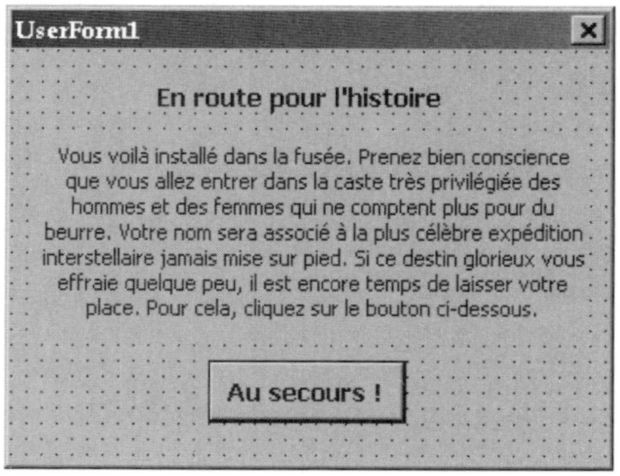

Figure 10.14 : Cette feuille comprend une première étiquette qui permet d'afficher le message central et une seconde étiquette pour le titre.

Une étiquette peut très bien ressembler à une zone de texte standard tout en empêchant l'utilisateur d'y copier son texte. Attribuez la valeur 2 (pour ombré) à la propriété `SpecialEffect` (effets spéciaux) et la valeur white (blanc) à la propriété `BackColor` (couleur de fond) du contrôle.

Saisir le texte de l'étiquette

Une étiquette affiche du texte, connu sous le nom de *légende* (caption). Pour entrer votre propre texte, modifiez la propriété `Caption` dans la fenêtre

Propriétés. Vous pouvez également modifier le texte directement sur l'étiquette en double-cliquant sur celle-ci : le point d'insertion apparaît. Appuyez sur Maj+Entrée afin de démarrer une ligne ; pour plus d'informations, reportez-vous à la section "Ne confondez pas Nom et Légende (caption)", plus haut dans ce chapitre.

Ajustement automatique des étiquettes

Les étiquettes peuvent s'ajuster automatiquement au texte qu'elles contiennent si vous exploitez les paramètres de la fenêtre Propriétés. La Figure 10.15 montre comment ces propriétés peuvent être appliquées. Par exemple, vous pouvez :

- Laisser la propriété `WordWrap` sur `True` (valeur par défaut) pour que VBA répartisse le texte sur plusieurs lignes en fonction de l'espace disponible, comme dans un traitement de texte. Si `WordWrap` est sur `False`, la légende est insérée sur une seule ligne, même s'il n'y a pas assez de place pour l'afficher entièrement.
- Paramétrer la propriété `AutoSize` sur `True` pour que la taille de l'étiquette s'adapte automatiquement au contenu. Si `WordWrap` est également sur `True`, l'étiquette s'agrandit verticalement. Si `WordWrap` est sur `False`, l'étiquette s'élargit pour abriter tout le texte sur une seule ligne.
- Utiliser la propriété `TextAlign` pour contrôler la disposition du texte dans l'étiquette : aligné à gauche, centré ou aligné à droite.

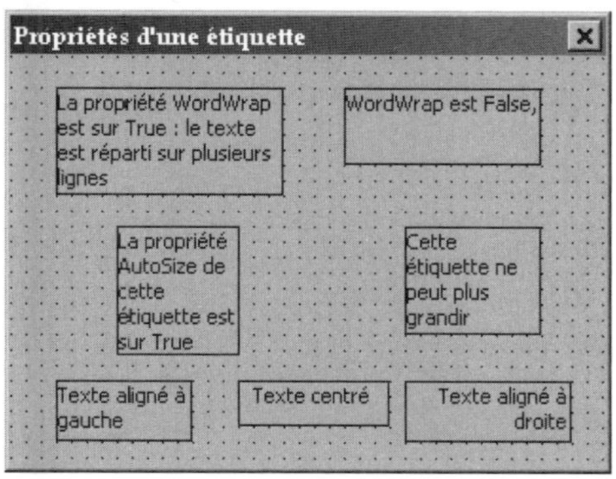

Figure 10.15 : Les étiquettes de cette feuille illustrent différents paramètres des propriétés `WordWrap` et `AutoSize`.

Le redimensionnement automatique est pratique mais également source de problèmes. Si une étiquette s'étoffe, elle peut paraître disproportionnée par rapport au reste de la feuille. Il arrive qu'elle prenne tellement de place qu'elle empiète sur les autres contrôles ou déborde de la fenêtre. Si vous optez pour le redimensionnement automatique, veillez à ce que l'étiquette ne contiennent pas trop de texte.

Modifier le texte de l'étiquette dans le code

Les utilisateurs ne peuvent modifier le texte d'une étiquette lors de l'exécution de votre programme, mais vous, oui, grâce à la propriété `Caption`. Une seule ligne de code suffit pour modifier le texte et l'adapter à votre programme. Voici un exemple :

```
lblDevise.Caption = "Carpe diem"
```

Pour insérer des sauts de ligne dans le texte de l'étiquette, utilisez des chaînes littérales concaténées avec le caractère de retour chariot dans l'instruction d'affectation. (Pour plus d'informations sur l'assemblage de chaînes de texte, reportez-vous au Chapitre 11.)

Recueillir des informations grâce aux zones de texte

Pour recueillir des informations auprès des utilisateurs, utilisez une zone de texte ; votre code peut récupérer tout ce que l'utilisateur saisit dans ce contrôle. La Figure 10.16 vous montre une zone de texte en pleine action.

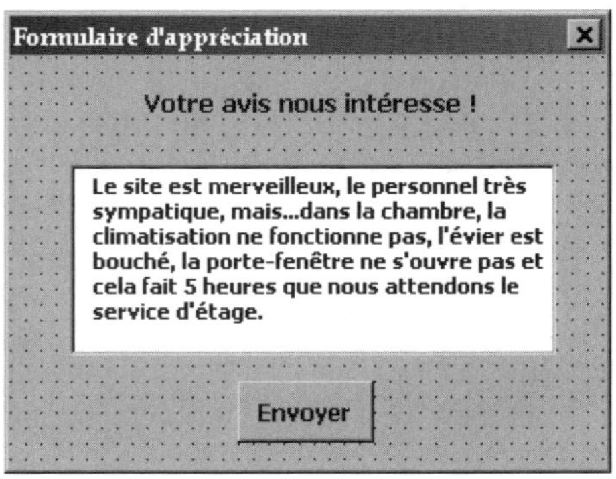

Figure 10.16 : La zone blanche au milieu de la feuille est une zone de texte dans laquelle le client d'un hôtel a saisi un message à l'attention de la direction.

Si vous essayez de créer une boîte de dialogue dotée d'une simple zone de texte destinée à l'utilisateur, vous n'avez peut-être pas besoin d'une feuille. En effet, la fonction VBA `InputBox` (que je décris au Chapitre 11) vous comblera probablement. Optez pour la zone de texte au lieu de la fonction `InputBox` dans les situations suivantes :

- Vous souhaitez une boîte de dialogue plus jolie ou plus moche que celle qu'il est possible d'obtenir à l'aide de la fonction `InputBox`.
- Dans la boîte de dialogue, vous avez au moins besoin d'un autre contrôle en plus de la zone de texte.
- Vous voulez vérifier la saisie effectuée par l'utilisateur.

Avec une zone de texte, vous pouvez prévoir une procédure d'événement qui se déclenche chaque fois que l'utilisateur appuie sur une touche – et qui vous indique si la touche en question respecte les critères que vous avez définis. Avec une fonction InputBox, vous pouvez uniquement vérifier la saisie dans son ensemble et uniquement une fois que l'utilisateur a refermé la boîte.

Insérer un texte par défaut dans une zone de texte

Vous avez la possibilité de placer une entrée par défaut dans une zone de texte afin d'éviter à l'utilisateur de saisir du texte si cette valeur lui convient. Pour ce faire, cliquez une fois dans la zone de texte pour la sélectionner puis une seconde fois pour passer en mode saisie ; ensuite, vous pouvez commencer à taper votre texte (surtout, ne double-cliquez pas). Mais vous pouvez également entrer votre texte dans le champ de la propriété `Value` de la fenêtre Propriétés. Rappelez-vous, les zones de texte ne disposent pas de légende (caption).

En fait, les zones de texte ont une propriété `Value` et une propriété `Text`. En ce qui concerne les zones de texte, ces deux propriétés sont identiques, ce qui n'est pas le cas pour d'autres contrôles tels que les boutons d'option et les barres de défilement, qui sont dotés de la propriété `Value` mais pas de la propriété `Text`. Identiques pour les zones de texte, ces propriétés sont donc interchangeables. J'utilise plutôt `Value` car il est plus facile de s'en souvenir et nombre de contrôles en sont dotés. Les sections "Récupérer les informations saisies par l'utilisateur" et "Utiliser une propriété par défaut d'un contrôle", plus loin dans ce chapitre abordent l'utilisation de `Value` et `Text`, notamment à travers des exemples.

Récupérer les informations saisies par l'utilisateur

Pour savoir quelles données l'utilisateur a saisies dans la zone de texte, votre programme doit récupérer les valeurs des propriétés `Value` ou `Text`.

Généralement, vous affectez la propriété à une variable de type chaîne à l'aide d'une instruction telle que la suivante :

```
strTexteZoneDeTexte = txtMessageUtilisateur.Value
```

Une fois ce code exécuté, la variable `strTexteZoneDeTexte` contient alors tout ce que l'utilisateur peut saisir dans la zone de texte intitulée `txtMessageUtilisateur`.

Utiliser la propriété par défaut d'un contrôle

Nombreux sont les contrôles dotés de propriétés par défaut, généralement `Value`.

Dans le cas d'une zone de texte, vous n'avez pas besoin de nommer explicitement la propriété `Value` ou `Text` pour définir ou récupérer le contenu du contrôle dans du code VBA. Vous pouvez l'omettre sans scrupules car `Value` est une *propriété par défaut* de la zone de texte. L'instruction suivante insère un message dans une zone de texte :

```
txtConfidences = "Je suis le Roi !"
```

L'exemple suivant met le texte saisi par l'utilisateur dans une variable de type chaîne.

```
strRumeur = txtInformation
```

Ajustement automatique des zones de texte

Les zones de texte ont les mêmes propriétés `AutoSize`, `WordWrap` et `TextAlign` que les étiquettes, au fonctionnement pratiquement identique. Reportez-vous à la section "Envoyer des messages à l'aide d'étiquettes", plus haut dans ce chapitre. Cependant, la propriété `WordWrap`, que je décris au Chapitre F, n'est utile que pour les zones de texte affichant plusieurs lignes.

Utiliser des boutons de commande

Si vous voulez un résultat concret immédiat, seul le fait d'appuyer sur un bouton et de recevoir une réponse instantanée vous fera éprouver ce sentiment de maîtrise totale. Les *boutons de commande* confèrent ce type de pouvoir à vos programmes.

Le bouton de commande standard est un simple machin gris avec un petit texte d'explication tel que `OK`, `Annuler` ou `Allez, essaye encore !` Si le texte est trop triste à votre goût, vous pouvez très bien ajouter une petite icône à n'importe quel bouton. Dans le champ de la propriété `Picture` de la fenêtre Propriétés, cliquez sur le bouton doté de trois petits points. Apparaît alors une boîte de dialogue qui vous permet de choisir un fichier graphique. La Figure 10.17 comprend plusieurs types de boutons de commande.

Figure 10.17 : Exemples de boutons de commande de différentes tailles, formes et formats. Les deux boutons en bas à gauche ont un graphisme et non du texte.

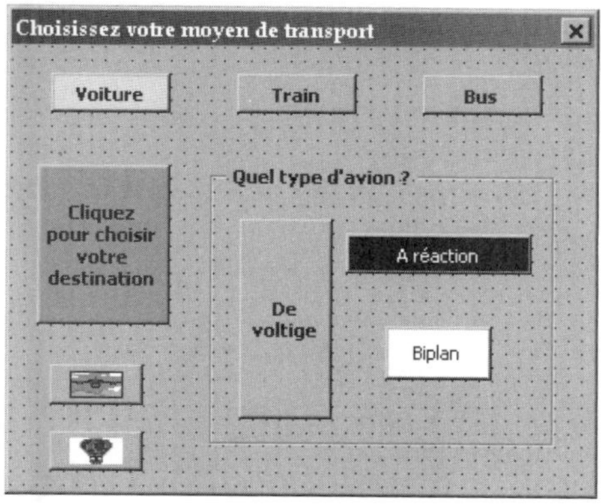

Malheureusement, les boutons de commande sont plutôt oisifs s'ils ne sont pas programmés. En cliquant sur un bouton de commande, vous générez un événement `Click`, mais vous devez d'abord écrire le code qui indiquera à VBA les actions à lancer lorsque se produira cet événement.

Sélectionner un bouton par défaut

Avec la plupart des boîtes de dialogue, vous activez un bouton donné lorsque vous appuyez sur Entrée. Il s'agit du *bouton par défaut*, celui qui répond à l'injonction de l'utilisateur, à moins que le focus ne se trouve sur un autre contrôle.

Pour définir le bouton de commande par défaut de votre feuille, paramétrez la propriété `Default` sur `True`. Bien entendu, chaque feuille ne peut avoir qu'un seul bouton par défaut.

Créer un bouton Annuler

Votre boîte de dialogue est en mesure de modifier des données ou les paramètres d'un programme mais il est toujours plus prudent de laisser à l'utilisateur la possibilité de faire machine arrière avant de prendre en compte ses modifications. Par convention, le bouton intitulé Annuler est le sas de secours. Si vous êtes anticonformiste, vous pouvez l'appeler "Peu importe !" ou "Oublie !" ; mais, dans tous les cas, vous devez penser à l'utilisateur désespéré et lui fournir une porte de sortie, le nom du bouton est secondaire.

Toujours par convention, la touche Echap vous permet de sortir d'une boîte de dialogue comme si vous cliquiez sur le bouton Annuler en question. Si la propriété `Cancel` d'un bouton de commande est `True`, lorsque l'utilisateur appuie sur Echap, votre programme réagit comme s'il avait cliqué sur le bouton Annuler. L'action générée lorsque cet événement se produit figure dans votre code.

Pour parler franchement, le fait de paramétrer la propriété `Cancel` sur `True` *ne signifie pas* obligatoirement que la boîte de dialogue se refermera lorsque l'utilisateur cliquera sur le bouton. Cela ne fait que relier la touche Echap à l'événement `Click` du bouton.

Personne ne peut m'encadrer !

Les cadres sont des éléments modestes mais essentiels des feuilles VBA – et de votre caisse à outils. Ils apparaissent simplement sous la forme d'un rectangle doté d'une légende à son sommet et servent à accueillir des contrôles.

La mission des cadres est double :

- Mettre en valeur un groupe de contrôles – informer l'utilisateur que ces contrôles sont intimement liés – et organiser les feuilles de taille conséquente (voir Figure 10.18).
- Disposer un groupe de boutons d'option de façon que l'utilisateur ne puisse sélectionner qu'un élément à la fois.

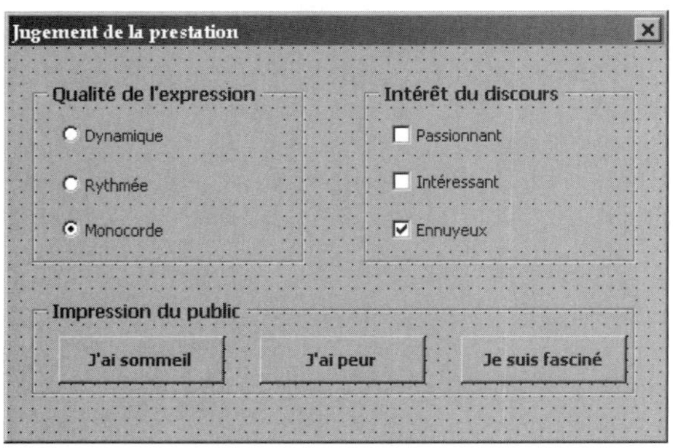

Figure 10.18 : Les groupes de boutons de cette feuille sont répartis dans trois cadres.

Je détaille la deuxième utilisation des cadres dans la section "Choisir un élément dans un groupe de boutons d'option", plus loin dans ce chapitre. Ici, je m'en tiendrai aux notions élémentaires : l'utilisation des cadres pour disposer tous les types de contrôles.

Disposer des contrôles dans des cadres

Une fois le cadre inséré dans votre feuille, dès que vous disposez un contrôle en son sein, cadre et contrôle sont liés à jamais. Désormais, si vous déplacez le cadre, le contrôle suit et conserve sa position relative à l'intérieur du cadre.

Vous pouvez insérer un contrôle dans un cadre :

- En dessinant un contrôle dans le cadre. Créez le contrôle tout à fait normalement, en cliquant sur l'icône voulue dans la Boîte à outils puis en le glissant vers l'emplacement voulu, à l'intérieur du cadre.
- En déplaçant dans le cadre un contrôle existant. Glissez le contrôle jusqu'à ce que le pointeur de la souris entre dans les limites du cadre. Lorsque vous relâchez le bouton de la souris, le cadre prend possession du contrôle.

Lorsqu'un contrôle est correctement positionné dans le cadre, si vous sélectionnez le contrôle, le cadre se retrouve également sélectionné (voir Figure 10.19).

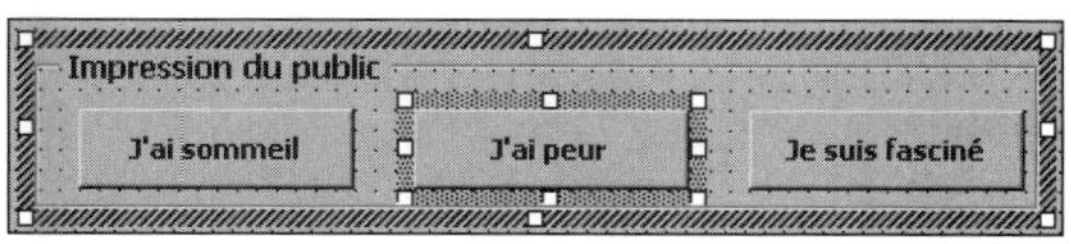

Figure 10.19 : Lorsque vous sélectionnez un contrôle associé à un cadre, ce dernier est également sélectionné.

Retirer un contrôle d'un cadre

Pour rompre le lien entre un contrôle et le cadre, il suffit de glisser le contrôle vers un autre emplacement de la feuille. Dès que le pointeur est sorti des limites du cadre, relâchez le bouton de la souris, le lien est alors rompu et le contrôle prend place à son nouvel emplacement. Désormais, les deux objets peuvent être déplacés séparément.

Choisir un élément dans un groupe de boutons d'option

En informatique, comme dans la vie, il faut faire des choix. Lorsque vous commandez une boule de glace, vous pouvez choisir vanille, chocolat, fraise, etc., mais pas tous les parfums à la fois. Lorsque vous achetez une robe ou un pantalon, vous choisissez une seule taille. Et si vous épousez Roger, vous faites une croix sur Maurice, Lucien et Fernand (enfin, c'est ce qu'espère Roger !).

Dans Windows, le moyen le plus courant de proposer un choix unique de la sorte est d'utiliser des *boutons d'option*. Il s'agit de petits boutons circulaires qui fonctionnent comme ceux que l'on trouve sur les autoradios. Après tout, vous ne pouvez écouter qu'une seule station à la fois (à moins que vous ne veniez d'une autre planète). La Figure 10.20 présente un groupe de boutons d'option comme on en trouve un peu partout.

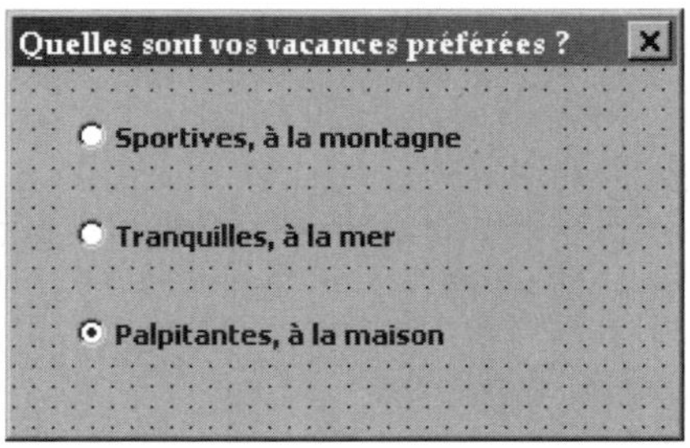

Figure 10.20 : Des boutons d'option à l'ouvrage.

Les boutons d'option devraient toujours être présentés groupés – après tout, l'objectif est d'effectuer un seul choix parmi plusieurs propositions : la sélection change dès que vous cliquez sur un autre bouton.

Grouper des boutons d'option

Ne vous cassez pas la tête à créer un groupe de boutons d'option. Il vous suffit de larguer les boutons sur une même zone de la feuille. VBA les considèrent alors automatiquement comme un groupe et ils se comportent de la sorte lorsque le programme est exécuté – quand un bouton est sélectionné, les autres ne le sont pas.

Mais, qu'est-ce que j'entends par "une même zone de la feuille" ? Eh bien, cela ne fait pas partie de la doctrine VBA officielle, mais voici où je veux en venir : il s'agit de la feuille proprement dite – les limites de la feuille, si vous préférez.

Chaque cadre créé donne naissance à une nouvelle zone. Et chaque page d'un contrôle multipage constitue aussi une zone à part entière (je traite les contrôles multipage, si courants dans les boîtes de dialogue Windows, dans le Chapitre F). Vous pouvez même insérer des cadres dans d'autres cadres ou sur des pages d'un contrôle multipage – dans ce cas, chaque sous-cadre forme une zone.

Si une feuille comprend un ou plusieurs cadres, VBA considère que les boutons d'option ne figurant pas dans un cadre appartiennent à un même groupe, au même titre que les boutons d'un cadre. C'est plus clair sur la Figure 10.21.

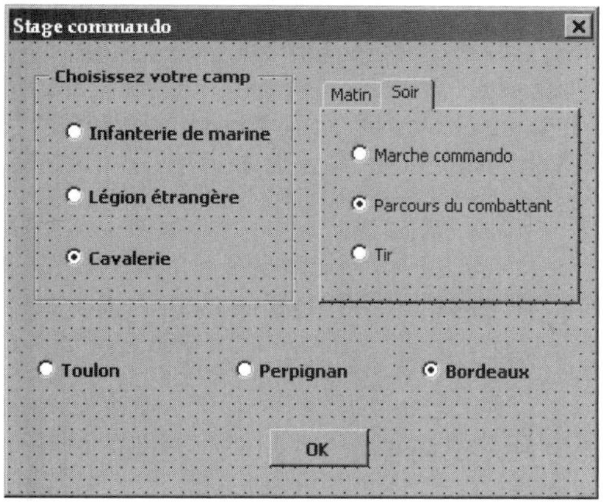

Figure 10.21 : Trois groupes séparés de boutons d'option.

Sur quel bouton d'option s'est produit le clic ?

Un clic sur un bouton d'option le sélectionne, sans apporter de modifications. La boîte de dialogue reste en l'état et l'utilisateur peut ainsi se raviser et choisir une autre option. Il ne confirme la sélection qu'en cliquant sur le bouton OK.

Votre tâche, en tant que programmeur, consiste à identifier le bouton d'option sélectionné une fois l'événement de confirmation intervenu. Pour ce faire, vous devez vérifier la propriété `Value` de chaque bouton du groupe. Bien qu'il existe des techniques évoluées pour y parvenir, une instruction `If…ElseIf` fera l'affaire, comme dans :

```
If OptionButton1.Value = True Then
   OptionChoisie = "Gina"
ElseIf OptionButton2.Value = True Then
   OptionChoisie = "Caroline"
```

```
ElseIf OptionButton3.Value = True Then
   OptionChoisie = "Sabine"
Else
   OptionChoisie = ""
End If
```

Activer ou désactiver des options avec des cases à cocher et des boutons à bascule

Les boutons d'option sont l'idéal lorsque vous offrez plusieurs choix parmi lesquels l'utilisateur ne doit retenir qu'une solution. Cependant, si deux options sont à choisir, optez plutôt pour une case à cocher ou un bouton à bascule. Ces deux types de boutons conviennent pour des choix tels que Oui ou Non, Marche ou Arrêt, Vrai ou Faux et Rester ou Partir. Dans la pratique, la grande différence entre les cases à cocher et les boutons à bascule réside dans leur apparence :

- Une *case à cocher* est un petit carré dans lequel une coche apparaît lorsque l'option Oui, Marche ou Vrai est sélectionnée. (Si le carré est vide, on dit que la case est *décochée*.)
- Un *bouton à bascule* ressemble à un bouton de commande, sauf que lorsque vous cliquez dessus, il reste enfoncé.

La Figure 10.22 montre plusieurs cases à cocher et boutons à bascule.

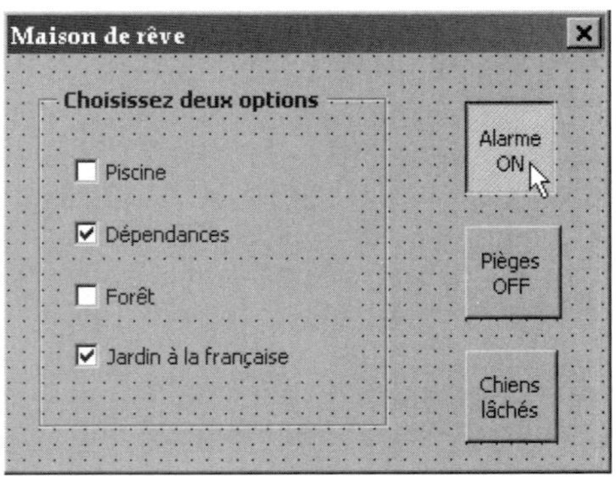

Figure 10.22 : Des cases à cocher et des boutons à bascule en plein effort.

Cases à cocher groupées

Les cases à cocher sont souvent groupées pour former une liste de choix multiples. C'est comme lorsque vous allez chez l'épicier pour acheter de l'huile et que vous revenez également avec du vinaigre et du sel. La Figure 10.23 comprend d'autres exemples. Vous remarquerez que chaque case à cocher correspond à un choix *oui* ou *non* de l'élément qu'elle présente.

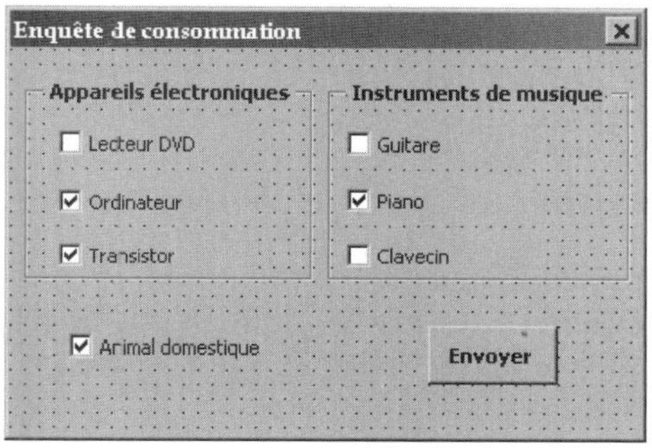

Figure 10.23 : L'utilisateur peut cocher ou décocher chaque case séparément.

Cases à cocher cochées et boutons à bascule enfoncés

Comme toujours, la propriété `Value` renferme une information capitale pour l'interaction entre l'utilisateur et les contrôles. Si une case à cocher est cochée, sa propriété `Value` est `True` ; si elle est décochée, `Value` est `False`. Il en va de même avec les boutons à bascule : `Value` est `True` si le bouton est enfoncé et `False` s'il ne l'est pas. Le code suivant récupère la valeur d'un paramètre et agit en conséquence :

```
If tglInterrupteurLumiere.Value = True Then
   AllumerLumiere
Else
   EteindreLumiere
End if
```

Si vous souhaitez simplement modifier l'état d'une case à cocher ou d'un bouton à bascule, l'opérateur Not est l'idéal. Le code suivant coche une case actuellement décochée et vice versa :

```
chkOuiOuNon.Value = Not chkOuiOuNon.Value
```

Sélectionner des options à l'aide de zones de liste et de listes modifiables

Lorsque l'utilisateur doit sélectionner une seule option parmi plus de quatre ou cinq choix présentés à l'aide de boutons d'option, votre boîte de dialogue devient un véritable fouillis. Si l'utilisateur a la possibilité de choisir plusieurs options, vous pouvez vous en sortir avec 10 ou 12 cases à cocher ; il pourra encore évaluer chaque option pour faire le bon choix mais. au-delà de 12, votre feuille sera vraiment trop encombrée.

Qu'est-ce qu'une zone de liste ?

C'est la solution Windows aux problèmes de surpopulation des boîtes de dialogue. La zone de liste présente une liste d'options à sélectionner individuellement. Des exemples vous sont donnés dans la Figure 10.24.

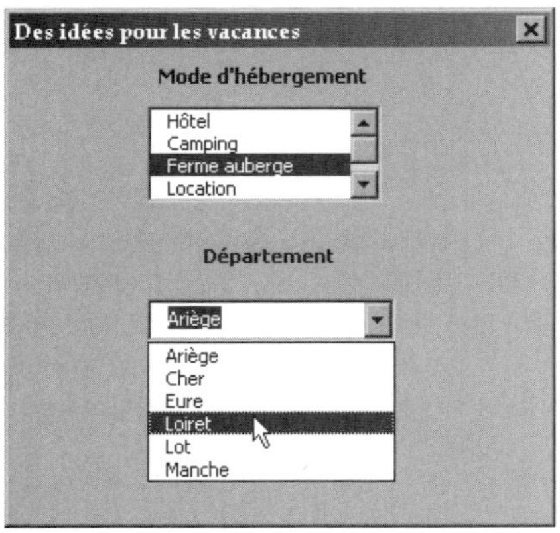

Figure 10.24 : Deux types de listes, en haut une zone de liste, en bas une liste modifiable.

Par contre, l'utilisateur ne peut sélectionner que les options fournies dans la zone de liste et celle-ci n'est pas dotée d'une liste déroulante, autant d'inconvénients que ne possède pas la liste modifiable, présentée dans la section suivante.

Listes modifiables

Une *liste modifiable* associe les avantages d'une zone de liste à ceux d'une zone de texte. L'utilisateur a non seulement la possibilité de choisir une option figurant dans la liste, mais il peut également saisir un élément. D'un point de vue esthétique, la différence majeure se situe au niveau de la liste déroulante qui s'active par un clic sur la flèche, caractéristique propre à la liste modifiable. Je suis certain que les listes modifiables vous sont familières, mais je vous en présente quand même une grâce à la Figure 10.24.

Du point de vue de l'utilisateur, les listes modifiables sont sympas car ce dernier peut exprimer ses souhaits. Mais, du point de vue du programmeur, il faut souvent limiter les choix de l'utilisateur pour éviter de se retrouver avec des saisies incorrectes. Grâce à VBA, le programmeur peut décider d'accepter ou non un élément tapé par l'utilisateur à la place d'une option choisie dans la liste déroulante.

Maintenant que vous connaissez les zones de liste, ne les utilisez pas

Pour présenter des options dans une liste, je vous suggère d'utiliser une liste modifiable, que l'utilisateur soit ou non autorisé à saisir son propre texte ; oubliez les zones de liste.

Voici pourquoi : une zone de liste VBA ne peut pas afficher d'éléments dans une liste déroulante. Il s'agit simplement d'un rectangle qui pose un problème d'espace si la liste comprend un tas d'éléments et distrait l'utilisateur concentré sur une autre partie de la feuille. Si les options sont peu nombreuses, mieux vaut proposer des boutons d'option ou des cases à cocher, bien plus esthétiques.

Les listes modifiables sont bien plus compactes puisqu'elles n'affichent qu'un seul élément de la liste. Et pour qu'une liste modifiable se comporte comme une zone de liste – n'acceptant que les éléments présents dans la liste –, il vous suffit de paramétrer la propriété `Style` sur `2-fmStyleDropDownList`. Pourquoi donc s'embêter avec les zones de liste ?

Alimenter une zone de liste ou une liste modifiable

Les choses sérieuses commencent. Vous ne pouvez pas saisir les éléments à afficher dans une zone de liste ou d'une liste modifiable depuis la fenêtre Propriétés. Il vous faut écrire du code, via la méthode `AddItem` du contrôle ou lier ce dernier à une source de données (c'est-à-dire une liste de termes d'un classeur Excel ou d'une base de données Access).

Pour créer une liste directement avec du code, il faut utiliser la procédure d'événement `Activate` de la feuille, avec une série d'instructions comme celles de l'exemple suivant :

```
Private Sub UserForm_Activate()
  cmbDepartement.AddItem "Ariège"
  cmbDepartement.AddItem "Cher"
```

```
    cmbDepartement.AddItem "Eure"
    cmbDepartement.AddItem "Loiret"
    cmbDepartement.AddItem "Lot"
    cmbDepartement.AddItem "Manche"
End Sub
```

Le processus d'interaction entre une zone de liste ou une liste modifiable et une source de données dépasse le cadre de ce livre, mais sachez qu'il est utilisé.

Quelle est l'option choisie par l'utilisateur ?

Pour récupérer l'élément sélectionné ou saisi par l'utilisateur dans une zone de liste ou une liste modifiable, servez-vous de la propriété `Value` dans votre code. C'est comme dans une zone de texte : affectez la propriété à une variable (string, numérique ou variant) comme dans :

```
strLieu = cmbDepartement.Value
```

Du code dans vos feuilles

Insérer des contrôles, tels que des boutons de commande et de listes modifiables, dans une feuille est un jeu d'enfant mais faire en sorte qu'ils se comportent selon vos désirs est bien moins évident. C'est là que vous devez montrer vos talents de programmeur et mobiliser vos cellules grises. Cette section entre dans les arcanes de la programmation des feuilles.

Mais montrez-la donc cette feuille !

Si vous avez pris la décision d'inclure des feuilles personnalisées dans votre programme VBA, le principal problème est de les afficher à l'écran. Vous pouvez dessiner la plus belle et harmonieuse des feuilles mais si personne ne peut la voir, quel est l'intérêt ?

Dans la mesure où un programme VBA peut avoir recours à l'interface utilisateur de l'application hôte, il n'affiche pas automatiquement une feuille lorsqu'on l'exécute. A cet égard, VBA est différent de son cousin Visual Basic pour lequel programme et feuille ne font pratiquement qu'un. Dans un programme VBA, vous devez toujours ajouter du code pour afficher une feuille et la rendre ainsi accessible à l'utilisateur.

Charger et afficher des feuilles

Pour afficher une feuille VBA à l'écran il faut d'abord la charger en mémoire. Une seule instruction VBA suffit pour accomplir ces deux tâches. Mais il est parfois plus utile de les placer dans deux instructions distinctes.

Les fenêtres font leur show

Pour afficher une feuille, tout repose sur la méthode `Show`. Si la feuille s'appelle `Hiver`, il vous suffit de taper :

```
Hiver.Show
```

Notez que `Show` est une méthode de l'objet UserForm, elle est donc précédée du nom de la feuille lui-même suivi d'un point. Si la feuille n'est pas déjà en mémoire, la méthode `Show` la charge puis l'affiche. Si la feuille est chargée mais masquée, la méthode `Show` l'affiche simplement.

Charger une feuille sans l'afficher

Pour simplement charger une feuille en mémoire, utilisez l'instruction `Load`. Ne s'agissant pas d'une méthode, la syntaxe employée est l'inverse de celle de `Show` :

```
Load Hiver
```

A quoi cela sert-il de charger une feuille sans l'afficher ? Eh bien, si votre programme fait appel à un grand nombre de feuilles ou des feuilles complexes, l'utilisateur le trouvera plus rapide. Le chargement d'une feuille prend bien plus de temps que son affichage. Dans la mesure où tout programme un peu complexe effectue de nombreuses initialisations (telles que la lecture de données dans des fichiers, le calcul des variables initiales et la création d'objets), son démarrage prend un peu de temps. Si vous prévoyez également le chargement de vos feuilles à ce stade, les utilisateurs n'auront pas l'impression d'attendre aussi longtemps que si vous le faites plus tard. Mais le préchargement a un inconvénient : il consomme de la mémoire, que vous pourriez utiliser à d'autres fins.

Modifier votre feuille avant de l'afficher

Vous pouvez également charger une feuille – sans utiliser l'instruction `Load` – en tapant des instructions qui influent sur une propriété ou une méthode de la feuille, ou l'un de ses contrôles. Ainsi, votre programme peut modifier une feuille avant de l'afficher. Certes, la fenêtre Propriétés de Visual Basic Editor vous offre la possibilité de contrôler totalement l'apparence et le comportement sans écrire de code, mais n'oubliez pas ceci : souvent, vous ne savez pas quel doit être l'apparence ou le comportement d'une feuille (ou de ses contrôles) tant que votre programme ne tourne pas.

Prenons un exemple simple : vous souhaitez afficher dans la légende de la feuille la date et l'heure. Puisque vous ne pouvez pas prédire quand l'utilisateur exécutera votre programme – et vous espérez sans doute qu'il servira plus d'une fois –, vous devez laisser VBA trouver la date et l'heure du jour à votre place. Vous obtenez le code suivant :

```
Sub AfficherDateSurLegendeFeuille ()
  DateLegendeFeuille.Caption = Now
  DateLegendeFeuille.Show
End Sub
```

Dans le même ordre d'idée, la feuille peut utiliser une étiquette ou une zone de texte pour afficher des informations sur tout élément actuellement sélectionné dans votre application VBA. La Figure 10.25 vous montre le résultat obtenu après exécution de la procédure VBA suivante dans Visio, associée à une feuille :

```
Sub AfficherSelectionFeuille()
  Dim CompterElement As Integer, Message As String
  Elements = ActiveWindow.Selection.Count
  Message = CStr(Elements) & " objet(s) sont sélectionnés.'
  SelectionFeuille.lblNombreElements.Caption = Message
  SelectionFeuille.Show
End Sub
```

Regardez la ligne de code qui modifie la propriété d'une étiquette dans la feuille cible :

```
SelectionFeuille.lblNombreElements.Caption = Message
```

NOTE TECHNIQUE

D'un point de vue technique, il est impossible d'accéder aux propriétés ou méthodes d'une feuille si celle-ci n'est pas chargée. Mais le chargement ne demande pas l'écriture d'une instruction explicite ; VBA charge automatiquement la feuille en mémoire dès qu'il rencontre une instruction qui se réfère à une propriété ou méthode de la feuille. Faire référence à une propriété ou une méthode de l'un des contrôles de la feuille produit le même effet.

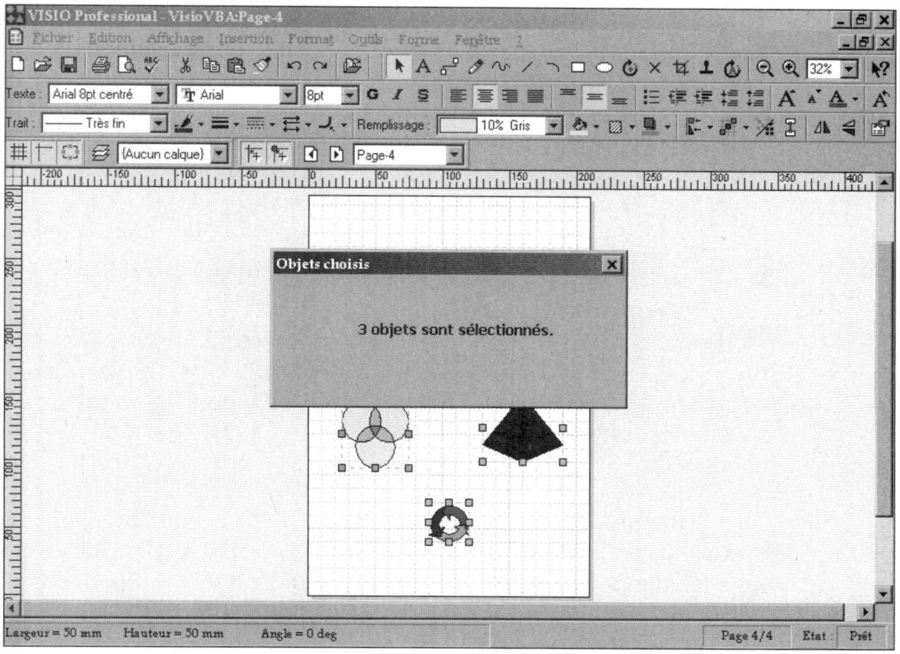

Figure 10.25 : Ce programme indique ce que contient la légende de l'étiquette juste avant d'afficher la feuille.

Modifier une feuille à l'aide des événements Initialize et Activate

L'exemple de la section précédente présente une des manières de modifier une feuille avant de l'afficher – à partir d'une procédure standard d'un module normal. Mais il existe plusieurs façons de plumer un canard. Dans notre exemple, vous pouvez intervenir sur les événements `Initialize` et `Activate` de la feuille proprement dite. Le code inséré dans ces procédures d'événement s'exécute automatiquement lorsque l'événement correspondant se produit :

- Utilisez l'événement `Initialize` pour du code uniquement exécuté lorsque VBA charge la feuille la première fois.
- Utilisez l'événement `Activate` pour du code qui doit être exécuté chaque fois que la feuille est affichée (y compris la première fois).

L'écriture de code pour les procédures d'événement est abordée dans la section "Les principaux événements", plus loin dans ce chapitre.

Masquer une feuille

Utilisez la méthode `Hide` pour fermer la feuille et permettre à votre programme de revenir dans le document de l'application VBA ou d'activer une autre feuille. Une instruction telle que la suivante fait l'affaire :

```
FeuilleAge.Hide
```

Mais vous ne pouvez pas vous servir de la méthode `Hide` n'importe où dans votre programme. S'il s'agit d'une feuille modale, vous devez placer la méthode `Hide` dans une procédure d'événement appartenant à la feuille proprement dite. Comme je l'explique dans la section "Feuilles non modales contre feuilles modales", plus haut dans ce chapitre, lorsqu'une feuille modale est ouverte, seules les procédures de cette feuille peuvent être exécutées.

Au fait, lorsque vous utilisez la méthode `Hide` dans une procédure d'événement appartenant à la feuille que vous voulez masquer, il n'est pas nécessaire d'indiquer le nom de la feuille. VBA est suffisamment intelligent pour comprendre que la méthode `Hide` appartient à cette feuille. Donc, un simple `Hide` suffit.

La plupart du temps, l'instruction `Hide` est située à la fin de la procédure d'événement `Click` se rapportant à un bouton de commande OK, Annuler ou Fermer. Vous trouverez des exemples dans les sections "Ajouter un bouton Fermer ou Annuler" et "Programmer le bouton OK", plus loin dans ce chapitre.

Le fait de masquer la feuille ne la supprime pas de la mémoire. La méthode `Show` vous permet de l'afficher de nouveau de façon optimale.

Supprimer une feuille de la mémoire

Si vous savez à l'avance que votre programme n'aura plus besoin d'une feuille, vous pouvez la détruire en la supprimant de la mémoire. Avec un petit programme VBA, c'est inutile, mais si votre programme a atteint une taille considérable, la mémoire joue un rôle capital, et il devient alors nécessaire de purger la mémoire des feuilles dont vous ne vous servez plus.

Comme pour le chargement, vous utilisez une instruction et non une méthode :

```
Unload FeuilleAge
```

Une feuille déchargée de la mémoire disparaît de l'écran si elle était visible.

Si vous savez qu'une feuille ne sera plus utilisée, vous pouvez remplacer la méthode `Hide` par l'instruction `Unload` dans les procédures d'événement qui ferment la feuille (voir section précédente). Dans cette situation, `Unload Me` est identique à `Unload Nom de la feuille`, dans la mesure où le mot-clé `Me` représente toujours l'objet feuille actif.

Mais, contrairement à la méthode `Hide`, `Unload` fonctionne avec des feuilles modales non actives. Une instruction `Unload` insérée dans la partie principale de votre programme – c'est-à-dire dans une procédure qui n'est pas associée à une feuille – vous permet de décharger n'importe quelle feuille, même une feuille modale précédemment masquée.

Les principaux événements

Lorsque vous activez une procédure `Sub` ˇùi n'affiche pas de feuilles, votre code contrôle complètement le comportement de votre programme. Mais, lorsqu'une feuille est à l'écran, votre programme devient plus passif et reste vigilant, à attendre des instructions de la part de l'utilisateur. Dès que ce dernier appuie sur une touche, déplace la souris ou clique, il déclenche un événement. Votre programme enregistre chaque événement et vérifie si le code de la feuille contient une procédure liée à cet événement. Si ce n'est pas le cas, l'événement traverse votre programme sans laisser de trace. Mais s'il existe une procédure d'événement, le programme renaît et exécute fidèlement cette procédure.

Une procédure d'événement est capable d'exécuter les mêmes tâches qu'une procédure classique : calculer des variables, exploiter des propriétés et méthodes d'objets, et même charger et afficher d'autres feuilles. Une fois la procédure d'événement exécutée, la feuille reprend la main et le programme se remet de nouveau en position d'attente.

Evénements courants

Les feuilles VBA et leurs contrôles sont capables de détecter et d'identifier un large éventail d'événements. (Dans le jargon VBA, lorsque l'on dit qu'un objet "a" des événements, cela signifie qu'il est capable de détecter et d'identifier ces événements.) Les feuilles et les contrôles partagent nombre d'événements mais chaque objet prend en charge un groupe d'événements différent. Le Tableau 10.1 répertorie les événements couramment utilisés.

Tableau 10.1 : Evénements pour feuilles et contrôles.

Evénement	Objets concernés	Déclenchement
`Activate`, `Deactivate`	Les feuilles	Chaque fois que la feuille est activée (reçoit le focus) ou désactivée (perd le focus)
`AfterUpdate`	Tous les contrôles "d'action" à l'exception des boutons de commande (pas les étiquettes, ni les images, cadres ou contrôles multipage)	Après l'enregistrement d'une nouvelle valeur par VBA, juste avant de sortir du contrôle pour se déplacer sur un autre
`Change`	Tous les contrôles "d'action" à l'exception des étiquettes et boutons de commande ; également les contrôles multipage et étiquettes d'onglet	Lorsque la valeur de la propriété `Value` change
`Click`	Les feuilles et tous les types de contrôles	Lorsque l'utilisateur clique sur un objet
`DblClick`	Les feuilles et tous les types de contrôles	Lorsque l'utilisateur double-clique sur un objet
`KeyUp`, `KeyDown`, `KeyPress`	Les feuilles et tous les types de contrôles	Lorsque l'utilisateur appuie sur une touche ou la relâche

Les procédures d'événement doivent avoir du code

Comme le montre le Tableau 10.1, une feuille ou un contrôle *peut* répondre à de nombreux événements. Mais dans quelles conditions cette réponse intervient-elle ? Seulement si la feuille ou le contrôle en question possède une procédure d'événement liée à cet événement. Les procédures d'événement doivent bien provenir de quelque part – elles viennent de chez vous. Ecrire du code pour une procédure d'événement c'est *piéger* l'événement.

Ecrire et modifier des procédures d'événement

Une procédure d'événement s'écrit comme n'importe quel autre code VBA. Il faut juste savoir où mettre les instructions. Le code d'une procédure d'événement – et tout code associé à une feuille – est installé dans la fenêtre Code de cette feuille, dans Visual Basic Editor. Par conséquent, les procédures d'événement de tous les contrôles de cette feuille, ainsi que de la feuille proprement dite, vont dans la fenêtre Code de cette feuille. Donc, avant de pianoter de nouvelles instructions, suivez ces trois étapes :

1. **Affichez la fenêtre Code de la feuille**

   Le plus rapide est de double-cliquer sur la feuille ou le contrôle. Mais vous pouvez aussi sélectionner la feuille et choisir Affichage/Code dans le menu contextuel (clic droit). La touche F7 fonctionne également si la feuille est sélectionnée dans sa fenêtre UserForm.

2. **Dans la fenêtre Code, sélectionnez l'objet cible de la procédure d'événement.**

   Choisissez l'objet dans la liste déroulante Objet, située dans le coin supérieur gauche de la fenêtre Code de la feuille (voir Figure 10.26).

Figure 10.26 : Sélectionnez un contrôle dans la fenêtre Code d'une feuille avant d'écrire une procédure d'événement.

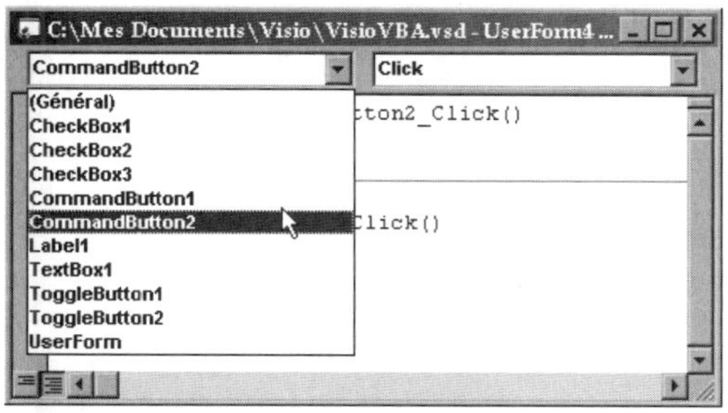

3. **Sélectionnez un événement.**

   Cette fois, utilisez la liste déroulante Procédure dans le coin supérieur droit de la fenêtre Code.

Dès que vous avez choisi un événement dans la liste déroulante Procédure, VBA vous envoie directement dans la fenêtre Code, sur cette procédure d'événement. Si aucun code n'a été écrit pour cette procédure, VBA crée un squelette et place avec courtoisie le point d'insertion sur une ligne vierge entre la déclaration d'ouverture de la procédure et l'instruction de fermeture (voir Figure 10.27). Si la procédure d'événement contient déjà du code, VBA place simplement le point d'insertion sur la première ligne.

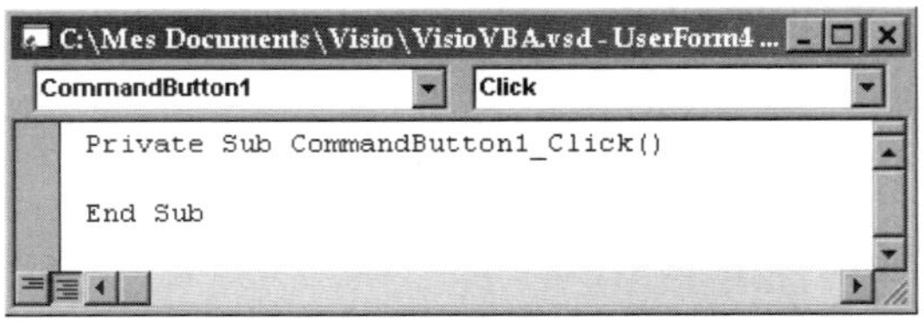

Figure 10.27 : Le squelette d'une procédure d'événement flambant neuve, dans Visual Basic Editor.

Déclarations de procédures d'événement

Vous n'avez aucun souci à vous faire à propos du choix du nom de la procédure d'événement, car VBA crée lui-même la déclaration lorsque vous sélectionnez un événement dans la fenêtre Code de la feuille.

Comme le montre la Figure 10.27, la syntaxe de base d'une procédure d'événement est exactement la même que celle d'une procédure `Sub` ordinaire créée dans un module VBA. Seul son nom est différent : il comprend le nom de l'objet (feuille ou contrôle), suivi d'un blanc souligné et du nom VBA officiel de l'événement. Chaussez vos lunettes triple foyer et jetez un œil à ces exemples :

```
Private Sub cmdCalculRacineCarree_Click()
End Sub

Private Sub UserForm_Activate ()
End Sub

Private Sub sclControleVolume_Change
End Sub
```

Quand changer le nom d'une procédure d'événement ?

ATTENTION !

Le seul moment où le nom d'une procédure d'événement peut vous causer des ennuis, c'est lorsque vous modifiez le nom de l'objet associé. VBA ne change pas automatiquement le nom de la procédure d'événement, vous devez donc retourner dans la fenêtre Code pour le modifier afin qu'il corresponde au nouveau nom du contrôle.

Supposez que vous ayez écrit une procédure pour l'événement `Click` d'un bouton que VBA a automatiquement nommé `CommandButton1`. A ce stade, le nom de la procédure est CommandButton1_Click. Imaginez maintenant que vous donniez tardivement au bouton un nom plus parlant du style cmdSortirLaPoubelle. Tant que vous n'avez pas transformé le nom de la procédure d'événement originale en cmdSortirLaPoubelle_Click, le bouton reste là, muet et apathique pendant l'exécution de la feuille, même si vous vous acharnez à cliquer dessus.

VBA ne supprime pas la procédure lorsque vous changez le nom du bouton, il vous suffit donc de renommer la procédure, sans la réécrire. Mais vous pouvez aussi créer une nouvelle procédure d'événement pour le bouton et utiliser les commandes Couper et Coller pour déplacer le code de la procédure originale vers la nouvelle.

Cliquez ici...

Click est l'événement par excellence de Windows. Vous cliquez pour sélectionner des icônes, placer le point d'insertion dans des documents, ouvrir des menus, activer des boutons ; et cet évènement déclenche toutes sortes de fonctions. Le clic fait tellement partie intégrante de Windows que vos feuilles VBA doivent pouvoir répondre à cette action. Mais, avec la plupart des contrôles, vous n'avez pas besoin d'écrire du code pour les faire réagir aux clics de souris (j'explique pourquoi dans la section "Des procédures d'événement Click parfois indésirables ?"). Bien entendu, vous *devez* écrire du code pour le plus important des contrôles, le bouton de commande.

Chaque bouton de commande doit absolument avoir une procédure d'événement Click si vous voulez qu'il réagisse aux actions de l'utilisateur. La procédure d'événement suivante compte et affiche simplement le nombre de fois que l'utilisateur clique sur le bouton :

```
Private Sub cmdCompterClics_Click()
' Le fait de déclarer la variable intCompteur comme Static permet de
' conserver intacte sa valeur entre les appels de la procédure
Static intCompteur As Integer
IntCompteur = intCompteur + 1
CmdCompterClics.Caption = "Vous avez cliqué sur ce bouton " _
& intCompteur & " fois."
End Sub
```

Ce code est assez simple. A chaque exécution de la procédure d'événement – donc uniquement lorsque l'utilisateur clique sur le bouton – la valeur de la variable intCompteur augmente de 1. Cette valeur est ensuite utilisée dans une chaîne qui définit la propriété Caption du bouton. Je précise au passage que le fait de déclarer la variable intCompteur comme Static indique à VBA qu'il doit conserver la valeur de la variable d'un passage de la procédure d'événement à l'autre. Si vous déclarez `intCompteur` avec une instruction `Dim`, VBA réinitialise la variable chaque fois. Voici une procédure d'événement pour un bouton nommé `cmdDeplacerCetteFeuille` :

```
Private Sub cmdDeplacerCetteFeuille_Click()
Move(Left -24), (Top -24)
End Sub
```

Pour les curieux, lorsque l'utilisateur clique sur le bouton, cette procédure d'événement déplace toute la feuille de 24 unités vers le haut et 24 unités vers la gauche. Dans la seule ligne "active" de la procédure, la méthode `Move` apparaît sans référence objet ; VBA part du principe qu'elle se réfère à l'objet principal, la feuille proprement dite. Si vous aviez voulu déplacer le bouton à la place de la feuille, vous auriez tapé `cmdDeplacerCetteFeuille.Move` pour préciser qu'il s'agit de l'objet cible. De même, `Left` et `Top` sont censés être les propriétés de la feuille car il n'y a aucune référence objet.

Ces exemples sont certes assez élémentaires mais ils montrent bien qu'une procédure d'événement ressemble à n'importe quel code et fonctionne pareil.

Des procédures d'événement Click parfois indésirables

La plupart des contrôles VBA d'une feuille ont (c'est-à-dire *reconnaissent*) l'événement `Click`. Mais, exception faite des boutons de commande, il n'est en général ni nécessaire ni prudent d'écrire une procédure pour l'événement `Click`, même si vous voulez que le contrôle réagisse aux clics de souris. La raison est la suivante : ces contrôles réagissent automatiquement et correctement aux clics.

Supposez que vous placiez des boutons d'option sur une feuille VBA. Lorsque vous exécutez celle-ci, pour sélectionner un bouton, vous cliquez simplement dessus, pas besoin d'écrire une seule ligne de code. De la même manière, VBA gère automatiquement les clics sur les boutons à bascule ou les cases à cocher. VBA sait faire passer le contrôle d'un état à l'autre (sorti ou enfoncé pour un bouton à bascule et décochée ou cochée pour une case à cocher). Une zone de texte, pour sa part, répond automatiquement aux clics en plaçant le point d'insertion à l'endroit où vous avez cliqué.

Par contre, ce que VBA ne peut faire – et dont vous devez vous charger en écrivant du code –, c'est transférer la valeur du contrôle dans votre programme. Qu'a tapé l'utilisateur dans la zone de texte ? La case est-elle cochée ou décochée ? Quel est le bouton d'option sélectionné ? Votre programme ne peut le savoir que si vous écrivez le code nécessaire pour recueillir et utiliser ces informations.

La propriété `Value` du contrôle est l'élément le plus important ; elle contient la valeur courante de tout contrôle capable de changer d'état ou de contenir des données. Vous avez la possibilité de lire la propriété `Value` chaque fois qu'elle change en écrivant une procédure d'événement pour l'événement `Change`. Mais vous pouvez aussi lire tout simplement la propriété `Value` une fois la feuille masquée. Pour de plus amples informations sur ces techniques, reportez-vous aux sections "Ecrire du code pour l'événement Change" et "Tâches courantes de programmation de feuilles".

Evénements Click dans des UserForm

Même les feuilles ont des événements `Click`. Bien sûr, dans la pratique, la plupart des feuilles ne sont que des toiles de fond sur lesquelles vous placez des boutons, des zones de texte et d'autres contrôles mis à disposition de l'utilisateur. Mais, si vous le désirez, une feuille peut prendre la forme d'un gros bouton qui déclenche une action dans votre programme dès que l'on clique dessus.

Il suffit que vous tapiez le code des actions choisies, dans l'événement `Click` de la feuille :

```
Private Sub UserForm_Click()
…(le code de l'événement doit être inséré ici)
End Sub
```

Retenez que le nom de toutes les procédures d'événement d'une feuille commence par `UserForm`, quel que soit le nom donné à la feuille. Si vous écrivez une procédure d'événement `Click` pour une feuille, assurez-vous que VBA déclenche la procédure seulement si l'utilisateur clique sur la partie de la feuille vierge de tout contrôle. Les autres procédures d'événement liées à la souris fonctionnent de la même façon.

Ecrire du code pour l'événement Change

Pour les barres de défilement, les boutons rotatifs, les boutons d'option, les cases à cocher et les boutons à bascule, `Change` est l'événement principal. Ces contrôles répondent bien aux clics de souris et à l'activation de touches mais automatiquement. VBA et Windows se chargent du sale boulot qui consiste à modifier l'apparence du contrôle et ajuster sa valeur en fonction de la touche sur laquelle l'utilisateur a appuyé ou des actions générées par la souris.

Cependant, vous voulez peut-être que votre programme réagisse non pas au clic de souris proprement dit mais au changement de valeur que ce dernier a causé. Dans ce cas, vous devez écrire le code de l'événement `Change`, lequel se produit à chaque changement de valeur du contrôle (c'est-à-dire lorsque la propriété `Value` du contrôle change). Le fait que ce changement soit la conséquence directe d'un clic de souris ou de l'activation d'une touche de la part de l'utilisateur, ou de la modification de la propriété `Value` du contrôle par une autre procédure, n'a aucune importance.

Vous pouvez très bien souhaiter voir votre programme répondre à tout changement de valeur lorsque l'utilisateur a fini de se servir du contrôle en question. Dans ce cas, écrivez le code pour l'événement `AfterUpdate` du contrôle, qui se produit lorsque le focus passe sur un autre contrôle.

Bien entendu, une procédure d'événement ne se cantonne pas à afficher cette nouvelle valeur, elle peut :

- Vérifier si la valeur respecte un critère.
- Effectuer des calculs à partir de la valeur et générer d'autres actions en fonction des résultats obtenus.
- Utiliser la valeur du contrôle pour régler un autre paramètre, par exemple le volume des haut-parleurs de votre ordinateur.

Tâches courantes de programmation des feuilles

Une fois que vous avez compris comment fonctionnent les procédures d'événement, vous pouvez mettre en pratique vos connaissances en construisant des boîtes de dialogue à votre goût – et aussi selon les besoins des utilisateurs. Cette section présente plusieurs astuces qui vous serviront à bâtir des boîtes de dialogue.

Ajouter un bouton Fermer ou Annuler

La plupart des boîtes de dialogue ont au moins un bouton de commande important, celui qui les fait disparaître de l'écran. Selon la boîte de dialogue, il s'agit du bouton Fermer ou Annuler, ou bien encore Quitter, Terminer, Tous ou Abandonner. Chaque feuille doit avoir un bouton de ce genre.

Par convention, les boutons Fermer et Annuler ne font que masquer ou décharger la feuille. Voici comment savoir lequel de ces boutons convient à votre feuille :

- Utilisez un bouton Fermer si votre feuille affiche simplement des informations ou accomplit des tâches immédiatement, sans modifier les paramètres ou les variables qui seront utilisées plus tard par le programme.
- Utilisez un bouton Annuler si votre feuille modifie les paramètres du programme ou les variables. Lorsque l'utilisateur clique sur le bouton Annuler, la boîte de dialogue se ferme sans enregistrer les modifications. La feuille doit également être dotée d'un bouton OK qui valide les changements apportés.

Procédures d'événement simples à appliquer aux boutons Fermer et Annuler

Comme n'importe quel autre bouton de commande, un bouton Fermer ou Annuler requiert une procédure d'événement `Click` qui puisse répondre à un clic de souris. La plupart du temps, cette procédure n'a qu'une seule instruction, comme dans les deux exemples suivants :

```
Private Sub cmdFermer_Click()
  Hide ' Référence objet implicite à la feuille en cours
End Sub

Private Sub cmdAnnuler_Click()
  Unload frmOptions
End Sub
```

Bien entendu, ces deux boutons peuvent utiliser la méthode `Hide` ou l'instruction `Unload`. Les différences entre ces deux manières de fermer une feuille sont expliquées dans les sections "Masquer une feuille" et "Supprimer une feuille de la mémoire", plus haut dans ce chapitre.

Les procédures d'événement liées au bouton Fermer ou Annuler sont bien sûr capables d'effectuer d'autres tâches avant la fermeture de la feuille. Vous pouvez par exemple créer une instruction qui affiche une boîte de message demandant à l'utilisateur s'il veut vraiment fermer (ou annuler) :

```
Private Sub cmdAnnuler_Click()
  Message = "Voulez-vous vraiment fermer la boîte de dialogue " _
```

```
& "et annuler tous les changements apportés ?"
  If MsgBox(Message, vbOuiNon) = vbOui Then
    Hide ' Masque uniquement si l'utilisateur a cliqué sur Oui
  End If
End Sub
```

La solution du clavier

Pensez à lier le bouton Fermer ou Annuler à la touche Echap. L'utilisateur est habitué à appuyer sur Echap pour sortir d'une boîte de dialogue, notamment s'il s'est trompé, donc, ne le décevez pas. Vous n'avez pas besoin d'ajouter une procédure d'événement `KeyPress`. Dans la fenêtre Propriétés, il suffit de paramétrer la propriété `Cancel` du bouton sur `True`.

Programmer le bouton OK

Imaginez que vous observiez une boîte de dialogue classique. Lorsque vous cliquez sur le bouton OK, vous vous attendez à ce que le programme accepte définitivement les paramètres courants de la boîte de dialogue, modifie en conséquence son apparence, son comportement ou des données. La feuille doit donc se faire disparaître elle-même de l'écran.

Répondez à cette attente en écrivant une procédure d'événement `Click` pour le bouton OK. Le code doit simplement transférer les valeurs du contrôle de la feuille vers les variables de votre programme ou les utiliser dans des instructions conditionnelles. La méthode `Hide` ou l'instruction `Unload` de la feuille doit occuper la dernière ligne de la procédure. Dans les exemples suivants, `txtNomC` et `txtAdresseC` sont des zones de texte. Les deux premières instructions transfèrent leur contenu vers les variables correspondantes. Ensuite, le programme vérifie l'état du bouton à bascule `tglEnvoyer`, et si ce dernier est enfoncé, il exécute une procédure nommée `EnvoyerFactureAuClient`. Pour finir, il masque la feuille.

```
Private Sub cmdOK_Click()
  strNomClient = txtNomC.Value
  strAdresseClient = txtAdresseC.Value
  'vérifie état bouton à bascule
  If tglEnvoyer.Value = True Then
    EnvoyerFactureAuClient
  End If
  Hide
End Sub
```

Valider des entrées

L'une des tâches les plus courantes effectuées par les procédures d'événement est la validation, via un contrôle, des entrées saisies par l'utilisateur. Souvent, le programme n'accepte que certaines valeurs. Cependant, l'utilisateur est libre de saisir n'importe quelle donnée dans une zone de texte ou une liste modifiable et de choisir un nombre à l'aide d'un bouton rotatif.

La solution consiste à ajouter un code de validation de la procédure d'événement du bouton. Ce code analyse l'entrée de l'utilisateur par rapport à votre critère. S'il y a correspondance, il stocke la valeur ou la transfère ailleurs dans votre programme. Si l'entrée ne respecte pas le critère, vous pouvez afficher une boîte de message ou une autre feuille informant l'utilisateur du problème (voir Figure 10.28). Mais le code peut également convertir l'entrée erronée en donnée valide, par exemple en transformant toutes les minuscules en majuscules.

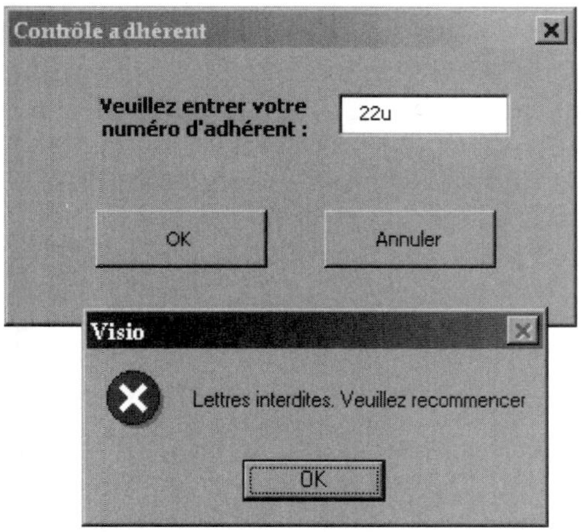

Figure 10.28 : J'ai utilisé une procédure d'événement `Change` pour vérifier l'entrée saisie dans la zone de texte et afficher ce message d'erreur à l'attention de l'utilisateur.

Routines de validation

Pour valider la valeur d'un contrôle, vous devez écrire une instruction `If…Then` ou `Select Case` ou bien les deux. Ce simple exemple vérifie la valeur d'un bouton rotatif :

```
Private Sub spnControleVolume_Change
  If spnControleVolume.Value = 13 Then
    MsgBox "13 est une valeur interdite."
  End If
End Sub
```

Evénements pouvant servir à valider des entrées utilisateur

Il est logique d'effectuer une validation au niveau des quatre points d'interaction entre la feuille et l'utilisateur. Comme le montre le tableau ci-dessous, chacun de ces points correspond à une procédure d'événement concernant le contrôle actif ou la feuille proprement dite :

Moment de la validation	**Procédure d'événement**
Lorsque l'utilisateur appuie sur une touche	Evénement `KeyPress` pour le contrôle (pour analyser la touche utilisée)
Lorsque la valeur du contrôle change	Evénement `Change` (pour analyser la valeur)
Lorsque l'utilisateur a fini de se servir du contrôle et avant qu'il ne passe à un autre	Evénement `BeforeUpdate` (permet d'annuler la mise à jour et de renvoyer l'utilisateur sur le contrôle)
Lorsque l'utilisateur ferme la feuille	Evénement `Click` pour le bouton OK ou Fermer de la feuille

Quel événement de validation choisir ?

C'est à vous de choisir l'événement de validation des entrées de l'utilisateur ; vous pouvez vous baser sur les critères suivants :

- L'exécution du code de validation sera rapide ou lent.
- Vous voulez embêter l'utilisateur juste au moment où il saisit une valeur incorrecte ou attendre qu'il ait terminé pour vérifier l'entrée.
- Votre validation s'effectue sur plusieurs contrôles.

Prenons un cas simple : si vous voulez valider la valeur d'un contrôle chaque fois qu'elle change, utilisez une procédure d'événement `Change`.

Troisième partie

Plongée en eaux profondes

Dans cette partie…

Maintenant que vous maîtrisez les bases de la programmation VBA et souhaitez prendre de l'envergure, je vous souhaite la bienvenue dans la troisième Partie. Le Chapitre 11 passe en revue les fonctions et instruction VBA intégrées – pourquoi réinventer la poudre en créant une procédure personnalisée si une fonction ou une instruction VBA d'une seule ligne se charge de tout ? Le Chapitre 12 étudie toutes les techniques se rapportant aux objets. Enfin, dans le Chapitre 13, je reviens sur le thème de la gestion des données, pour traiter des unités de stockage avancées telles que les tableaux de chaînes et les collections.

Chapitre 11

Les commandes VBA intégrées

Dans ce chapitre :

- Eviter la programmation superflue grâce aux commandes intégrées.
- Mettre en forme sans peine des données à l'aide de la fonction `Format`.
- Modifier le type de données.
- Utiliser des chaînes de texte.
- S'amuser avec dates et heures.
- Utiliser les fonctions mathématiques et financières.

Avant de vous mettre à écrire vos propres procédures de A à Z, assurez-vous que vous n'allez pas réinventer la poudre. Toutes les versions de VBA sont équipées d'un arsenal de commandes intégrées capables d'effectuer de nombreuses tâches courantes en un clin d'œil. Ce chapitre passe en revue une bonne partie de ces armes prêtes à l'emploi.

Trouver les commandes intégrées

Il semble exister une certaine contradiction concernant l'image que VBA tient à donner de lui. D'un côté, il veut absolument paraître comme un véritable langage *orienté objet* (je traite les langages orientés objet au Chapitre 12), mais de l'autre, vous vous apercevez que certaines tâches ne conviennent pas bien au moule traditionnel du langage orienté objet.

A cela, VBA a trouvé une solution digne de nos hommes politiques : il a casé au moins une commande indépendante par objet dans une méthode et a laissé d'autres actions voler de leurs propres ailes.

Gardez donc à l'esprit qu'une action peut toujours appartenir à une catégorie inattendue. Sinon, vous disposez de trois types de commandes intégrées VBA très utiles. Les voici :

- **Les instructions.** Bien que le terme *instruction* induise normalement une démarche de programmation complète (voir Chapitre 7), VBA appelle également instructions les mots-clés permettant d'effectuer des tâches courantes. Certaines fonctionnent comme des instructions à part entière. Par exemple, l'instruction `Beep` émet un signal sonore par le haut-parleur de l'ordinateur. (Allez-y mollo avec celle-ci, elle rend dingue.) D'autres doivent être utilisées au sein d'instructions complètes. Par exemple, l'instruction `Chdir` (changer de répertoire) ne sert à rien sans l'argument spécifiant le nouveau répertoire ou dossier :

```
Chdir("\Documents sur les rêves")
```

- **Les fonctions.** Les fonctions intégrées fonctionnent exactement comme les procédures Function décrites au Chapitre 7 – elles renvoient une valeur. On utilise souvent une fonction en affectant sa valeur à une variable, comme dans l'exemple de la fonction `Tan` (tangente) :

```
dblTangente = Tan(dblAnciensAngles)
```

  Les fonctions fournissent également des valeurs dans des expressions plus complexes ou des instructions conditionnelles telles que

```
If Tan (dblAngleAigu) < 45 Then
```

- **Les méthodes d'objets intégrés.** Dans ce groupe il en est une qui est curieuse : la méthode `Print`, la seule de l'objet `Debug`. Elle sert à envoyer des données de sortie dans la fenêtre Exécution de Visual Basic Editor :

```
Debug.Print(strMessageDeMars)
```

Bien que je ne saisisse pas l'intérêt d'associer la commande Print à un objet, je dois avouer que cette méthode est très utile. J'en parle au Chapitre 14. Notez que même si VBA ne considère pas lui-même les fichiers comme des objets, vous pouvez malgré tout utiliser un utilitaire de gestion de fichiers et travailler sur leur contenu en employant des techniques orientées objet (voir Chapitre 12).

Le Tableau 11.1 donne des exemples de commandes intégrées tirées de ces trois catégories (instructions, fonctions et méthodes). Le reste de ce chapitre traite certaines des commandes intégrées les plus utiles.

Tableau 11.1 : Exemples de fonctions, instructions et méthodes intégrées.

Commande	Type	Action
`Randomize`	Instruction	Initialise le générateur de nombres aléatoires
`Sqr (number)`	Fonction	Renvoie la racine carrée d'un nombre
`Format (string)`	Fonction	Met en forme une chaîne selon vos spécifications
`Date`	Instruction	Définit la date système
`Date`	Fonction	Renvoie la date système actuelle
`Err.Raise`	Méthode de l'objet `Err`	Génère une erreur d'exécution par numéro

Mettre en forme des données

La fonction `Format` de VBA (et ses quatre descendants `FormatNumber`, `FormatDateTime`, `FormatCurrency` et `FormatPercent`) met en forme n'importe quel type de données intégré pour l'afficher ou l'imprimer selon un modèle que vous définissez. Grâce à ces fonctions, vous pouvez facilement sortir une variable date – que VBA stocke en fait sous la forme d'un nombre inintelligible – dans un format abrégé (28/11/99), réduit (28-nov.-99) ou complet (dimanche 28 novembre 1999), ou dans n'importe quel autre format date-heure prédéfini. Cela s'applique également aux valeurs numériques et aux chaînes. En réalité, `Format` convertit la valeur fournie en une nouvelle chaîne, en ajoutant tout caractère nécessaire pour parvenir au résultat souhaité.

Utiliser la fonction Format

La fonction `Format` originale, figurant à la fois dans VBA 5 et VBA 6, est la plus riche. Elle est capable de traiter presque tous les types de données, et le résultat obtenu est personnalisable – si aucun des 15 formats intégrés ne convient, vous pouvez créer vos propres formats en toute liberté.

Dans sa forme simplifiée, la syntaxe de la fonction `Format` est la suivante (la syntaxe de cet exemple ne fait pas apparaître deux arguments, facultatifs et rarement utilisés, concernant les dates – voir l'aide) :

```
Format(expression, "format")
```

L'argument `expression` doit contenir une expression comprenant le nombre, la date ou la chaîne à mettre en forme. Bien entendu, cet argument est obligatoire.

N'OUBLIEZ PAS

C'est l'argument `format` qui fait le gros du travail. Comme le montre l'exemple ci-dessous, c'est une chaîne qui indique la forme de l'`expression` et elle doit être placée entre guillemets.

Pour utiliser la fonction `Format`, affectez-la à une variable ou à la propriété `Value` ou `Caption` d'un contrôle de UserForm. Par exemple, l'instruction

```
LblMessageDate.(Caption = "La date est " & _
Format(Now, "Date, complet")
```

affiche le texte "La date est mardi 19 mars 2002" comme légende d'un contrôle étiquette appelé `lblMessageDate` (en supposant que la date du jour est mardi 19 mars 2002). Dans cet exemple, la fonction `Now` fournit les données de l'argument `expression`, tandis que la chaîne `"Date, complet"`, qui sert d'argument `format`, fait référence à l'un des formats prédéfinis traités dans la section suivante.

Utiliser les formats prédéfinis avec la fonction Format

Le Tableau 11.2 présente les formats intégrés disponibles, à utiliser avec la fonction `Format`, pour divers types de données VBA. Vous gagnerez du temps si vous trouvez un format prédéfini qui donne le résultat escompté, plutôt que de bâtir votre propre format. Il vous suffit de choisir la chaîne adéquate dans la première colonne du tableau et de l'utiliser dans la fonction comme argument `format`. Pensez à mettre entre guillemets le nom du format choisi.

Tableau 11.2 : Formats nommés à utiliser avec la fonction Format.

Nom du format	Description de la valeur de sortie	Exemple (en fonction de paramètres français dans le Panneau de configuration)
Numérique		
Nombre général	Nombre sans séparateur de milliers	2001,5599
Monétaire	Nombre avec, le cas échéant, deux chiffres à droite du séparateur décimal, et le symbole monétaire	2 001,56 F

Nom du format	Description de la valeur de sortie	Exemple (en fonction de paramètres français dans le Panneau de configuration)
Numérique		
Fixe	Au moins un chiffre à gauche et deux chiffres à droite du séparateur décimal	3390,10
Standard	Nombre avec au moins un chiffre à gauche et deux chiffres à droite du séparateur décimal	1 323,45
Pourcentage	Nombre multiplié par 100 avec deux chiffres à droite du séparateur décimal et suivi du signe pourcentage	12,54 %
Scientifique	Nombre selon la notation scientifique standard	1,23E+02
Boolean (booléen)		
Yes/No (Oui/Non)	No si la valeur est 0, sinon Yes	Yes
True/False (Vair/Faux)	False si la valeur est 0, sinon True	True
On/Off (marche/arrêt)	Off si la valeur est 0, sinon On	On
Date/Heure		
Date, général	Date et/ou heure, selon la valeur, déterminée par les paramètres système du Panneau de configuration	19/03/02 17:27:45
Date, complet	Date complète selon le format défini dans le Panneau de configuration (Paramètres régionaux)	dimanche 19 mars 2002
Date, Réduit	Date intermédiaire	19-mar.-02
Date, abrégé	Date abrégée selon le format défini dans le Panneau de configuration (Paramètres régionaux)	19/03/02
Heure, complet	Heure complète (avec minutes et secondes) selon le format défini dans le Panneau de configuration (Paramètres régionaux)	17:27:45
Heure, réduite	Heure dans un format de 12 heures, avec heures et minutes et les indicateurs AM/PM	05:27 PM
Heure, abrégée	Heure dans un format de 24 heures avec heures et minutes	17:27

Je sais, le fait d'utiliser le même terme – format – sous trois acceptions (fonction `Format`, argument `format` et format pour une mise en forme apportée à du texte) porte à confusion. Si vous êtes perdu, ne vous en faites pas et revenez faire un tour dans cette section pour vous rafraîchir la mémoire.

Utiliser des formats personnalisés

Vous pouvez créer votre propre format à l'aide des caractères utilisables avec l'argument `format`. Vous pouvez par exemple choisir `Format` pour afficher des chaînes de texte tout en majuscules ou minuscules à l'aide des arguments `format` respectifs ">" ou "<". Je n'ai pas la place d'énumérer et décrire tous ces caractères spéciaux – vous les trouverez dans l'index de l'aide VBA, rubrique de la fonction `Format`, en cliquant sur Voir aussi puis en cherchant dans les Formats définis par l'utilisateur. Pour ne pas vous laisser complètement sur votre faim, je vous ai préparé des exemples de formats de date personnalisés. De plus, cela me donne l'occasion d'illustrer une autre fonction VBA intégrée : `IIf`.

```
MsgBox "Il est " & Format(Now, "h:nn") & _
". Nous sommes " & IIf(Format(Now, "a/p") = "a", _
"le matin.", "l'après-midi.")
```

Si vous exécutez ce code avant midi, l'instruction affiche une chaîne du genre "Il est 9:21. Nous sommes le matin." Si vous l'exécutez l'après-midi (voir Figure 11.1), vous obtiendrez un message tel que "Il est 15:05. Nous sommes l'après-midi." (Au fait, la fonction `MsgBox` est détaillée dans la section "Afficher des boîtes de message", plus loin dans ce chapitre.)

Figure 11.1 : Le texte de la boîte de message vient de l'expression fournie dans l'exemple précédent.

Et maintenant, explications ! Dans la première fonction `Format`, l'argument `format` est "`h:nn`". Le `h` représente l'heure, affichée dans le style militaire, sans zéro non significatif. Après les deux-points, `nn` représente les minutes avec zéro non significatif pour les heures ne dépassant pas 10 minutes.

La seconde fois qu'elle est utilisée, `Format` est imbriquée dans la fonction `IIf`. Ici, "`a/p`" est l'argument `format`, donc le résultat de la fonction est simplement "`a`" ou "`p`", en fonction de l'heure, avant ou après midi. Normalement, vous devriez employer `a/p` comme un composant d'un argument `format` plus long. Mais, dans ce cas, personne ne voit le résultat de la fonction, alors que là, la fonction `IIf` utilise ce résultat.

Utiliser la fonction IIf

`IIf` est une version miniature de l'instruction `If…Then` (traitée en détail au Chapitre 8). La syntaxe est la suivante :

```
IIf (expression, resultiftrue, resultiffalse)
```

En français, cela donne : si `expression` est `True` (vrai), la valeur renvoyée par la fonction est `resultiftrue` ; par contre, si `expression` est `False` (faux), la valeur renvoyée par la fonction est `resultiffalse`.

Dans l'exemple précédent, l'expression à analyser est

```
Format(Now, "a/p") = "a"
```

Donc, ici, si la fonction `Format` renvoie la valeur `a`, l'expression est `True`. Si elle renvoie n'importe quelle autre valeur, y compris `p`, l'expression est alors `False`. Ensuite, VBA détermine le résultat de la fonction `IIf` selon l'expression obtenue (`True` ou `False`). Si c'est `True`, la fonction `IIf` renvoie `le matin` et si c'est `False`, `l'après-midi`.

Utiliser les autres fonctions de mise en forme

VBA 6 propose quatre fonctions de type `Format` destinées à des tâches plus spécifiques. Il s'agit de `Formatnumber`, `FormatDateTime`, `FormatCurrency` et `FormatPercent`. Comme leur mère, cette progéniture de `Format` renvoie une chaîne comprenant une valeur originale mise en forme. Puisqu'elles proposent par défaut les résultats que vous recherchez probablement, elles peuvent être plus faciles à utiliser que `Format`. En résumé, leur fonctionnement est le suivant :

- `FormatNumber (number, NumDigitAfterDecimal, IncludeLeadingDigit, UseParensForNegativeNumbers, GroupDigits)` : Renvoie la valeur originale – le seul argument obligatoire – sous la forme d'une chaîne mis en forme. Si vous oubliez de mettre les arguments facultatifs, `FormatNumber` met en forme `number` selon les valeurs par défaut spécifiées dans les Paramètres régionaux (onglet Nombre) du Panneau de configuration de Windows. Si votre système est paramétré en français, vous avez des nombres tels que 132 328,55. Les arguments facultatifs de `FormatNumber` vous permettent de ne pas employer les paramètres par défaut en ce qui concerne le nombre de chiffre à droite du séparateur décimal, d'indiquer si un zéro apparaît à gauche du séparateur décimal pour les valeurs décimales, de spécifier si les valeurs négatives doivent être placées entre parenthèses et si les groupes de nombres doivent être séparés (par des virgules, par exemple).
- `FormatDateTime(date, format)` : Convertit une date en chaîne mise en forme. Si vous ne fournissez pas l'argument `format`, la chaîne est mise en forme selon les paramètres de date abrégée et d'heure complète définis sous l'onglet Date des Paramètres régionaux, du Panneau de configuration. L'argument `format` est un nombre (et non une chaîne comme dans la fonction `Format`), mais vous pouvez le spécifier à l aide de constantes nommées telles que `vbLongDate` ou `vbShortTime`.
- `FormatCurrency(number)` : Renvoie `number` formaté sous forme de valeur de type Currency selon les paramètres symbole monétaire de votre Panneau de configuration. Sinon, `FormatCurrency` fonctionne exactement comme `FormatNumber` et comprend les mêmes arguments facultatifs.
- `FormatPercent(number)` : Multiplie `number` par 100 et ajoute un caractère de pourcentage (.05 devient 5,00 %). `FormatPercent` comprend les mêmes arguments facultatifs que `FormatNumber`. Pour ne pas afficher les décimales, mettez 0 comme argument `NumDigitsAfterDecimal`, comme dans `FormatNumber` (.05,0).

Convertir des données

Comme je me suis évertué à vous l'expliquer au Chapitre 7, VBA procède immédiatement et automatiquement à des conversions entre types de données, vraiment pratiques et dont les résultats sont généralement conformes à vos attentes. J'ai bien dit *généralement*.

Si ces conversions ne vous donnent pas satisfaction, VBA tient à votre disposition un tas de fonctions explicites pour la conversion de types de données qui vous serviront à :

- Vérifier que VBA effectue la bonne conversion.
- Procéder à des conversions que VBA ne peut effectuer automatiquement.
- Rendre votre code évident à comprendre (bon, d'accord, *autodocumenté* comme disent les programmeurs professionnels).

Les commandes de conversion de données sont un groupe de fonctions que j'appelle fonctions de *type C*, C pour *convertir* et non langage de programmation C. En dehors des objets, VBA propose une de ces fonctions pour chaque type de données intégré – `CBool`, `CByte`, `CCur`, etc. Par exemple, après exécution de la variable `boolPeutEtre = CBool(123)`, la variable `boolPeutEtre` contient la valeur `True` (je suppose que l'existence de tout nombre autre que 0 est avérée, d'où le `True`).

Ayez bien à l'esprit que ces fonctions ne font qu'expliciter le type de conversion et sont incapables de réaliser toutes les conversions que VBA ne peut traiter automatiquement. (Pour des informations sur la fonction `CDec`, reportez-vous au Chapitre 7.)

Les fonctions `Fix` et `Int` suppriment la partie décimale de tout nombre et renvoient l'entier obtenu. Contrairement aux fonctions `CInt` et `CLng`, elles n'effectuent pas l'arrondi – `Int (4.989)` renvoie 4 et non 5.

Ces deux fonctions diffèrent lorsqu'elles traitent des nombres négatifs. `Int` renvoie un entier inférieur à la valeur de l'argument, alors que `Fix` supprime la partie décimale de l'argument. Par exemple, `Int (-9.2)` renvoie –10.

Travailler sur des valeurs hexadécimales et octales

N'OUBLIEZ PAS

Les fonctions `Hex` et `Oct` convertissent des entiers standards base 10 en chaînes comprenant leurs équivalents en valeur hexadécimale ou octale. La conversion inverse n'est pas possible mais vous *pouvez* taper des valeurs littérales hexadécimales ou octales, Visual Basic Editor se chargeant alors de la conversion automatique en nombre décimal. L'astuce est de faire précéder chaque littéral hexadécimal ou octal d'un code spécial : `&H`, pour hexadécimal, et `&O` (il s'agit de la lettre O et non du chiffre 0), pour octal. Après exécution de l'instruction `intBases = 10 + &O12 + &HA`, la valeur d'`intBases` est 30, ça coule de source !

Convertir des nombres en chaînes

Plusieurs fonctions VBA permettent de convertir des nombres en chaînes et vice versa :

- `CStr` : Convertit toutes les données qui ne sont pas des objets, y compris les valeurs numériques, en chaînes. Elle ajuste le résultat en fonction du format nombre (et date) spécifié dans les Paramètres régionaux du Panneau de configuration. Par exemple, en France, `CStr(200.02)` renvoie la chaîne `"$200,02"`. Sachez également que la *chaîne* obtenue varie certes en fonction des Paramètres régionaux, mais que vous devez toujours utiliser, pour les valeurs numériques, le format américain (le séparateur décimal est un point et non une virgule).
- `Str` : Convertit un nombre en chaîne selon le format américain (le séparateur décimal est un point et non une virgule).
- Fonctions de type C pour les types de données numériques : Convertissent une chaîne en valeur numérique uniquement si la correspondance de tous les caractères en chiffres existe. Là encore, cela dépend des paramètres du Panneau de configuration. Aux Etats-Unis, `CDbl ("$200.02")` donne un résultat de 200.02 ; en France, la même instruction produit une erreur alors que l'instruction `CDbl("200 ,02F")` passe.
- `Val` : Convertit les chiffres d'une chaîne de caractères en valeur numérique et arrête la lecture au premier caractère non numérique. Quels que soient les paramètres de votre Panneau de configuration, cette fonction ne reconnaît que les chiffres et le séparateur décimal point. Elle ignore les espaces, les tabulations et les caractères de saut de ligne. L'expression `Val("28 190.43 12 par 14")` donne comme résultat 28 190,4312.
- `Chr` : Convertit une valeur numérique ANSI en caractère. Utilisez cette fonction pour introduire les caractères que vous ne pouvez pas taper dans vos chaînes.
- `Asc` : Convertit à peu près de la même façon que `Chr`. Cette fonction renvoie le code numérique du premier caractère en chaîne.

Informations pour insomniaques

VBA propose d'une collection impressionnante d'instructions et de fonctions qui servent à mettre en forme des chaînes de texte et à en extraire des fragments ; vous les trouverez peut-être particulièrement hypnotiques. Dans le Tableau 11.3, j'énumère toutes les commandes que j'ai pu trouver.

Tableau 11.3 : Instructions et fonctions concernant les chaînes de caractères.

Pensez à mettre entre guillemets les valeurs de chaînes littérales (contrairement aux variables contenant des chaînes).

Instruction ou fonction	Type	Action (pour les instructions) ou valeur renvoyée (pour les fonctions)
`Asc(string)`	Fonction	Code de caractère de la première lettre d'une chaîne (`string`).
`Chr(charactercode)`	Fonction	Caractère correspondant au code de caractère (`charactercode`).
`Filter (sourcearray, match, include, compare)`	Fonction (uniquement VBA 6)	Un tableau comprenant uniquement les chaînes de `sourcearray` dotées de l'argument `match` ; `sourcearray` doit être un tableau de chaînes. Si l'argument facultatif `include` est `False`, la fonction renvoie uniquement les chaînes *ne comprenant pas* l'argument `match`.
`Format(string)`	Fonction	Voir "Mettre en forme des données", plus haut dans ce chapitre.
`Hex(number)`	Fonction	Une chaîne représentant un nombre `number` sous forme hexadécimale.
`InStr(start, string1, string2)`	Fonction	Un nombre indiquant la position d'une chaîne (`string2`) à l'intérieur d'une autre chaîne (`string1`) ; `start` est un argument facultatif qui donne la position de départ de la recherche.
`InStrRev(string1, string2, start)`	Fonction (uniquement dans VBA 6)	Un nombre indiquant la position de `string2` à l'intérieur de `string1`, compte à partir de la fin de `string1` ; `start` est un argument facultatif qui donne la position de départ de la recherche.
`Join(stringarray, delimiter)`	Fonction (uniquement dans VBA 6)	Une chaîne créée par la jonction des sous-chaînes de `stringarray`. Par défaut, `Join` ajoute un espace entre chaque sous-chaîne, mais vous pouvez employer un autre argument `delimiter` (caractère littéral entre guillemets).
`Left (string, length)`	Fonction	Une chaîne contenant le nombre indiqué de caractères (`length`) de `string`, en partant de la gauche.
`Len (string)`	Fonction	Le nombre de caractères contenus dans `string`.
`LCase (string)`	Fonction	Une copie de `string` convertie en minuscules.

Tableau 11.3 : Instructions et fonctions concernant les chaînes de caractères. (Suite)

Instruction ou fonction	Type	Action (pour les instructions) ou valeur renvoyée (pour les fonctions)
`LSet stringvariable = string`	Instruction	Affecte une chaîne à une variable chaîne (`stringvariable`) sans modifier la longueur de `stringvariable` ; aligne la chaîne à gauche à l'intérieur de `stringvariable`.
`LTrim(string)`	Fonction	Une nouvelle chaîne comprenant une copie de `string` sans les espaces de gauche.
`Mid(string, start, length)`	Fonction	Une nouvelle chaîne contenant un nombre indiqué de caractères (`length`) extraits de la chaîne, commençant à la position `start`.
`Mid(stringvariable, start, length) = string`	Instruction	Remplace un nombre indiqué de caractères (`length`) dans `stringvariable` par des caractères extraits de `string`.
`Oct(number)number.`	Fonction	Une chaîne contenant la valeur octale (base 8) de
`Replace(string, find, start, count, compare)`	Fonction (uniquement dans VBA 6)	Une nouvelle chaîne. Remplace le texte `find` par le texte `replace` trouvé dans `string`. Les arguments `start`, `count` et `compare` sont facultatifs. Utilisez `start` pour déterminer la position de départ de la recherche. Utilisez `count` pour définir le nombre de remplacements (`replace`) à effectuer, si le texte `find` recherché possède plusieurs occurrences (par défaut, toutes les occurrences de `find` sont remplacées).
`Right (string, length)`	Fonction	Une chaîne contenant le nombre indiqué de caractères (`length`) extraits de la chaîne, en partant de la droite.
`RSet stringvariable = string`	Instruction	Affecte `string` à `stringvariable` sans modifier la longueur de `stringvariable` ; aligne `string` à droite à l'intérieur de `stringvariable`.
`RTrim(string)`	Fonction	Une nouvelle `string` comprenant une copie de `string` sans les espaces de droite.
`Space(number)`	Fonction	Une chaîne contenant le nombre (`number`) d'espaces indiqué.

Instruction ou fonction	Type	Action (pour les instructions) ou valeur renvoyée (pour les fonctions)
`Split (string, delimiter, limit, compare)`	Fonction (uniquement dans VBA 6)	Un tableau de chaînes. Cette fonction divise l'argument `string` en plusieurs sous-chaînes. Par défaut, le séparateur de sous-chaînes est l'espace mais vous pouvez choisir un autre `delimiter` (dans ce cas, utilisez les guillemets pour spécifier un caractère littéral). L'argument facultatif `limit` détermine le nombre maximum de sous-chaînes à renvoyer.
`StrComp (string1, string2)`	Fonction	0 si les deux chaînes sont égales, –1 si `string1` est inférieur à `string2`, 1 si `string1` est supérieur à `string2` (pour de plus amples informations sur les comparaisons de chaînes, reportez-vous au Chapitre 9).
`StrConv (string, conversionmethod)`	Fonction	Une nouvelle chaîne tirée de `string`, convertie au format indiqué.
`String (number, character)`	Fonction	Une chaîne de longueur indiquée constituée d'un caractère (`character`) répété.
`StrReverse(string)`	Fonction (uniquement dans VBA 6)	Une chaîne contenant les caractères de l'argument `string` dans l'ordre inverse.
`Trim (string)`	Fonction	Une nouvelle chaîne comprenant une copie de `string` sans les espaces de droite ni de gauche.
`UCase (string)`	Fonction	Une copie de `string` convertie en majuscules.

Ne soyez pas déçu si vous ne trouvez pas la fonction désirée. Considérez plutôt ces fonctions comme des briques de construction – elles doivent souvent être imbriquées pour parvenir au résultat que vous recherchez.

Admettons par exemple que vous ayez une liste de noms complets stockés sous forme de chaînes :

```
" Pinson, René FR"
" Alison, Jenny GB"
" Lagoutte, Josette CA"
```

Les deux prochaines sections étudient des exemples d'opérations que vous pouvez effectuer sur une telle liste (au passage, une liste de ce genre doit être stockée dans un *tableau* de chaînes, thème abordé au Chapitre 13).

Supprimer des caractères à la fin d'une chaîne grâce à Len et Left

Supposez que vous ayez été chargé de supprimer les abréviations de pays à la fin de chaque chaîne de l'exemple précédent. La longueur diffère d'un nom à l'autre, donc une formule préétablie ne conviendrait pas. Cependant, si la variable de chaîne `strAncien` contient le nom original, l'instruction suivante fera l'affaire :

```
StrNouveau = Left(strAncien, Len(strAncien) - 4)
```

Si VBA était capable de lire un livre au lieu du code, je pourrais lui demander d'accomplir cette tâche de la manière suivante :

1. **Appelle la fonction `Len` pour calculer la longueur totale de la chaîne originale.**
2. **Enlève 3 du résultat obtenu à l'Etape 1, car l'abréviation du pays prend trois caractères en comptant l'espace.**

   Cette action donnera la longueur de la nouvelle chaîne.
3. **Appelle la fonction `Left`, en utilisant la nouvelle longueur comme second argument.**

   `Left` lit le nombre de caractères, spécifié par le second argument, de la chaîne citée dans le premier argument, et ne renvoie que ces caractères.
4. **Affecte la nouvelle chaîne, plus courte, renvoyée par `Left` à la variable `strNouveau`.**

Extraire des caractères d'une chaîne

Supposons que vous travailliez sur votre nouvelle liste de noms, sans les abréviations de pays, et deviez maintenant extraire les prénoms et les placer dans une nouvelle liste. Vous pourriez utiliser l'instruction suivante :

```
strlstNom = Mid(strNouveau, InStr(strNouveau, ",") + 2)
```

La fonction `Mid` extrait les caractères de la chaîne désignée comme premier argument. Le second argument indique à `Mid` où commencer l'extraction dans cette chaîne. Ici, cet argument est une expression comprenant la fonction `InStr` + 2.

Pour sa part, `InStr` cherche dans la chaîne spécifiée (le premier argument) une autre chaîne (le second argument). Dans votre liste, le second argument est la virgule qui suit le nom de famille. `InStr` renvoie la valeur de la position, au sein de la première chaîne, où se trouve la seconde chaîne – maintenant, vous savez où se termine le nom de famille.

Vous ajoutez 2 à la valeur `InStr` pour passer la virgule et l'espace, et localiser le premier caractère du prénom. `Mid` extrait comme résultat le reste des caractères, à moins que vous ne lui indiquiez un troisième argument `length` (facultatif).

Utiliser des codes de caractères dans des expressions de chaînes

Imaginez que vous vouliez ajouter des surnoms – entre guillemets, pour indiquer qu'il s'agit de pseudonymes – à votre liste. A chaque ligne, le début est identique, seule la fin change :

```
" Pinson, René FR ("Scoumoune")"
" Alison, Jenny GB ("Scarlet")"
" Lagoutte, Josette CA ("Caribou")"
```

Problème : vous ne pouvez pas mettre comme cela des guillemets, car, pour VBA, ils indiquent le début ou la fin d'une chaîne. Utilisez plutôt la fonction `Chr` pour placer les guillemets – et les autres caractères que vous ne pouvez pas saisir ou que VBA n'accepte pas – dans vos chaînes.

`Chr` convertit la valeur d'un caractère ANSI en texte. Pour insérer un guillemet dans une chaîne, utilisez par exemple l'expression `Chr(34)`, 34 correspond au code ANSI du guillemet. Lorsque le code suivant est exécuté, la variable strNom contient la chaîne `Pinson, René FR ("Scoumoune")` :

```
strNom = " Pinson, René FR (" & Chr(34) _
& "Scoumoune" & Chr(34) & ")"
```

Vous noterez que `34` correspond au code du guillemet droit. Pour les guillemets arrondis, " ", les codes sont respectivement `147` et `148`. Un tableau complet des caractères avec leur code figure dans l'aide VBA (Langage de référence Visual Basic/Divers).

VBA comprend également des constantes nommées pour quelques caractères – que vous ne pouvez pas saisir et qui ne sont pas visibles – vous permettant de modeler un peu vos chaînes. Les plus importants sont les suivants :

Instruction ou fonction	Type
`vbTab`	Aligne le texte qui suit le taquet de tabulation suivant
`vbCrLf`	Démarre une nouvelle ligne

Concaténez ces constantes dans vos chaînes pour obtenir la mise en forme souhaitée. Le code suivant permet d'afficher une chaîne sur quatre lignes :

```
strQ = "Le roi est fort" & vbCrLf & "La reine est belle" _
& vbCrLf & "Le peuple les adore" & vbCrLf "Et le royaume est éternel"
```

Exploiter dates et heures

Dans la programmation "à instructions réelles", dates et heures jouent un rôle important. Pour vous épauler, VBA offre une panoplie d'instructions et fonctions qui permettent de trouver la date ou l'heure courante, d'effectuer des calculs sur des dates et d'extraire un élément d'une variable date, que ce soit l'année, le jour de la semaine ou l'heure.

Le Tableau 11.4 résume ces commandes. Certaines fonctions apparaissent dans leur version simplifiée, sans leurs arguments facultatifs – ces fichues options sont disponibles dans l'aide VBA. Vous trouverez après le tableau des explications supplémentaires sur certaines des commandes les plus importantes impliquant dates et heures.

Tableau 11.4 : Instructions et fonctions impliquant dates et heures.

Pensez à mettre les valeurs de date littérales utilisées comme arguments entre des caractères # (signe représentant les nombres) et les arguments de chaîne, tels que les intervalles de temps, entre guillemets.

Nom	Type	Action (pour les instructions) ou valeur renvoyée (pour les fonctions)
`Date`	Fonction	La date système actuelle.
`Date(datevalue)`	Instruction	Définit la date système par rapport à `datevalue`.

Nom	Type	Action (pour les instructions) ou valeur renvoyée (pour les fonctions)
`DateAdd(interval, number, datevalue)`	Fonction	Une nouvelle date (`datevalue`) plus un intervalle de temps spécifié (`interval`).
`DateDiff(interval, date1, date2)`	Fonction	Le nombre d'intervalles de temps (`interval`) entre deux dates données (`date1` et `date2`).
`DatePart(interval, date)`	Fonction	Un nombre entier représentant un intervalle donné (`interval`) de `date`.
`DateSerial(year, month, day)`	Fonction	Une date, qui doit être une expression numérique, correspondant à une année (`year`), un mois (`month`) et un jour (`day`).
`DateValue (datestring)`	Fonction	Une date correspondant à une chaîne (`datestring`).
`Day(date)`	Fonction	Un nombre entier qui correspond au jour du mois représenté par `date`.
`Hour(time)`	Fonction	Un nombre entier entre 0 et 23 inclus, qui correspond à l'heure du jour représentée par `time`.
`Minute(time)`	Fonction	Un entier entre 0 et 59 inclus, correspondant à la minute de l'heure représentée par `time`.
`Month(date)`	Fonction	Un entier entre 1 et 12 inclus correspondant au mois de l'année représentée par `date`.
`MonthName(month, abbreviate)`	Fonction (uniquement dans VBA 6)	Une chaîne contenant le nom du mois spécifié par l'argument `month`, qui doit être un entier entre 1 et 12. Si l'argument facultatif `abbreviate` est `True`, le nom du mois renvoyé sera abrégé.
`Now`	Fonction	Une valeur de type date correspondant à la date et l'heure système en cours.
`Second(time)`	Fonction	Un entier entre 0 et 59 inclus correspondant à la seconde de l'heure spécifiée (`time`).
`Time`	Fonction	Une valeur de type date représentant l'heure système en cours.
`Time`	Instruction	Définit l'heure système (`timevalue`).
`Timer(timevalue)`	Fonction	Le nombre de secondes écoulées depuis minuit.
`TimeSerial(hour, minute, second)`	Fonction	Une valeur de type date contenant l'heure spécifiée (`hour, minute, second`).
`TimeValue (timestring)`	Fonction	Une valeur de type date contenant l'heure correspondant à `timestring` (toute information concernant la date est écartée).

Tableau 11.4 : Instructions et fonctions impliquant dates et heures. (Suite)

Nom	Type	Action (pour les instructions) ou valeur renvoyée (pour les fonctions)
`Weekday (date)`	Fonction	Un entier représentant le jour de la semaine correspondant à `date`.
`WeekdayName (weekday,abbreviate, firstdayofweek)`	Fonction (uniquement dans VBA 6)	Une chaîne contenant le jour de la semaine spécifié par l'argument `weekday`, qui doit être un entier entre 1 et 7. Si l'argument facultatif `abbreviate` est `True`, le nom du jour de la semaine est abrégé. Vous pouvez déterminer comment VBA interprétera le nombre `weekday` en spécifiant un argument `firstdayofweek` grâce à des constantes telles que `vbMonday`, `vbThursday`, etc.
`Year (date)`	Fonction	Un nombre entier représentant l'année correspondant à `date`.

Pour utiliser ces informations, il vous faut comprendre comment VBA gère les dates et les heures et comment fonctionnent les variables date. Tout cela est traité au Chapitre 7.

Date et heure

Une poignée d'instructions et fonctions simples vous permet d'utiliser la date et l'heure de l'horloge de votre ordinateur, appelées *date et heure système*.

La fonction `Now` renvoie la date et l'heure système sous la forme d'une variable date : `datSaisirLeMomentPrésent = Now`.

ATTENTION !

Pour travailler avec la date et l'heure système séparément, VBA offre deux commandes pour chaque élément, qui peuvent porter à confusion parce qu'elles comprennent une instruction et une fonction dotées du même nom.

Par exemple, pour *extraire* l'heure système comme une valeur de type date, vous utiliserez la fonction `Time`, mais pour *définir* l'heure, vous choisirez *l'instruction* `Time`. En d'autres termes, le mot-clé `Time` génère différentes actions selon les circonstances.

```
datMonHeure = Time 'La fonction Time renvoie l'heure système
Time (#3:15 AM#) ' L'instruction Time définit l'heure système
```

Il en va de même pour la fonction et l'instruction `Date`.

Calculer des dates

L'heure est relative, n'est-ce pas ? Pour connaître l'heure ou la date, l'essentiel est de pouvoir la comparer à une autre heure ou à une date différente. Vous pouvez très bien vouloir savoir combien de temps s'est écoulé entre deux heures ou deux dates, ou bien quelle sera la date du jour dans, disons, deux ans et trois mois. Plusieurs fonctions spécialisées dans les dates permettent d'effectuer assez facilement ce type de calcul.

Addition et soustraction de dates et d'heures

Utilisez la fonction `DateAdd` pour connaître, par exemple, la date du jour dans trois ans ou l'heure qu'il était il y a une heure et quinze minutes. Vous pouvez facilement faire ces calculs vous-même mais il faut jongler avec des composants qui ne suivent pas le système décimal (il y a 7 jours dans une semaine, 60 secondes dans une minute, etc.).

La syntaxe de la fonction `DateAdd` est la suivante : `DateAdd (interval, number, startingdate)`.

La valeur renvoyée contient la date (ou l'heure) de départ à laquelle un intervalle de temps (`number` de `interval(s)`) a été ajouté. Pour soustraire et donc obtenir une date dans le passé, utilisez un nombre (`number`) négatif. Le Tableau 11.5 énumère les arguments `interval` (pensez à les mettre entre guillemets).

Tableau 11.5 : Arguments des fonctions DateDiff et DateAdd.

Arguments (entre guillemets)	Intervalle de temps
`yyyy`	Année (pour "year")
`q`	Trimestre (pour "quarter")
`m`	Mois
`y`	Jour de l'année (pour "day of year")
`d`	Jour (pour "day")
`w`	Jour de la semaine (pour "weekday")
`ww`	Semaine (pour "week")
`h`	Heure
`n`	Minute
`s`	Seconde

Par exemple, après l'exécution de l'instruction suivante, la variable datQuand contient une valeur de type date de 90 secondes – une minute et demie – avant l'heure courante :

```
datQuand = DateAdd ("s", -90, Now)
```

Si vous voulez simplement afficher l'heure de cette valeur, vous utiliserez la fonction Format avec l'un des arguments time : Format(datQuand, "Heure, réduit"), comme je l'explique dans la section "Mettre en forme des données", plus haut dans ce chapitre.

DateAdd ne vous induit pas en erreur en renvoyant une date qui n'existe pas. Si vous ajoutez un mois au 31 août, vous obtiendrez la date du 30 septembre. DateAdd prend également en compte les années bissextiles.

Notez qu'il n'est pas possible d'insérer plusieurs intervalles de temps au sein d'une même fonction DateAdd. Cependant, rien ne vous empêche de chercher quelle sera la date du jour dans deux ans et trois mois en utilisant deux fois la fonction DateAdd.

Pour effectuer des calculs impliquant dates et heures, VBA met à votre disposition deux autres fonctions qui permettent de mélanger les intervalles de temps : DateSerial et TimeSerial. Chaque fonction comprend trois arguments :

```
DateSerial (year, month, day)
TimeSerial (hour, minute, second)
```

Ces trois arguments sont obligatoires et doivent renvoyer un *entier* et non une valeur VBA de type date. Dans le fragment de code suivant, le calcul s'effectue sur le troisième argument :

```
intAnnee = 1999
intMois = 12
intJour = 31
datSautDansInconnu = DateSerial (intAnnee, intMois, intJour+1)
```

Bien entendu, les calculs peuvent également porter sur un autre argument ou sur les trois.

Calculer la différence entre deux dates

La fonction DateDiff permet de calculer le nombre d'intervalles de temps (années, mois, jours de la semaine, etc.) entre deux dates ou deux heures :

```
LngCombienDeTemps = DateDiff ("m", #12/02/90#, #12/10/01#)
```

Après exécution de cette instruction, `lngCombienDeTemps` – une variable de type entier long – contient le nombre de mois entre les deux dates. Dans la fonction `DateDiff`, le code de l'intervalle figure sur le premier argument. Ici, le `"m"` signifie que la fonction renvoie uniquement des mois.

Calculer l'âge d'une personne

La procédure Function suivante emploie les fonctions `DateDiff` et `DateSerial` pour calculer l'âge d'une personne en années. Pour éviter toute erreur, vous pouvez renforcer le code en effectuant un test qui vous assurera que la date de naissance est bien une valeur de type date (pour cela, utilisez la fonction `IsDate`) et qu'elle ne correspond pas à une date du futur.

```
Function QuelAge(datDateDeNaissance As Date)

Dim intAge As Integer ' utilisez un entier long pour des âges > 255

intAge = DateDiff("yyyy", datDateDeNaissance, Date)

' vérifier si leur anniversaire est passé
If DateSerial(Year(Date), Month(datDateDeNaissance), _
Day(datDateDeNaissance))> Date Then
    IntAge = intAge - 1
End If
QuelAge = intAge
End Function
```

Des relations en toute simplicité avec le monde réel

Agissant plus ou moins comme des parasites dans les grandes applications, les programmes VBA ne nécessitent pas d'éléments de l'interface utilisateur (boîtes de dialogue, menus, etc.). Une fois lancé, un programme VBA peut passer à l'action dans le document en cours de votre application puisqu'il s'adapte au contenu du document.

Mais, bien entendu, dans de nombreux cas, la programmation demande une interactivité directe avec l'utilisateur final du programme VBA. Les outils des UserForm VBA, dont je parle au Chapitre 10, vous permettent de créer toute sorte de fenêtres interactives destinées à vos utilisateurs. Mais, qui peut le plus peut le moins.

Deux fonctions VBA, `MsgBox` et `InputBox` fournissent les outils de base nécessaires pour établir une communication entre l'utilisateur et le programme. Elles remplissent les missions suivantes :

- `MsgBox` affiche un message mais vous permet également de savoir sur quel bouton l'utilisateur a cliqué.
- `InputBox` affiche un message et une zone de texte dans laquelle l'utilisateur peut répondre.

Afficher des boîtes de message

La syntaxe officielle de la fonction `MsgBox` est

```
MsgBox(prompt[, buttons] [, title] [, helpfile, context])
```

Comme l'indiquent les crochets, seul l'argument *prompt* – qui détermine le message à afficher – est obligatoire.

Définir l'invite (prompt)

Dans sa forme la plus simple, la fonction `MsgBox` agit comme une instruction. Il vous suffit de taper un seul argument, l'invite – prompt – à afficher :

```
MsgBox "Magnifique, votre boîte de message !"
```

Lorsque cette ligne est exécutée, VBA affiche la boîte de message de la Figure 11.2.

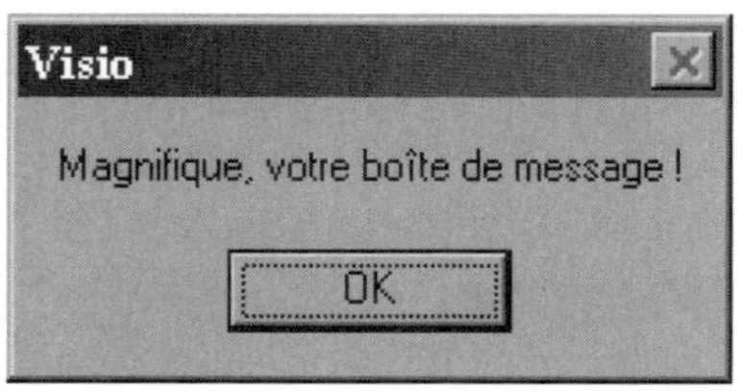

Figure 11.2 : Une boîte de message simple.

Vous pouvez mettre l'invite entre parenthèses mais celles-ci ne sont pas obligatoires lorsqu'une fonction fait office d'instruction.

L'invite peut être une variable ou une expression. Comme à son habitude, VBA convertit automatiquement les valeurs numériques et les dates en caractères courants. Le code suivant fonctionne très bien :

```
intCompterVoeu = 3
datQuand = Format(Now, "Date, abrégé")
strInfo1 = "A partir de "
strInfo2 = " voeux restants."
MsgBox strInfo1 & datQuand & ", " & intCompterVoeu & strInfo2
```

N'OUBLIEZ PAS

Pour afficher un message sur plusieurs lignes, séparez les lignes de votre chaîne par un caractère de retour chariot (code 13 en ASCII) en utilisant la fonction `Chr` :

```
MsgBox "Voici la première ligne." & Chr(13) & "Et voilà la seconde."
```

Vous pouvez disposer le texte sur plusieurs lignes et colonnes à l'aide des caractères Tab (code 9 en ASCII).

Créer des boîtes de message évoluées

Une boîte de message peut non seulement afficher du texte mais également comprendre des icônes et des boutons de types différents. Tous ces choix sont regroupés dans une seule valeur numérique : l'argument facultatif `buttons`.

En ajoutant une icône, votre boîte de message sera plus chouette que celle toute simple de la Figure 11.2. Dans la Figure 11.3, la boîte de message comprend l'icône "Message critique" qui devrait faire réagir l'utilisateur.

Par défaut, la boîte de message n'a qu'un bouton OK mais rien ne vous empêche d'ajouter les boutons Annuler, Oui, Non, Réessayer et Ignorer dans toutes les combinaisons possibles et imaginables. Un échantillon des produits dont nous disposons vous est présenté dans la Figure 11.3.

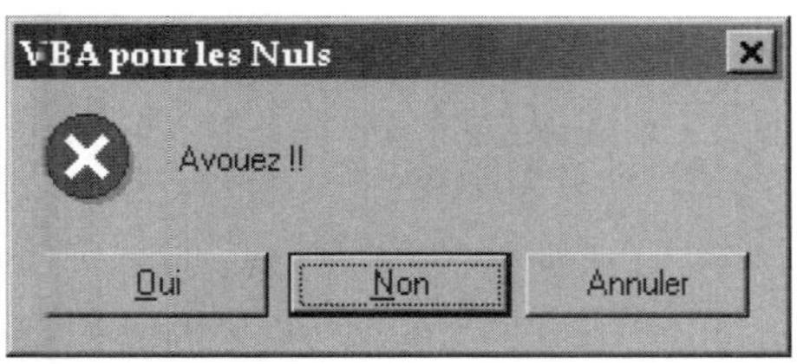

Figure 11.3 : L'icône et les boutons supplémentaires égayent cette boîte de message.

Calculer la valeur de l'argument buttons

A l'instar des arguments des autres fonctions, la valeur de l'argument `buttons` se calcule en ajoutant les constantes des divers choix d'icônes et de boutons disponibles. Vous pouvez effectuer le calcul vous-même ou créer une expression utilisant les constantes nommées prévues à cet effet. Le Tableau 11.6 énumère les différentes constantes, et donne leur valeur numérique et mission.

Tableau 11.6 : Constantes VBA modifiant l'apparence et le comportement des boîtes de message et des invites (InputBox).

Constante	Valeur numérique	Action
`vbOKOnly`	0	Affiche uniquement le bouton OK
`vbOKCancel`	1	Affiche les boutons OK et Annuler
`vbAbortRetryIgnore`	2	Affiche les boutons Abandonner, Réessayer, Ignorer
`vbYesNoCancel`	3	Affiche les boutons Oui, Non et Annuler
`vbYesNo`	4	Affiche les boutons Oui et Non
`vbRetryCancel`	5	Affiche les boutons Réessayer et Annuler
`vbCritical`	16	Affiche l'icône Message critique
`vbQuestion`	32	Affiche l'icône Requête d'avertissement
`vbExclamation`	48	Affiche l'icône Message d'avertissement
`vbInformation`	64	Affiche l'icône Message d'information
`vbDefaultButton1`	0	Le premier bouton est le bouton par défaut
`vbDefaultButton2`	256	Le deuxième bouton est le bouton par défaut
`vbDefaultButton3`	512	Le troisième bouton est le bouton par défaut
`vbDefaultButton4`	768	Le quatrième bouton est le bouton par défaut

A partir des éléments donnés dans le Tableau, l'argument `buttons` de la fonction de la Figure 11.3, la valeur numérique de la boîte de message est de 275 (3 + 16 + 256). Mais qui s'amuserait à compter ? Il est plus facile de taper l'instruction suivante :

```
MsgBox "Avouez !!", vbYesNoCancel + vbCritical + _
vbDefaultButton2
```

Notez que `vbDefaultButton2`, la deuxième constante de l'argument `buttons` désigne comme bouton par défaut le deuxième bouton en partant de la gauche. Ici, il s'agit du bouton Non. Si vous regardez de près la Figure 11.3, vous verrez que ce bouton a le focus – il est mis en surbrillance avec un rectangle en pointillé qui signifie que si vous appuyez sur la barre d'espacement ou sur Entrée, il sera activé.

A qui est ce bouton ?

Les boutons sont destinés à offrir à l'utilisateur le choix entre plusieurs actions. Dans une boîte de message, l'utilisateur n'a rien à taper, il doit simplement cliquer sur un bouton. Mais, bien entendu, il faut savoir *lequel*.

C'est facile, car la fonction `MsgBox` renvoie un entier qui correspond au bouton sur lequel l'utilisateur a cliqué. Dans le code suivant, par exemple, la variable `intA` reçoit la valeur renvoyée par la fonction `MsgBox` qui a servi pour afficher la boîte de message de la Figure 11.3 :

```
intA = MsgBox("Avouez !!", vbYesNoCancel + vbCritical + _
vbDefaultButton2")
```

Pour éviter de trop faire fonctionner votre mémoire, vous pouvez tester la valeur renvoyée avec des constantes nommées prédéfinies plutôt que des nombres arbitraires. Voici les constantes et leur valeur réelle :

Constante	Valeur
vbOK	1
vbCancel	2
vbAbort	3
vbRetry	4
vbIgnore	5
vbYes	6
vbNo	7

Si votre boîte de message n'a que deux boutons, l'instruction `If…Then` convient très bien pour savoir sur lequel l'utilisateur a cliqué :

```
If MsgBox ("Poursuivre ?", vbYesNo) = vbYes Then
  FaireQuelqueChose
Else
  NeRienFaire
End If
```

Si vous deviez tester trois boutons, il vous faudrait une instruction `If…Then…Else If`.

Ajouter un titre

Par défaut, la barre de titre de la boîte de message affiche le nom de l'application VBA utilisée (voir Figure 11.2). Mais vous pouvez mettre votre titre en ajoutant une chaîne à l'argument `title` lorsque vous appelez la fonction `MsgBox`. Par exemple, le code complet de la boîte de message de la Figure 11.3 est le suivant :

```
MsgBox "Avouez !!", vbYesNoCancel + vbCritical + _
vbDefaultButton2, "VBA pour les Nuls"
```

Recueillir l'opinion de l'utilisateur

Si vous avez besoin d'en savoir plus sur l'utilisateur, la fonction `InputBox` vous conviendra peut-être. Voici la syntaxe officielle sans les arguments facultatifs les plus complexes :

```
InputBox(prompt [, title] [, default]).
```

Comme le montre la Figure 11.4, la boîte de dialogue affichée par cette fonction fournit une zone de texte dans laquelle l'utilisateur doit saisir des informations sûrement très importantes. Pour récupérer ces informations, il vous suffit d'affecter la valeur renvoyée par la fonction `InputBox` à une variable chaîne :

```
strB = InputBox ("Une préférence pour le siège ?", "Air Coyote", "Soute")
```

Figure 11.4 : Une invite dans une boîte de dialogue.

Bien que la boîte de dialogue avec invite permette de recueillir plus d'informations que la boîte de message, sa construction est plus simple car vous n'avez pas à y insérer boutons et icônes. Les arguments *prompt* et *title* fonctionnent comme dans la fonction `MsgBox`. Vous pouvez également faciliter la tâche de l'utilisateur en lui fournissant une réponse *par défaut* – si elle lui convient, il n'aura qu'à appuyer sur Entrée.

Utiliser des valeurs Boolean (booléennes)

Le meilleur moyen de basculer la valeur d'une variable Boolean est d'employer l'opérateur `Not`. Il vous faut simplement affecter le résultat de l'opération `Not` à la même variable. Par exemple, l'instruction suivante transforme la variable `boolClignotement` en `True` si elle était `False` et vice versa.

```
boolClignotement = Not(boolClignotement)
```

Un peu de détente avec des maths et de la finance

VBA regorge de fonctions prédéfinies servant à exploiter des nombres, des opérations les plus élémentaires (par exemple, inverser une valeur absolue ou le signe d'un nombre) aux principaux calculs algébriques et trigonométriques. Si le naufrage guette vos affaires, les fonctions financières de VBA vous aideront peut-être à vous remettre à flot.

Je n'aborde que quelques-unes de ces fonctions financières. Là encore, j'ai choisi de les traiter uniquement parce qu'il est difficile de les dénicher dans le fichier d'aide VBA et que vous risquez de ne pas les trouver. Plongez-vous dans les rubriques d'aide pour découvrir par vous-même les choix proposés.

Les fonctions mathématiques

Le Tableau 11.7 énumère les fonctions VBA mathématiques. Si vous êtes d'humeur à faire des maths, n'oubliez pas de revoir les fonctions de conversion de données traitées dans la section "Convertir des données" plus haut dans ce chapitre.

Tableau 11.7 : Fonctions mathématiques de VBA.

Fonction	Valeur renvoyée
`Abs(number)`	La valeur absolue d'un nombre (`number`).
`Atn(number)`	L'arctangente de `number`.
`Cos(number)`	Le cosinus d'un angle (`number`).
`Exp(number)`	La valeur `e` (base des logarithmes népériens) élevé à la puissance de `number`.
`Fix(number)`	La partie entière de `number`. Les fonctions `Int` et `Fix` diffèrent lorsqu'elles traitent des valeurs négatives. `Int` renvoie le premier négatif inférieur ou égal à un entier alors que `Fix` supprime tout simplement la partie décimale de `number`.
`Log(number)`	Une valeur de type Double indiquant le logarithme népérien de `number`.
`Rnd(number)`	Une valeur de type Single contenant un nombre (`number`) aléatoire.
`Sgn(number)`	1 si `number` est supérieur à, 0 s'il est égal à 0 et –1 s'il est inférieur à 0.
`Sin(number)`	Le sinus d'un angle (`number`).
`Sqr(number)`	La racine carrée de `number`.
`Tan(number)`	La tangente de `number`.

Confectionner d'autres fonctions mathématiques

Si vous ne trouvez pas votre bonheur dans les fonctions fournies par VBA, ne vous tracassez pas, vous pouvez généralement ajouter une expression ou une procédure Function de votre cru qui fera l'affaire.

Si vous êtes suffisamment doué en maths pour effectuer des calculs trigonométriques poussés tels que les cosécantes hyperboliques, je n'ai pas besoin de vous dire comment les utiliser. Mais vous aimeriez peut-être savoir que le fichier d'aide VBA propose un pense-bête indiquant les expressions nécessaires pour effectuer les calculs. Dans l'index de l'aide, cherchez *fonctions mathématiques dérivées*. On vous rappellera par exemple que le logarithme de base N de X se calcule ainsi : `Log(N)X = Log(X) / Log(N)`.

Si vous estimez que vous pourriez avoir à réutiliser une fonction mathématique dérivée d'autres fonctions, gardez-la dans votre arsenal VBA en l'intégrant dans une procédure Function. Une fois stockée dans un module intitulé, disons, `MesFonctionsMathematiques`, vous pourrez la réutiliser à tout moment.

Arrondir des nombres

Arrondir un nombre est une tâche courante, surtout lorsque vous travaillez avec des devises. Bizarrement, VBA n'offre pas une solution simple. Mais la technique exposée ici vous permettra de résoudre vos problèmes d'arrondis.

VBA comprend une fonction `Round`, non disponible dans VBA 5, mais elle n'est pas très fiable. Par exemple, une fois l'instruction

```
x = Round(2.505, 2)
```

exécutée, VBA renvoie la valeur 2,5 et non 2,51. Si vous ne voulez pas obtenir des réponses erronées, n'utilisez pas la fonction `Round`.

Mais, rassurez-vous, il existe une manière sûre et simple d'arrondir un nombre : la fonction `Format`. Il suffit de mettre en forme le nombre en question à l'aide de l'argument `format` personnalisé comme le montre l'exemple ci-dessous (pour de plus amples informations sur l'argument `format`, reportez-vous à la section "Utiliser des formats personnalisés" en début de chapitre).

Voici un exemple :

```
sngNombreArrondi = Format(sngNonArrondi, "#,##0.00")
```

Avec VBA 6, vous pouvez utiliser la fonction `FormatNumber` pour un résultat identique :

```
sngNombreArrondi = FormatNumber(sngNonArrondi, 2)
```

Les deux exemples arrondissent `sngNonArrondi` à deux décimales. Pour faire varier le nombre de décimales, modifiez, dans l'argument `format`, le nombre de zéro suivant le séparateur décimal. Par exemple, l'argument `"#,##0,0"` arrondira le nombre à une seule décimale. Pour modifier le nombre de décimales avec la fonction `FormatNumber`, il suffit d'entrer le nombre voulu comme second argument.

Notez que la variable dans laquelle vous placez la valeur arrondie doit être de type String, Single, Double, Decimal, Currency ou Variant – n'utilisez pas d'Integer (entiers) ou Long, vous perdriez la partie décimale du résultat.

Supposons que vous vouliez arrondir une valeur qui n'a pas de décimale pour qu'elle ait moins de chiffres significatifs. Le code nécessaire est un tout petit peu plus évolué, comme le montre l'exemple suivant qui enlève au nombre original deux chiffres significatifs :

```
sngArrondi = Format(sngNonArrondi / 100, "#,##0.") * 100
```

Notez que l'argument `format` personnalisé employé ne possède aucun zéro à droite du séparateur décimal. En outre, le code divise le nombre non arrondi, à l'intérieur de la fonction `Format`, par 10 puis le multiplie le résultat par 10. Choisissez autant de puissance 10 que vous voulez ôter de chiffres significatifs. Dans l'exemple ci-dessus, 10 puissance 2, soit 100, produit le résultat escompté.

Utiliser des nombres aléatoires

Si la routine quotidienne vous a fait perdre le goût de la vie, animez donc vos programmes en les rendant imprévisibles. Les nombres aléatoires sont utiles si vous créez des simulations de problèmes, des logiciels éducatifs ou des jeux.

VBA possède deux commandes intégrées spécialement étudiées pour la génération de nombres aléatoires :

- **L'instruction** `Randomize` **:** Utilisez-la pour amorcer la pompe du générateur VBA de nombres aléatoires. Sans argument, `Ramdomize` initialise le générateur avec l'heure système en cours. Ainsi, vous êtes certain d'obtenir une série de nombres aléatoires à chaque exécution du code.

- **La fonction** `Rnd` **:** C'est en fait la fonction qui génère vos nombres aléatoires. Elle n'a pas besoin d'arguments pour fonctionner – il faut juste indiquer que `Rnd` est égale à une variable ou utiliser la fonction dans une expression. `Rnd` renvoie une valeur de type Single à virgule flottante.

Les nombres à virgule flottante tels que ceux renvoyés par `Rnd` sont souvent utilisés pour des statistiques ou des calculs scientifiques. Mais dans des situations plus courantes, vous avez plutôt recours à des entiers aléatoires. Par exemple, vous pouvez écrire une procédure qui sélectionne le numéro du billet de tombola gagnant. Pour convertir la valeur renvoyée par `Rnd` en un entier qui entre dans une fourchette donnée, utilisez la formule suivante :

```
randomint = Int((high * Rnd) + low)
```

Dans cette formule, les éléments `high` et `low` représentent le plus grand et le plus petit nombre de votre série – si vous les spécifiez correctement, la formule donne toujours un résultat dans cette fourchette.

Fonctions financières

VBA offre un tas de fonctions intégrées qui permettent de calculer des sommes au centime près, par exemple pour des remboursements de prêts (on appelle cela des *annuités*) ou des retours sur investissements. Bien que je ne puisse pas toutes les traiter en détail, je vais étudier la fonction Pmt pour les remboursements d'un prêt.

Calculer les remboursements de prêts ou les versements sur un plan d'épargne

Utilisez la fonction Pmt pour calculer le montant des remboursements d'un prêt à taux fixe, par exemple, ou calculer la somme à mettre de côté pour constituer une épargne. Voici la syntaxe de la fonction Pmt :

```
Pmt(rate, nper, pv[, fv[, type]]).
```

Le premier argument, rate, définit le taux d'intérêt *par échéance*. Vous devez savoir que le taux est exprimé en fonction du nombre d'échéances. Si celles-ci sont mensuelles, à un taux de 8 %, n'oubliez pas qu'il s'agit du taux annuel. Dans cette situation, très courante, rate doit être une expression du genre .08/12 (8 % sur 12 mois).

L'argument nper est un entier indiquant le nombre total de paiements (c'est-à-dire les *échéances*) à effectuer. Pour des remboursements mensuels concernant un prêt sur 5 ans, nper doit être égal à 5 * 12, soit 60 échéances. Spécifiez le montant total du prêt dans l'argument pv. C'est la *valeur actuelle* des remboursements.

Les autres arguments sont facultatifs. Si vous souhaitez calculer le montant à épargner pour atteindre un objectif financier donné, l'argument fv contiendra la somme à atteindre qui sera renvoyée à la fonction Pmt – cette somme représente la *valeur future*. (Le taux d'intérêt sera l'argument rate. Si vous avez déjà économisé de l'argent, cette somme sera l'argument pv.) L'argument type détermine la date d'échéance des paiements, soit à terme échu (dans ce cas, 0 est la valeur par défaut), soit à terme à échoir (la valeur est alors 1).

Pour utiliser la fonction Pmt dans votre code, affectez-la à une variable de type Double (à virgule flottante). Voici deux exemples :

```
dblPaie = Pmt (.08/12, 360, 300000) ' Taux d'intérêt classique
dblEpargne = Pmt (07/12, 120, 12500, -75000) ' Objectif = 75 000 F
```

Gagner son pain

Le Tableau 11.8 énumère la cohorte des fonctions financières VBA. Pour éviter que le tableau ne devienne illisible, je n'ai pas intégré les arguments facultatifs. L'aide vous fournira tous les détails sur les composants d'une fonction ainsi que des exemples pertinents.

Tableau 11.8 : Fonctions financières de VBA.

Fonction	Valeur renvoyée
`DDB (cost, salvage, period)`	L'amortissement d'un bien sur une période spécifique (`period`) en utilisant la méthode d'amortissement dégressif à taux double.
`FV (rate, nper, pmt, pv)`	Le futur montant d'une annuité basée sur un intérêt à taux fixe (`rate`), des versements constants (`nper`), le montant du paiement à effectuer à chaque échéance (`pmt`), la valeur actuelle (`pv`) de l'annuité (`rate` et `nper` doivent être exprimés pour des versements périodiques, mensuels par exemple).
`Ipmt (rate, per, nper, pv)`	Le montant, sur une période donnée, d'une annuité basée sur des versements périodiques et constants et sur un taux d'intérêt fixe.
`IRR (values())`	Le taux de rendement interne d'une série de mouvements de trésorerie périodiques (`values()` est un tableau des paiements et encaissements).
`MIRR (values(), finance_rate, reinvest_rate)`	Le taux de rendement interne modifié d'une série de mouvements de trésorerie périodiques (paiements et encaissements) listés dans le tableau `values()`.
`Nper (rate, pmt, pv)`	Le nombre d'échéances d'une annuité basée sur des versements périodiques, constants et sur un taux d'intérêt fixe.
`NPV (rate, values())`	La valeur nette actuelle d'un investissement calculée en fonction d'une série de mouvements de trésorerie périodiques et d'un taux d'escompte.
`Pmt (rate, nper, pv)`	Le montant d'une annuité basée sur des versements constants et périodiques et sur un taux d'intérêt fixe.
`PPmt (rate, per, nper, pv)`	Le remboursement d'une annuité basée sur des versements constants et périodiques et sur un taux d'intérêt fixe.
`PV (rate, per, nper, pv)`	Le montant actuel d'une annuité basée sur des échéances futures constantes et périodiques et sur un taux d'intérêt fixe.
`Rate (nper, pmt, pv)`	Le taux d'intérêt par échéance pour une annuité.
`SLN (cost, salvage, life)`	L'amortissement linéaire d'un bien sur une période.
`SYD (cost, salvage, life, period)`	L'amortissement global d'un bien sur une période donnée.

Diverses commandes intégrées

Tous les tableaux et explications de ce chapitre ne suffiront pas, et de beaucoup, à présenter chacune des commandes intégrées de VBA. Certaines sont traitées dans les chapitres suivants mais je terminerai celui-ci avec un autre tableau, le 11.9, qui liste les commandes qui pourraient vous être utiles.

Tableau 11.9 : Diverses commandes VBA intégrées.

(Pensez à mettre les chaînes littérales, pour des éléments tels que les chemins d'accès, entre guillemets.)

Nom	Fonction ou instruction	Action (pour les instructions) ou valeur renvoyée (pour les fonctions)
Utiliser des fichiers disque		
`ChDir(pathname)`	Instruction	Change le répertoire (dossier) courant mais pas le lecteur courant.
`ChDrive(drivename)`	Instruction	Change le lecteur courant.
`CurDir`	Fonction	Une valeur de type String indiquant le chemin d'accès en cours (nom du lecteur et du répertoire [dossier]).
`Dir(pathname)`	Fonction	Le nom d'un fichier ou d'un répertoire (dossier) correspondant au chemin d'accès (`pathname`), lequel peut contenir des jokers ou caractères génériques. Pour obtenir d'autres occurrences appelez de nouveau la fonction.
`FileCopy source, destination`	Instruction	Copie le fichier `source` vers le fichier de `destination`; peut comprendre un chemin d'accès, un nom de fichier ou les deux.
`FileDateTime (pathname)`	Fonction	Une valeur de type Variant (date) indiquant la date et l'heure de création ou de modification d'un fichier, avec chemin d'accès (`pathname`).
`FileLen(pathname)`	Fonction	La longueur d'un fichier (`pathname`) en octets.
`GetAttr(pathname)`	Fonction	Un entier (Integer) indiquant les attributs du fichier ou répertoire (dossier) spécifié par `pathname`.
`Kill pathname`	Instruction	Supprime un ou plusieurs fichiers d'un disque (`pathname` peut contenir des jokers ou caractères génériques).
`MkDir pathname`	Instruction	Crée un répertoire (dossier).

Tableau 11.9 : Diverses commandes VBA intégrées. (Suite)

Nom	Fonction ou instruction	Action (pour les instructions) ou valeur renvoyée (pour les fonctions)
Utiliser des fichiers disque		
`Name oldpathname As newpathname`	Instruction	Renomme et/ou déplace un fichier, répertoire (dossier) sur un disque.
`RmDir pathname`	Instruction	Supprime un répertoire (dossier).
`SetAttr pathname, attributes`	Instruction	Définit les attributs d'un fichier. L'argument `attributes` représente une valeur numérique qui est la somme des valeurs de chaque attribut à définir. VBA fournit des constantes nommées pour chacun des attributs disponibles.
Commandes diverses		
`AppActivate title wait`	Instruction	Active une fenêtre d'application. Si l'argument facultatif `wait` est `True`, l'application appelante attend de devenir active puis active l'application indiquée.
`Beep`	Instruction	Emet un signal sonore par le haut-parleur de l'ordinateur.
`Choose(index, choice1, choice2,) ...choicen`	Fonction	La valeur d'un élément à la position `index` (doit être un nombre) dans la liste d'arguments `choice1, choice2,...choicen`.
`DoEvents`	Fonction	Arrête momentanément l'exécution de votre programme pour que Windows puisse traiter d'autres événements. Dans VBA, la valeur 0 est toujours renvoyée, donc vous n'avez pas besoin de l'affecter à une variable – utilisez-la comme une instruction.
`Environ(envstring) Environ(number)`	Fonctions	Le contenu d'une variable d'environnement du système d'exploitation, spécifié par un nom (`envstring`) ou un numéro d'ordre (`number`).
`RGB(red, green, blue)`	Fonction	Un entier représentant le code couleur RGB (`red` [rouge], `green` [vert], `blue` [bleu]). Cette valeur RGB sert à définir les propriétés d'un objet en couleurs.
`Randomize`	Instruction	Initialise le générateur de nombres aléatoires.
`Rnd(number)`	Fonction	Une valeur aléatoire ; l'argument `number` est facultatif.
`SendKeys string, wait`	Instruction	Envoie les touches spécifiées dans `string` comme s'il s'agissait d'une saisie directe au clavier. Si l'argument facultatif `wait` est `True`, les touches doivent être traitées avant que la procédure ne reprenne le contrôle.

Nom	Fonction ou instruction	Action (pour les instructions) ou valeur renvoyée (pour les fonctions)
Modifier la base de registres Windows		
`Shell(pathname)`	Fonction	Tente d'exécuter le programme indiqué par `pathname`. Renvoie un nombre représentant l'identificateur (ID) en cas de succès ou un zéro en cas d'échec.
`DeleteSetting appname, section, key`	Instruction	Supprime une entrée dans la base de registres Windows.
`GetAllSettings (appname, section)`	Fonction	Une valeur de type Variant comprenant une liste des clés figurant dans une entrée (`section`) d'une application (`appname`) de la base de registres Windows (renvoyée dans un tableau de chaînes à deux dimensions).
`GetSetting(appname, section, key)`	Fonction	Une valeur de clé d'une entrée (`section`) d'application (`appname`) de la base de registres Windows.
`SaveSetting appname, section, key, setting`	Instruction	Enregistre ou crée une entrée d'application dans la base de registres Windows.
`Spc(number)`	Fonction	Ne renvoie aucune valeur utile ; utilisée avec l'instruction `Print #` ou la méthode `Debug.Print` pour placer le nombre (`number`) d'espaces en sortie.
`Tab(column)`	Fonction	Ne renvoie aucune valeur utile ; utilisée avec l'instruction `Print #` ou la méthode `Debug.Print` pour positionner la sortie en fonction du nombre de colonnes (`column`) (ou, si `column` n'est pas indiqué, à la position d'impression suivante).
Travailler avec des variables		

`IsDate(variablename)`
`IsNumeric(variablename)`
`IsObject(variablename)`
`IsArray(variablename)`
`IsNull(variablename)`
`IsEmpty(variablename)`
	Fonctions	`True` si le nom de la variable (`variablename`) est du type ou de la valeur indiquée (comme `Date` ou `Empty`) ; sinon, `False`.

`Len(variablename)`	Fonction	Le nombre d'octets nécessaires pour stocker l'information contenue dans une variable (`variablename`).
`TypeName (variablename)`	Fonction	Une valeur de type string (chaîne) représentant une variable (`variablename`) qui doit être de type Variant.
`VarType(variablename)`	Fonction	Un entier (integer) indiquant le sous-type de variable (`variablename`) qui doit être de type Variant.

Chapitre 12
La programmation orientée objet

Dans ce chapitre :

- Concevoir des objets.
- Comprendre les propriétés, méthodes et événements – les composants importants des objets VBA.
- Utiliser un modèle objet.
- Utiliser des feuilles en tant qu'objets.
- Chercher et définir les propriétés d'un objet.
- Appeler des méthodes.
- Utiliser des références pour identifier l'objet à exploiter.
- Affecter les références d'un objet à des variables.
- Créer vos propres objets grâce aux modules de classe.
- Utiliser les objets avec efficacité à l'aide des instructions `For Each...Next` et `With`.

Quelle est l'une des caractéristiques principales de VBA ? C'est un outil de développement orienté objet. Pour programmer en VBA, il est capital de bien comprendre la notion d'objets, surtout si vous voulez créer des boîtes de dialogue personnalisées ou prendre le contrôle des fonctionnalités de l'application hôte. Dans ce chapitre, je commence par définir la notion d'objet, puis j'aborde les fondamentaux de la programmation orientée objet.

Les objets sont des pièces essentielles de la machine VBA car ils vous donnent accès aux fonctionnalités de l'application VBA dans laquelle vous travaillez. Vous pouvez même finir par accomplir l'exploit d'accéder aux objets d'autres applications compatibles, voire de construire vos propres objets.

Qu'est-ce donc qu'un objet ?

Bien qu'il soit toujours possible de donner une définition formelle d'un objet VBA, il est bien plus facile d'en démonter les rouages à travers des exemples et en étudiant les fonctions.

Les objets, ces composants des applications VBA

Le plus simple est d'imaginer les objets comme des éléments de votre application VBA et de ses documents. Dans un dessin Visio, une forme est un objet, au même titre qu'une *ligne* reliant deux formes (voir Figure 12.1). Il en va de même pour chaque couche à laquelle des formes peuvent être affectées et chaque page sur laquelle sont disposés les dessins. C'est également valable pour le document lui-même auquel appartiennent pages, couches, formes et lignes.

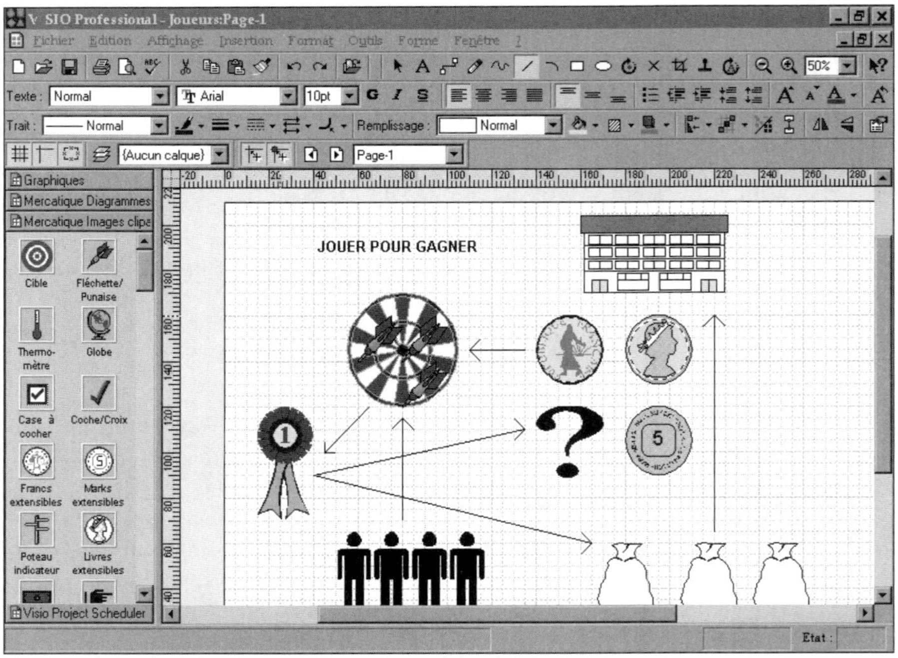

Figure 12.1 : Exemples d'objets VBA.

Dans le même ordre d'idée, les objets Excel comprennent les cellules dans lesquelles vous entrez des données ou des formules, les plages de cellules, les graphiques qui agrémentent nombre de feuilles de travail, les feuilles personnelles et les classeurs. Dans toutes les applications Microsoft Office – ainsi que dans la plupart des applications VBA – les barres d'outils et les menus, ainsi que leurs boutons et commandes, sont aussi des objets.

Les objets VBA sont hiérarchisés, un type d'objets comprend des objets d'autres types. Cette hiérarchie est le thème de la prochaine grande section "Qu'est-ce qu'un modèle objet ?" plus loin dans ce chapitre. Pour l'instant, je m'en tiens au fonctionnement des objets individuels.

La notion d'objet

Si on ne peut pas toucher les formes d'une couche, les cellules des feuilles de calcul ou les boutons des barres d'outils, on peut les imaginer comme des *choses*. On peut virtuellement découper un cercle puis le coller sur une autre feuille de papier, écrire des nombres dans une cellule de feuille de calcul ou appuyer sur un bouton.

Cependant, en dehors de ces éléments bien concrets, les applications VBA renferment des objets plus abstraits dont voici quelques exemples :

- Microsoft Excel possède un objet `CustomView`, qui représente une vue personnalisée d'un classeur (dans Excel, une vue personnalisée définit l'apparence d'un classeur et ses paramètres d'impression).
- L'objet `FileSearch` de Microsoft Word "représente la fonctionnalité de la boîte de dialogue Ouvrir", pour citer l'aide. Notez bien que cet objet ne représente pas la boîte de dialogue proprement dite mais sa fonctionnalité.
- Visio a un objet `Style` qui combine les attributs ligne, remplissage et texte des formes.
- VBA a lui-même quelques objets que l'on retrouve dans toutes les applications VBA. Par exemple, l'objet `Collection` réunit tout un tas de variables ou autres objets utilisables comme un ensemble unique, quel que soit leur type.

Une définition pragmatique des objets

Vous pouvez en témoigner, il est souvent difficile de considérer un objet VBA comme une chose. Bon, d'accord – moins vous ferez appel à ces représentations mentales, plus vous aurez de liberté pour travailler avec toute la gamme d'objets proposée. La définition pragmatique d'un objet donnée par un programmeur est vraiment simple. Un objet est un élément nommé ayant des

- **Propriétés :** Paramètres que vous pouvez vérifier et modifier.
- **Méthodes :** Actions que l'objet est capable d'effectuer sur ordre de votre programme.
- **Evénements :** Choses qui arrivent à l'objet, auxquelles celui-ci peut répondre automatiquement par une action prédéterminée.

Si vous avez une âme de poète, vous pensez sans doute que le terme *objets* ne sied pas à ces créatures pleines de richesses. Vous avez raison car les objets tiennent plus des animaux que des lampes inertes. Un tigre ou une baleine a des traits caractéristiques, des yeux, des membres et une queue ; pour sa part, l'objet a des… propriétés. Un cheval ou un chien peut faire des numéros sur commande ou s'enfuir devant le danger ; un objet a des… méthodes et des… événements.

NOTE TECHNIQUE

Vous voulez toujours une définition technique ? En voici une : un objet est une unité nommée d'un programme constituée à la fois de données et du code agissant sur ces données. On dit qu'un objet *encapsule* les données ainsi que le code associé.

Classes d'objets contre objets

Voici encore une caractéristique technique qu'il faut avoir à l'esprit : il existe une différence entre un objet donné et son modèle de base.

Un objet X représentera un document, une forme, une cellule de feuille de calcul en particulier, et j'en passe. Un objet document, par exemple, comprend le texte de ce document. Par contre, une *classe d'objets* peut être comparée à un jeu de plans de construction. Vous pouvez construire de nombreuses maisons à partir d'un jeu de plans mais il est impossible de vivre dans les plans proprement dits. Eh bien, c'est la même chose avec les classes, qui répertorient les types de données qui peuvent être stockés dans un objet et définissent les méthodes, propriétés et événements des objets. A partir de là, vous construisez une *instance* de la classe – un objet – dans laquelle vous stockez des données. Dans une classe, vous pouvez créer ou *instanciser* autant d'objets que vous le souhaitez, chacun aura sa propre existence et contiendra des données spécifiques.

Objets Collection

Une *collection* est un type d'objet VBA. Comme son nom l'indique, son rôle est de simplifier l'utilisation d'objets qui forment un groupe. Dans une collection traditionnelle, tous les objets sont du même type. Dans Visio, une collection `Shapes`, par exemple, contient de multiples objets `Shape`, et une collection `Pages` des objets `Pages`.

Cependant, certaines collections tolèrent plus de types d'objets que d'autres. VBA, par exemple, a un objet `Collection` générique que vous pouvez utiliser pour stocker des objets de n'importe quel type et dans n'importe quel ordre. Dans un bric-à-brac, par exemple, une collection VBA représenterait simplement le billet d'entrée.

La section "Utiliser des objets Collection", plus loin dans ce chapitre, indique comment accéder aux objets d'une collection. Dans le Chapitre 13, je vous montre comment utiliser les propriétés et méthodes d'une collection (rappelez-vous qu'une collection est elle-même un objet), et créer vos propres collections à partir de l'objet générique `Collection` de VBA.

Qu'est-ce qu'un modèle objet ?

Comme vous venez de le voir, les objets VBA sont hiérarchisés. Outre le fait qu'il a ses propres propriétés, méthodes et événements, un objet situé au sommet de la pyramide sert de *conteneur :* il contient un ou plusieurs types d'objets, lesquels renferment eux aussi d'autres objets, et ainsi de suite.

Dans une application VBA, on appelle ces relations hiérarchiques le *modèle objet*, très souvent représenté de manière graphique. La Figure 12.2 vous montre un modèle objet.

Comme vous pouvez le voir sur la Figure 12.2, *l'objet Application* est situé au sommet du modèle objet de l'application VBA. Il contient tous les objets de l'application que vous pouvez utiliser. Votre propre *projet* de programmation est également un objet conteneur puisqu'il renferme les *modules* de code (unités de code), les feuilles que vous créez, ainsi que le document du projet. (Le Chapitre 7 traite dans le détail les projets VBA et leurs composants.)

Saisir l'importance du modèle objet

Dans la mesure où vous devez indiquer à VBA sur quel objet vous travaillez, une bonne compréhension du modèle objet de votre application VBA est essentielle. En parcourant le graphique du modèle objet, tel que celui de la Figure 12.2, vous pouvez localiser très rapidement la branche contenant l'objet recherché. Dans cet exemple, vous pouvez constater que l'objet `Border` est membre de la collection `Borders`, laquelle appartient à l'objet `Style`, et ainsi de suite.

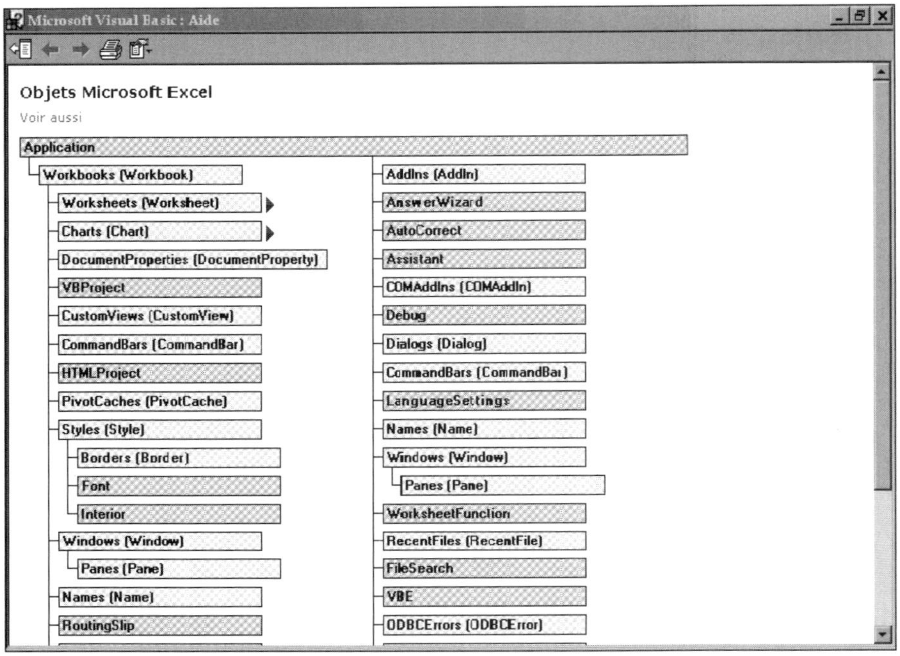

Figure 12.2 : Le modèle objet d'Excel.

Extension du modèle objet

Dans les programmes que vous créez en VBA, vous pouvez employer les objets d'autres applications VBA. En fait, vous n'êtes même pas limité aux seules applications VBA. D'autres applications ou "composants" spéciaux conviennent également tant qu'ils utilisent la norme Microsoft *Component Object Model* – COM (modèle objet composant).

NOTE TECHNIQUE

COM indique comment sont définis les objets des applications et autres outils, et comment ils sont *exposés* à d'autres applications. Le terme technique *Automation* fait référence à la capacité d'une application supportant la norme COM d'être contrôlée par un autre programme. Au passage, COM n'est pas propre à VBA ou Visual Basic. De nombreux outils de développement tels que les compilateurs C++ sont compatibles COM et peuvent accéder à des objets.

En tout cas, COM est la porte ouverte à la création d'applications VBA personnalisées très puissantes. Vous pouvez volontiers (je n'ai pas dit "facilement") bâtir une application qui exploite des informations provenant de graphiques Visio, documents Word, feuilles de calcul Excel, etc. Votre application personnalisée peut afficher toutes ces informations dans des fenêtres de votre cru mais qui font également appel aux fonctionnalités d'affichage du composant individuel `applications.Custom`. Le développement d'applications personnalisées est déjà d'un niveau avancé et je ne fais donc que le survoler, au Chapitre 14. Mais, je tiens à souligner que VBA a un potentiel énorme en la matière.

Les feuilles VBA sont également des objets

Une *feuille* est une fenêtre personnalisée construite à l'aide de VBA. Si votre programme dispose de sa propre interface utilisateur, sa fenêtre principale est une feuille, tout comme les boîtes de dialogue qu'il affiche (voir la Figure 12.3).

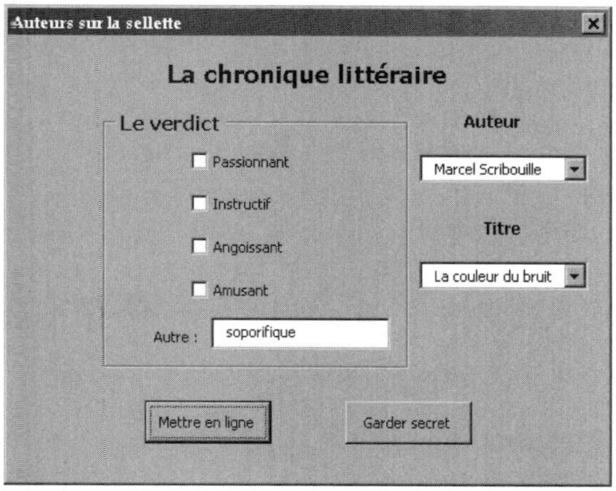

Figure 12.3 : Un exemple de feuille VBA.

Vous devez constamment avoir à l'esprit que les feuilles VBA sont elles aussi des objets. Cela signifie donc que ce sont des entités qui contiennent des informations – la configuration de la feuille – et une panoplie d'outils permettant d'exploiter ces informations. Le terme officiel d'une feuille est *objet* `UserForm`.

Comme tout objet VBA qui se respecte, les feuilles ont parfaitement leur place dans le modèle objet. Chaque objet `UserForm` appartient à la fois à deux objets Collection – le projet VBA dans lequel figure la feuille et la collection `UserForms`, qui comprend toutes les feuilles actuellement chargées dans votre programme. Pour sa part, un objet `UserForm` contient l'objet collection `Controls`, lequel comprend à son tour les contrôles individuels que vous avez disposés sur votre feuille.

De même, les contrôles d'une feuille – les boutons, cases à cocher et autres petits bidules avec lesquels vous pouvez jouer dans une feuille – sont également des objets. Dans VBA, à chaque type de contrôle correspond un type d'objet.

Comme l'explique ce chapitre, les techniques que vous utilisez dans votre code pour accéder à une feuille X ou à l'un de ses contrôles et vous servir des propriétés, méthodes et événements de ces objets sont exactement les mêmes que celles employées avec d'autres objets. Le Chapitre 10 et le Chapitre F approfondissent la mise en pratique de ces techniques sur les feuilles et contrôles.

Utiliser les objets dans du code : introduction

La première partie de ce chapitre a présenté la théorie, il est maintenant l'heure de passer aux conseils pratiques sur l'utilisation d'objets VBA dans la programmation. Je commencerai par étudier en détail les propriétés, méthodes et événements des objets. Ensuite, je passerai à des techniques plus fondamentales – celles qui vous serviront à identifier les objets que vous voulez utiliser dans votre code.

La règle de base de la programmation orientée objet

N'OUBLIEZ PAS

Bien que la notion d'objet proprement dite puisse entraîner une "surchauffe neurologique" tant elle est complexe, *l'utilisation* d'objets proprement dite est simple. Les objets ont un nom et vous savez donc toujours sur lequel vous travaillez. Dans votre code, pour faire référence à une propriété ou à une méthode d'un objet, il vous suffit de taper le nom dudit objet, suivi d'un point puis du nom de la propriété ou de la méthode.

Par exemple, `MaForme.LineStyle` représente la propriété `LineStyle` de l'objet Visio `MaForme`. Dans le même ordre d'idées, `MaFeuille.Calculate` représente la méthode `Calculate` d'un objet feuille de calcul Excel qui s'appelle `MaFeuille`.

Mais, à ce stade, vous vous demandez peut-être : "Mais, au départ, comment je peux savoir quel est le nom de l'objet ?" Question pertinente ! La réponse nécessite des explications détaillées, et je la réserve donc pour la section "Référencer l'objet à utiliser" qui vient après le passage sur les propriétés, méthodes et événements. Pour l'instant, retenez simplement que vous pouvez appeler un objet par son nom.

Utiliser des modèles objet

Chaque application VBA a son propre *modèle objet* (groupe hiérarchisé d'objets), et chacun de ses objets a ses propriétés, méthodes et événements. Vous devez avoir une bonne connaissance du modèle objet de l'application pour faire fonctionner ces objets dans vos programmes.

Dans de nombreuses applications, le fichier d'aide VBA comprend une rubrique qui présente une carte du modèle objet de l'application (voir Figure 12.4). Si vous ne voyez pas cette carte la première fois que vous utilisez l'aide, cliquez sur l'onglet Sommaire, elle doit apparaître sous une rubrique du style, Objets Microsoft PowerPoint. Dans ce modèle objet, vous pouvez visualiser des informations sur les objets individuels en cliquant sur la carte du modèle ou en les cherchant dans l'index de l'aide. Généralement, la rubrique de chaque objet comprend des liens qui permettent de naviguer vers d'autres rubriques qui détaillent propriétés, méthodes et événements. (Je veux parler des fichiers d'aide VBA de votre application et non du système d'aide général de l'application ou de VBA. Lisez le Chapitre 4 qui traite le système d'aide VBA.)

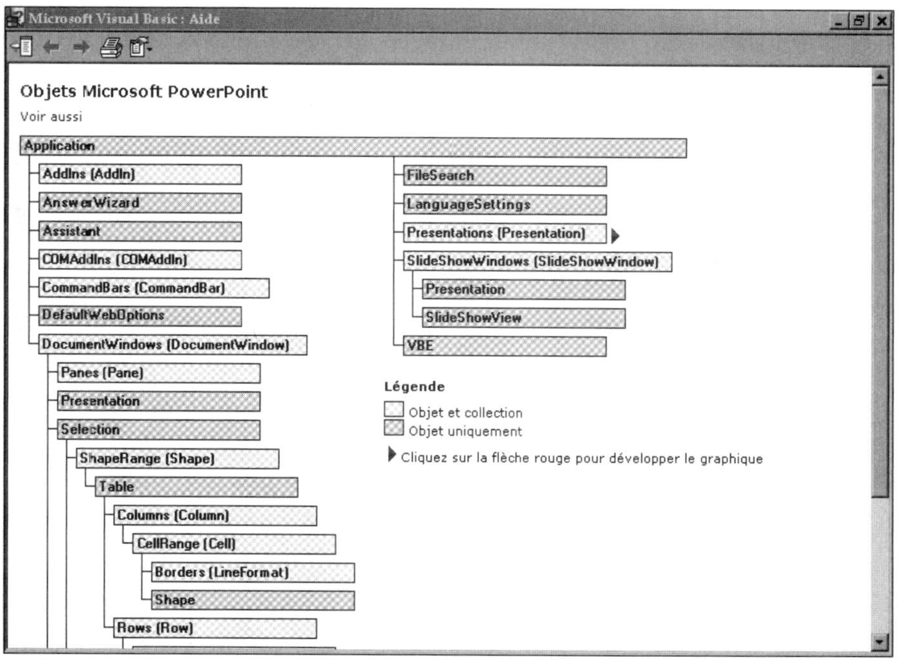

Figure 12.4 : Le modèle objet de PowerPoint.

L'Explorateur d'objets de Visual Basic Editor est un autre outil important pour visualiser les liens entre les différents objets de l'application et explorer leurs propriétés, méthodes et événements. Le Chapitre 6 décrit de manière complète l'Explorateur d'objets.

Trouver et modifier les propriétés d'un objet

En matière d'objets, les propriétés sont probablement la notion la plus facile à comprendre. Une *propriété* stocke des informations sur certains aspects de l'objet, apparence, comportement, contenu, ou pedigree, si vous voulez.

Un objet `Document` peut avoir une propriété `Pages` indiquant le nombre de pages du document, un objet `Shape`, une propriété `Fill` qui détermine la couleur de la forme, les objets `CommandButton` (boutons d'une boîte de dialogue), une propriété `Caption` qui contient le texte apparaissant sur le bouton.

Un programme VBA peut extraire les paramètres courants stockés dans la plupart des propriétés. Cela lui permet de décider d'entreprendre une action ou simplement d'afficher le paramètre courant dans une fenêtre. Inversement, un programme peut modifier le paramètre d'une propriété pour changer l'apparence ou le comportement d'un objet – mais uniquement si la propriété autorise les changements (de nombreuses propriétés peuvent être extraites mais pas modifiées).

Les propriétés qui concernent l'apparence sont les plus faciles à comprendre. Dans Visio, par exemple, un objet `Shape` est notamment doté des propriétés d'apparence suivantes :

Propriété	Description
`AreaIU`	La zone de la forme dans les unités internes
`FillStyle`	Le style Visio déterminant les options de couleur et de remplissage d'une forme
`Text`	Le texte affiché sur la forme

Ces propriétés agissent sur l'apparence de l'objet dans un document.

Les propriétés liées au comportement paramètrent les réactions d'un objet à divers stimuli. Les contrôles de UserForm sont des objets possédant des propriétés telles que `Enabled`, pour répondre à des événements, par exemple les clics de souris.

Certaines propriétés, comme `AreaIU` pour une forme Visio, gèrent un large éventail de valeurs. D'autres sont limitées à des choix prédéfinis tels que `Mauve`, `Sarcelle` et `Chartreuse`. Nombre de propriétés ne peuvent présenter que deux valeurs, `Vrai` ou `Faux`, `Chaud` ou `Froid`, `Humide` ou `Sec`.

Dans tous les cas, de simples instructions VBA permettent d'extraire la valeur courante d'une propriété et de la modifier.

Les interdits de certaines propriétés

Ce n'est parce que vous *savez* comment accéder à la valeur d'une propriété que vous *êtes autorisé* à le faire. Certaines propriétés sont conçues de telle façon qu'il est possible d'y accéder mais impossible de les modifier. On les appelle les propriétés de type *lecture seule*. Moins courantes sont les propriétés de type *écriture seule* – vous pouvez définir sa valeur mais pas l'extraire. Mais, la plupart des propriétés sont de type *lecture-écriture* – vous pouvez extraire et modifier leurs valeurs.

Les valeurs des propriétés sont des données

Bien qu'une propriété serve à décrire les caractéristiques d'un objet, ne perdez pas de vue que sa valeur contient des données – guère différentes des données que vous mettez dans les variables VBA. Une propriété est donc une sorte de variable plus ou moins permanente qui n'a pas besoin d'être déclarée. Il est ainsi logique que chaque propriété stocke un type de données particulier à l'instar des variables. Une propriété n'acceptant que deux choix (`Vrai` ou `Faux`, `Heureux` ou `Triste`, `Gauche` ou `Droite`) est de type *Boolean* (booléenne). Certaines propriétés sont des chaînes, d'autres des entiers, d'autres encore sont des nombres à virgule flottante ou décimaux, etc. Les propriétés peuvent même être des objets. (Pour en savoir plus sur les types de données VBA, reportez-vous au Chapitre 7.)

Extraire la valeur courante d'une propriété

Pour trouver ou *récupérer* la valeur courante d'une propriété donnée, utilisez celle-ci comme une fonction ou une procédure `Function`. Donc, dans votre code, affectez la propriété à une variable. La variable doit avoir le même type de données ou un type compatible avec la propriété.

Dans l'exemple suivant, l'objet représente, disons, une des questions posées lors d'un examen. Vous souhaitez vérifier la propriété qui décrit la difficulté de la question, sur une échelle de un à dix.

```
Dim intDifficulte As Integer
intDifficulte = objQuestionTest.NiveauDifficulte
```

La première instruction déclare la variable qui recevra la valeur courante de la propriété, tandis que la seconde affecte la propriété à cette variable.

Dans ce cas, pourquoi s'embêter à extraire la valeur courante d'une propriété ? Souvent, cette valeur est utilisée dans une instruction conditionnelle et détermine si une action doit être lancée. (Dans ce cas, quelque chose comme "Si le `NiveauDifficulte` de la question est supérieur à 8, et si la réponse est correcte, doubler les points", conviendrait.) Vous pouvez également stocker la valeur d'une propriété dans une variable pour l'affecter ensuite à d'autres objets identiques.

Si vous ne devez utiliser la valeur de la propriété qu'une seule fois, pas besoin de l'affecter à une variable – vous pouvez y accéder directement dans une expression, comme dans l'exemple suivant :

```
If objQuestionTest.NiveauDifficulte > 8 Then
  intResultatTest = intResultatTest + (intPoints * 2)
End If
```

Cette méthode est pratique mais n'oubliez pas que votre programme sera plus lent si vous extrayez sans arrêt la valeur d'une propriété. Si cette valeur doit vous servir plusieurs fois, il vaut mieux la stocker dans une variable – VBA accède plus vite à la valeur d'une variable ordinaire qu'il n'extrait la valeur d'une propriété.

Modifier la valeur d'une propriété

Souvenez-vous, les propriétés ne sont que des variables embellies. Par conséquent, vous pouvez leur affecter des valeurs comme à n'importe quelle variable – en plaçant le nom de la propriété à gauche du signe égal et la nouvelle valeur à droite. L'instruction suivante attribue la valeur 999 à la propriété `FacteurGrunge` de `objMorceauHardRock` – une mesure de distorsion de son.

```
objMorceauHardRock.FacteurGrunge = 999
```

Voici également deux instructions qui définissent d'autres propriétés :

```
objMorceauHardRock.Ballade = False
objMorceauHardRock.Titre = "J'ai des puces, c'est embêtant."
```

Propriétés par défaut

Nombre d'objets ont une propriété par défaut. Vous pouvez extraire ou définir sa valeur rien qu'en utilisant l'objet proprement dit, sans mentionner le nom de la propriété. Si on prend l'exemple précédent, admettons que la propriété par défaut de l'objet `MorceauHardRock` soit `Titre`. Dans ce cas l'instruction peut être simplifiée :

```
objMorceauHardRock = "J'ai des puces, c'est embêtant."
```

Les propriétés par défaut sont commodes, si vous savez de quelle propriété il s'agit. En cas de doute ou si vous pensez que vous pourriez l'oublier, il est préférable que vous tapiez le nom de la propriété.

Objets en tant que propriétés

La propriété d'un objet peut désigner un autre objet. Ainsi, votre code peut accéder aux objets appartenant à un objet *conteneur* X, comme s'il s'agissait de propriétés normales. Par exemple, dans l'expression suivante, `ToolbarItems` est une propriété de l'objet `Toolbar`, mais sa valeur est un objet `ToolbarItems`.

```
Toolbar.ToolbarItems
```

En fait, utiliser ainsi les propriétés des objets est la meilleure méthode pour référencer les objets avec lesquels vous voulez travailler. Pour plus de précisions, reportez-vous à la section "Référencer l'objet à utiliser", plus loin dans ce chapitre.

Remonter l'arbre généalogique

Les propriétés d'un objet peuvent identifier d'autres objets appartenant à celui-ci mais aussi vous indiquer à quels objets conteneurs il appartient. Dans Visio, si vous voulez savoir à quel document appartient un objet `Pages` stocké dans une variable, l'expression suivante renvoie la référence au document en question.

```
Pages.Parent
```

Pour savoir à quelle *application* appartient un objet, vous pouvez remonter directement au sommet de l'arbre de l'objet grâce à sa propriété `Application` :

```
Pages.Application
```

Fonctionnement des méthodes

Les *méthodes* sont des actions nommées qu'un objet peut exécuter à votre demande. Le code de chaque méthode faisant partie intégrante de l'objet, celui-ci sait quoi faire lorsque vous déclenchez une méthode.

Par exemple, un objet forme graphique aura une méthode `Resize` qui modifie sa taille et une méthode `Rotate` qui le fait pivoter sur la page du document. Un objet cellule de feuille de calcul comprendra une méthode `Calculate` qui recalcule la valeur de la cellule et une méthode `Clear` qui en efface le contenu. Un objet représentant un document complet possèdera sans doute les méthodes `Print` et `Save`.

Les méthodes ne sont en fait rien d'autre que des procédures directement liées à des objets donnés. Pour appeler une méthode, tapez le nom de l'objet, suivi d'un point puis du nom de la méthode. Laissons de côté la folie du hard rock et prenons par exemple un objet `objMorceauJazz`, qui représente l'enregistrement numérique d'un morceau de jazz dans un programme multimédia. Cet objet aura sûrement une méthode appelée `Play`. Pour appeler cette méthode :

```
objMorceauJazz.Play
```

Approfondissons le sujet : les techniques d'appel des méthodes correspondent à celles utilisées pour les procédures et fonctions VBA décrites au Chapitre 7. Résumons-nous :

- Pour appeler une méthode qui prend des arguments, tapez l'argument après le nom de la méthode. Dans cet exemple, la méthode `Play` prend un argument qui détermine le nombre de fois que sera joué le morceau :

```
objMorceauJazz.Play 3
```

- Si la méthode prend plusieurs arguments, séparez-les par des virgules (dans l'exemple suivant, `Bas` est une constante nommée indiquant un volume bas, et `intVitesse` est une variable représentant la vitesse de lecture) :

```
objMorceauJazz.Play 2, Bas, intVitesse
```

- Pour appeler une méthode qui renvoie une valeur, affectez la méthode à une variable ou utilisez-la dans une expression comme avec une procédure `Function`. Dans ce cas, tout argument doit être mis entre parenthèses :

```
dateHeureLecture = objMorceauJazz.Play (2, Bas, intVitesse)
```

Tout comme pour les propriétés, des classes d'objets différentes peuvent avoir des méthodes portant le même nom. Par exemple, les objets contenant des groupes d'éléments ou d'autres objets ont souvent une méthode `Add`.

Pour ne pas que vous soyez surpris, je préciserai qu'une méthode peut modifier la valeur d'une ou plusieurs propriétés. Par exemple, l'objet `objMorceauJazz` a peut-être une propriété en lecture seule appelée `NombreLectures` qui ne peut être modifiée que par la méthode `Play` mais que vous pouvez extraire avec une instruction property telle que `intLecture = objMorceauJazz.NombreLectures`. Certains objets ont même des méthodes spéciales dont la seule vocation est de définir les valeurs des propriétés.

Evénements

Un *événement* est ce qui arrive à un objet ; ce dernier peut y répondre par une action prédéterminée. Les événements comprennent :

- **Actions physiques émanant de l'utilisateur de votre programme :** cliquer, bouger la souris, appuyer sur une touche, faire des bonds tout en criant. (Bon d'accord, VBA ne reconnaît pas les événements du genre "faire des bonds tout en criant".) Les feuilles que vous créez et les contrôles répondent à ce type d'événement, mais tout comme les objets de l'application proprement dite.
- **Tout ce qui survient à l'objet pendant le fonctionnement de l'application.** Dans le cas d'un objet document, il peut s'agir de l'ouverture et de la fermeture du document, de l'insertion ou de la suppression d'une page. Dans Word, les objets `Application` et `Document` reconnaissent de tels événements. Dans Visio, les objets `Pages` répondent à neuf événements différents, tels que `BeforeShapeDelete` et `TextChanged`. D'autres exemples d'événements ne concernant pas les feuilles, sont donnés au Chapitre 4.

Le cas échéant, votre application VBA détermine quels événements un objet X est capable de reconnaître. *Votre* mission est d'écrire le code qui définira la réaction de l'objet face à cet événement. Un point doit être éclairci : vous n'appelez pas un événement depuis votre code. Lorsque l'événement survient, c'est l'objet qui déclenche automatiquement l'action que vous avez programmée.

La programmation d'événements liés aux feuilles est traitée au Chapitre 10. Ces techniques de base sont identiques pour les événements ne concernant pas des feuilles mais peuvent différer d'une application à l'autre et parfois même au sein d'une même application. La documentation de votre application ou les fichiers d'aide détaillent les nuances.

Référencer l'objet à utiliser

Pour effectuer une tâche utile à l'aide d'un objet, vous devez identifier celui-ci auprès de VBA. Pour cela, vous utiliserez une *expression objet*, expression VBA spéciale dont le rôle est simplement d'identifier l'objet en question. En coulisses, la valeur calculée par VBA et basée sur une expression objet s'appelle une *référence objet*, sorte d'adresse postale de l'objet, si vous préférez.

Le plus dur est de trouver la bonne expression objet. Lorsque c'est chose faite, vous pouvez vous simplifier grandement la vie en créant une variable nommée pour l'objet, à l'aide de l'expression, pour affecter la référence objet correspondant à la variable. A partir de là, vous pouvez faire référence à l'objet dans votre code avec le nom de la variable.

Comprendre les expressions objet

Une expression objet est un *fragment de code* – une expression – qui "vise" un objet précis. Une expression objet correcte vous permettra de définir les propriétés de l'objet, d'activer ses méthodes ou de l'affecter à une variable.

N'OUBLIEZ PAS

Les notions traitées ici sont essentielles pour travailler au quotidien avec VBA mais pas forcément évidentes à comprendre. Dans la mesure où votre programme peut travailler avec de nombreux objets d'un même type, une seule expression objet doit pouvoir répertorier tous les objets qui contiennent celui que vous avez en tête. L'exemple suivant l'illustre bien : imaginez que vous deviez retrouver "le garçon". Vous demanderez aussitôt, "quel garçon ?" Si on vous avait demandé de mettre la main sur l'homme le plus âgé habitant dans la troisième maison de la rue de la République à Saint-Girons, Ariège, France, vous n'auriez pas posé cette question. (Bien entendu, vous auriez pu demander "Pourquoi ?") Bien sûr, si vous êtes déjà dans la troisième maison de la rue de la République, et si un seul garçon vit ici, une commande du genre "donne-lui à manger" convient bien. C'est la même chose avec VBA qui n'a pas besoin de toute la liste des objets si le contexte est clair.

Utiliser des propriétés qui sont des objets

La propriété d'un objet peut être un autre objet. Dans un ensemble hiérarchisé, un objet, par exemple un document, peut servir de *conteneur* à des objets secondaires comme des pages, des feuilles de calcul, etc.

C'est très logique : si un objet contient des objets secondaires, vous pouvez identifier un de ces derniers via une propriété de l'objet "conteneur". C'est l'expression que vous utilisez pour définir cette propriété que l'on appelle expression objet.

Prenez par exemple l'expression suivante qui identifie un objet donné dans un document Word :

```
ThisDocument.Sections(2).Range
```

Notez bien que cette expression objet comprend deux points, et non un seul. `Range` est une propriété de l'objet `Section`, lequel est une propriété de l'objet `ThisDocument`. Cela doit vous paraître évident ; si ce n'est pas le cas, la section suivante "Trouver les objets" explique tout cela en détail.

Trouver les objets

L'objet `Application` se trouve au sommet de l'arborescence dans la plupart des modèles objet VBA. Cependant, vous n'avez pas besoin de l'inclure dans les expressions objet – VBA est suffisamment intelligent pour savoir que vous travaillez avec des objets de l'application active, à moins que vous ne lui indiquiez le contraire.

L'objet `Application` comprend un objet `Document` qui est une collection représentant tous les documents ouverts. Si vous souhaitez utiliser un objet donné, précisez qu'il s'agit d'un membre de l'objet collection `Documents`. Par exemple, `Documents (5)` représente l'objet `Document` #5 de la collection `Documents`.

Cependant, l'exemple ci-dessus commence par le mot-clé spécial `ThisDocument`. Dans de nombreuses applications VBA, `ThisDocument` représente l'objet `Document` associé à votre projet.

Dans Word, chaque objet `Document` a une propriété `Sections`, qui fait référence à une collection `Sections`, un objet qui représente toutes les pages du document. Donc, la première partie de l'expression ci-dessus – `ThisDocument.Sections` – fait référence à la collection `Sections` appartenant à l'objet `ThisDocument`. Une fois l'objet `Sections` référencé, vous pouvez sélectionner un seul membre de cette collection. Ainsi, `Sections(2)` désigne la deuxième section du document.

Passons maintenant à la dernière partie de l'expression. Ici, il y a un piège car bien que `.Range` désigne une *propriété* de l'objet Section, la valeur de cette propriété est un *objet* `Range`. Par conséquent, toute l'expression fournit une référence objet à cet objet `Range`.

Utiliser des objets Collection

Dans l'expression objet suivante, l'objet `Sections` est une *collection* :

```
ThisDocument.Sections(2).Range
```

Une collection VBA est un type d'objet spécial qui peut contenir n'importe quel autre objet.

Les objets `Collection` définis dans les applications VBA ne comprennent généralement qu'un seul type d'objet. La collection `Sections` de Word ne comprend que des objets `Section`. Dans Visio, la collection `Pages` ne peut contenir que des objets `Page`. (VBA propose un objet `Collection` générique dans lequel vous pouvez stocker des objets de n'importe quel type. Le Chapitre 13 décrit comment créer et gérer vos propres collections.)

N'OUBLIEZ PAS

En matière d'objets `Collection`, vous devez savoir comment accéder aux objets individuels qu'ils contiennent. Pour cela, vous avez deux options :

- **Faire référence à l'objet par son emplacement ou *numéro d'index* dans la collection.** C'est cette méthode qui est utilisée dans l'exemple : (2) correspond au deuxième objet `Section` de la collection `Sections`.
- **Faire référence à l'objet par son nom.** Nombreux sont les objets qui ont un nom. Si vous connaissez le nom de l'objet recherché, vous pouvez l'utiliser dans l'expression objet à la place du numéro. Dans Visio, les objets `Page` ont des noms, donc l'exemple suivant fonctionne :

```
ThisDocument.Page ("Ma page spéciale.")
```

Créer des variables objet

N'OUBLIEZ PAS

Personne n'apprécie de devoir taper une expression objet longue et complexe, même si elle est relativement simple, comme `ThisDocument.Sections(2).Range`. Si votre programme utilise plusieurs fois le même objet, créez une variable nommée qui y fait référence. A partir de là, vous pouvez entrer le nom de la variable à la place de l'expression objet complète.

Outre le fait qu'elle soit plus courte, plus facile à mémoriser et plus simple à taper que l'expression objet originale, la *variable objet* présente deux autres avantages. Tout d'abord, grâce à elle votre code s'exécute plus vite car VBA peut trouver l'objet directement sans avoir à chercher dans une série de propriétés de plusieurs objets. Ensuite, vous pouvez utiliser la même variable objet pour stocker des références à différents objets. Ainsi, votre code gagne en souplesse et choisit l'objet à stocker dans la variable lors de l'exécution du programme.

En gros, la création d'une variable objet comprend deux étapes :

1. **Déclarez une variable qui servira à faire référence à l'objet.**

2. **Affectez l'objet que vous voulez utiliser à cette variable.**

Les deux prochaines sections détaillent le processus.

Déclarer une variable objet

C'est le même principe que pour déclarer des variables d'autres types de données. La méthode standard utilise une instruction `Dim` (tout comme pour les autres types de variables, bien que vous puissiez également avoir recours aux mots-clés `Public`, `Private` ou `Static` à la place de `Dim` pour déclarer des variables objet). Voici deux exemples de déclarations :

```
Dim objObjetEnorme As Object 'Un objet générique
Dim objObjetShape As Shape 'Un objet Shape
```

N'OUBLIEZ PAS

Il existe une importante différence entre ces deux déclarations. La première instruction déclare une variable objet sans préciser le type d'objet qu'elle contiendra. Vous pouvez utiliser cette variable pour accueillir différents types d'objets selon vos besoins. La seconde instruction déclare un type particulier – ou une *classe* d'objet – qui sera stocké dans la variable. Dans ce cas, VBA ne vous permet pas d'y placer d'autres classes que celle-ci.

NOTE TECHNIQUE

Ces deux types de déclarations sont connues respectivement sous le nom de *déclaration non typée* (aucune classe n'est spécifiée) et *déclaration typée* (la variable est déclarée avec une classe d'objet).

Dans la mesure du possible, utilisez la déclaration typée, cette technique présente les avantages suivants :

- **Moins d'erreurs.** Comme je l'ai déjà dit, VBA ne vous laisse pas affecter à une variable des objets incorrects. Elément tout aussi important, en connaissant la classe d'objets, le compilateur peut vérifier dans tout votre code si vous utilisez des propriétés et méthodes compatibles avec cette classe. Avec la déclaration non typée, le compilateur ne peut procéder à cette vérification et une erreur se produit lors de l'exécution si votre programme tente d'utiliser des propriétés ou méthodes non valides.

- **Une plus grande rapidité.** Le compilateur étant en mesure de déterminer si l'objet possède ou non les méthodes et propriétés utilisées dans votre programme, ce dernier sera dispensé de cette vérification au moment de l'exécution.
- **Un code plus compréhensible.** Rien qu'en regardant la déclaration, vous pouvez savoir quelle classe d'objet la variable est en mesure de contenir.

En dépit de tous ces avantages, la déclaration non typée est recommandée dans deux situations :

- Vous avez *l'intention* d'utiliser la même variable pour différentes classes d'objets. Ce peut être une bonne idée si les classes partagent des méthodes ou propriétés dont vous avez besoin dans votre code. La variable vous évite de réécrire le même code pour d'autres objets.
- Certains objets ne peuvent être déclarés via la déclaration typée si une autre application peut y accéder. Le recours aux objets d'autres applications est une technique VBA avancée (présentée au Chapitre 10 et au Chapitre F), mais vous devez connaître cet inconvénient potentiel.

Comme vous le savez, une variable de type Variant peut stocker toutes sortes d'informations, y compris des références objet. Si vous déclarez une variable sans préciser clairement qu'il s'agit d'un objet, vous pouvez y stocker une référence objet grâce à la déclaration non typée.

Affecter une référence objet à une variable

Une fois la variable objet déclarée, vous devez y mettre une référence à un objet donné avant de pouvoir l'utiliser. Pour ce faire, affectez une expression objet à la variable à l'aide du mot-clé `Set`, comme dans l'exemple suivant :

```
Set objObjetForme = ThisDocument.Pages(1).Shapes(4)
```

Notez que cette syntaxe diffère légèrement de celle utilisée pour affecter d'autres types de données à des variables (voir Chapitre 9). Comme avec les autres types de données, vous devez placer un signe égal entre le nom de la variable et l'objet visé. Seule différence, l'instruction doit commencer par le mot-clé `Set`.

Vider une variable objet

Lorsque vous n'avez plus besoin d'accéder à un objet, il est de bon ton de rompre le lien entre l'objet et la variable associée. Votre programme pourra utiliser à d'autres fins l'espace mémoire ainsi libéré. Et vous serez certain que votre code ne modifiera pas malencontreusement l'objet.

La technique est simple. Dans une instruction `Set`, il suffit d'affecter le mot-clé `Nothing` à la variable, comme suit :

```
Set objPrix = Nothing
```

Créer des objets

Si vous souhaitez utiliser un objet qui n'existe pas, il vous faut le créer. Dans les programmes VBA simples, il faut employer la méthode `Add` ; celle-ci fonctionne si vous tentez de créer un des objets intégrés disponibles dans votre application VBA, c'est-à-dire l'application à laquelle votre projet est lié. (Dans certaines applications, il vous faudra peut-être utiliser une méthode du genre `AddShape` ou `AddDocument` – vérifiez dans les fichiers d'aide VBA de l'application.)

Utiliser la méthode Add

L'essentiel est de savoir quelle méthode `Add` vous devez employer. Vous recherchez l'objet *conteneur* dans lequel se trouve celui que vous voulez créer. Généralement, mais pas toujours, le conteneur est un objet collection.

Admettons par exemple que vous vouliez créer un nouvel objet `Layer` dans Visio. Un objet `Layer` correspond à une couche de dessin Visio, laquelle est un groupe de formes que vous pouvez manipuler d'un seul bloc. Chaque objet `Layer` est contenu dans un objet `Layers` qui correspond à une collection d'une ou plusieurs couches. Ainsi, vous choisirez la méthode `Layers.Add` pour créer une nouvelle couche.

Bien entendu, vous devez identifier l'objet `Layers` dans lequel VBA créera le nouvel objet `Layer`. Un objet collection `Layers` appartient à un objet `Page` donné d'un objet `Document` particulier. L'instruction complète ressemblera donc à ceci :

```
ThisDocument.Pages(2).Layers.Add("NewLayer")
```

ATTENTION !

L'objet `Layer` a une méthode `Add` mais vous ne pouvez pas l'utiliser pour créer une nouvelle couche car elle permet uniquement d'ajouter un objet `Layer` à une couche existante.

De même, pour ajouter une nouvelle diapositive à une présentation PowerPoint, l'instruction à choisir serait la suivante :

```
ActivePresentation.Slides.Add 1, ppLayoutTextAndClipart
```

Là encore, la nouvelle diapositive est ajoutée à l'objet conteneur approprié, une collection `Slides`.

Créer une variable pour un nouvel objet

N'OUBLIEZ PAS

Puisque vous vous êtes donné du mal pour créer une longue référence objet – c'est ce à quoi correspond une instruction `Add` –, vous pourriez créer en même temps une variable pour le nouvel objet. Ainsi, pour accéder à l'objet dans votre code, vous aurez la possibilité d'utiliser cette variable au lieu d'une interminable référence objet. Voici deux instructions qui illustrent cette technique :

```
Dim objMonBebe As Slide
Set objMonBebe = ActivePrésentation.Slides.Add 1. _
ppLayoutTextAndClipart
```

Créer des objets avec New et CreateObject

Pour créer des objets, certaines situations nécessitent parfois l'emploi d'autres techniques :

- Nouvelles copies d'une feuille existante de votre projet.
- Objets d'une application *différente* ou composant ActiveX(COM).
- Objets particuliers issus de classes appartenant à des modules de classe.

Selon la situation, la création de ces objets peut demander l'emploi du mot-clé `New` dans une déclaration de variable, des instructions `Set` ou de la fonction `CreateObject`. Je ne fais qu'évoquer rapidement ces techniques avancées qui sont traitées au Chapitre 10 et au Chapitre F. Mon but est d'éviter que vous n'employiez pas le mot-clé `New` et la fonction `CreateObject` pour créer de simples objets.

Que signifie vraiment le terme Is ?

Si vous vous servez de variables pour stocker des références objet, il arrive forcément un moment où vous souhaitez savoir si l'objet auquel se réfère une variable est le même que celui lié à une autre variable ou expression objet.

Dans une expression, pour vérifier si deux références objet concernent le même objet, utilisez l'opérateur `Is`. La valeur de l'expression sera `True` s'il s'agit du même objet et `False` si ce sont deux objets différents. Voici comment fonctionne `Is` :

```
Dim objObjet1 As Object, objObjet2 As Object
...
If objObjet1 Is objObjet2 Then
  MsgBox "C'est le même objet !"
Else
  MsgBox "Ce sont deux objets différents."
End If
```

Bien sûr, vous pouvez également comparer une variable objet et une expression objet à l'aide de l'opérateur `Is`, comme dans l'expression suivante :

```
If objObjet3 Is ThisDocument.Pages(2).Shapes(3) Then
```

Vous ne pouvez pas utiliser `Is` (ou n'importe quel autre opérateur) pour comparer le *contenu* de deux objets différents.

Rechercher une programmation objet efficace

VBA comprend deux structures de code multilignes qui facilitent l'utilisation d'objets. Il s'agit des instructions `With` et `For Each...Next`.

Utiliser les instructions With

Que vous fassiez référence à un objet avec une variable mnémotechnique ou une expression objet très longue, le fait de la taper des tas de fois accélère le vieillissement de vos cellules. Il existe peut-être un autre moyen.

Si votre programme utilise le même objet dans plusieurs instructions consécutives, l'instruction `With` vous permet de citer l'objet une fois pour toute. Non seulement vous vous épargnez une saisie dans chaque instruction, mais cela accélère votre programme et le rend plus compréhensible. Voici un exemple :

```
With objPasObjection
  .Name = "Un comble" ' Définit la propriété Name
  .DisplayName ' Appelle la méthode DisplayName
  sngArea = .Area ' Prend la valeur de la propriété Area
  intFacteurEtirement = .Rotate (60) ' Appelle la méthode Rotate et
 affecte la valeur retournée
' à une variable
End With
```

Comme vous pouvez le constater, dans la structure `With…End With`, il est possible de combiner des instructions qui récupèrent et définissent les propriétés et des instructions qui appellent des méthodes. Notez également que la structure `With` n'est pas une boucle – les instructions qu'elle contient ne sont exécutées qu'une seule fois.

Les structures `With` peuvent être imbriquées, c'est-à-dire placées les unes dans les autres. C'est l'idéal si vous devez exécuter plusieurs actions à la fois sur un objet conteneur et sur l'un des objets qu'il contient. L'exemple suivant illustre cette technique : il s'agit d'exécuter diverses actions sur un objet `Block` d'AutoCad. Ensuite, une structure `With` imbriquée manipule l'un des objets de dessin contenus dans `Block`. Les commentaires fournis vous aideront à suivre le code.

```
With Blocks.Item("Gizmo")
' Avec le Block intitulé "Gizmo", renommer l'objet Block à l'aide
' de la propriété Name
  .Name = "Bidule"
  ' Utiliser la propriété Count pour
    savoir combien d'objets
    il contient
  intNombreObjets = .Count
  ' Appeler la méthode AddCircle
    avec centre = 0, rayon = 5
  .AddCircle (0#, 5#)
  With.Item (1)
  ' Ce With imbriqué fait référence
    au premier objet de dessin
  'de l'objet block
    ' Utiliser la méthode Move pour
    ' déplacer l'objet de dessin
    .Move (15, 20)
    ' Modifier la propriété Color de
      l'objet de dessin
    .Color = 221
```

```
  End With
End With
```

Cet exemple n'indique pas que vous pouvez également utiliser des valeurs renvoyées par les propriétés ou méthodes de l'objet dans des conditions ou d'autres expressions. Les instructions suivantes iraient parfaitement dans l'instruction `With` principale de l'exemple précédent.

```
IntNouvelleCouleur = InputBox ("Entrer la valeur de la nouvelle couleur pour " & _
"le premier objet dans le " & .Name & "block.")
if .Count > 12000
  MsgBox "C'est un grand bloc !"
End If
```

Utiliser les structures For Each...Next

Bien que le Chapitre 8 soit consacré aux *structures de contrôle* (groupes d'instructions destinées à réguler le flot du programme), je mentionne ici une de ces structures car elle s'applique exclusivement à des objets. Variante de la boucle `For...Next`, la structure VBA `For Each...Next` exécute un groupe d'instructions pour chaque objet d'une collection. Bien que les deux instructions se ressemblent beaucoup, elles diffèrent sensiblement, et notamment par le fait que `For Each...Next` est plus facile d'emploi. Voici la syntaxe :

```
For Each element In groupe
(instructions à exécuter à chaque passage de la boucle)
Next element
```

Différence essentielle entre `For Each...Next` et la structure standard `For...Next`, vous n'avez pas besoin d'indiquer le nombre de fois que devra être exécutée la boucle – VBA le fait pour vous.

For Each...Next en action

L'exemple suivant, très simple, d'une instruction `For Each...Next` fonctionne dans AutoCad ; la collection `Blocks` est bien sûr une collection d'objets `Block`, dans laquelle chaque `Block` peut contenir un nombre infini d'objets de dessin tels que `Cone` et `3Dface`. Ce code affiche simplement le nom de chaque `Block` de la collection `Blocks` :

```
Dim objB As Block
For Each objB In Blocks
```

```
  Debug.Print objB.Name
Next objB
```

Cet exemple n'est peut-être pas stupéfiant mais il laisse entrevoir un potentiel intéressant. Une boucle `For Each...Next` peut exécuter, avec efficacité, n'importe quelle série d'actions grâce aux méthodes et propriétés de chaque objet d'une collection.

Evacuations d'urgence depuis For Each...Next

Lorsque vous cherchez une aiguille bien précise dans une boîte, toutes les autres ne vous intéressent pas. Pour agir sur un objet donné d'une collection, imbriquez une instruction `If...Then` dans une boucle `For Each...Next`. Lorsque la condition `If...Then` a trouvé l'objet en question, plus besoin de continuer la recherche ; une instruction `Exit For` vous fait sortir rapidement de la boucle.

Comme vous avez encore à l'esprit la collection `Blocks` d'AutoCad, je vous ai préparé l'exemple suivant :

```
Dim objK As Block
For Each objK in Blocks
  If objK.Name = "GadgetA" Then
    ObjK.Delete
    Exit For 'sas de secours
  End If
Next objK
```

Dans cet exemple, la boucle utilise une structure `If...Then` imbriquée pour chercher un objet `Block` nommé `"GadgetA"` parmi les objets `Block` de la collection `Blocks`. Une fois le bon `Block` trouvé – et seulement alors –, les instructions de la structure `If...Then` sont exécutées. *Exécuter* est vraiment le terme approprié car la première instruction supprime le `Block`. Mission accomplie, mon colonel ! Vous n'avez plus besoin de la boucle, d'où l'instruction `Exit For` ; ensuite, le programme poursuit sa route.

Chapitre 13

Corbeille de stockage de données : tableaux et collections

Dans ce chapitre

- Utiliser des tableaux pour traiter un ensemble d'éléments du même type de données.
- Comprendre le fonctionnement des tableaux multidimensionnels.
- Utiliser les objets `Collection` à la place des tableaux.
- Définir ses propres types de données pour exploiter des informations liées de différents types.

A ce stade, avec un peu de chance, vous devriez bien maîtriser les variables et être en mesure de représenter les données de tous types, des simples nombres et chaînes de caractères aux objets les plus complexes et puissants. Mais les types de données VBA intégrés ne satisfont pas tous les besoins. Il arrive fréquemment que vous deviez utiliser des fragments d'informations qui forment un groupe de données. Dans ce cas, un *tableau* s'impose – compartiment de stockage structuré pouvant accueillir de multiples éléments du même type de données.

Vous pouvez exploiter des jeux d'éléments différents appartenant à des *objets* `Collection` et que vous créez à partir d'une classe intégrée fournie par VBA. Dans certaines situations, les collections peuvent présenter plus d'avantages que les tableaux.

Vous pouvez parfois trouver plus commode de créer votre propre *type de données défini par l'utilisateur*. En tant que variable individuelle, un type de données défini par l'utilisateur contribue surtout à clarifier votre code car il vous permet de vous référer à des éléments individuels mais liés et indiquer qu'ils font partie d'une même entité. Un tableau constitué d'un type de données défini par l'utilisateur peut s'avérer un outil très puissant pour la gestion de groupes d'éléments complexes.

Des tableaux... de maître

Imaginez que vous disposiez d'une liste de nombres, représentant des prix, des résultats de tests ou les distances séparant la Terre de certaines étoiles. Admettons que vous dressiez cette liste sur une feuille de papier, avec un élément par rangée. Et bien vous obtenez un tableau. Voici un exemple :

Numéros gagnants du prochain tirage
214236
545173
371453
891982
000000
941241

Dans une liste d'éléments similaires telle que celle-ci, chacun a une valeur unique mais ne possède aucun autre trait caractéristique. Si vous voulez que quelqu'un d'autre analyse un élément précis, vous devrez lui dire par exemple, "c'est le troisième numéro de la liste." Les tableaux VBA fonctionnent exactement pareil.

Faire référence à certains éléments d'un tableau

Chaque tableau VBA possède un nom qui correspond au titre d'une liste papier (comme "Numéros gagnants du prochain tirage", en début de section). Pour exploiter un élément, vous mentionnez le nom du tableau et un *index* – un entier positif précisant son emplacement dans le tableau. L'expression `intTableauLoto(3)` fait référence au troisième élément (ou quatrième selon le système de numérotation en vigueur) du tableau `intTableauLoto`. Si vous utilisez une convention de nomination de variables telle que celle suggérée au Chapitre 6, le préfixe `int` indique que le tableau contient des valeurs de type Integer. Par conséquent, il y a fort à parier que la valeur stockée dans `intTableauLoto(3)` est un entier.

Comprendre les données d'un tableau

Il y a deux points importants que vous devez comprendre à propos des tableaux :

- **Vous pouvez créer des tableaux pour n'importe quel type de données.** VBA stocke sans problèmes les chaînes, les dates, les devises et tous les types de données numériques.
- **Un tableau ne peut contenir qu'un seul type de données.** Il est impossible de construire un tableau associant des valeurs de type Date et String.

Il existe un second inconvénient, que vous pouvez cependant contourner facilement. Comme vous le savez sans doute, le type de données `Variant` peut stocker n'importe quel type de données VBA, et les tableaux `Variant` existent bien. Mais les informations stockées dans un `Variant` prennent beaucoup plus de place en mémoire que celles d'un type de données spécifique, et ce, quelle que soit la taille du tableau. En outre, stocker un assortiment aléatoire de données de types différents dans un tableau n'a guère de sens.

D'un autre côté, il est assez courant d'exploiter des éléments liés de différents types dans des structures organisées. C'est en fait le principe des bases de données. Dans une base de données comprenant des adresses, par exemple, chaque enregistrement comprend une série d'informations (telles que le nom et l'adresse) sur le même sujet (une personne de votre entourage). Dans ce cas précis, la solution est de créer un type de données défini par l'utilisateur – la démarche à suivre est expliquée plus loin dans ce chapitre (voir "Créer vos propres types de données").

Utiliser des tableaux multidimensionnels

Avant que je n'approfondisse l'exploitation de valeurs individuelles, je souhaiterais revenir sur quelques généralités concernant les tableaux. Il est une notion qu'il faut bien saisir : les tableaux peuvent avoir plusieurs *dimensions*. La liste des numéros de loterie du début de section ne comprend qu'une seule dimension. Un tableau ou une feuille de calculs avec des rangées et des colonnes est bidimensionnelle, comme dans cet exemple :

Observations nocturnes de dahus par trois aventuriers anonymes

12	2	21
4	9	3
11	0	0

Il n'est pas difficile d'imaginer des tableaux à trois dimensions. La Figure 13.1 montre une représentation graphique d'un tableau tridimensionnel.

Figure 13.1 : Ce schéma représente un tableau tridimensionnel sous la forme d'un assemblage de cubes, chacun contenant un nombre.

Bien qu'il soit assez dur de visualiser mentalement un tableau comprenant plus de trois dimensions, cela ne pose pas de problèmes à VBA qui peut gérer jusqu'à 60 dimensions dans un tableau.

Déclarer des tableaux

A l'instar des variables classiques, les tableaux doivent être déclarés avant utilisation. La déclaration s'apparente tout à fait à celle d'une variable, elle comprend juste un élément de plus. Voici quelques exemples :

```
' Déclare un tableau à une dimension avec données de type Date :
Dim datHeureImpact (cdatObservationsMaxi) As Date
' Déclare un tableau avec données de type Currency, mais sans préciser la taille :
Public curPrix () As Currency
' Déclare un tableau à quatre dimensions avec données de type Integer :
Dim intTableauEntiers (34, 13, 29, 4) As Integer
```

Comme vous pouvez le voir, la grande différence par rapport à la déclaration d'une variable, c'est l'ajout de parenthèses après le nom. Elles peuvent être vide comme dans le deuxième exemple. Mais elles peuvent aussi contenir des valeurs déterminant la taille de chaque dimension du tableau. (Vous noterez que dans le premier exemple, une constante nommée fournit la taille de la dimension.)

Veillez bien à préciser le type de données lorsque vous déclarez un tableau en ajoutant l'élément `As Type`. Si vous ne le faites pas, VBA crée un tableau de données de type Variant, plus gourmand en mémoire et plus lent. Mais ce genre de tableau convient dans certains cas et vous pouvez le déclarer explicitement le moment opportun.

Le nombre total des éléments d'un tableau est égal au produit de la taille de chaque dimension. Vous le saviez déjà, bien sûr – mais ce point mérite que vous m'accordiez un instant votre plus grande attention. Pour trouver le nombre total de données de type Integer du tableau `intTableauEntiers`, (le troisième et dernier exemple du début de cette section), il faut effectuer la multiplication suivante : 34 x 14 x 30 x 5. Cette déclaration un peu décousue prévoit l'espace suffisant pour accueillir 73 500 éléments.

Vous vous demandez peut-être pourquoi la taille de chaque dimension est supérieure d'une unité à la valeur figurant dans l'instruction de déclaration (35 au lieu de 34, etc.). Voici l'explication.

Comprendre le système de numérotation des tableaux

A moins que vous n'indiquiez le contraire, les éléments sont indexés ou numérotés à partir de 0 – ou, si vous voulez, l'élément 0 est le premier du tableau. Ainsi, la valeur que vous entrez pour dimensionner un tableau doit être inférieure d'une unité au nombre d'éléments à stocker. Si, par exemple, le tableau est prévu pour contenir 10 éléments, entrez une taille de 9.

Ensuite, lorsque vous accédez aux éléments du tableau, gardez bien ce système de numérotation à l'esprit. `intTableau(1)` fait référence au deuxième élément du tableau.

Si ce système ne vous plaît pas, vous pouvez toujours choisir un autre numéro de départ – en principe 1. Pour que VBA démarre à 1, insérez l'instruction suivante dans la section des déclarations du module (avant la première procédure) :

```
Option Base 1
```

Cette instruction n'influe que sur les tableaux du module en question, vous devez donc l'ajouter dans tous les modules si vous avez l'intention d'appliquer ce système de numérotation à tous vos tableaux.

Vous pouvez également choisir un procédé de numérotation spécifique pour n'importe quelle dimension d'un tableau :

```
Dim sngNombres (55 To 75, 7 To 16, 99)
```

Cet exemple déclare un tableau à trois dimensions dont la première comprend 21 emplacements (55 à 75), la deuxième 10 (7 à 16) et la troisième 100 (0 à 99).

Déclarer des tableaux fixes

Si vous spécifiez la taille du tableau lors de la déclaration, elle reste fixe et votre programme ne pourra la modifier. Pour déclarer un *tableau fixe*, insérez la taille de chaque dimension dans les parenthèses de l'instruction de déclaration. L'instruction

```
Dim strPenseesPositives (9, 19) As String
```

déclare un tableau à deux dimensions qui comprend *toujours* 10 rangées et 20 colonnes de données de type String (bien entendu, ces données ne sont pas réellement stockées dans des rangées et des colonnes mais cette représentation mentale aide à la compréhension).

Fixer la taille d'un tableau lors de la déclaration est une bonne méthode si vous êtes certain qu'elle ne bougera pas. Ainsi, vous êtes à l'abri d'une mauvaise manipulation susceptible de la modifier. Il existe malgré tout un inconvénient : une fois le tableau déclaré, un espace mémoire spécial est alloué définitivement et ne peut être libéré pour d'autres tâches.

Déclarer des tableaux dynamiques

Optez pour la déclaration d'un *tableau dynamique* :

- Si vous ne connaissez pas ou ne pouvez connaître sa taille avant l'exécution de votre programme.
- Si vous savez à l'avance que sa taille bougera pendant l'exécution de votre programme.
- Si vous voulez libérer, pendant l'utilisation du tableau, l'espace mémoire occupé au profit d'autres variables. Un grand tableau peut consommer énormément de mémoire, que vous pouvez libérer s'il est dynamique.

Pour déclarer un tableau dynamique, il vous suffit de ne pas intégrer sa taille au moment de la déclaration. L'instruction prépare un tableau comprenant des données de type `Date` sans pour autant le créer :

```
Dim dateAnniversaires () As Date
```

Redimensionner (Redim) des tableaux dynamiques

Un tableau dynamique ne peut contenir aucune donnée tant que vous ne l'avez pas créé en définissant sa taille. Pour ce faire, utilisez l'instruction `Redim` ("redimensionner") comme dans l'exemple unidimensionnel suivant :

```
Redim dateAnniversaires (intNombreanniversaires - 1)
```

Vous remarquerez que la taille du tableau créé ici est basée sur une variable, dont la valeur a probablement été fixée dans une séquence précédente. VBA commençant la numérotation à 0, vous devez soustraire 1 au chiffre indiqué – si, bien sûr, vous n'avez pas modifié le système de numérotation par défaut comme je l'ai expliqué dans la section "Comprendre le système de numérotation des tableaux".

L'instruction `Redim` doit être intégrée à une procédure. Vous pouvez l'utiliser à volonté, pour modifier complètement le nombre et la taille des dimensions. Mais sachez que le fait de redimensionner un tableau détruit généralement son contenu. De plus, vous ne pouvez modifier le type de données stocké que dans certaines circonstances exceptionnelles, trop compliquées pour être expliquées ici.

Préserver les données lorsque vous redimensionnez un tableau

Pour conserver certaines données, lors d'un redimensionnement, ajoutez le mot-clé `Preserve` à votre instruction `Redim`. La séquence d'instructions suivante déclare puis crée un tableau dynamique à deux dimensions d'une taille précise, puis agrandit la seconde dimension sans supprimer son contenu :

```
Dim dblObjetsGalactiques () As Double
..
Redim Preserve dblObjetsGalactiques (1 To 30, 1 To 50)
..
Redim Preserve dblObjetsGalactiques (1 To 30, 1 To 100)
```

En fait, `Preserve` a ses limites – il ne vous permet pas de modifier le nombre de dimensions et seule la dernière peut être touchée (mais vous devez malgré tout mentionner les tailles de toutes les dimensions dans l'instruction `Redim Preserve`). Vous pouvez très bien rétrécir le tableau, mais les données qui occupent les éléments supprimés redeviendront poussière.

Adresser les éléments d'un tableau

Pour travailler sur un élément dans votre code, indiquez le nom du tableau puis l'index de l'élément entre parenthèses. L'*index* contient un entier pour chaque dimension. Par exemple, l'expression `strProverbes (4,6)` se réfère aux données de la rangée 4, colonne 6 d'un tableau à deux dimensions.

Rappelez-vous que les nombres ou valeurs utilisées dans un index suivent le système de numérotation spécifié dans la déclaration. Si vous déclarez un tableau avec l'instruction `Dim strProverbes (10, 20) As String`, l'expression `strProverbes (4,6)` correspond aux données de la cinquième rangée et septième colonne du tableau. Si la déclaration était `Dim strProverbes (4 To 10, 6 To 50) As String`, la même expression désignerait les données de la première rangée et première colonne.

Utiliser les éléments d'un tableau dans du code

Avec ce système, vous pouvez utiliser des éléments de tableau comme des variables. Vous pouvez

- Affecter une valeur à un élément de tableau. L'exemple suivant affecte une valeur à un emplacement de stockage d'un tableau à deux dimensions comprenant des données de type `Currency` :

```
curPognon(5, 8, 19) = 27.99
```

- Affecter une valeur stockée dans un tableau à une autre variable :

```
datCetteDate = datCesDates(25, 10)
```

- Utiliser la valeur d'un élément dans une expression :

```
intA = 35 * (intB + intComptes(3, 2))
```

Utiliser des variables dans un index de tableau

Dans un index, vous n'êtes bien sûr pas limité aux valeurs littérales. Il est souvent primordial d'intégrer des variables, tout comme de permettre à votre programme de choisir l'élément du tableau dont vous avez besoin à un instant T. La dernière ligne du programme suivant illustre cette méthode :

```
Sub Voyante()
Dim strDestinDuJour(1 To 10)
```

```
Dim intChoixUtilisateur As Integer
StrDestinDuJour(1) = "Vous devenez riche et célèbre."
strDestinDuJour(2) = "Vous allez déjeuner avec un inconnu."
strDestinDuJour(3) = "Vos actions vont doubler !"
strDestinDuJour(4) = "Vous finissez par vous rappeler où vous avez mis vos clés."
strDestinDuJour(5) = "Vous recevez un joli bouquet."
strDestinDuJour(6) = "Vous sauterez le déjeuner."
strDestinDuJour(7) = "Tous vos rêves se réalisent."
strDestinDuJour(8) = "Vous rapportez à la bibliothèque les livres que vous aviez
en retard."
strDestinDuJour(9) = "Personne ne remarque que vous avez mis deux chaussettes
différentes."
strDestinDuJour(10) = "Vous rencontrez un vieux pote au marché."
intChoixUtilisateur = InputBox("Pour connaître votre avenir, entrez un" _
& " numéro entre 1 et 10")
MsgBox strDestinDuJour(intChoixUtilisateur)
```

Entre parenthèses, vous pourriez grandement améliorer ce code si vous ajoutiez les instructions servant à gérer les données non valides saisies par l'utilisateur. Le Chapitre 10 traite la validation des données.

Trouver la taille d'un tableau

Pour connaître le nombre d'emplacements libres dans une dimension, employez la fonction `UBound`, plus particulièrement utile avec les tableaux dynamiques car vous ne connaissez peut-être pas le nombre total d'éléments à un moment précis de votre programme. La syntaxe est la suivante :

```
UBound(arrayname, dimension)
```

L'argument `arrayname` correspond bien sûr au nom du tableau dans lequel vous travaillez alors que l'argument `dimension` est un entier indiquant à VBA quelle dimension est visée. Si vous oubliez `dimension`, `UBound` renvoie la taille de la première dimension.

Disposer... en vrac des données dans un tableau

Au moment de la création du tableau, les éléments individuels ne contiennent aucune information valide. Puis, vous allez devoir remplir de données ces cases vides. Si vous alimentez plusieurs éléments à la fois, le moyen le plus efficace est d'utiliser des boucles `For...Next`, une par dimension. Généralement, le compteur est une variable temporaire déclarée dans la procédure où figurent les boucles.

Le programme suivant illustre cette technique, dans un tableau à trois dimensions avec une série d'entiers qui se suivent et commencent à 1 :

```
Const Taille As Integer = 3
Dim dblMatrice (1 To Taille, 1 To Taille, 1 To Taille) As Double
Sub Remplisseur ( )
Dim I As Integer, J As Integer, K As Integer, X As Integer
X = 1
For I = 1 To Taille
  For J = 1 To Taille
    For K = 1 To Taille
      DblMatrice(I, J, K) = X
      X = X + 1
    Next K
  Next J
Next I
End Sub
```

N'OUBLIEZ PAS

L'imbrication des boucles détermine l'ordre dans lequel les éléments sont remplis. Et l'ordre de remplissage des éléments conditionne grandement l'affectation des valeurs.

Il est trop difficile d'expliquer le fonctionnement uniquement avec des mots, je vais donc utiliser des images. Prenons le code exemple du début de section. Représentez-vous le tableau à trois dimensions comme un gros cube constitué de plusieurs petits cubes qui correspondent aux emplacements de stockage. (Voir Figure 13.2.)

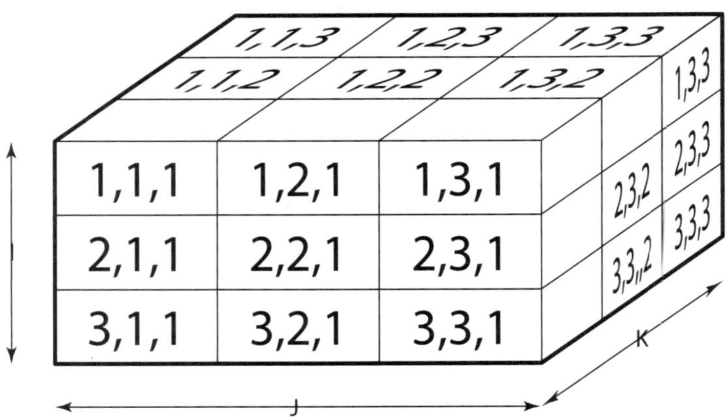

Figure 13.2 : Sur ce schéma, les flèches dotées correspondent aux dimensions ; chaque élément a une adresse selon sa position dans chacune de ces dimensions.

Notez bien que sur la ligne de code cruciale `dblMatrice(I, J, K) = X + 1`, les variables `I`, `J` et `K` représentent respectivement les première, deuxième et troisième dimension du tableau. Dans la Figure 13.2, j'ai arbitrairement affecté ces variables aux dimensions du cube.

Regardez maintenant comment ces variables sont utilisées au sein des boucles `For...Next`. Le compteur de la boucle extérieure est `I` ; celui de la médiane est `J` et celui de la boucle intérieure est `K`. L'essentiel, c'est que VBA commence par la boucle intérieure. Les deux cubes de la Figure 13.3 montrent deux étapes en début de remplissage.

Pendant que la boucle intérieure tourne, VBA maintient constantes les valeurs de `I` et `J`. Une fois le passage de la boucle intérieure effectué, la boucle `J` entre en jeu. Cela augmente la valeur de `J` ; ensuite, la boucle intérieure est de nouveau lancée pour un cycle complet. La valeur de `I` ne change que lorsque `J` a tourné trois fois. Une fois la valeur de `I` augmentée, le remplissage de la rangée suivante démarre (voir Figure 13.4).

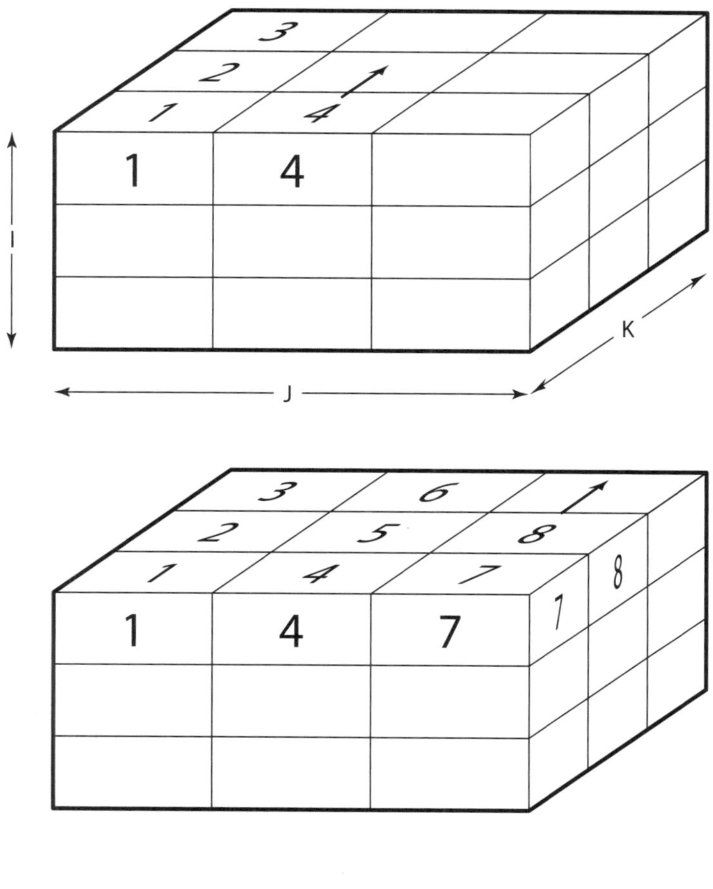

Figure 13.3 : Ces deux schémas illustrent la séquence de remplissage des dimensions pendant le cycle de la boucle `For...Next` intérieure.

Figure 13.4 : La deuxième rangée du tableau ne commence à se remplir que lorsque la valeur du compteur de la boucle `For...Next` extérieure change.

Si vous saisissez ceci, vous devez comprendre comment la modification des boucles influe sur les valeurs stockées dans le tableau. Supposez que vous inversiez l'ordre d'imbrication des boucles, `K` devenant le compteur de la boucle extérieure. Voici à quoi ressemblerait le code (notez que les variables occupent toujours la même position dans l'instruction d'affectation) :

```
For K = 1 To Taille
  For J = 1 To Taille
    For I = 1 To Taille
      DblMatrice(I, J, K) = X
      X = X + 1
    Next I
  Next J
Next K
```

Cela donnerait le tableau de la Figure 13.5.

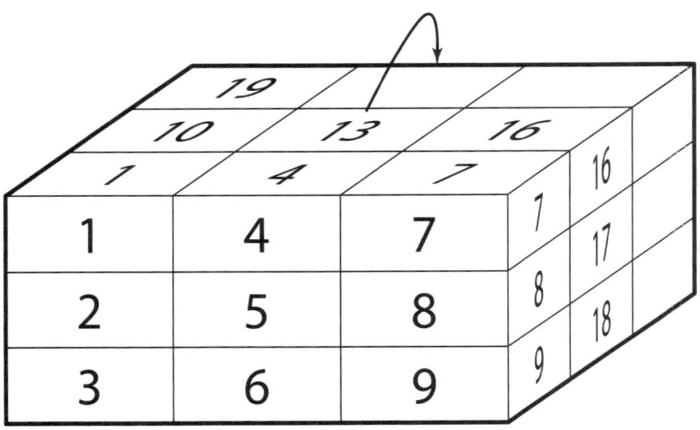

Figure 13.5 : Ce schéma illustre le tableau avec le nouvel ordre de remplissage des dimensions.

Ce tableau comprend les mêmes valeurs que le premier mais elles sont stockées à des emplacements différents.

Copier un tableau dans un autre

VBA 6 vous permet d'affecter le contenu d'un tableau à un autre tableau par le biais d'une simple instruction telle que celle-ci :

```
strCopieTableau = strTableauOriginal
```

Le tableau de gauche (celui qui reçoit les nouvelles données) doit être dynamique, mais VBA le redimensionne automatiquement pour qu'il soit de la taille de celui de droite. Le tableau récepteur doit également être capable de contenir le type de données du tableau original.

Avec VBA 5, vous devez copier les données élément par élément comme dans l'exemple suivant :

```
' détermine la taille du tableau original et redimensionne
' le second tableau
intTailleTableau = UBound(strTableauOriginal)
Redim strCopieTableau(intTailleTableau)

  effectue la copie
For I = 0 to intTailleTableau
  StrCopieTableau(I) = strTableauOriginal(I)
Next I
```

Gérer des jeux de données grâce aux objets Collection

Lorsque vous devez gérer des groupes d'éléments d'information liés, créez pour ces données un objet `Collection`. Comme je l'évoque au Chapitre 12, VBA fournit une classe `Collection` générique qui permet de stocker à peu près n'importe quoi. A partir de cette classe, vous pouvez créer autant d'objets `Collection` que vous le souhaitez. Bien que vous puissiez utiliser sans problème des collections pour stocker d'autres objets, elles peuvent contenir pratiquement toutes les sortes de données compatibles VBA.

Une collection ne peut stocker qu'une simple liste d'éléments, comparable à un tableau à une dimension. Mais, comme c'est le type de tableau le plus courant, elle rend bien service.

Peser le pour et le contre de l'utilisation des collections

Si vous maîtrisez bien les objets VBA, vous trouvez peut-être que pour exploiter des groupes d'éléments, il plus facile d'utiliser les objets `Collection` que les tableaux. Les méthodes `Add` et `Remove` facilitent le redimensionnement d'une collection et produisent moins d'erreurs que l'utilisation répétée dans votre programme des instructions `Redim`. (Ces avantages sont surtout intéressants si vous devez souvent ajouter ou supprimer des éléments.)

Autre avantage, vous pouvez nommer des éléments individuels dans la collection et donc les extraire ensuite par leur nom. On peut non seulement mémoriser facilement chaque élément mais cela permet aussi d'accélérer l'accession aux données des collections comprenant plus de 100 éléments.

Les collections présentent l'inconvénient de consommer beaucoup de mémoire. Pour stocker leurs informations, elles utilisent des Variants qui prennent plus de place en mémoire que les autres types de données. Dans le cas d'une grande collection, cette augmentation de la mémoire consommée peut s'avérer considérable.

ATTENTION !

Mais, il est une réserve majeure que l'on peut émettre à l'encontre des objets `Collection` génériques : ils ne peuvent pas stocker des types de données définis par l'utilisateur, ce qui signifie qu'il est impossible de les utiliser en l'état pour exploiter des bases de données (voir "Définir ses propres types de données", plus loin dans ce chapitre). Cependant, vous avez la possibilité de surmonter cette difficulté moyennant quelques lignes de code toutes simples. En outre, si vous vous mettez sérieusement à la programmation de bases de données avec VBA, vous utiliserez sans doute les objets bases de données prédéfinis tels que ceux fournis par Microsoft DAO et les bibliothèques ODBC, et n'en créerez sans doute pas.

Créer des objets Collection

Créez des objets `Collection` comme s'il s'agissait d'objets ordinaires, à l'aide de la clause `As`, et avec l'une des deux variantes de la technique de base :

- Vous pouvez déclarer une variable représentant un objet puis utiliser l'instruction `Set` pour le créer. Notez que vous devez employer le mot-clé `New` dans l'instruction `Set` pour créer la nouvelle collection, comme le montre l'exemple suivant :

```
Dim colMelange As Collection
…
Set colMelange = New Collection ' Crée la collection
ColMelange.Add "Marcel, Chiquet" ' ajoute un élément de données
```

- Pour que VBA crée automatiquement l'objet la première fois que vous utilisez la variable dans votre code, vous pouvez le déclarer avec le mot-clé `New` comme dans l'exemple suivant :

```
Dim colEtoffe As New Collection
…
'l'instruction suivante crée la Collection tout en
' y ajoutant un entier.
colEtoffe.Add intRembourrage
```

Ajouter des données à une collection

Une fois la collection créée, la méthode `Add` vous sert à la remplir de données, comme lorsque vous ajoutez des objets aux collections intégrées de votre application VBA (voir Chapitre 12). Les exemples de la section précédente montrent la méthode `Add` à l'œuvre.

La syntaxe complète de la méthode `Add` est la suivante :

```
Add (item[, key][, before index][, after index]
```

L'expression `item` est obligatoire, ce peut être une valeur littérale, une variable, une référence objet ou une expression complexe comprenant plusieurs composants – tout ce qui peut renvoyer une valeur identifiable par VBA. Les autres éléments de la méthode `Add` sont facultatifs et je les traite dans la section suivante.

Affecter des clés aux éléments

Bien que vous puissiez toujours faire référence à un élément d'une collection en utilisant son index ou "numéro d'emplacement", il peut être utile de lui donner un nom parlant. Il vous suffit de fournir le nom, une chaîne de caractères, lorsque vous ajoutez l'élément à la collection :

```
colFinances.Add 14323.44, "Ventes de février"
```

L'instruction précédente ajoute la valeur `14323,44` à la collection `colFinances`. Simultanément, l'instruction crée une *clé* (nom) pour l'élément. Les variables `String` conviennent également.

N'OUBLIEZ PAS

Une clé n'est pas seulement plus facile à mémoriser qu'une valeur numérique, c'est le *seul* moyen fiable d'accéder rapidement à un élément d'une collection. De par le mode de fonctionnement des méthodes `Add` et `Remove`, la position des éléments d'une collection peut évoluer. Si l'élément 63 devient le 29, vous pouvez toujours extraire sa valeur si vous connaissez le nom de sa *clé*.

La seule manière d'affecter une clé est d'utiliser la méthode `Add`. Qu'il s'agisse d'affecter une clé à un élément ou de modifier une clé existante, vous devez toujours ajouter (`Add`) l'élément et supprimer (`Remove`) l'original.

Ajouter un élément sur un emplacement précis

Il est parfois pratique d'organiser les éléments d'une collection dans un certain ordre. Mais si vous ne pouvez pas ajouter les éléments séquentiellement dans l'ordre souhaité, pas de problème, la méthode `Add` vous permet d'insérer un élément n'importe où. Pour cela, utilisez les arguments facultatifs `before` et `after`.

Imaginez que vous vouliez insérer un nouvel élément juste avant le 35e élément. Voici l'instruction nécessaire :

```
colAnimaux.Add strEspeces, before 35
```

L'élément ajouté devient le 35e membre de la collection, décalant ainsi les suivants. (Contrairement aux tableaux, la numérotation des collections commence à 1.) Vous pouvez également insérer le nouvel élément, en utilisant la clé d'un élément existant, comme le montre l'exemple suivant :

```
ColLegumes.Add strVariete, after "Tomate"
```

Dans ce cas, VBA recherche dans la collection un élément dont la clé est `Tomate`, puis insère le nouvel élément juste après celui-ci.

C'est fromage ou dessert : vous pouvez choisir `before` ou `after` mais pas les deux en même temps.

Ajouter avec efficacité plusieurs éléments

Pour ajouter plusieurs éléments à une collection avec efficacité, vous pouvez utiliser une boucle For...Next, comme pour remplir un tableau ; procédez ainsi :

```
Dim X AS Integer, Y As Integer
Y = 12
For X = 1 To 30
  ColMaisonDesValeurs.Add Y * X
Next X
```

Supprimer des éléments

La méthode Remove supprime un élément d'une collection. Vous pouvez faire référence à l'objet à supprimer par son index ou sa clé :

```
colMineral.Remove 2123
colMineral.Remove "Bauxite"
```

Rappelez-vous que lorsque vous supprimez un élément, VBA bouche le trou, si vous me pardonnez l'expression. Le numéro d'index des éléments suivants est diminué de 1.

Compter votre collection

Il est facile de perdre de vue la taille d'une collection, surtout après avoir ajouté (Add) ou supprimé (Remove) quelques éléments. L'objet Collection générique de VBA n'a qu'une propriété – Count – mais elle est très importante. Vous pouvez affecter cette propriété à une variable, de la manière suivante :

```
intTailleCollection = col20Questions.Count
```

Vous avez également la possibilité de la tester dans une expression conditionnelle :

```
If colPrix.Count > 1000
  MsgBox "Nous avons trop d'entrées !"
End If
```

De plus, vous pouvez utiliser la propriété `Count` dans une boucle `For...Next` pour exécuter une action sur l'ensemble de la collection :

```
Dim Z As Integer
For Z = 1 To colPrix.Count
  MsgBox "Le prix est " & colPrix(Z)
Next Z
```

N'OUBLIEZ PAS

Mais il est préférable d'avoir recours à une boucle `For Each...Next` comme décrit au Chapitre 8.

Accéder à des éléments d'une collection

Pour faire référence à un élément d'une collection, vous pouvez utiliser son numéro d'index ou, le cas échéant, sa clé (nom). Vous pourriez très bien affecter la valeur d'un élément à une autre variable, comme dans l'exemple suivant :

```
datDateDeNaissance = colAnniversaires("Jacqueline Tripard")
```

ATTENTION !

Malheureusement, c'est à vous de surveiller vos clés – VBA n'offre aucune moyen de lire les clés d'une collection. Et la seule façon de modifier la clé d'un élément, c'est de supprimer celui-ci puis de l'insérer de nouveau. Dans le même ordre d'idées, il est impossible d'ajouter une nouvelle valeur à un élément existant. L'instruction d'affectation suivante *ne fonctionne pas :*

```
colStock(1465) = 119
```

Là encore, la seule manière de modifier une valeur dans une collection est de supprimer l'élément puis d'en ajouter un nouveau comprenant la nouvelle valeur. Les objets `Dictionary`, traités au Chapitre 14, permettent de remédier à cela.

Utiliser des collections avec des informations de bases de données

Comme je l'ai déjà dit, la classe `Collection` générique VBA a ses limites car vous ne pouvez pas y stocker des types de données définis par l'utilisateur. Il est toujours possible de contourner cette difficulté en affectant systématiquement des clés. Dans l'exemple suivant, à chaque passage de la boucle

For...Next, un enregistrement de base de données est créé dans la collection. Il comprend trois champs, chacun étant ajouté grâce à une clé résultant de la concaténation d'un simple identifiant représentant le numéro de l'enregistrement en cours. Voici ce code :

```
Dim I As Integer, strNom As String
Dim strTelephone As String, strAdresse As String
For I = 1 To Total ' I correspond au numéro de l'enregistrement
  ' Obtenir des données pour cet enregistrement
  strNom = InputBox("Entrez un nom pour cet enregistrement")
  strTelephone = InputBox("Entrez un numéro de téléphone pour cet enregistrement")
  strAdresse = InputBox("Entrez une adresse pour cet enregistrement")
  ' Ajouter des "champs" à cet enregistrement dans la collection
  colBaseDeDonnees.Add strNom, "Nom" & I
  colBaseDeDonnees.Add strTelephone, "Numéro de téléphone" & I
  colBaseDeDonnees.Add strAdresse, "Adresse" & I
Next I
```

Vous pouvez alors extraire l'information stockée dans un enregistrement à l'aide de l'identificateur et du numéro :

```
MsgBox colBaseDeDonnees ("Nom2")
```

N'OUBLIEZ PAS

Si vous envisagez d'écrire un programme assez complexe pour gérer des informations de bases de données, n'utilisez pas d'objets collection simples, car ils sont trop limités. Optez plutôt pour des composants prêts à l'emploi destinés à accéder aux bases de données, dont vous trouverez des exemples au Chapitre 14. Pour faire le travail vous-même, vous devrez créer vos propres classes pouvant contenir toutes les combinaisons possibles de types de données, auxquels vous pouvez accéder comme s'il s'agissait de propriétés. En outre, vous avez la possibilité d'écrire du code pour vous assurer que chaque élément comprend le bon type d'information. Les modules de classe sont traités, quoique brièvement, au Chapitre 14.

Définir ses propres types de données

A moins que vous ne soyez mathématicien, l'intérêt des tableaux multidimensionnels renfermant un seul type de données est limité. Mais, d'un autre côté, les corvées de gestion de données nécessitent de travailler avec *différents* types d'éléments regroupés par catégorie. Il existe un moyen simple de traiter ce genre d'informations dans un programme VBA : créer un *type de données défini par l'utilisateur.*

Les vieilles fiches papier de classement (voir Figure 13.6) illustrent le mieux ce type d'informations ; cependant, les micro-ordinateurs existent maintenant depuis si longtemps que je me demande si quelqu'un les utilise encore.

Figure 13.6 : Ces fiches illustrent des informations structurées comparables à celles que vous pouvez trouver dans les types de données définis par l'utilisateur.

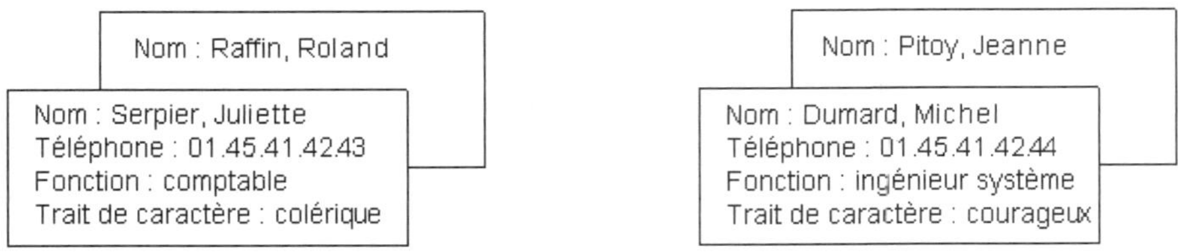

La base de données standard est en fait l'équivalent électronique de ces fiches de classement. Une *base de données* est constituée d'enregistrements comprenant des champs qui stockent chacun une information. Les champs peuvent accueillir différents types de données (texte, nombre, date, etc.). Bien que le contenu d'un champ varie d'un enregistrement à l'autre, il s'agit toujours du même type de données.

Comprendre les types de données définis par l'utilisateur

En VBA, un type de données défini par l'utilisateur représente un mélange de types de données intégrés réunis sous un même toit, si je peux m'exprimer ainsi. Une fois ce type défini, vous pouvez déclarer des variables comme pour des types de données intégrés.

Une variable individuelle basée sur un type de données défini par l'utilisateur s'apparente à une fiche de classement papier ou à un enregistrement de base de données. Pour représenter un ensemble de fiches de classement ou une base de données complète, il vous suffit de déclarer un tableau avec un type de données défini par l'utilisateur.

Déclarer un type de données défini par l'utilisateur

Pour déclarer un type de données défini par l'utilisateur, utilisez l'instruction Type comme dans l'exemple suivant :

```
Type Personnel
  intNumeroEmploye As Integer
  strNom As String
  strPrenom As String
  strAdresse As String
  lngTelephone As Long
  datDateRecrutement As Date
End Type
```

Ce bloc de code déclare un nouveau type de données défini par l'utilisateur intitulé Personnel. Comme l'attestent les lignes en retrait, ce type comprend trois chaînes, un entier long et une date. (Vous remarquerez que, pour déclarer un type, il vous faut donner un nom à chaque élément, le type de données des éléments ne suffisant pas.) Lorsque vous déclarez une variable pour votre type Personnel, elle comprend automatiquement l'espace de stockage nécessaire aux cinq éléments.

ATTENTION !

Vous noterez également qu'une instruction Type nécessite un End Type en fin de bloc. Si vous oubliez ce dernier, le compilateur vous sermonne.

Autre point important : un type de données défini par l'utilisateur se déclare uniquement au niveau module (dans la section des déclarations au début du module), jamais au sein d'une procédure.

Déclarer des variables d'un type de données défini par l'utilisateur

A l'image des types de données intégrés, un type de données défini par l'utilisateur reste une notion abstraite tant que vous n'avez pas déclaré une variable. Il n'y a rien d'étrange à déclarer une variable de ce type, la syntaxe reste la même. Vous pouvez utiliser les mots-clés Public, Private et Static. Mais l'exemple suivant, dans lequel une seule variable est déclarée, met en scène une instruction Dim classique :

```
Dim usrUnePersonne As Personnel
```

Vous noterez qu'il n'est pas nécessaire de déclarer les éléments d'un type de données défini par l'utilisateur. Bien que l'instruction `Dim` nomme votre nouvelle variable, les noms des éléments restent fixes lorsque vous déclarez le type.

Pour créer toute une base de données de ce type, déclarez un tableau avec une instruction telle que celle-ci :

```
Private BaseDeDonneesPersonnel(1 To 25) As Personnel
```

Exploiter des informations d'un type de données défini par l'utilisateur

Une fois une variable de ce type déclarée, vous pouvez commencer à y mettre des informations. Pour ce faire, vous devez affecter une valeur aux éléments, identifiés par le nom de la variable, suivi d'un point puis du nom de l'élément, comme dans l'exemple suivant :

```
UsrUnePersonne.strNom = "Durand"
```

Si vous remplissez plusieurs éléments en même temps, une instruction `With` découpe le code :

```
With usrUnePersonne
   .strNom = "Marchand"
   .strPrenom = "Robert"
   .datRecrutement = #12/09/48#
End With
```

Pour placer des données dans le tableau, utilisez la méthode d'indexation standard. Dans cet exemple, l'index est fourni par une variable :

```
BaseDeDonneesPersonnel(intNumeroEmploye).strPrenom = "Léa"
```

Utiliser des informations d'un type de données défini par l'utilisateur en tant qu'ensemble

Lorsqu'une variable d'un type de données défini par l'utilisateur contient tout un jeu de données, vous pouvez affecter son contenu à une autre variable de même type – en une seule fois, sans vous embêter avec les éléments compris dans chaque variable. Pour affecter le contenu de la variable `usrUnePersonne` au deuxième emplacement du tableau `BaseDeDonneesPersonnel`, utilisez l'instruction suivante :

```
BaseDeDonneesPersonnel(2) = usrUnePersonne
```

C'est très efficace lorsque vous enregistrez ou lisez des informations dans un fichier. Avec du code, vous pouvez enregistrer sur disque une base de données pleine d'enregistrements. Voici un exemple :

```
Sub EcrireDonnees()
Open "C:\Base\Salariés.dat" For Binary As #1
For i = 1 To intTailleBase ' Boucle sur tous les enregistrements
  Put #1, , BaseDeDonneesPersonnel(i)
Next i
Close #1 ' Ferme le fichier - étape obligatoire
End Sub
```

Le Chapitre E traite les techniques de lecture et d'écriture dans des fichiers.

Quatrième partie

Les dix commandements

"Plutôt maigre comme projet, et je ne parle pas de la qualité. Vous croyez en votre bonne étoile ?"

Dans cette partie...

Et voici l'heure du dessert ; toutes ces délices VBA, menues mais succulentes, vous émoustilleront le palais. Lorsque vous aurez grignoté les échantillons présentés ici, je suis sûr que vous aurez envie de croquer dans VBA à pleines dents.

Le Chapitre 14 présente diverses techniques avancées de programmation qui rendront vos programmes vraiment performants. Elles vous permettront de stocker et d'extraire des informations de la base de registres Windows, exploiter les ressources d'autres applications, lire et écrire dans des fichiers, et enrichir la Boîte à outils de Visual Basic Editor de nouveaux contrôles ActiveX. Le Chapitre 15 passe en revue tout un tas de ressources VBA qui méritent d'être connues : magazines, sites Internet et outils de programmation complémentaires.

Chapitre 14

Dix (moins trois) trucs sympas à faire avec VBA

Dans ce chapitre :

- Stocker et extraire des paramètres de programmes de la base de registres Windows.
- Accéder aux objets d'autres applications.
- Utiliser des bases de données.
- Stocker et extraire des informations d'un disque.
- Stocker des informations sous forme de tableau dans des objets `Dictionary`.
- Créer ses propres objets.
- Installer d'autres contrôles ActiveX.

Si vous avez lu tous les chapitres précédents, vous êtes devenu docteurès VBA. Maintenant que vous savez marcher tout seul, les techniques que vous trouverez dans ce chapitre vous seront sûrement très utiles. Je n'irai pas jusqu'à affirmer que j'ai traité ces sujets à fond mais ces informations vous permettront d'être productif.

Stocker des choses dans la base de registres Windows

Bien que vous puissiez fort bien utiliser des petits fichiers pour enregistrer et extraire des valeurs de variables, la base de registres Windows est spécialement destinée à ces corvées. VBA vous fournit tous les outils nécessaires pour créer les clés de registres, y stocker les données et en extraire des informations.

Pour enregistrer une entrée dans la base de registres, utilisez l'instruction `SaveSetting`. Cette instruction crée automatiquement une clé s'il n'en existe pas. La syntaxe est la suivante :

```
SaveSetting appname, section, key, setting
```

Les arguments *appname*, *section* et *key* correspondent à des niveaux dans la hiérarchie de la base de registres. Tous les paramètres d'un programme VBA doivent aller dans une branche principale de la base de registres réservée au programme (utilisez l'argument *appname* pour identifier cette branche). Vous pouvez répartir les paramètres dans des sections et des clés comme vous l'entendez, en utilisant des noms pour les arguments qui vous conviennent.

Si votre programme s'appelle "Citations aléatoires" et que vous vouliez ajouter une entrée qui détermine le nombre d'ouvertures d'une boîte de dialogue comprenant une citation aléatoire, vous pouvez utiliser une instruction comme celle-ci :

```
SaveSetting "Citations aléatoires", "Options", "NbOuvertures", "6"
```

Le dernier argument, `"6"`, indique la donnée à stocker dans la base de registres. La Figure 14.1 montre la base de registres après exécution de la ligne de code précédente.

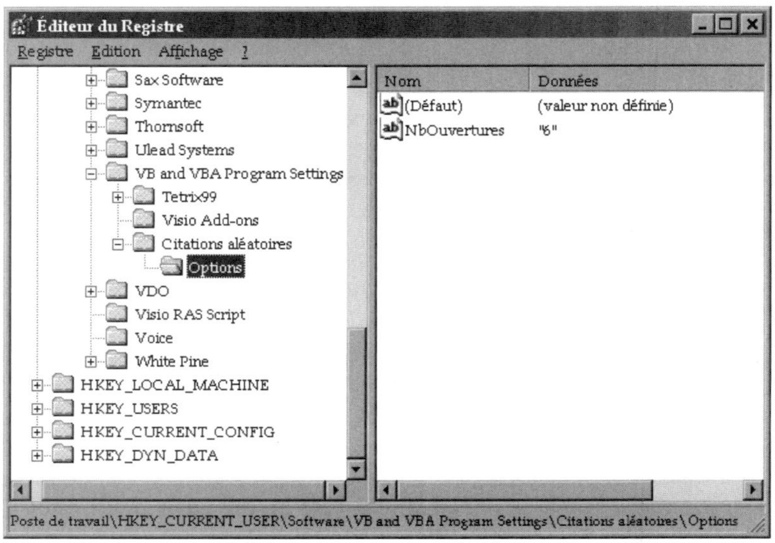

Figure 14.1 : La base de registres Windows après ajout d'une clé personnalisée.

Pour extraire des valeurs de la base de registres, utilisez une fonction similaire, `GetSetting`. Dans la syntaxe ci-dessous, les trois premiers arguments sont obligatoires, seul *default* est facultatif :

```
GetSetting (appname, section, key, default)
```

Vous pouvez employer la fonction `GetSetting` pour répondre à la question "Quelle valeur est actuellement stockée dans cette clé de registres ?" Pour l'utiliser dans votre code, affectez-la à une variable appropriée (de type String ou Variant), comme dans l'exemple suivant :

```
sngCompteur = GetSetting ("Citations aléatoires", "Options", _
"NbOuvertures")
```

L'argument facultatif *default* vous permet d'indiquer la valeur que `GetSetting` doit renvoyer s'il ne parvient pas à trouver la clé spécifiée.

VBA propose deux autres commandes qui concernent la base de registres :

- La fonction `GetAllSettings` renvoie une liste de clés avec leur valeur respective sous la forme d'un tableau à deux dimensions.
- L'instruction `DeleteSetting` vous permet de supprimer la valeur et la clé proprement dite.

La mode est à l'exhibitionnisme (accéder aux objets d'autres applications)

Derrière votre application VBA se profile un monde éblouissant peuplé de logiciels divers et variés – il ne tient qu'à vous de le visiter, VBA sera votre guide. De plus en plus d'applications disposent du modèle objet `COM` et exhibent effrontément leurs objets pour que vous puissiez les utiliser dans vos propres programmes. (Le Chapitre 1 donne des informations théoriques sur `COM`.)

Prenons un exemple relativement simple : supposons que vous vouliez créer un organigramme Visio comprenant des données sur les employés stockées dans des dossiers Outlook. Si vous maîtrisez suffisamment VBA pour créer des formes et des liens dans Visio, il ne vous reste plus qu'à écrire du code pour extraire les informations "fraîches" contenues dans Outlook. Outlook expose ses objets par l'intermédiaire de `COM`. Une fois relié à Outlook, vous pouvez en utiliser les objets dans votre programme comme s'ils appartenaient à votre application VBA.

Comprendre les principes de base de la programmation interapplications

Commençons par une règle qui va de soi : vous ne pouvez utiliser les objets d'une autre application que si celle-ci est installée sur votre ordinateur. Vous devez alors suivre trois étapes préliminaires avant de travailler avec les objets d'autres applications compatibles `COM` :

1. **Dans Visual Basic Editor, ajouter une référence à la bibliothèque d'objets de l'application externe.**

2. **Déclarer des variables concernant les objets que vous envisagez d'utiliser dans votre programme.**

3. **Créer les objets à l'aide de la fonction** `CreateObject`**.**

Les trois prochaines sections développent ces points.

Ajouter une référence au modèle objet externe

Pour informer Visual Basic Editor de l'existence du modèle objet d'une application externe, vous devez ajouter et activer une *référence* à la *bibliothèque d'objets* de cette application. Dans Visual Basic Editor, choisissez Outils/Références pour ouvrir la boîte de dialogue Références.

Si Outlook est installé sur votre ordinateur, sa bibliothèque d'objets doit déjà figurer dans la liste Références disponibles ; cochez la case de la bibliothèque pour l'activer et pouvoir ainsi accéder à ses objets. Si la bibliothèque que vous voulez utiliser n'est pas dans la liste, ajoutez vous-même sa référence à l'aide du bouton Parcourir.

Déclarer des objets externes

Servez-vous de la syntaxe VBA standard pour déclarer des variables associées à des objets d'applications externes. Vous trouverez dans l'Explorateur d'objets ou l'Aide de l'application externe les objets disponibles. Les instructions suivantes déclarent des variables pour les objets Outlook utilisés dans le programme exemple.

```
Dim objOutlook As Outlook.Application
  Dim objOLNamespace As Outlook.Namespace
```

```
Dim colFolders As Outlook.Folders ' collection de dossiers
Dim objDossierPers As Outlook.MAPIFolder
Dim colPeople As Outlook.Items ' collection de contacts
Dim objUnTel As Object ' un contact
Dim strNom As String
```

Créer l'objet externe

Si vous déclarez des objets, c'est que vous avez l'intention de les utiliser. Vous devez donc vraiment créer ceux dont vous avez besoin dans une procédure VBA comprenant des instructions `Set`.

Pour créer un objet appartenant à une application externe, la fonction `CreateObject` est l'élément capital qui démarre l'application, laquelle crée ensuite l'objet. La valeur renvoyée par la fonction est une référence à l'objet que vous pouvez affecter à la variable appropriée. Pour démarrer l'application sur un fichier ou un document donné, préférez plutôt la fonction `GetObject`.

Voici une procédure pour un exemple Oulook-Visio – elle instancie les objets nécessaires :

```
Sub Organigramme()
Set objOutlook = CreateObject("Outlook.Application")
Set objOLNamespace = gobjOutlook.GetNamespace("MAPI")
Set colFolders = gobjOLNamespace.Folders ' tous les dossiers
Set objDossierPers = colFolders.Item("Dossiers individuels")
' redéfinit les variables pour descendre dans l'arborescence
Set colFolders = objDossierPers.Folders
Set objDossierPers = colFolders.Items("Contacts")
Set colPeople = objDossierPers.Items
' Appelle une procédure Sub qui utilise les données Outlook :
    PresentationGraphique
End Sub
```

Retenez que dans de nombreuses situations – c'est le cas ici – la fonction `CreateObject` ne sert qu'une seule fois. Lorsque l'objet de l'application externe est créé, vous pouvez accéder à toutes ses propriétés et méthodes. Dans notre exemple, comme souvent, ces propriétés comprennent d'autres objets (ici, la collection Folders, les dossiers Dossiers individuels et Contacts et la collection d'éléments dans les dossiers Contacts).

Les applications exécutées depuis votre code par la fonction `CreateObject` sont d'abord masquées – vous ne pouvez pas les voir à l'écran. C'est l'idéal si vous voulez utiliser les données d'une application dans votre programme sans distraire l'utilisateur. Cependant, il arrive que l'on veuille visualiser l'application. Selon l'application, vous devrez activer une méthode `Display` ou définir une propriété `Visible` avec la valeur `True` comme dans :

```
objDossierPers.Display
```

Utiliser les objets externes

Vous voilà enfin prêt à utiliser les objets de l'application externe dans votre code, comme s'ils appartenaient à votre application VBA. Voici une application concrète de cette technique : dans Visio, vous créez un organigramme avec des noms provenant du dossier Contacts d'Outlook.

```
Sub PresentationGraphique()
For Each objIndiv in colPeople
  StrNom = objIndiv.FullName
  … (code pour dessiner l'organigramme Visio à partir de ces données)
Next
End Sub
```

Exploiter les informations d'une base de données avec VBA

Si vous envisagez de recourir à VBA pour exploiter des données stockées dans de "véritables" bases de données telles que Microsoft Jet (le format de base de données utilisé par Access), SQL Server ou dBase, vous avez besoin d'aide, mon ami. Et cette aide prend la forme d'une bibliothèque d'objets. Une bibliothèque d'objets transforme les bases de données et leurs composants – tables, requêtes et états – en objets à part entière dotés de propriétés et de méthodes. La base de données étant considérée comme un ensemble d'objets, vous n'avez pas à vous soucier de sa structure. En outre, vous pouvez utiliser les mêmes catégories d'objets pour différents types de bases de données. Le Chapitre D livre des informations supplémentaires sur la programmation de bases de données à l'aide de VBA, dont une introduction à la programmation avec la bibliothèque d'objets ADO (ActiveX Data Objects) et SQL.

Travailler sur des fichiers disque

Grâce à une bibliothèque d'objets externe, VBA vous permet d'avoir recours aux techniques orientées objet pour gérer des fichiers, accomplir des tâches telles que la lecture de répertoire et la copie de fichiers. J'aborde ces techniques dans les sections "Utiliser les propriétés de fichiers" et "Copier, déplacer et supprimer des fichiers", plus loin dans ce chapitre. Mais vous pouvez très bien utiliser les bonnes vieilles fonctions et instructions VBA de gestion de fichiers qui sont répertoriées dans la section "Diverses commandes intégrées" du Chapitre 11, Tableau 11.9.

Le moment viendra peut-être où vous voudrez que votre programme VBA stocke des informations sur un fichier. Vous souhaiterez garder une trace de certaines options choisies par l'utilisateur ou des valeurs de quelques variables pour les réutiliser lors de la prochaine exécution du programme. Ou alors, votre programme devra enregistrer dans un fichier les résultats de tout un tas de calculs ou exploiter des informations stockées dans un document texte.

Qu'il s'agisse d'accéder à un gros volume de données ou à une petite information, VBA facilite grandement le travail sur fichiers. Vous n'avez pas besoin de connaître les principes de gestion de fichiers adoptés par Windows car quelques objets VBA et leurs méthodes s'occupent de tout.

Que les choses soient claires, je ne parle pas de la lecture ou de l'écriture dans les fichiers des documents de l'application VBA hôte. Mais, bien sûr, vos programmes VBA sont tout à fait capables d'exploiter les informations contenues dans ces documents et gérer des fichiers (généralement à l'aide des méthodes `Open` et `Save`).

Comprendre les règles de gestion VBA en matière de fichiers

N'OUBLIEZ PAS

Comme je le souligne au Chapitre 11, VBA vous permet de travailler sur des fichiers, considérés comme des objets, et de vous servir de leurs méthodes et propriétés. Mais, cela est possible grâce à une bibliothèque d'objets externe, VBA ne s'en charge pas tout seul. Comme je l'explique dans la section suivante, il vous faut ajouter une référence à cette bibliothèque avant de pouvoir travailler sur ces fichiers en tant qu'objets.

Le mode de gestion de fichiers intégré de VBA *ne considère pas* les fichiers comme des objets. Il fait appel à des instructions et des fonctions et non à des méthodes d'objets. Ces techniques fonctionnent toujours dans VBA mais l'objet fichier est plus adapté à la plupart des tâches. Cependant, le Tableau 11.9 énumère ces instructions et fonctions.

Référencer la bibliothèque Scripting Runtime

Pour travailler sur des fichiers en tant qu'objets, un certain nombre d'outils vous sont fournis par la bibliothèque d'objets Scripting Runtime de Microsoft. Avant d'écrire la moindre ligne de code associée à un fichier, vous devez référencer cette bibliothèque dans votre projet. Mais, assurez-vous tout d'abord que la bibliothèque est bien installée sur votre ordinateur.

La bibliothèque Scripting Runtime figure dans le dossier `Windows\System`, son fichier s'appelle `SCRRUN.DLL`. Elle est automatiquement installée si vous êtes équipé de Windows 98 ou Windows NT avec le Pack Option, ou de VBA 6. Si vous êtes sous Windows 95, avec VBA 5, ou si pour une autre raison vous ne possédez pas Scripting Runtime, vous pouvez la télécharger depuis le site Web du développeur de Microsoft à l'adresse suivante : `msdn.microsoft.com/scripting/`.

Une fois que vous vous êtes assuré que la bibliothèque Scripting Runtime est bien installée sur votre ordinateur, vous devez la référencer dans tout projet VBA dans lequel vous avez l'intention de l'utiliser. Procédez comme suit :

1. **Sélectionnez le projet cible dans l'Explorateur de projets.**
2. **Choisissez Outils/Références pour ouvrir la boîte de dialogue Références.**
3. **Cherchez l'élément Microsoft Scripting Runtime puis cochez la case correspondante.**
4. **Fermez la boîte de dialogue.**

   Et voilà !

Je le répète, vous devez effectuer cette manipulation pour chaque projet utilisant Scripting Runtime, quelle que soit la version de VBA dont vous disposez. (L'utilisation des bibliothèques d'objets externes est traitée dans la section "La mode est à l'exhibitionnisme [accéder aux objets d'autres applications]", plus haut dans ce chapitre.)

ATTENTION !

Les programmes VBA s'appuyant sur Scripting Runtime ne doivent être distribués qu'aux utilisateurs disposant du fichier `.DLL` nécessaire sur leur ordinateur. Si vous avez un doute, joignez-le à votre projet, avec les instructions d'installation.

Accéder à des fichiers

Une fois Scripting Runtime installée et référencée dans votre projet VBA, vous êtes en mesure d'écrire du code VBA orienté objet exploitant n'importe quel fichier de votre disque. Pour travailler sur un fichier, la programmation se déroule en trois étapes :

1. **Créer un `FileSystemObject` – l'objet idéal pour accéder aux fichiers d'un ordinateur.**
2. **Utiliser une méthode de l'objet `FileSystemObject` pour ouvrir le fichier en question ou créer un nouveau fichier.**
3. **Bricoler les méthodes et propriétés de l'objet fichier.**

Le morceau de code suivant illustre cette technique : il crée un objet `File` pour un fichier nommé `pirate.doc`, puis le copie à un autre emplacement :

```
Dim objSystemeFichier As FileSystemObject
Dim objFichier1 As File
Set objSystemeFichier = _
CreateObject("Scripting.FileSystemObject")
Set objFichier1 = _
objSystemeFichier.GetFile("C:\bogues\pirate.doc")
objFichier1. Copy (C:\Mes Documents\virus.doc")
```

Utiliser les propriétés de fichiers

Une fois que vous disposez d'un objet `File`, vous pouvez facilement accéder à toutes les informations sur ce fichier à l'aide de ses propriétés. Par exemple, la propriété `Size` vous servira à vérifier la taille de ce fichier :

```
Dim lngTailleFichier As Long
lngTailleFichier = objFichier1.Size
```

Vous pourrez également connaître la date et l'heure de la dernière modification, grâce à la propriété `DateLastModified` :

```
Dim dateDateFichier As Date
lngTailleFichier = objFichier1.DateLastModified
```

Copier, déplacer et supprimer des fichiers

Des méthodes permettent de copier, déplacer et supprimer les objets `File` :

```
objFichier1.Copy "C:\paresse\"
objFichier1.Move "C:\exploit\"
ObjFichier1.Delete
```

Retenez que vous n'avez pas besoin de donner un nom pour les méthodes `Copy` et `Move`, le chemin d'accès suffit, à moins que vous ne modifiiez également le nom du fichier. Mais si vous n'incluez pas le nom du fichier, veillez bien à ajouter une barre oblique inverse (\) à la fin du chemin d'accès, l'objet `File` sait ainsi que c'est lui qui est déplacé ou copié.

N'OUBLIEZ PAS

Pour copier, déplacer ou supprimer des *groupes* de fichiers, utilisez les méthodes `CopyFile`, `MoveFile` et `DeleteFile` sur un objet `FileSystemObject` et non sur un objet `File` individuel. Avec les méthodes du `FileSystemObject`, les caractères génériques sont autorisés. `FileSystemObject` propose également les méthodes `CopyFolder`, `MoveFolder` et `DeleteFolder` qui concernent les dossiers entiers et les éventuels sous-dossiers.

Lire et écrire des données dans des fichiers

La copie, le déplacement et la suppression de fichiers entiers sont certes importants mais vous êtes peut-être également intéressé par les données que ces fichiers contiennent. Cette section présente les techniques orientées objet employées pour lire et écrire ces informations dans des fichiers.

ATTENTION !

Notez que les objets associés à des fichiers ne permettent d'accéder au contenu qu'en tant que pavé de texte continu, lequel peut bien sûr comprendre des données numériques. Vous n'êtes donc pas limité à stocker et extraire des noms, des poèmes ou de la prose. Cependant, vous devez accéder aux données par ordre – il n'est pas possible de se placer directement en plein milieu du fichier, vous devez commencer par le début.

Mais, les objets `File` ne permettent pas d'exploiter les données à l'aide d'un format structuré comme dans les bases de données. Dans les fichiers structurés, chaque enregistrement occupe un espace prédéfini, ce qui vous permet de lire et d'écrire dans n'importe quel enregistrement en indiquant son numéro. En VBA, vous avez la possibilité d'exploiter ces fichiers à accès sélectif en utilisant les instructions `Open`, `Put` et `Get`, et non des objets.

Ouvrir des objets TextStream

Pour lire ou écrire dans un fichier, vous devez d'abord l'ouvrir en tant que *chaîne de texte* (text stream). Dans votre code, une chaîne de texte est considérée comme un objet `TextStream`. Pour cela, vous avez trois solutions :

- Ouvrir un objet `File` en tant que chaîne de texte.
- Créer un nouveau fichier et l'ouvrir en tant que chaîne de texte en une seule opération.
- Ouvrir directement un fichier existant en tant que chaîne de texte.

La procédure suivante ouvre trois objets `TextStream` en utilisant chacune de ces techniques et, dans l'ordre donné ci-dessus, écrit des données dans l'un des objets puis les referme tous :

```
Sub DemoTextStream()

Dim objSystemeFichiers As FileSystemObject
Dim objFichier1 As File
Dim objTextStream1 As TextStream
Dim objTextStream2 As TextStream
Dim objTextStream3 As TextStream

Set objSystemeFichiers = _
CreateObject("Scripting.FileSystemObject")

'Crée un objet File puis l'utilise pour créer un objet TextStream
Set objFicher1 = _
ObjSystemeFichiers.GetFile ("C:\FichierExistant.txt")
Set objTextStream1 = _
objFichier1.OpenAsTextStream (ForReading)

'Crée un nouveau fichier et l'ouvre en tant qu'objet TextStream
Set objTextStream2 = _
objSystemeFichiers.CreateTextFile ("C:\NouveauFichier.txt")

'Ouvre un fichier existant en tant que chaîne de texte
Set objTextStream3 = _
objSystemeFichiers.OpenTextFile ("C:\AncienFichier.txt")

'Ecrit 2 lignes de texte dans une des chaînes
objTextStream2.WriteLine "Dans une "caverne, dans un canyon"
objTextStream2.WriteLine "Creuser une mine"

'Ferme les trois chaînes de texte
```

```
objTextStream1.Close
objTextStream2.Close
objTextStream3.Close

End Sub
```

Bien que ces trois techniques créent toutes des objets `TextStream`, elles ne sont pas interchangeables. C'est la technique employée qui conditionne le mode d'accès aux données du fichier. La section suivante vous en dit plus sur le sujet.

Choisir et utiliser des modes d'accès aux données

Un objet `TextStream` donné vous permet de lire et/ou d'écrire dans un fichier. En fait, un objet `TextStream` offre un ou plusieurs choix parmi les *trois modes ES* (ES signifie entrée/sortie). Un mode sert à lire et les deux autres à écrire – l'*écriture classique* (commence au début de la chaîne de texte) et l'*ajout* (commence à la fin de la chaîne de texte).

Le ou les modes ES disponibles pour un objet `TextStream` donné dépend de la technique employée pour créer la chaîne de texte (voir section précédente) et, pour la méthode `OpenAsTextStream` de l'objet `File`, du mode spécifié. Cela donne ceci :

Méthode (objet)	Modes ES disponibles pour l'objet TextStream obtenu
`CreateTextFile` (objet FileSystemObject)	lecture et écriture
`OpenTextFile` (objet FileSystemObject)	lecture et ajout
`OpenAsTextStream`(objet File)	lecture, écriture ou ajout (un seul mode ES)

Lorsque vous créez un objet `TextStream` à partir d'un objet `File`, vous spécifiez le mode ES en tant qu'argument de la méthode `OpenAsTextStream` à l'aide de l'une des trois constantes nommées suivantes : `ForReading`, `ForWriting` et `ForAppending`. Par exemple, si vous voulez ajouter du texte à la fin d'un fichier existant, vous ouvrirez une chaîne de texte avec l'instruction suivante :

```
Set objTS = _
objFichier.OpenAsTextStream (ForAppending)
```

Lire et exploiter les données du fichier créé

Une fois l'objet `TextStream` créé à l'aide du ou des modes ES adéquats, vous pouvez passer aux choses sérieuses et commencer à exploiter le contenu du fichier. Vous avez le choix entre plusieurs méthodes simples.

Vous pouvez lire et écrire des données par bloc de caractères ou par ligne. A moins que chaque élément de vos données n'occupe exactement le même espace, je vous conseille de travailler par ligne. Lorsque vous devez lire une ligne de données, sa longueur n'a aucun importance, il vous faut juste connaître son numéro. Une ligne peut comprendre autant de caractères que vous voulez, à partir de 0.

De toute façon, pour lire des données dans une chaîne de texte, affectez à une variable la valeur renvoyée par l'une des méthodes de lecture de l'objet `TextStream`. L'exemple suivant va vous éclairer :

```
'lit la ligne suivante du fichier et la met dans une variable
strDuTexte = objTextStream.ReadLine
```

Les méthodes de lecture sont les suivantes :

Méthode	Action (objet TextStream)
`Read`(caractères)	Lit le nombre spécifié de caractères en commençant à la position en cours du fichier.
`ReadLine`	Lit toute une ligne du fichier (caractère de nouvelle ligne exclu), en commençant à la position en cours.
`ReadAll`	Lit la totalité du fichier.
`Skip`(caractères)	Omet un nombre défini de caractères lors de la lecture d'un fichier. La lecture suivante commence après le dernier caractère omis.
`SkipLine`	Omet la ligne suivante lors de la lecture d'un fichier. La lecture suivante commence au premier caractère venant après la ligne omise.

Pour écrire des données dans une chaîne de texte, il vous suffit simplement d'indiquer dans la méthode `Write` ou `WriteLine` les caractères voulus sous forme de chaîne, comme dans l'exemple suivant :

```
'écrit une chaîne littérale
objTextStream.Write "Bonjour, ici PC."
'écrit une variable, suivie d'un caractère de nouvelle ligne
objTextStream.WriteLine strDeuxBits
```

Méthode	Action (objet TextStream)
`Write`(chaîne)	Ecrit la chaîne spécifiée dans la chaîne de texte.
`WriteLine`(chaîne)	Ecrit la chaîne spécifiée et un caractère de nouvelle ligne dans la chaîne de texte.
`WriteBlankLines`(lignes)	Ecrit le nombre spécifié de caractères de nouvelle ligne dans la chaîne de texte.

Fermer des chaînes de texte

Après avoir lu ou écrit dans une chaîne de texte (TextStream), pensez toujours à fermer l'objet `TextStream` pour libérer les ressources système et la mémoire, et afin que d'autres programmes ou utilisateurs puissent accéder au fichier. La méthode `Close` est d'une extrême simplicité :

```
objUnTextStream.Close
```

Connaître les limites des chaînes de texte

Les objets TextStream sont parfaits pour enregistrer et extraire des données de taille réduite. Mais, problème majeur, vous ne pouvez pas vous déplacer librement à l'intérieur. La lecture démarre au début du fichier et se poursuit jusqu'à la fin. Bien que les méthodes `Skip` et `SkipLines` vous permettent respectivement de sauter un certain nombre de caractères et de lignes, elles ne vous autorisent pas à remonter le fichier en sens inverse – une instruction telle que `objTextStream.Skip(-10)` provoque une erreur.

Malheureusement, les objets `TextStream` ne disposent d'aucune méthode ni propriété pour déterminer directement la position de départ de la lecture suivante. Vous avez cependant la possibilité d'effectuer cela vous-même. D'abord, fermez puis réouvrez le fichier, puis omettez (`Skip`) le nombre nécessaire de caractères pour atteindre la position souhaitée. Par exemple, si vous voulez lire le fichier à partir du 5e caractère, les instructions suivantes feront l'affaire :

```
objTextStream.Close
Set objTextStream = objFichier.OpenAsTextStream(ForWriting)
objTextStream.Skip(4)
objTextStream.Read(25)
```

Lorsque vous écrivez dans des chaînes de texte, vous êtes encore plus limité car il est impossible d'omettre le moindre caractère. Chaque écriture démarre là où s'est arrêtée la précédente et écrase tout texte existant.

Si vous avez besoin de modifier des données dans un fichier sans pour autant toucher à celles qui les précèdent, vous devez lire entièrement le fichier, apporter les modifications dans la ou les variables de chaîne résultantes puis réécrire toutes les données.

Utiliser des objets Dictionary

Les objets `Dictionary` sont très utiles pour stocker des informations sous forme de tableau à deux colonnes. Une colonne est réservée au nom de l'élément, ou *clé*, et l'autre à sa valeur. Imaginez un dictionnaire – les mots représentent les clés, et les définitions, les valeurs. Mais, les objets `Dictionary` peuvent stocker des valeurs de n'importe quel type de données.

Vous pouvez utiliser des objets `Dictionary` dans VBA 5 et 6, mais ils ne font pas partie intégrante de VBA. Vous les trouverez dans la bibliothèque Scripting Runtime de Microsoft, traitée en détail dans la section "Travailler sur des fichiers disque", plus haut dans ce chapitre. Pour employer des objets `Dictionary` dans un programme VBA, suivez les instructions données dans la section "Référencer la bibliothèque Scripting Runtime", plus haut dans ce chapitre.

Objets Dictionary : principes de base

Utilisez les techniques décrites dans la section "La mode est à l'exhibitionnisme (accéder aux objets d'autres applications)", en début de chapitre, afin de déclarer une variable pour votre dictionnaire puis créer ce dernier, comme dans l'exemple suivant :

```
Dim dictFauves As Scripting.Dictionary
Set dictFauves = CreateObject("Scripting.Dictionary")
```

Ensuite, ajoutez les clés et les valeurs au dictionnaire à l'aide de la méthode `Add` :

```
dictFelins.Add "Guépard", "Rapide et svelte"
dictFelins.Add "Lion", "Rugissant et crinière au vent"
dictFelins.Add "Panthère", "Noire, pas rose"
```

Mieux que les collections

Les objets `Dictionary` sont plus puissants que les objets `Collection` traités au Chapitre 12, pour plusieurs raisons, simples mais fondamentales :

- Pas besoin de connaître leurs clés pour y accéder ni les valeurs associées. L'*ensemble* des clés est accessible via une boucle `For Each...Next` :

```
For Each avion in dictBiplans
  MsgBox dictBiplans(avion)
Next
```

- Vous pouvez modifier la valeur d'une entrée en affectant directement une nouvelle valeur à la clé, comme le montre l'exemple suivant :

```
DictDestinations("Numérol") = "Toulouse"
```

  Avec une collection, vous devez supprimer l'entrée précédente puis en ajouter une nouvelle.

- Vous pouvez supprimer toutes les entrées d'un dictionnaire grâce à la méthode `RemoveAll`. Avec une collection, la même tâche nécessite l'emploi d'une boucle `For Each...Next`.

Je n'ai pas la place d'aborder dans le détail les notions de tri et de sélection de sous-groupes d'éléments de dictionnaires. Cependant, il est relativement facile de mettre en œuvre une fonctionnalité élémentaire de base de données de cette nature. Vous trouverez des conseils et des exemples de code sur le site Internet `www.vpbj.com` (en anglais).

Objets à monter soi-même

Lorsque vous maîtriserez bien l'utilisation des objets VBA intégrés et des bibliothèques d'objets, vous souhaiterez peut-être en créer vous-même. Bien que les traditionnelles procédures `Sub` et `Function` permettent de réaliser des prouesses, vous pouvez tirer de nombreux avantages de la compartimentation de votre code en objets :

- En conservant tout le code qui exploite un groupe de données dans un seul objet, vos programmes risquent moins de se voir infiltrer par des bogues lors de modifications.
- Vos programmes sont plus faciles à lire et à comprendre.

- Deux petites instructions vous permettent de créer, à volonté, des copies d'un objet.
- Vanter les avantages du *polymorphisme* va sans doute m'attirer des ennuis mais… il peut s'avérer très pratique d'utiliser les mêmes propriétés et méthodes pour différentes classes d'objets. C'est ce à quoi se résume le polymorphisme. Je n'ai pas la place de traiter ce sujet, mais il est bien que vous connaissiez l'existence de cette puissante technique de programmation. Des ouvrages d'assez haut niveau sur VBA traitent du polymorphisme.

Comme vous le savez maintenant (surtout si vous avez lu le Chapitre 12), un objet est constitué de données (les propriétés de l'objet) et de code qui modifie ces données (ses méthodes). Ecrire le code qui sert à définir un objet n'est pas la mer à boire car les propriétés ne sont que des variables et les méthodes rien d'autre que des procédures. Mais vous devez néanmoins respecter certaines règles pour que VBA comprenne ce que vous essayez de faire. Les sections à venir décrivent ces règles.

Créer des modules de classe

Dans VBA, une *classe* est un modèle qui sert de base aux objets. Elle détermine les propriétés, méthodes et évènements de l'objet et le comportement de ces composants.

Pour créer une classe, commencez par insérer un nouveau module de classe dans votre projet VBA (choisissez Insertion/Module de classe). La fenêtre du module de classe ressemble et fonctionne comme une fenêtre Code. Avant de poursuivre, donnez un nom à la nouvelle classe en utilisant l'élément (Name) en haut de la fenêtre Propriétés.

Composition d'une classe

Une classe est constituée de trois éléments principaux :

- Des déclarations privées de variables utilisées par les objets au niveau interne.
- Des procédures Property publiques qui permettent aux procédures de vos modules d'extraire ou de modifier les valeurs courantes des propriétés.
- Des méthodes publiques qui définissent les actions menées par les méthodes de l'objet.

Dans l'exemple ci-dessous, la définition simple d'une classe `Radiateur` imaginaire est dotée de ces trois éléments. Cet exemple n'a rien de productif mais il fonctionne. Si vous voulez entrer vous-même le code, donnez au module de classe le nom de `Radiateur`, dans la fenêtre Propriétés, puis saisissez ensuite le code suivant dans la fenêtre Code :

```
Private sngDegres As Single 'variable de la propriété
'code de la procédure Property Let Temperature:
Public Property Let Temperature(ByVal sngEntree As Single)
  sngDegres = sngEntree
End Property
'code de la procédure Property Get Temperature:
Public Property Get Temperature() As Single
  Temperature = sngDegres
End Property
'code pour la méthode CalculConsommation:
Public Sub CalculConsommation()
  Const cstFacteurConversion = 2.45
  Dim dblresultat
  dblResultat = sngDegres * 365 * cstFacteurConversion
  MsgBox "La consommation annuelle de ce radiateur" & _
" avec ce réglage est de " & dblResultat & " watts."
End Sub
```

Déclarer des variables de classe

Utilisez la section Déclarations, en haut du module de classe, pour déclarer les variables auxquelles vous avez l'intention d'accéder dans plus d'une propriété ou méthode. Il faut toujours les déclarer en tant que variable privée (`Private`). Après tout, les objets sont surtout faits pour s'assurer que le programme ne peut pas accéder directement aux données. Les variables uniquement utilisées dans une propriété ou méthode se déclarent également dans cette section.

Vous devez déclarer au minimum une variable par propriété de l'objet. La variable *ne doit pas* porter le même nom que celui de la propriété (je vais vous montrer comment donner un nom à une propriété dans un instant). Mais vous pouvez également déclarer d'autres données utilisées en interne par l'objet et qui ne seront pas accessibles aux autres parties de votre programme.

Ecrire des procédures Property

Pour doter un objet d'une propriété, le secret est d'écrire deux procédures spéciales, les *procédures property* `Let` et `Get`. Elles doivent avoir le même nom.

N'OUBLIEZ PAS

Le nom d'une propriété est celui que vous choisissez pour les procédures Let et Get, et, bien sûr, il doit décrire le contenu et la fonction de la propriété.

Ah, au fait, un dernier point : si vous créez une propriété représentant une référence objet, remplacez la procédure Property Let par une procédure Property Set, une des deux procédures se trouve donc modifiée. Sinon, ces propriétés fonctionnent exactement de la même façon que les propriétés d'autres types de données.

Définir les propriétés d'un objet à l'aide de procédures Property Let

Une procédure Property Let définit la valeur d'une propriété. Dans sa forme la plus simple, elle prend une valeur fournie par un argument, et l'affecte à une variable représentant la propriété. Reprenons l'exemple précédent :

```
Public Property Let Temperature (ByVal sngEntree As Single)
  sngDegres = sngEntree
End Property
```

Lorsque vous écrivez une instruction qui définit la propriété dans la partie principale de votre programme, VBA appelle la procédure Let Temperature avec l'argument 20 :

```
Radiateur.Temperature = 20
```

Bien entendu, vos procédures ne sont pas limitées à une ligne de code. Vous pouvez très bien ajouter des instructions qui vérifient l'argument, pour vous assurer qu'il est dans une fourchette correcte avant de l'affecter à la propriété En fonction de l'argument, d'autres tâches vous sont ouvertes.

Extraire des propriétés d'objets à l'aide de procédures Property Get

Une procédure Property Get fonctionne comme une procédure Function, dans la mesure où elle renvoie une valeur – la valeur de la propriété, bien sûr. A l'instar d'une procédure Function, vous affectez la valeur à renvoyer au nom de la procédure – qui correspond aussi au nom de la propriété. Voici encore un exemple :

```
Public Property Get Temperature() As Single
  Temperature = sngTemp
End Property
```

D'autres parties de votre programme peuvent appeler la procédure `Temperature Get` pour affecter à une variable la valeur renvoyée ou la tester dans des instructions conditionnelles, comme dans les exemples suivants :

```
SngValeurCourante = Radiateur.Temperature

If Radiateur.Temperature > 25
  MsgBox "Pensez à baisser le chauffage !"
End If
```

Ecrire des méthodes

Les méthodes sont simplement des procédures `Sub` et `Function` ordinaires que vous stockez dans un module de classe. La plupart du temps, une méthode doit bien sûr effectuer une tâche directement en relation avec l'objet, en exploitant les données figurant dans celui-ci. Mais vous pouvez très bien ajouter à n'importe quelle classe une méthode qui calcule le prix du kilo de cèpes dans le Cantal.

VBA associe automatiquement les méthodes écrites à la classe dans laquelle vous les ajoutez. Vous pouvez appeler vos propres méthodes depuis d'autres emplacements de votre programme, comme s'il s'agissait de méthodes d'objets intégrés.

Utiliser ses objets personnalisés

Vous pouvez utiliser un objet appartenant à une de vos classes comme s'il s'agissait d'un objet intégré VBA. La marche à suivre est la suivante :

1. **Déclarez une variable pour l'objet :**

```
Dim objRadiateurPerso As Radiateur
```

2. **Utilisez une instruction `Set` pour créer l'objet que vous allez employer :**

```
Set objRadiateurPerso = Nouveau Radiateur
```

3. **Accédez aux propriétés de l'objet ou exécutez ses méthodes normalement :**

```
objRadiateurPerso.Reglage = 18
objRadiateurPerso. CalculConsommation
```

Ajouter des contrôles ActiveX

En dépit de sa réputation d'empereur du logiciel, Microsoft s'est efforcé "d'ouvrir" ses outils de développement aux autres applications. En s'appuyant sur les caractéristiques ActiveX, tout le monde peut créer de nouveaux contrôles qui fonctionnent avec presque tous les langages de programmation de type Windows – et notamment C++, HTML, Visual Basic – et VBA. C'est bien entendu Microsoft qui définit les normes de fonctionnement de ces composants prêts à l'emploi, preuve d'une hégémonie intacte.

En tout cas, l'avantage, pour vous, est de pouvoir ajouter de nouvelles fonctionnalités en intégrant des contrôles ActiveX non fournis dans VBA. Vous avez tout loisir de mélanger des contrôles de différentes sources qui vous permettront de satisfaire vos besoins en matière de programmation. Et tous les contrôles ActiveX fonctionnent en gros de la même manière que les contrôles intégrés – lesquels, soit dit en passant, sont également des contrôles ActiveX (voir Chapitre 10).

Le Chapitre 15 ne cite qu'un petit nombre des centaines de contrôles ActiveX commercialisés et distribués en shareware qui peuvent vous être bien utiles. Dans ce chapitre, je m'en tiens à exposer les techniques générales d'utilisation des contrôles ActiveX et à donner quelques trucs pour accéder à la boîte de dialogue courante Windows.

Certains contrôles ActiveX ne fonctionnent pas forcément bien dans tous les environnements de programmation. Avant de mettre la main à la poche pour acheter un contrôle, vérifiez bien qu'il donne satisfaction dans la version de VBA dont vous disposez. Sachez également que des contrôles ActiveX créés en Visual Basic peuvent fonctionner dans vos programmes VBA mais risquent de demander des fichiers d'exécution Visual Basic volumineux (environ 2 Mo).

Enrichir la Boîte à outils de nouveaux contrôles

Avant de pouvoir utiliser un contrôle ActiveX dans vos programmes VBA, vous devez :

1. **Installer le logiciel du contrôle sur le disque dur de votre ordinateur.**

   Cela paraît logique.

2. **L'enregistrer dans Windows.**

   Les contrôles s'enregistrent de différentes manières et la procédure d'installation l'a peut-être déjà fait. Si vous devez le faire vous-même, le moyen le plus simple est d'utiliser Visual Basic Editor.

3. **L'activer en le sélectionnant pour pouvoir l'utiliser dans VBA.**

Enregistrer un contrôle

Pour enregistrer un nouveau contrôle, veillez à connaître le nom du fichier qui le contient et son emplacement sur votre disque dur. Puis, suivez les étapes suivantes :

1. **Choisissez Outils/Références pour afficher les références ActiveX disponibles pour votre projet.**

2. **Cliquez sur Parcourir pour afficher une boîte de dialogue Windows classique d'ouverture de fichiers.**

   Dans la zone de liste Type, sélectionnez Contrôles ActiveX.

3. **Double-cliquez sur le fichier du contrôle en question pour l'ouvrir.**

   Lorsque vous ouvrez le fichier, vous revenez dans la boîte de dialogue Références.

4. **Naviguez dans la liste pour vérifier que la petite case à gauche du contrôle est bien cochée.**

5. **Fermez la boîte de dialogue.**

Ranger le contrôle dans la Boîte à outils

Une fois le nouveau contrôle enregistré, il s'agit maintenant de l'activer en plaçant son icône dans la Boîte à outils. Voici comment procéder :

1. **Dans Visual Basic Editor, activez, en la sélectionnant, n'importe quelle fenêtre `UserForm` pour faire apparaître la Boîte à outils.**

2. **Faites un clic droit dans la Boîte à outils puis sélectionnez Contrôles supplémentaires dans le menu contextuel, ou choisissez Outils/Contrôles supplémentaires.**

3. **Dans la liste, activez le contrôle de votre choix en cochant la petite case à sa gauche.**

4. **Fermez la boîte de dialogue.**

   L'icône du nouveau contrôle activé apparaît dans la Boîte à outils. La Figure 14.2 vous montre la Boîte à outils avec un tas de nouveaux contrôles.

Figure 14.2 : Une Boîte à outils personnalisée avec des contrôles ActiveX supplémentaires.

N'OUBLIEZ PAS

Si vous utilisez de nombreux contrôles complémentaires, vous pouvez les regrouper dans des pages spéciales de la Boîte à outils. Pour ajouter de nouvelles pages, faites un clic droit sur la zone des onglets de la Boîte à outils puis choisissez Nouvelle page. La page affichée lorsque vous activez le contrôle accueille son icône.

Utiliser des contrôles ActiveX dans ses programmes

A partir du moment où un contrôle ActiveX figure dans votre Boîte à outils, vous pouvez l'utiliser dans vos feuilles comme un contrôle VBA de série. Cependant, pour que le contrôle soit utile, vous devez savoir comment fonctionnent ses propriétés et méthodes et donc disposer de la documentation ainsi que des fichiers d'aide appropriés. Si le contrôle a été bien conçu et installé, vous devriez être en mesure d'obtenir de l'aide sur la propriété actuellement sélectionnée dans la fenêtre Propriétés VBA en appuyant sur la touche F1.

Chapitre 15
Dix (fois trois) ressources VBA

Dans ce chapitre :

- Obtenir plus d'informations sur VBA auprès des éditeurs de logiciels.
- Trouver les meilleures revues sur VBA.
- Chercher des ressources VBA sur Internet.
- Acquérir des contrôles ActiveX et des outils complémentaires sympas.

Maintenant que vous êtes capable de flotter dans le grand bain VBA, vous voici prêt à nager avec grâce. Ce chapitre vous guide vers des informations (en anglais) et des outils complémentaires qui contribueront à faire de vous un nageur talentueux. (Avertissement : le nombre de ressources VBA mentionné dans le titre de ce chapitre n'est peut-être pas le bon car, pour tout vous dire, je ne les ai jamais comptées.)

Première escale pour un ravitaillement en informations VBA

La programmation en VBA est en fait d'une grande simplicité, tout du moins lorsqu'il s'agit de travailler avec des variables, de contrôler le déroulement du programme et d'afficher des feuilles. Mais le modèle objet de votre application VBA risque de vous poser plus de problèmes. En effet, vous devez savoir de quels objets votre programme a besoin, comment les référencer correctement, à quelles propriétés et méthodes accéder, sous peine de connaître la frustration au fil de vos fréquentes excursions dans l'aide. Si vous êtes à la recherche de conseils sur l'utilisation d'objets d'une application VBA, votre premier réflexe doit être de vous tourner vers l'éditeur qui a créé l'application.

Volez ce code source

Tous les créateurs d'application VBA offrent de l'aide sur les fonctionnalités et le modèle objet. Pensez à consulter les fichiers d'aide fournis avec votre application, que vous souhaitiez disposer d'exemples de code ou d'informations plus formelles. En outre, vous trouverez souvent des programmes complets sur le site Internet de l'éditeur. Cette matière constitue l'ingrédient idéal pour commencer à écrire ses propres programmes.

Jetez un œil sur ce que propose Microsoft

Quoi ? Après avoir lu cet ouvrage il vous faut *encore* des informations sur VBA ? Bon, alors envisagez d'acheter la documentation Visual Basic de Microsoft. Il s'agit essentiellement d'une version papier des fichiers d'aide mais nombreux sont ceux qui trouvent plus facile de chercher dans un livre que de consulter un fichier.

Le site Internet du développeur de Microsoft offre de nombreuses ressources aux programmeurs : la partie consacrée à VBA est à l'adresse suivante :

```
www.msdn.microsoft.com/vba/
```

Pour les développeurs, la page Web la plus pertinente est Corporate Developer Home. Je recommande également le site Visual Basic :

```
www.msdn.microsoft.com/vbasic/
```

Microsoft a également une page spéciale consacrée à la programmation VBA dans Office :

```
www.msdn.microsoft.com/office/
```

Les parties qui traitent des applications individuelles Office et de Microsoft en général (Microsoft Knowledge Base) proposent des articles qui présentent également les astuces et les pièges de programmation dans les applications VBA Microsoft.

Revues et lettres d'information

Les forêts en savent quelque chose, le papier reste le moyen le plus pratique d'accéder à des informations. Les revues et lettres d'information sur Visual Basic pullulent. Généralement, elles recensent les contrôles ActiveX et autres outils, proposent des astuces et livrent des secrets qui vous permettront de surmonter les problèmes de programmation et offrent des tas d'exemples de code source. La plupart des sujets sont applicables à VBA et certains articles traitent même exclusivement de VBA.

Procurez-vous les revues suivantes :

- *Microsoft Office & Visual Basic for Applications Developer* (Informant Communications Group, Inc., 10519 E Stockton Blvd., Suite 100, Elk Grove, CA 95624-9703 ; téléphone : 00.1.916.686.6610)

  `www.officvba.com`

- *Visual Basic Programmer's Journal* (Fawcette Technical Publications, 209 Hamilton Ave. Palo Alto, CA94301 ; téléphone : 00.1.650.833.7100)

  `www.windx.com`

- *Inside Visual Basic* (Element K Journals, téléphone : 00.1.800.223.8720)

  `www.elementKjournals.com/ivb/`

Sites Internet publics sur VBA

Une des moyens de convaincre votre patron que vous travaillez très dur, sans trop vous fatiguer, est de passer des heures à vous préparer sur Internet. Des centaines de sites sont exclusivement consacrés à Visual Basic et vous pouvez passer des semaines à percer des secrets de programmation et collecter des contrôles ActiveX. Vous pouvez assurer à votre patron que lorsque vous finirez par vous mettre à l'écriture du code, vos recherches porteront leurs fruits et feront exploser votre productivité.

Les pages de programmation que l'on trouve sur Internet sont généralement dotées de nombreux liens vers d'autres sites intéressants. Commencez par les adresses suivantes, vous aurez de quoi vous occuper :

`www.vbapro.com/.`

`www.mvps.org/vbnet/.`

`www.vbcity.com/`.

`www.download.cnet.com` (choisissez le lien Software development).

`www.geocities.com/WallStreet/9245/`.

`odyssey.apana.org.au/~abrowne/homepage.html` (développement Access).

`www.slipstick.com/dev` (développement Outlook).

`www.outlookexchange.com` (développement Outlook et Exchange).

Bien entendu, vous pouvez également visiter les sites Internet des revues, lettres d'information et éditeurs de logiciels mentionnés dans ce chapitre.

Une galaxie de contrôles ActiveX

Aux dernières nouvelles, les contrôles ActiveX sont déjà plus nombreux que les étoiles de notre univers. Il y a de fortes chances pour que quelqu'un ait déjà conçu un contrôle ActiveX qui conviendrait parfaitement à votre programme. Si, par malheur, vous ne trouvez pas ce que vous cherchez, c'est peut-être l'occasion de créer vos propres contrôles puis de les distribuer au monde entier.

Outils-mania

Au lieu de passer des journées entières à vous constituer une collection de contrôles individuels, pourquoi ne pas les acheter par lots ? Nombre d'éditeurs de logiciels proposent des collections de contrôles ActiveX qui vous permettront de voir venir. Ces trousses à outils contiennent souvent des versions améliorées de contrôles standards, avec des options supplémentaires de mise en forme et plus de possibilités en matière de contrôle des données. Ils sont souvent accompagnés de nouveaux types de contrôles tels que des jauges à essence, des compteurs et des boutons. Vous pouvez également vous procurer des grilles adaptées aux feuilles de calcul et bases de données, des contrôles en forme d'arborescence qui vous permettent d'afficher des informations dans une fenêtre de type Explorateur Windows, des contrôles pour envoyer des télécopies et imprimer, et des contrôles invisibles qui servent à chronométrer ou bricoler la base de registres Windows.

Pour commencer, renseignez-vous auprès des entreprises suivantes :

Infragistics Corps.

`www.protoview.com`

ComponentOne LLC.

```
www.shersoft.com
```

Programmation imagée

Tout seul, VBA parvient très bien à importer des images dans divers formats et à les afficher dans vos feuilles. Mais si votre programme doit utiliser un format que VBA ne reconnaît pas ou, surtout, si vous voulez agrémenter vos images d'effets spéciaux, il vous faut un jeu de graphismes ActiveX, par exemple :

Lead tools

Chez : Lead Technologies Inc.

```
www.leadtools.com
```

Graphiques à la carte

S'il faut un esprit très vif pour saisir ce qui se cache derrière des rangées de chiffres interminables, comprendre ou au moins prétendre savoir interpréter un graphique à barres ou un camembert est à la portée de tous. VBA ne permet pas de créer des graphiques mais vous pouvez facilement ajouter les contrôles ActiveX nécessaires à leur création :

ProEssentials

Chez : Gigasoft

```
www.gigasoft.com
```

teeChartPro

Chez : Steema Software

```
www.steema.com
```

3D Charting Toolkit

Chez : Nevron LLC

```
www.nevron.com
```

Contrôles pour traitement de texte et grilles pour feuilles de calcul

Les zones de texte sont parfaites si l'utilisateur ne doit saisir qu'une ou deux lignes de texte. Mais si votre programme doit recueillir des documents complets mis en forme, votre zone de texte ne sera pas à la hauteur.

Et lorsqu'il s'agit de présenter des nombres et de permettre à l'utilisateur de les exploiter, VBA est encore plus limité. Il faudrait vraiment être masochiste – et avoir du temps à perdre – pour essayer de construire une grille de type feuille de calcul avec des rangées et des colonnes pleines de nombres, à l'aide des contrôles fournis par VBA.

Si Word ou Excel est installé sur votre ordinateur, vous avez la solution très intéressante d'utiliser ses objets. Quelle que soit l'application VBA hôte, votre programme peut activer des documents Word ou Excel et extraire leurs données grâce à `COM` (pour un aperçu de cette technique, reportez-vous au Chapitre 14).

Mais, le chargement de Word ou d'Excel prend du temps et vous ne pouvez contrôler complètement leur apparence à l'écran. Les contrôles ActiveX offrent des solutions plus souples et personnalisables à intégrer directement dans vos propres feuilles. Essayez les contrôles suivants :

Contrôles pour feuilles de calcul

Spread

Chez : FarPoint Technologies Inc.

```
www.fpoint.com
```

Formula One

Chez : Tidestone Technologies Inc.

```
www.tidestone.com
```

Contrôles pour traitement de texte

TX Text Control

Chez : The Imaging Source America

```
www.theimagingsource.com
```

TE Developer's Kit

Chez : Sub Systems Inc.

```
www.subsystems.com
```

Prends l'oseille et tire-toi

Parmi les nombreuses merveilles à réaliser avec des contrôles ActiveX, vous pouvez vendre des articles à distance, avec paiement par carte de crédit, via un modem ou une connexion Internet directe. Si vous créez un système personnalisé d'enregistrement de commandes ou un point de vente, il vous suffit de mettre le contrôle sur votre feuille. Vous pouvez ensuite utiliser ses méthodes et propriétés pour envoyer à la banque les informations sur les cartes de crédit de vos clients et récupérer la réponse de la banque à propos de leur solvabilité. Bien entendu, l'utilisation d'une feuille personnalisée de gestion des commandes ne vaut que si vous développez une base de données complète. Si vous programmez en VBA et non en Visual Basic, vous utilisez très probablement Access.

PCCharge DevKit

Chez : Network Commerce Inc.

```
www.gcsoftinc.com
```

Créez vos propres contrôles

Microsoft n'accorde pas simplement les autorisations aux développeurs désireux de créer des contrôles ActiveX, mais il participe également activement au processus d'invention. Visual Basic 5 et 6 disposent de tous les outils qui vous permettront de créer vos propres contrôles. Sachez que vous pouvez être amené à joindre également les fichiers d'exécution Visual Basic si vous distribuez des programmes contenant des contrôles créés à l'aide de VB. N'oubliez pas non plus de fournir les instructions d'installation.

Choses diverses et variées

Outre les contrôles ActiveX, il existe de nombreux outils intéressants susceptibles d'attirer le programmeur VBA angoissé ; ils sont destinés à accélérer et simplifier le cycle de développement ; mais tout cela n'est bien sûr pas gratuit.

Calculs à usage industriel

Les forces de VBA sont la programmation orientée objet et la conception de feuilles visuelles. Mais en matière de vitesse de calcul pure, VBA est surclassé par d'autres langages de programmation. Si vous écrivez des programmes pour la NASA ou l'INSEE, adoptez le compilateur PowerBasic qui calcule 4 à 20 fois plus vite que Visual Basic, selon une source des plus impartiales (l'éditeur de PowerBasic).

PowerBasic ne remplace pas VBA mais vient le compléter. Vous utilisez toujours VBA pour démarrer le programme, communiquer avec les objets de votre application et afficher des feuilles. Par contre, c'est PowerBasic qui se charge de compiler les calculs compliqués et de les transformer en programmes DLL spéciaux que VBA peut ensuite activer le moment opportun. Bien qu'il ne soit pas doté des fonctionnalités orientées objet de VBA, le noyau du langage PowerBasic est pratiquement identique à VBA ; votre apprentissage sera donc rapide.

PowerBASIC Inc.

```
www.powerbasic.com
```

A l'aide !

Vous n'aurez aucune difficulté à afficher des écrans d'aide personnalisés dans vos programmes VBA, mais créer des fichiers d'aide n'est pas si simple – à moins que vous ne soyez aidé.

La création d'un fichier d'aide selon la méthode officielle s'effectue à l'aide d'un langage de programmation non visuel ennuyeux et impénétrable. Le processus est pénible, jalonné d'innombrables tests et engendre une foule d'erreurs. Mais personne ne procède ainsi, alors suivez donc le mouvement et procurez-vous un programme qui transforme automatiquement les données obtenues dans le traitement de texte en fichier d'aide. Ainsi, vous pouvez paramétrer votre fichier d'aide visuellement, comme vous créez des feuilles avec VBA. Parmi les outils récents compatibles avec les aides Windows "classiques" et le dernier format d'aide HTML, vous trouverez :

RoboHelp

eHelp Corp.

```
www.ehelp.com
```

EasyHelp/Web et EasyHTML/Help

Eon Solutions Ltd.

```
www.eon-solutions.com
```

Index

A

B

C

D

F

G

H

I

K

L

M

N

O

P

R

U

V

W

Z

" ENFIN DES LIVRES QUI VOUS RESSEMBLENT ! "

Egalement disponibles dans la même collection !

Titre	Auteur	ISBN	Code Hachette
Windows 98 pour les Nuls	A. Rathbone	2-84427-234-7	65 3073 7
Office 2000 pour les Nuls	W. Wang, & R. C. Parker	2-84427-235-5	65 3074 5
Word 2000 pour les Nuls	D. Gookin	2-84427-236-3	65 3075 2
Excel 2000 pour les Nuls	G. Harvey	2-84427-237-1	65 3076 0
Access 2000 pour les Nuls	J. Kaufeld	2-84427-238-X	65 3077 8
Windows Me pour les Nuls	A. Rathbone	2-84427-239-8	65 3078 6
eCommerce pour les Nuls	G. Holden	2-84427-240-1	65 3079 4
TCP/IP pour les Nuls	C. Leiden & M. Wilensky	2-84427-241-X	65 3080 2
PC pour les Nuls 7e édition	D. Gookin	2-84427-233-9	65 3072 9
Le Mac pour les Nuls	D. Pogue	2-84427-243-6	65 3082 8
Internet Explorer 5.5 pour les Nuls	D. Lowe	2-84427-244-4	65 3083 6
La Photographie numérique pour les Nuls 3e éd.	J. A. King	2-84427-248-7	65 3087 7
iMac pour les Nuls 2e éd.	D. Pogue	2-84427-247-9	65 3086 9
Créer des pages Web pour les Nuls	B. Smith, & A. Bebak,	2-84427-245-2	65 3084 4
Internet pour les Nuls 7e Edition	J. R. Levine, C. Baroudi, M. Levine Young	2-84427-242-8	65 3081 0
Créer un site Web pour les Nuls	D. & R. Crowder	2-84427-246-0	65 3085 1
Windows 2000 Server pour les Nuls	E. Tittel	2-84427-881-4	65 3109 9
Flash 5 pour les Nuls	G. Leete & E. Finkelstein	2-84427-889-2	65 3152 9
Photoshop 6 pour les Nuls	D. McClelland	2-84427-895-7	65 3158 6
Office 2001 Mac pour les Nuls	T.Negrino	2-84427-893-0	65 3156 0
Windows 2000 Professionnel pour les Nuls	A. Rathbone	2-84427-882-5	65 3110 7
GoLive 5 pour les Nuls	B. Sanders	2-84427-885-X	65 3113 1
JavaScript pour les Nuls	E.Van der Veer	2-84427-887-6	65 3115 6
Toujours plus sur Windows Me pour les Nuls	A. Rathbone	2-84427-883-3	65 3111 5
C++ pour les Nuls	S.R. Davis	2-84427-896-5	65 3159 4
Les réseaux pour les Nuls	D. Lowe	2-84427-886-8	65 3114 9
Perl pour les Nuls	P. Offman	2-84427-894-9	65 3157 8
HTML 4 3e éd. pour les Nuls	E. Tittel, N. Pitts & C. Valentine	2-84427-890-6	65 3153 7
Dreamweaver 4 pour les Nuls	J. Warner & P. Vachier	2-84427-897-3	65 3160 2
La Vidéo numérique pour les Nuls	M. Doucette	2-84427-884-1	65 3112 3
Devenir Webmaster pour les Nuls	B. Kienan & D. A. Tauber	2-84427-930-9	65 3166 9
SQL pour les Nuls	A. G.Taylor	2-84427-931-7	65 3167 7
Fireworks 4 pour les Nuls	D. Sahlin	2-84427-888-4	65 3151 1
Linux 3e édition pour les Nuls	E. Blomquist	2-84427-891-4	65 3154 5
Design web pour les Nuls	L. Lopuck	2-84427-932-5	65 3168 5
Mac OS/X Pour les Nuls	B. Levitus	2-84427-892-2	65 3155 2
Illustrator 9 pour les Nuls	T. Alspach & M. LeClair	2-84427-935-X	65 3184 2
Word 2002 pour les Nuls	D Gookin	2-84427-946-5	65 3193 3
Excel 2002 pour les Nuls	G. Harvey	2-84427-947-3	65 3194 1
FrontPage 2002 pour les Nuls	A. Dornfest	2-84427-973-2	65 3227 9
Windows XP pour les Nuls	A. Rathbone	2-84427-966-X	65 3231 1
Office XP pour les Nuls	W. Wang	2-84427-967-8	65 3232 9
VBA pour les Nuls	S. Cummings	2-84427-971-6	65 3236 0
Outlook 2002 pour les Nuls	B. Dyszel	2-84427-974-0	65 3228 7
PowerPoint 2002 pour les Nuls	D. Lowe	2-84427-968-6	65 3233 7
Access 2002 pour les Nuls	J. Kaufeld	2-84427-969-4	65 3234 5

VBA pour les Nuls 3e édition

Mon opinion sur ce livre :

- ❒ Excellent
- ❒ Moyen
- ❒ Satisfaisant
- ❒ Insuffisant

Ce que j'aime dans ce livre :

____

____

____

____

____

____

____

____

Mes suggestions pour l'améliorer :

____

____

____

____

____

____

____

____

En informatique, je me considère comme :

- ❒ Débutant
- ❒ Expérimenté
- ❒ Initié
- ❒ Professionnel

Mon équipement :

- Matériel : ________________________
- Système d'exploitation : ________________

J'utilise mon ordinateur :

- ❒ Au bureau
- ❒ À l'école
- ❒ À la maison
- ❒ Autre : __________

Lieu d'achat du livre :

- Pays : ________________________
- Ville : ________________________

- ❒ Grande librairie
- ❒ Petite librairie
- ❒ Grande surface
- ❒ Hypermarché
- ❒ Magasin spécialisé
- ❒ Autre : __________

Mon adresse :

Nom : ________________________

Prénom : ________________________

Adresse : ________________________

____

Code postal : ________________________

Ville : ________________________

Pays : ________________________

J'ai vraiment adoré ce livre !

Vous pouvez citer mon témoignage dans vos documents promotionnels. Voici mon numéro de téléphone en journée :

Fiche lecteur à découper ou à photocopier, et à nous retourner à :

First Interactive

33, avenue de la République
75011 Paris – France
Tél. : 01 40 21 46 46 – Fax : 01 40 21 46 20

Découvrez en exclusivité nos prochaines parutions sur internet :
http://www.efirst.com